黄彦 主编

孙文全集

公牍（上）

第十三册

SPM
南方出版传媒
广东人民出版社
·广州·

一九一二年农历二月十四日，孙文自动解除中华民国临时大总统一职。图为解职前留影。

一九一七年九月十日，孙文在广州就任中华民国海陆军大元帅。图为一九二四年六月二十九日，孙文在广州北校场阅兵授旗。

一九一八年三月七日，孙文、宋庆龄与大元帅府职员合影。

一九一六年四月二十三日，刘灯维致函孙文组织中华共和会。图为孙文用铅笔在信封上的批答。

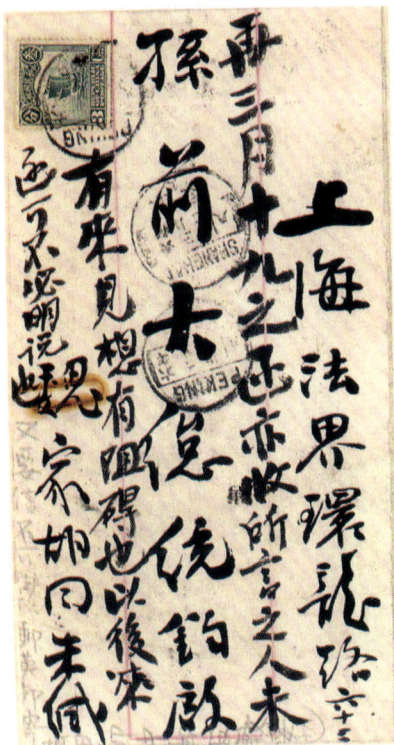

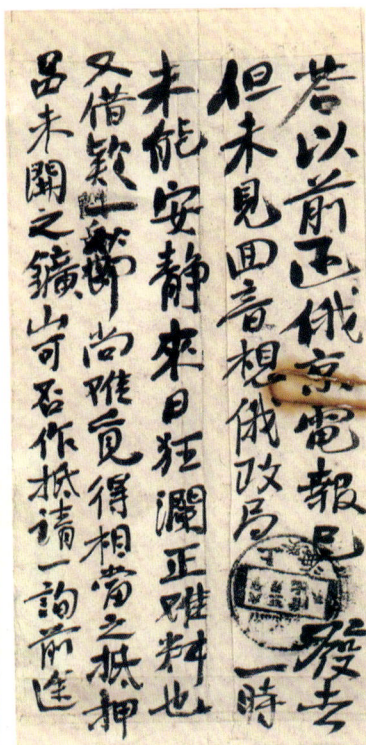

一九一七年三月二十七日，北京朱君致函孙文，孙文在原函信封上的批答。

一九一七年二月，中华革命党加拿大总支部长陈树人致函孙文，孙文在原函信封上的批答。

一九一九年十二月九日，众议院议员凌钺快邮孙文，孙文在原函信封上的批答。

一九二〇年三月，驻军武昌的丁士杰、黎萼致函孙文，孙文在原函信封上的批答。

一九二○年五月，姚畏青致函孙文，孙文在原函信封上的批答。

一九二○年，云南赵仲、李伟致电孙文。图为孙文在函电摘由中的作答。

一九二○年，直鲁豫巡阅使曹锟致函孙文，孙文在原函信封上的批答。

一九二二年十二月，湖南省议会议长林支宇致函孙文，孙文在原函信封上的代答。

一九二三年十月十五日，孙文着广州市政厅发给野战病院及卫生队官兵给养费手令。

一九二三年四月二十九日，孙文核准蒋中正签请发给马伯麟管理子弹人员费批示。

一九二三年十一月十二日，孙文着军政部将广州地方审判庭诉讼费及高等审判庭登记费提充军饷手令。

一九二三年十一月二十一日，孙文饬各军每日额支改由公安局发给手令。

大元帥令

第壹零六號

贛軍司令李明揚轉戰
前方屢著辛勤該軍餉
項素無他項挹注現又
未能如額請領據呈在
食不敷尚屬實在應即
由軍政部照額從優發
給以維軍食而利戎行
切切此令

中華民國　年　月　日

大元帥令

第　　號

右令軍政部長程潛

孫文

中華民國十二年十一月廿六日

一九二三年十一月二十六日，孫文着軍政部從優發給李明揚部伙食手令。

蔣中正

十三　二　廿十

玉和辭去軍官學校之長一職茲所有軍官學校籌備事已
交廖仲愷先生代為主持元愷如人挂冊由
誉
總理云務須任勞任怨百折不回
雖窮苦苦中去奮鬥故下准辭職

一九二四年二月二十三日，孫文不准蔣介石辭去陸軍軍官學校校長的批示。

一九二四年七月二十九日，孙文批示陈新政等来函，请将筹款直汇来京，以归统一。

一九二四年九月二十八日，孙文令饬胡汉民精简大本营机构。

大元帥令

十三年十月廿二日午前一時分

於詔問大本營

令參軍處副官徐天深前赴大橋點驗路孝忱所部查山陝軍人數槍枝數目以便蒙給子彈此令

孫文

會參軍處副官徐天深

一九二四年十月二十二日，孙文派参军处副官徐天深点验路孝忱所部人数、枪支命令。

一九二四年十月三十一日，中国国民党印尼巴达维亚支部致电孙文，孙文在原函上的批答。

现在中央执行委员在广州人数甚少，好開会不足法定人数，時病以常務委员会代行各事，将来提交中央执行委员会追认。

孫文

中華民國十三年十一月十一日

一九二四年十一月十一日，孙文手谕中国国民党中央执行委员会，如开会不足法定人数，应以常务委员会代行各事。

本 册 目 录

公牍（上）

公牍（上）

韵目代日表

日 期	韵 目					日 期	韵 目			
	上平	下平	上声	去声	入声		上声	去声	入声	替代
一日	东	先	董	送	屋	十六日	铣	谏	叶	
二日	冬	萧	肿	宋	沃	十七日	篠	霰	洽	
三日	江	肴	讲	绛	觉	十八日	巧	啸		
四日	支	豪	纸	寘	质	十九日	皓	效		
五日	微	歌	尾	未	物	二十日	哿	号		
六日	鱼	麻	语	御	月	二十一日	马	箇		
七日	虞	阳	麌	遇	曷	二十二日	养	祃		
八日	齐	庚	荠	霁	黠	二十三日	梗	漾		
九日	佳	青	蟹	泰	屑	二十四日	迥	敬		
十日	灰	蒸	贿	卦	药	二十五日	有	径		
十一日	真	尤	轸	队	陌	二十六日	寝	宥		
十二日	文	侵	吻	震	锡	二十七日	感	沁		
十三日	元	覃	阮	问	职	二十八日	俭	勘		
十四日	寒	盐	旱	愿	缉	二十九日	豏	艳		
十五日	删	咸	潸	翰	合	三十日		陷		卅
						三十一日				世、引

传谕三洲田义军暂行解散以避敌锋令①

（日 译 中）

（一九〇〇年十月上旬）②

孙君预传令于广东部将，命招募壮士六百人于三州〔洲〕田③之山寨……乃风说因之而起，皆曰三州〔洲〕田山寨中人谋反矣。……两广总督派水师提督何长清率虎门防军四千进深州〔圳〕④，陆路提督邓万林领惠州府城之防军由淡水入镇隆⑤，以塞三州〔洲〕田之路。……塞外同志深忧之，电致孙君，以俟其命。

孙君传令曰："吾机既漏，宜暂行解散，以避敌锋。"

据白浪庵滔天（宫崎寅藏）原著、黄中黄（章士钊）译录：《孙逸僊》（又名《孙逸仙》，荡虏丛书之一），上海，一九〇三年十月出版，节译本（日文原版为白浪庵滔天：《三十三年之梦》，东京，国光书房一九〇二年八月发行）

---

① 从一九〇〇年夏起，孙文积极准备在广东惠州一带发动反清起义，派兴中会员郑士良、三合会首领黄福等前往组织义军，本人则在日本等地筹集饷械及联络一批起义支持者，并于九月二十八日抵台湾以便遥为指挥接应。文内称孙文为"孙君"，后篇同。

② 时间不详，此据当时义军集结情况和清方动向酌定。

③ 三洲田圩，时属广州府新安县，与惠州府归善县接壤，过去多有误为惠州府属者。该圩原址因建水库已不复存在，后另建三洲田新村，现属深圳市。

④ 即新安县之深圳圩。新安于民国初恢复宝安旧名（晋代置宝安县），今撤宝安县建深圳市，于市内设宝安区。

⑤ 淡水圩时属惠州府惠阳县，今为惠州市惠阳区淡水镇；镇隆镇时为高州府信宜县治，今属信宜市。

传谕三洲田义军如能突围即往厦门令

（日 译 中）

（一九〇〇年十月上旬）①

由于三洲田壮士深知敌情，故不敢直攻，又恃天险而不欲轻易放弃山寨，便再度寄语孙君说："若能送弹至广东某处，并示知其地点，则可一气突围取回，以打击敌军。"

是时孙君在台湾，而再次传令说："如能突围，即往厦门，至此处或有接济之途。"

据白浪庵滔天（宫崎寅藏）：《三十三年之梦》，东京，国光书房一九〇二年八月二十日发行（陈鹏仁译）

传知郑士良外援难期着自决进止令②

（日 译 中）

（一九〇〇年十月二十二日）③

革命之同志方拔队起程，以向厦门之时，忽有从香港经海丰而至军中之人，传孙君之令曰："政情忽变，外援难期，即至厦门，亦无所作为。军中之事，请

---

① 时间不详，此据当时义军集结情况和清方动向酌定。

② 十月六日夜三洲田义军突袭广州府番禺县沙湾巡检司（今广州市番禺区沙湾镇），起义正式爆发。初时屡败清军，声势颇盛，一度扩展至二万余人。旋遭清廷增兵围剿，起义军接济困难，乃朝厦门方向转移。而孙文坐镇台湾接应，却因日本政府改变态度，禁止台湾总督府及日籍人士支持反清起义，遂致无法接济义军，不得不下令解散。

③ 据《三十三年之梦》日文版所载，以攻占沙湾的十月六日为"第一日"，孙文派人传令于郑士良是"第十七日"即十月二十二日。

司令自决进止。"……同志乃谋袭横岗①以擒何长清，然军无资粮，弹药不继，空抱奇策，英雄无用武之方，不得已而至于解体也。

据白浪庵滔天（宫崎寅藏）著、金一（金天翮）译：《三十三年落花梦》，东京翔鸾社印刷，上海国学社一九〇四年一月十二日发行，节译本（日文原版为白浪庵滔天：《三十三年之梦》，东京，国光书房一九〇二年八月二十日发行）

附：另一译文

第十六日出发三多祝②，晚间抵达白沙③。第十七日将要起程时，有人从香港经由海丰到达此地，并传孙君命令说："政情突变，外援难期，即到厦门恐亦如是。军中之事，请司令自决进止。"……因此同志们计划袭击横岗，以便擒拿何长清，惟我既无军资，亦无粮食，更未能购买子弹，而不得不空抱奇计，曲终人散。

据白浪庵滔天（宫崎寅藏）：《三十三年之梦》，东京，国光书房一九〇二年八月二十日发行（陈鹏仁译）

---

① 横岗圩，时属宝安县，今为深圳市龙岗区之横岗镇。
② 三多祝圩，时属惠阳县，今为惠东县多祝镇。
③ 白沙村，时属惠阳县，今属惠东县。

签收兑现谭惠金捐款之支票①

（英译中）

（一九〇四年二月十九日）

希炉第一银行有限公司（First Bank of Hilo, Limited）

檀香山希炉　一九〇四年二月十九日　第四十七号

兹照章付款给孙逸仙博士一百五十八元五十分正。

谭惠金（Tom Wai Kum）

（盖章"希炉第一银行有限公司付款　一九〇四年二月二十五日"）

背面签字：孙逸仙（S. Y. Sen）

何　宽（Ho Fon）

据原件影印件，夏威夷林志后人藏（黄彦译）

发给公记捐助军需银收据②

（一九〇七年十月二十八日）③

兹收到公记捐助中华革命军军需洋银捌千元，军政府成立后酬偿如左：

---

① 一九〇三年冬，孙文在檀香山兴中会原有的基础上建立"中华革命军"，檀香山群岛第二大埠希炉（当地华侨惯称二埠）的一位小店主谭惠金加入该组织后，汇集十余人的捐款共一百五十多美元，开了这张支票交给孙文。孙文为避免发生意外，特邀任职于檀香山首府火奴鲁鲁（当地华侨惯称大埠或正埠）卑涉银行的何宽（兴中会创立时副主席，现任主席）在支票背面一同签字。当时开捐款支票的为数不少，而得以遗存至今者仅此一件，全赖"中华革命军"成员林志保藏之功。

② 一九〇七年三月，中国同盟会总理孙文自日本至越南河内设立总机关，部署和领导粤桂滇三省地区反清起义。此乃镇南关之役前在越南得到的一笔捐款，收据中"孙文押"三字系他亲笔书写。

③ 此据文末阴历"丁未年九月廿二日"折算为公历标出。

一、列于为国立功者。

二、照数四倍偿还①。

三、给以国内各等路矿优先利权。

中华革命同盟会总理　孙文押

（中国同盟会印章　The China Federal Association）②

天运丁未年九月廿二日立据

据原件影印件，广州、中山大学孙中山纪念馆藏

授权池亨吉为中国革命筹款且曾并肩作战证明书

（英 译 中）

（一九〇七年十二月十二日）

（称呼）：

兹证明日本友人池亨吉先生由我授予全权执行为中国革命事业筹款事宜，并为同一目的募集粮秣和军需品。

池亨吉先生曾与我合作多年，为我党事业贡献其时间、精力及才能。一九〇七年十二月四日当我率领党人炮击镇南关炮垒时，他曾与我并肩作战。并此证明。

孙逸仙（签字）

一九〇七年十二月十二日

发于安南河内甘必达街六十一号 B

据原件照片，台北、中国国民党文化传播委员会党史馆藏（陈斯骏译，金应熙校）

---

① 当时前后数年，革命党人均采用这种"捐一偿四"的募款政策，孙文在写给捐款人的信中称之为"革命军定章"。

② 此为收据上加盖印章原文，用中英两种文字。

发给挂罗庇朥同志捐助军需银凭据[①]

（一九〇八年四月二十三日）[②]

凭据

中华革命军发起人孙文（加盖骑缝章"中华革命军发起人之印"），收到庇朥同志各君捐助中华革命军军需银壹仟大元。军政府成立之后，本利四倍偿还，并给以各项路矿商业优先利权。此据

经手收银人：孙文

天运戊申年三月廿三日发给

据原件照片，广州、广东省立中山图书馆藏

发给潘受之捐助军需银凭据[③]

（一九〇八年十月六日）[④]

凭据

中华革命军发起人孙文（加盖骑缝章"中华革命军发起人之印"），收到潘受之君捐助中华革命军军需银拾盾[⑤]元，军政府成立之后，本利四倍偿还，并给以

---

① 正当粤桂滇三省边境武装起义如火如荼之际，同盟会挂罗庇朥分会会长邓泽如派人将捐款一千元带往星加坡交给孙文，这是他亲笔签名填写的收据。挂罗庇朥（Kuala Pilah）简称庇朥，另译瓜剌比朥，今又译瓜拉比拉，当时隶于英属马来联邦（The Federated Malay States）森美兰邦（The State of Negeri Sembilan）。

② 此据文末阴历"戊申年三月廿三日"折算为公历标出。

③ 潘受之系新加坡同盟会会员，集医生、报人、教育家于一身，热心向华侨宣传革命，与邓慕韩、邓青阳、居正等在南洋各地发动募捐，本人且多次慷慨解囊。本件虽由胡汉民经手收款，但亲笔签名、接受捐款者仍是"中华革命军发起人"孙文。

④ 此据文末阴历"戊申年九月十二日"折算为公历标出。

⑤ 盾是越南、印度尼西亚、荷兰、苏里南、马绍尔等国家的货币单位。

各项路矿商业优先利权。此据。

经手收银人：汉民

天运戊申年九月十二日发给

据原件照片，英国黄中行藏

批张翼枢来函[1]

（一九一二年一月八日对方来函）

所来各信已经收到，因事忙不暇作复。

据亲笔原件，中山、孙中山故居纪念馆藏

饬汪缦卿等速移交川路股款筹办蜀军令

（一九一二年一月九日）

本月初四日，据鄂军都督黎元洪转到蜀军都督张培爵、夏之时来电称："蜀自赵尔丰荼毒后，糜烂不堪，重庆、成都虽各宣告独立，蒲殿俊、朱庆澜释赵不讨，反委以西藏，与以军饷五百万，以致防军溃变，任意焚掠，朱被炮伤，蒲亦窃逃，赵贼仍踞成都，土匪蜂起，民不聊生，重庆军械缺乏，不能进剿，恳赐援助"等语。察成都一隅，倡义最先，受祸最烈，光复未几，复陷水火，谁非赤子，实堪恫念！中央政府统筹全局，自应速事戡定；惟近值和议未决，北伐在即，需款浩繁，势难兼顾。前据苏军都督程德全、沪军都督陈其美呈称：据蜀商童子钧、陈少谷等禀称："自武汉起义，川路停修，各省及留沪各川人皆欲提用沪上所存股款，筹办蜀军，驻沪川路公司管款员汪缦卿穷于应付，惧祸远扬，以川路

---

[1]　张翼枢，旅法留学生，一九〇六年加入同盟会。一九一二年元旦中华民国成立，孙文在南京就任临时大总统后，张曾从巴黎连发四函，据其所知向孙介绍法国舆论反响及欧美各国动向，并建议委以"半官半私"身份派往各国调查。本批语见于一月八日张函的信封上，未署日期，当为收信后不久所写。信封上另有"已复"二字，则是秘书据此批语作复的标记。

存款股票折据交与商等管理。唯自汪去后，川人提款者，皆与商等为难。穷思以川路股款筹办蜀军，亦属以公济公，商等何敢固持不与；唯名目既多，良莠不齐，若使付托非人，窃恐虚縻无补，若得中央政府作主担保，即行交出，以供军用"等语。该商等深明大义，热心时局，殊堪嘉尚！唯念该款本系商股，若由私人借用，事前既易起纷争，事后恐难于归还，不如改由中央政府照数给与公债证券，似此办法，既有裨于大局，复无损于商本。除即委派黄复生、熊克武二员到沪接收路款外，为此令该商等，妥速将所存川路股款一律清算，点交黄、熊二员接收；俟交收清楚，即由财政部发给公债证券，以昭信用而重商股。事关军务，幸勿迟延。此令。

驻沪川路公司管款员汪缦卿，管理擢据员童子钧、陈少谷知照

据《大总统令驻沪川路公司管款员汪缦卿等移交川路股款筹办蜀军》，载南京《临时政府公报》第五号，一九一二年二月二日①

咨复临时参议会论国旗文

（一九一二年一月十二日）

贵会咨来议决用五色旗为国旗等因，本总统对于此问题，以为未可遽付颁行。盖现时民国各省已用之旗，大别有三：武汉首义则用内外十八省之徽志，苏浙则用五色之徽志，分用其一，必废其二，所用者必比较为最良，非有绝大充分之理由，不能为折衷定论。故本总统不欲遽定之于此时，而欲俟满虏既亡，民选国会成立之后，付之国民公决。若决定于此时，则五色旗遂足为比较最良之徽志否，殆未易言。

（一）清国旧例，海军以五色旗为一二品大官之旗，今黜满清之国旗而用其官旗，未免失体。

（二）其用意为五大民旗〔族〕，然其分配代色，取义不确，如以黄代满之类。

---

① 二月初总统府公报局成立，在南京负责发行《临时政府公报》。

（三）既言五族平等，而上下排列，仍有阶级。

夫国旗之颁用，所重有三：一旗之历史，二旗之取义，三旗之美观也。武汉之旗，以之为全国之首义尚矣；苏浙之旗，以之克复南京；而天日之旗，则为汉族共和党人用之南方起义者十余年。自乙未年陆皓东身殉此旗后，如黄冈、防城、镇南关、河口，最近如民国纪元前二年广东新军之反正问长问短，倪映典等流血，前一年广东城之起义，七十二人之流血，皆以此旗。南洋美洲各埠华侨同情于共和者，亦已多年升用，外人总认为民国之旗。至于取义，则武汉多有极正大之主张，而青天白日，取象宏美，中国为远东大国，日出东方为恒星之最者，且青天白日示光明正照自由平等之义，著于赤帜，亦为三色，其主张之理由尚多。

但本总统以为非于此时决定，则可勿详论，因而知武汉所主张，亦有完满之解说。究之革命用兵之际，国旗统一，尚非所急，有如美国亦几经更改，而后定现所行用之旗章。故本总统以为暂勿颁定施行，而俟诸民选国会成立之后。谨覆。并请公安。

附粘天日旗样式两纸。

今日适得武昌来电，则主张用首义之旗，亦有理由，非经将来大会讨论，总难决定也。（十二日）

据《大总统复参议会论国旗函》，载南京《临时政府公报》第六号，一九一二年二月三日

准颁布陆军编制表令

（一九一二年一月十六日）

中华民国临时大总统令

　　陆军编制表着即准此颁行。此令。

　　陆军部总长黄兴知照

　　计发交陆军编制表十四张，陆军官佐士兵阶级表一张。

孙文

中华民国元年元月十六日

据"南京临时政府档案"原件，南京、中国第二历史档案馆藏

饬各军一体加意约束以靖闾阎而肃军纪令

（一九一二年一月十六日）

中华民国临时大总统令

民国除旧布新，原为救民起见。江宁光复以来，秩序紊乱，至今尚未就理。顷闻城乡内外盗贼充斥，宵小横行，夜则拦路夺物，昼则当街卖赃。或有不肖兵士，藉稽查为名，私入人家，擅行劫掠，以至行者为之戒途，居者不得高枕。此皆兵士约束不严，警察诘奸不力所致。除令卫戍总督、巡警总监外，为此令仰贵总长速筹防范方法，转饬各军一体加意约束，以靖闾阎而肃军纪。此令。

陆军部总长黄兴知照

孙文

中华民国元年元月十六日

据"南京临时政府档案"原件，南京、中国第二历史档案馆藏

饬陆军部速颁军令责成各军严守纪律令

（一九一二年一月二十日）

中华民国临时大总统令

南京各军队纪律不整，本总统早有所闻。今阅《上海泰晤士报》①十九日论说，其所登载多系实情。该报向表同情于民国，今为恳切之忠告，若不切实警戒约束，不唯贻讥外人，后患何堪设想？该报所报下级军官及高级之官，终必同受其危险者，诚非过虑。除令卫戍总督外，为此令仰贵部速即颁行军令，责成各军司令以下将校切实奉行，以后各负其责任，并将下附所译论文给与各军将校阅看，俾知警省。须知纪律严明，训练有素，然后能保军人之名誉，作民国之干城。我

---

① 英文报原名 *Shanghai Times*，下篇亦译《上海太晤士报》。

南京军队不乏爱国男儿，亦断不容以少数不规则之行为，坏全体之名誉也。宜将此义通谕知之。此令。

陆军部知照

附：抄译《上海泰晤士报》论文一纸。

孙文

（中华民国临时大总统印）

中华民国元年正月二十日

据"南京临时政府档案"原件，南京、中国第二历史档案馆藏

附：另版本之一

顷据《上海太晤士报》载南京之兵士现象，均系实情。该报向表同情于民国，今为恳切之忠告，若不切实警戒约束，不惟贻笑外人，后患何堪设想？该报所载下级军官及高级之官，终必同受其危险者，诚非过虑。为此令仰陆军部速即颁行军令，令责成各军司令以下将校切实奉行，以后各负其责任。并附译该报所论之文，给与各军将校传阅。须知纪律严明，训练有素，然后能保军人之名誉，壮民国之干城。我金陵军队不乏爱国健儿，断不容以少数不规则之行为，致坏我军人全体之名誉也。速将此义通告知之。

据《就临时大总统后所发布之各种重要通令》（六），载胡汉民编：《总理全集》第三集，上海，民智书局一九三〇年二月初版

附：另版本之二

陆军部及卫戍总督须立即颁行军令，责成各军司令以下将校切实奉行，以后各有其责任。并将下所译论文给与各军将校阅看，俾知警省。须知军纪严明，训练有素，然后能保军人之名誉，作民国之干城。我南京军队不乏爱国男儿，亦断不容以少数不规则之行为坏全体之名誉也。宜将此义谕知之。

据《大总统饬遵军律令》，载《中华民国临时政府新法令》第二册，上海自由社校订兼印行，一九一二年四月初版

饬陆军部赏恤石凤鸣令

（一九一二年一月二十二日）

中华民国临时大总统令

　　兹据镇军第一标一营前队二排二棚副目石凤鸣禀称："因中弹受伤，请给费接换假腿"等情前来。查镇军既已出发，该副目因伤独留，情实可矜。惟该副目伤状如何，曾否已由镇军赏恤，抑应照给医费之处，仰贵部查明酌核办理，以慰士心。原禀并发。此令。

　　陆军部知照

孙文

中华民国元年正月二十二日

据"南京临时政府档案"原件，南京、中国第二历史档案馆藏

饬江南造币厂应归财政部管理令

（一九一二年一月二十三日）

中华民国临时大总统令

　　兹据江南造币厂总理余成烈等禀请："厘定币制，整理厂规及应否隶归财政部，以便有所禀承"等因前来。据此，查该厂为民国特设鼓铸机关，应归财政部管理，所有厘定币制及整理厂规，应由贵部议复呈核。为此令行贵部迅速妥议，呈候核夺。原禀发阅。此令。

　　财政部知照

孙文

中华民国元年元月二十三日

据"南京临时政府档案"原件，南京、中国第二历史档案馆藏

发交财政部核办公文令

（一九一二年一月二十四日收到）

中华民国临时大总统令

　　兹有公文一件，应归贵部核办，合行钞由发交。此令。

　　财政部知照

　　计交公文一件：安徽中华银行监督申报开幕日期由。

孙文

据"南京临时政府档案"原件，南京、中国第二历史档案馆藏

布告各军团应设军医令

（一九一二年一月二十五日）

　　军中应设军医员，均须于西医上确有程度，方能委任。布告各军团，凡已厕身军医，须确实试验。

据《大总统择医》，载一九一二年一月二十六日上海《民立报》第五页

致各国公使告袁世凯欲并行解散
北京政府与民国政府的照会

（英译中）

（一九一二年一月二十七日）

　　本总统甚愿让位于袁，而袁已允照办，岂知袁忽欲令南京临时政府立即解散，此则为民国所万难照办者。盖民国之愿让步，为共和非为袁氏也。袁若愿尽力共和，则今日仍愿相让。当袁氏闻民国愿举为总统之消息后，即一变其保清之态度，

而力主清帝退位，至前此所议之国民大会一节亦复尽行抹却。既而知民国必欲其实行赞成共和，而决不肯贸然相让，堕其诡计，则袁氏又复变态矣！盖袁氏之意，实欲使北京政府、民国政府并行解散，俾得以一人而独揽大权也。

据《孙大总统通告各国公使》，载一九一二年一月二十九日上海《民立报》第三页，译自二十七日上海英文报纸《大陆报》(*The China Press*)

咨复临时参议院陈述用兵方略并
命财政陆军两部筹划饷源①

（一九一二年一月三十日）

本日准贵院咨开："议战议和，关系军国重要，固不宜黩武以致涂炭生民，亦岂宜老师，甘堕敌人奸计？"除原文有案不录外，复开："兹本院于本日开会议决办法三条，除推事〔举〕参议员三员面陈外，抄祈查照办理，并希先行见复施行。"并开办法三条等因。

准此。查此时和局未终，停战期满，敌之一方电求停战，不欲遽与决裂，故未及提出。且讲和一事，早经公认，此次展期，乃由此一事发生，并非另生一事，似与临时政府组织大纲尚无违反。至议和成否，于数日内解决。

现在用兵方略，当以鄂湘为第一军，由汉京铁道前进；宁皖为第二军，向河南前进，与第一军会合于开封郑州之间；淮扬为第三军，烟台为第四军，向山东前进，会于济南，秦皇岛合关外之军为第五军；山陕为第六军，向北京前进；一、二、三、四军既达第一之目的，复与第五、六军会合，共破虏巢。和议一破，本总统当亲督江皖之师，此时毋庸另委他员。

再，中央财政匮乏已极，各项租税急难整理，饷源一事，业令由财政、陆军

_____

① 中华民国临时政府成立前，南方光复各省与清廷处于交战状态，同时在外国驻华使节斡旋下开始南北议和。议和期间双方曾数次停战，但临时政府对北方一再拖延解决清帝退位问题甚感不满，故仍积极准备随时出师北伐。此为孙文对临时参议院征询和战问题的答复，文中所陈用兵方略系于成立临时政府之初制订，其内容与一月七日临时副总统黎元洪收到孙文来电所述完全相同。

两部会同筹画，合并声明。

特此咨复。

据《大总统咨参议院作战方略并令部急筹财政》，载南京《临时政府公报》第二号，一九一二年一月三十日

批张静江等来函①

（一九一二年一月三十日）

所请可行，着交财政部斟酌会同办理。

孙文

中华民国元年元月三十日

据原件，上海辛亥革命七十周年展览会陈列

批王敬祥等请发给捐款收单呈

（一九一二年一月三十一日）

中华民国临时大总统批

一件　华侨统一联合会会长王敬祥等呈解捐款请发给收单由。

汇款如数收讫，该会员急公好义，协力筹助，具征爱国热诚，良深嘉许。所请给回收平，应俟令行财政部发给。至关于义捐等事转由该处侨商集合团体办理，自较妥善。贵会设立神户，宜与横滨、长崎等处侨商团体切实联络，现横滨后援会为民国政府筹募捐债，亦极热心，办有成绩，如彼此互相归编，协同共济，其利益于民国前涂〔途〕，自非浅小家所厚望者也。前呈请派民国代表赴东，今将派往，俟得参议院同意，即行发表。改历一节，前既颁本改用阳历，自应一体遵

---

① 张静江、李厚禧、赵家藩三人上书吁请在上海设局鼓铸银元，救济钱荒，孙文批复"可行"。原件下端有财政总长陈锦涛、次长王鸿猷注"事已取消"字样。

行，惟结算账目暂沿旧习，仍用阴历亦无不可，仰即知照。此批。

孙文

中华民国元年正月三十一日

据原件照片，台北、中国国民党文化传播委员会党史馆藏

统一盐政事权通令

（一九一二年一月）①

临时政府成立，委任张謇为实业部总长，仍兼江苏两淮盐政总理，〈所〉有江苏省松太与淮南、淮北两厂，湘、鄂、皖、赣向行淮盐与苏五域，凡关涉运销之事、用人行政，通归总理督率办理。盐课为饷项大宗，必须事权统一，总收总支。以后应待盐课盐厘加价等项，由总局统收，解交财政部，分别援照从前成案。关系赔款洋偿〔赔偿洋款〕者，剔出备用，惟归各省者一律照拨，余俟政府指拨。各省都督、各军政府、各司令务各顾念大局。盐产、运盐各地方有须驻警保护者，务当协力相助，保商业即以顾饷源。毋忽！此令。

据《就临时大总统后所发布之各种重要通令》（七），载黄季陆主编：《总理全集》下册，成都，近芬书屋一九四四年七月出版

饬内务部编印历书令

（一九一二年一月）

中华民国临时大总统令

按照改用阳历，前经本总统派员交参议院公议，当由该院全员议决，并通电各省在案。兹准参议院缄称"应即颁布历书，以崇正朔，而便日用"，并由该院开会议决编历办法四条等因到府。合即令行贵部查照，斟酌美备，赶于阴历十二

---

① 原令未署日期。此据当时情势酌定。

月前编印成书，以便颁发各省施行。至要。此令。

内务部知照

计抄发参议院原缄一件。

附：临时参议院原缄

敬启者：改用阳历，前经大总统派员交议，当经本院议决，并通电各省，令即应颁布历书，以崇正朔，而便日用。兹经本院开会议决如下：

一、由政府于阴历十二月前制定历书，颁发各省。

二、新旧二历并存。

三、新历下附星期，旧历下附节气。

四、旧时习惯可存者择要附录，吉凶神宿一律删除。

以上四条，既取决多数，相应函请饬部施行。

据"外交部驻云南特派员公署档案"

原件，南京、中国第二历史档案馆藏

饬实业部通告汉口商民建筑市场令

（一九一二年二月二日）

鄂江起义以来，战事倥偬，凡百生业，咸受影响，商家贸易，尤遭损失，而汉口全市为北兵焚毁，其惨酷情形，本总统鳖焉悯之！幸今者东南底定，民国肇基，商务为实业要政之一，亟应恢复，善后各事，尤宜审慎，须立永远之计，毋为权宜之策。兹据汉镇商民张崇、吴沛霖等呈请筹办汉镇商务建筑市场等情，本总统察核情形，尚属可行。爰审定办法，先清丈被焚各家基址，即行登录，经地主议定地价，每年由公司纳租于地主，地主须按照所定地价百分之一纳地税于国家，径由公司缴纳，由租内扣除，以一事权。他日国家因公需地之时，即照现定地价，随时买收，豁除前清给发官价之苛例。凡我国民仰体时艰，咸知大义，和衷共济，庶几商业之日兴，勠力同心，相跻共和之郅治。特发通告，俾众咸知。

元年二月二日

据《实业部通告汉口商民建筑市场文》，载南京
《临时政府公报》第八号，一九一二年二月五日

饬财政部核办变通军用票办法令

（一九一二年二月四日）

中华民国临时大总统令

　　兹有公文一件，应归贵部核办。除批示外，合行发交。此令。

　　财政部知照

　　计交曾儦等维持市面变通军用票办法公禀一件。

孙文

中华民国元年二月初四日

据"南京临时政府档案"原件，南京、中国第二历史档案馆藏

批秦毓鎏解饷银及报告锡金光复后办法呈①

（一九一二年二月五日刊载）

　　据呈均悉，现在中央财政极形困难，而整军北伐，在在需款，殊深焦虑。兹锡金军政分府筹集银洋二千五百元赍呈陆军部以备北伐之用，力顾大局，谊切同袍，洵堪嘉尚。至所呈报该军政分府布置情形，均属妥协，具见苦心，仰即并力进行，共襄宏业，本总统有厚望焉。

据《大总统批锡金军政分府秦毓鎏解呈饷银及报告光复以后办
法》，载南京《临时政府公报》第八号，一九一二年二月五日

---

　　①　秦毓鎏，江苏光复后任锡金（含无锡、金匮两县）军政分府司令长。

着财政部转饬苏督将松江太仓各属本年所完粮税暂拨沪军应用令

（一九一二年二月六日刊载）

据沪军都督陈其美呈称："迭据财政长米〔朱〕佩珍以金融垂绝、补救无方，来府求退。制造局长李钟珏亦以各厂赶造械弹军火，星夜加工，匠资料资积欠甚巨，亦一再求拨款接济。日昨邀集各参谋及上海财政、民政各长再四筹商，金谓饷源盈绌，大局所关，既无别款可挹注，现在冬漕已届开征，拟将松江、太仓所属各县本年民间应完钱粮，及地方各项税捐，暂行拨归沪军应用，出入数目，由上海财政长按月造报，俟事定仍归苏省都督主政"等语。查上海为江海机关，各省北伐之师，大半取道沪上，该都督应付饷糈子弹，源源不绝，自属力任其难。当此民国共和，本无分于畛域，所请将松江、太仓各属本年民间应完钱粮，及地方各项税捐，暂行拨归沪军应用，亦一时权宜之计，事属可行，应准变通办理。至收入支出数目，应由上海财政长按月造册呈报贵部及江苏都督，俾有稽核。除令覆该都督务宜节用崇实、涓滴归公、力戒虚糜外，合将原呈发交贵部查照存案，并即转饬江苏都督悉心商酌照拨为要。此令。

据《大总统令松江太仓所属本年所完粮税暂拨沪军应用》，载南京《临时政府公报》第九号，一九一二年二月六日

批沈懋昭请便宜行事另立局所呈[①]

（一九一二年二月六日刊载）

呈及简章均悉，仍仰遵照前令，遇事与财政部妥商办理，所请便宜行事，及

---

① 沈懋昭时任驻沪理财特派员。

另立局所之处，应无庸议。此批。

据《大总统批示驻沪理财特派员沈懋昭请便宜行事另立局所候示
祗遵呈》，载南京《临时政府公报》第九号，一九一二年二月六日

批复神州女界共和协济社兴学办报并请拨捐款呈①

（一九一二年二月六日刊载）

据禀已悉。天赋人权，男女本非悬殊，平等大公，心同此理。自共和民国成立，将合全国以一致进行，女界多才，其入同盟会奔走国事百折不回者，已与各省志士媲美。至若勇往从戎，同仇北伐，或投身赤十字会，不辞艰险，或慷慨助饷，鼓吹舆论，振起国民精神，更彰彰在人耳目。女子将来之有参政权，盖事所必至。

该社员等才学优美，并不遽求参政，而谋联合全国女界，普及教育，研究法政，提倡实业，以协助国家进步，愿力宏大，志高虑远，深堪嘉尚。应如所请，准其存案，并于所缴协赞会②捐款万元内拨付五千元，为开办法政学校及《共和日报》经费。该社员等宜力行无倦，扩充女界政治思想，同尽责任，以光吾国而促进共和。天演竞争，归于优胜，不患无位，患所以立，不患莫已〔己〕知，求为可知。女子应否有参政权，定于何年实行，国会能否准女界设傍听席，皆当决诸公论，候咨送参议院决可也。

据《大总统批示女界共和协济社禀明兴学办报并请拨女界协济〔赞〕
会捐款呈》，载南京《临时政府公报》第九号，一九一二年二月六日③

----

① 神州女界共和协济社系旅沪同盟会员发起组织，前此曾由该社全体发起人共约一百一十人（伍廷芳夫人何妙龄领衔）联名上书孙文并附呈社章，要求存案以及赞助兴学办报经费等（详见下文附函）。该社后改名神州女界协济社。

② 即一九一一年十一月成立的女界协赞会，孙文曾就该会募助军饷一事复函并接见其代表张昭汉、程颖。此时该会已并入神州女界共和协济社。

③ 三天后，《临时政府公报》第十一号（一九一二年二月九日）《正误》栏又刊出一则启事，全文如下："本报第九号所载《大总统批示女界共和协济社禀明兴学办报并请拨女界协济〔赞〕会捐款呈》及《大总统覆女界协赞会代表张昭汉、程颖两女士募助军饷函》二件，系未经核定之稿，合亟取消。"按发生这一变化的具体原因不详，但因当时革命党内外反对男女平权特别是女子参政权的呼声甚高，故可揣度孙文在这个问题上必定受到极大的压力。

附一：另一版本

（一九一二年一月中下旬）

女界共和协济会公鉴：

来书具悉。天赋人权，男女本非悬殊，平等大公，心同此理。自共和民国成立，将合全国以一致进行，女界多才，其入同盟会奔走国事百折不回者，已与各省志士媲美。至若勇往从戎，同仇北伐，或投身赤十字会，不辞艰险；或慷慨助饷，鼓吹舆论，振起国民精神，更彰彰在人耳目。女子将来之有参政权，盖事所必至。贵会员等才学优美，并不遽求参政，而谋联合全国女界，普及教育，研究法政，提倡实业，以协助国家进步，愿力宏大，志虑高远，深堪嘉尚。

所请开办女子法政学校，应由该社员等呈明教育部核夺办理，并由本处拨助五千元，为该会扩充公益之用。该社员等宜力行无倦，以光吾国，而促进步。至女子应否有参政权，定于何年实行，国会能否准女界设旁听席，皆当决诸公论，应咨送参议院议决可也。此复，并候

公益

孙文

据《孙中山先生复本会书》，载上海《神州女报》第二期，一九一二年十二月出版

附二：神州女界共和协济社致孙文函（摘要）

（一九一二年三月三、四日刊载）

……此番改革，女子幸能克尽天职，或奔走呼号，捐募饷粮；或冒枪烟弹雨，救护军士；或创立报章，发挥共和，鼓吹民气；或投笔从戎，慷慨杀敌。莫不血诚奋涌，视死如归，侠肠毅力，奚让须眉？其于祖国爱而能助，此固神明华胄应具之美德，要亦先生数十年来苦心提倡，化人以道之所致也。迩者民国初立，万政更新，非全国努力无以善后，兹特联合女界各团体组织大会，命名神州女界共和协济社，以普及教育、研究法政、提倡实业、养成共和国高尚纯全女国民为宗

旨。首当创办女子法政学校及发刊《女子共和日报》，协力进行，勉为将来参政之预备。际兹宪法将定，国会未集，敢代表全国女界专诚请愿，乞赐赞成，于参议院存案，俾国会决议时为女界预留旁听及参政一席。数载后女子之政治知识既具，资格已满，乃可实行。……再，女子法政学校为铸造女子政治学识之基础，《女子共和日报》为灌输女子政治及实业思想之机关，准今春开办，惟经济未充，规模不远，务祈鼎力扶持，赐拨款项，为各省先导，庶敝社声势顿增，成立弥速。区区苦衷，伏惟垂鉴……

据一九一二年三月三、四日上海《民立报》

饬茅乃登将南洋印刷厂交归印铸局办理令[①]

（一九一二年二月八日刊载）

查该厂向系官办，非民间营业可比。今本府印铸局已告成，应将该厂事务归印铸局管理，以昭划一。仰该总理克日清理帐目，备具册簿，将全厂事务交与印铸局局长黄复生管理，勿得稽延。切切。此令。

据《大总统令南洋印刷厂总理茅乃登交出该厂归印铸局办理》，载南京《临时政府公报》第十号，一九一二年二月八日

饬内务部筹画兴复汉口市场令

（一九一二年二月八日刊载）

据汉口绅商宋炜臣等呈请改良商场、寓赈于工，并请设立建筑公司各由，绘图具说前来。所陈各节，不为无见。此次武汉首义，汉口受祸最酷，伪清政府迫于人道，尚拟事定赔偿。民国政府对于汉口市场兴复问题，提倡补助，自是应有之义，本大总统尤深同情。惟汉口为水陆要冲，铁路航路俱以为集合点，该绅商

---

① 茅乃登时任南洋印刷厂总理。

等所拟规模，未免限于市廛一方面，于各路停车场与轮船系留所衔接方法，以及电车市厅等项，尚缺完全计画。内务部于市政土木各事，有统筹全局之责，希即迅速筹画，与该绅商等妥为接洽，务使首义之区，变为模范之市，有厚望焉，原呈二件图一幅并发。此令。

据《大总统令内务部筹画兴复汉口市场》，载南京《临时政府公报》第十号，一九一二年二月八日

饬内务部分电各省都督将所属行政各部改称为司

（一九一二年二月九日刊载）

查各省光复以来，地方官职均系各自为制，所定名称难免歧异。兹值中央政府成立，关于设官分职事项，允宜统筹全局，从新厘定，以昭划一。当经法制局将中央行政各部官制编纂草案具呈前来，先后咨交院议在案。所有中央行政各部既称为部，则各省都督府所属之行政各部，应拟改称为司，庶使中央各部与地方各部示有区别。且各省亦有先行之者，即彼此更不宜有互相歧异之处。合就令行贵部，仰即分电各省都督，将都督府所属之行政各部先改为司，一俟地方官制草案议决后，即作为确定可也。此令。

据《大总统令内务部分电各省都督所属行政各部改称为司》，载南京《临时政府公报》第十一号，一九一二年二月九日

饬庄蕴宽将周阮冤案改交沪军都督办理令[①]

（一九一二年二月九日刊载）

兹据左横等呈控姚荣泽擅杀周实丹、阮式一案，既然指证有人，即是非无难立白。复据近日各报揭载姚荣泽罪状，舆论所在，亦非无因。该案系在沪军都督处告发，且顾振黄等亦已到沪候质，应将全案改归沪军都督彻查讯办，以便迅速

———————

① 庄蕴宽时任江苏都督。

了结。合就将原呈发交贵都督查照，仰即将全案卷宗一并移交沪军都督办理可也。此令。

据《大总统令江苏都督庄蕴宽据左横等呈诉周阮冤案请改交沪军都督办理》，载南京《临时政府公报》第十一号，一九一二年二月九日

饬张察将姚荣泽及全案卷宗解送沪军都督讯办令

（一九一二年二月十日刊载）

南通州张总司令察鉴：

山阳周实丹、阮式被杀一案，迭经各处来电伸诉，非彻底查究，不足以彰国法而平公愤，仰该司令迅将姚荣泽及此案证据卷宗，克日遴派妥员解送沪军都督讯办，毋庸再行解交江苏都督。切切。

总统孙文

据《大总统电令南通州总司令将姚荣泽及全案卷宗解送沪都督讯办文》，载南京《临时政府公报》第十二号，一九一二年二月十日

饬陈其美秉公讯办周阮被杀案令

（一九一二年二月十日刊载）

沪军陈都督其美鉴：

山阳周实丹、阮式惨被杀害一案，前据姚荣泽来呈，以地属江苏管辖，当经批令江苏都督讯办。顷阅来电，此案既经周、阮二人家属及各团体迭向贵都督告发，自应径由贵都督讯明律办，免致枝节横生，沉冤莫白。已饬南通州张司令察，火速将姚荣泽及此案紧要证据卷宗遴委妥员解交贵都督，秉公讯办，以彰国法而平公愤，并令行江苏都督知照矣。

总统孙文

据《大总统电令沪都督秉公讯办周阮被杀案文》，载南京《临时政府公报》第十二号，一九一二年二月十日

饬安徽都督查究贵池小学损失各物令

（一九一二年二月十日刊载）

临时大总统令

兹据贵池县小学堂呈报损失请饬查办等因。查军兴以来，戎马云集，其间难免无少数不肖军人蹂躏文府，祸及图籍。然其咎虽在士卒之不守纪律，其责则不能不归诸将领之疏于约束，若不彻查究办，将何以维持秩序而保护教育？合就将原呈发交贵都督，仰即按照各节切实查明究办，以肃军纪，是为至要。此令。

计发贵池小学堂呈报损失请予查办原呈一件。

据《大总统令安徽都督查明彻究贵池小学损失各物》，载南京《临时政府公报》第十二号，一九一二年二月十日

饬江苏都督转饬南洋印刷厂职员迅办交代令

（一九一二年二月十一日刊载）

据该都督呈称：南洋印刷厂确属江苏财产，含省有之性质，今政府既需借用，自无不可，请令行该都督存案，转饬遵办。并据该厂总理茅乃登及厂员公禀：以该厂自茅乃登接管后，并未领有官款，请将茅乃登接办后筹垫及积欠职员工役薪资等分别给还前来。查该厂既系江苏产业，自应由政府借用，合行令仰该都督遵照，迅即转饬该厂职员，克日清算款项，整理簿籍，将全厂事务妥交本府印铸局长黄复生管理。至该厂经理茅乃登所垫之款及积欠职员工役薪资，应俟交代时由接收职员体察情形酌量办理，固不可累及私人，亦不能滥支公帑，并将此意转饬知之。此令。

据《大总统令江苏都督转饬南洋印刷厂职员迅办交代》，载南京《临时政府公报》第十三号，一九一二年二月十一日

批谭道渊为盐务改革呈^①

（一九一二年二月十一日收到来呈）

着交财政部详细调查。如有可采，仰与实业部互商办理。总统批。

据"南京临时政府档案"原件，南京、中国第二历史档案馆藏

饬财政部核办沈秉荃呈请代招银行股本令

（一九一二年二月十二日）

临时大总统令

据沈秉荃禀请自愿分赴海内外各商埠承募公债，并代招中国银行股本等情前来。查公债一项，前据该部来呈，当经批准派令汤寿潜前往南洋劝募在案，应无庸议。至所请代招银行股本一节，是否可行，合行令仰该部核办。原禀附发。此令。

财政部总长陈锦涛知照

计发沈秉荃原禀一件。

孙文

中华民国元年二月十二日

据"南京临时政府档案"原件，南京、中国第二历史档案馆藏

---

① 谭道渊原任镇军内秘书长，苏沪光复后曾派员调查两淮盐政。他在本呈文中主张，以曾国藩办盐务之法为基础进行"兴利除弊"。一方面发扬利国、便民、恤商"三利"；另一方面化解"三弊"，即化除引界而取消缉私、改定桶价而易钱币为银币、录用人员而易衙役为员司。

咨临时参议院辞临时大总统职文

（一九一二年二月十三日）①

　　前后和议情形，并昨日伍代表得北京一电，本处又接北京一电，又接唐绍仪电，均经咨明贵院在案。本总统以为我国民之志，在建设共和，倾覆专制，义师大起，全国景从，清帝鉴于大势，知保全君位必然无效，遂有退位之议。今既宣布退位，赞成共和，承认中华民国，从此帝制永不留存于中国之内，民国目的亦已达到。当缔造民国之始，本总统被选为公仆，宣言誓书，实以倾覆专制、巩固民国、图谋民生幸福为任，誓至专制政府既倒，国内无变乱，民国卓立于世界，为列邦公认，本总统即行解职。现在清帝退位，专制已除，南北一心，更无变乱，民国为各国承认，旦夕可期，本总统当践誓言，辞职引退。为此咨告贵院，应代表国民之公意，速举贤能，来南京接事，以便解职。

　　附办法条件如左：

　　一、临时政府地点设于南京，为各省代表所议定，不能更改。

　　一、辞职后俟参议院举定新总统亲到南京受任之时，大总统及国务各员乃行辞职。

　　一、临时政府约法为参议院所制定，新总统必须遵守颁布之一切法制章程。

据《临时大总统咨参议院辞职文》，载南京《临时政府公报》第十七号，一九一二年二月二十日

----

　　① 本篇及下篇底本无日期。据观渡庐（伍廷芳）编《共和关键录》（上海，著易堂书局一九一二年十一月出版）所载是年二月十四日孙文致伍廷芳、唐绍仪电（即寒电）称："昨十点得退位诏，即开阁议，逗夜爹凶（按此四字当系"连夜提出"之误）辞表于参议院，推项城。"这段文字意为十三日晚十时孙文闻讯后即开内阁会议，随着赶到临时参议院提出辞呈，并递交推荐袁世凯书。这两个文件的日期即据此酌定。按当时已是深夜，孙文在参议院继续逗留必延至翌日凌晨，故在其他电文中，又有将这两个文件的日期误定为十四日者。

咨临时参议院推荐袁世凯文

（一九一二年二月十三日）

今日本总统提出辞职，要求改选贤能。选举之事原国民公权，本总统实无容喙之地。惟前使伍代表电北京，有约以清帝实行退位，袁世凯君宣布政见赞成共和，即当推让。提议于贵院，亦表同情。此次清帝逊位，南北统一，袁君之力实多，发表政见更为绝对赞同，举为公仆，必能尽忠民国。且袁君富于经验，民国统一，赖有建设之才。故敢以私见贡荐于贵院，请为民国前途熟计，无失当选之人，大局幸甚。此咨。

据《临时大总统咨参议院推荐袁世凯文》，载南京
《临时政府公报》第十七号，一九一二年二月二十日

准财政部从权办理盐政令

（一九一二年二月十四日刊载）

据该部呈称："淮南盐课甲于各省，去岁两淮歉收，借运芦盐存于沪栈及十二圩者计十五万引。自引岸梗阻，运商观望，悬欠水脚为数甚巨，以至盐为洋商扣抵，各岸缺盐，民困淡食，盐课久亏，饷源日绌，沪军派员沈翔云设立公司名目，皖军派员陈策亦欲本省自办，数月以来，相持未决。按此争议起于筹饷，不止关乎盐政，是调停之法，只有归于中央办理，由本部暂为筹运，将该项盐款悉充军实，所缴课税，总收分解存储中国银行"等由前来。查现在盐政办法尚未得宜，而旷日持久，又碍饷源，应准暂由财政部从权办理，以裕军资，而免纷歧。此令。

据《大总统令财政部呈请盐政办法文》，载南京
《临时政府公报》第十五号，一九一二年二月十四日

饬陆军内务两部派员会同教育部调查员
保护各处学堂及充公房屋令

（一九一二年二月十四日）

据教育部呈："窃南京自光复以后，凡学堂局所及充公房屋等处，恒为兵队驻扎，所有房屋、器物、书籍、仪器等，多遭焚毁搬取，损失甚巨，公家财产措办匪易，亟应加以保护。敝部前经派员分路调查各学堂所存书籍、仪器，随加封条，以免再遭损失。惟到处仍有军队驻扎，恒与调查员龃龉。至充公之房屋内中所有精本书籍亦复不少，调查员前往，亦恒为看守人所拒，敝部权力实有不及，为此呈请大总统，令下陆军部、内务部各派人员，会同敝部调查员前往办理，庶几公家保存一分财产，即社会多培一分元气。为此呈请大总统即日令行，无任盼切"等情前来。合就令行该部，速派妥员，会同教育部调查员及内务、陆军部所派人员，前往各处学堂及前查封充公之家屋内妥慎照料保护，毋任毁坏散失，以重文教而保公产。此令。

据《大总统令陆军内务两部派员会同教育部调查员
保护各处学堂及前查封充公之家屋文》，载南京《临
时政府公报》第十五号，一九一二年二月十四日

率同各部长以次人员恭谒孝陵令

（一九一二年二月十四日）

临时大总统令

清帝已明颁谕旨，宣告退位，以统治权公诸全国。革命之事业告成，民国之基础大定，联五族为一家，合南北为一体，实民国之盛事，世界之美谭，宜举庆典，同伸欢祝。兹定于十五日率同各部长以次人员恭谒孝陵。睹前烈之遗徽，山河不改；抚今日之时局，烽火全消。为此令仰该部遵照并转饬前往人员须于十一时半到孝陵地方会集随同行礼。此令。

外交部总长王宠惠知照

孙文

中华民国元年二月十四日

据"南京临时政府档案"原件，南京、中国第二历史档案馆藏

给蓝天蔚胡瑛的训令

（一九一二年二月十五日）

所有北军刻已赞同共和，政府曩者南北对峙，今已合成一体，无复有滥事残杀之理。若尚有执迷动兵者，则是南北公敌，中华民贼，吾人所认为反对共和而无忌惮者也。切盼我共和国军人，必须同心协力，决志讨伐，以歼丑类。是以贵官自今以后北伐军改称伐〔讨〕虏军，将专以讨灭反抗民军者为目的，至各军队均留现驻地点，振肃军纪，慎重操练，勿滥事杀伐。

据《南京陆军军部转致孙大总统训令》，载
一九一二年二月十六日奉天《盛京时报》

饬财政部办理前清沪道交托比国存款令

（一九一二年二月十七日）

临时大总统令

据民国协济总会呈称："查得前清沪道存放各商号公私款项，共银拾六万两，交托比国领事代行收贮"等由。为此令行该部迅即查明办理。合就将原呈发交。此令。

财政部总长陈锦涛知照

计发公文一件：民国协济总会呈请收回前清沪道存款由。

孙文

中华民国元年二月十七日

据"南京临时政府档案"原件，南京、中国第二历史档案馆藏

批庄蕴宽准将江南造币厂仍暂留宁省照旧办理呈

（一九一二年二月十七日）①

据代理江苏都督庄蕴宽呈称："案查江南造币厂经前清两江总督奏准开办，鼓铸银铜各币，流通市面，接济饷项，以宁省库款为其基金，所获余利，亦向归宁省支配，抵补各项不敷之款，是宁省所恃为利源者该厂实为大宗。虽经前清度支部筹拟统一办法，议归国家办理；旋以该厂关系宁省利源，遽予改隶中央，本省饷源立绌，无法另筹抵补，因仍准留归宁省办理，由部颁发钢模，照式鼓铸，仍以余利备支本省应支各款，俾于本省利源及度支部统一办法两不相妨。可见宁省不得已之办法，在前清政府所以特准者，亦事势然也。光复以后，亟应赓续办理，为维持本省财政之计，节经都督委任王宰善充该厂总办，俾得照常鼓铸，保全固有之利，俾支各项要需。兹据该总办复称'奉委以后，节经调查该厂现在情形，并晤商财政部长陈锦涛，查悉该厂现经改归中央政府接管'等情前来，不胜惊异。伏查该厂向归宁省管辖，前清度支部不遽予归并者，原以该厂余利所入支给本省要政，所需甚巨，因准留办。现值光复伊始，本省财源之滞，不可胜言；而善后之策，待支之款，正待筹划。加以军饷浩繁，迫不容缓，罗掘无所，筹补为难。设并此固有之利，向所资为挹注者，听其骤失，目前大局何以支持？况国家财政所恃乎计臣之酌剂者，原期益寡哀多，得其平准，而非以损彼益此为政策，是该厂应归宁省接办，而中央政府只立于监督地位，毫无疑义。抑都督更有进者：现正南北协议统一，关于财政事项，应如何通筹并头，尚待踌躇，断非目前所能解决，国有省有，必先察其性质，考其事实，预筹抵补之方，俾无碍于行政要需，复得议会之公决，始能定议。而目前宁省待支之款万分紧要，无米何以为炊，断不能束手坐待，言念至此，焦灼万状。再四思维，惟有恳请大总统鉴核，准将江南造币厂仍暂留宁省照旧办理；并请指令财政部，迅将该厂点交王总办接办，俾资鼓铸，而济饷源"等情前来。

---

① 此为发布日期。

查造币权理应操自中央，分隶各省是前清秕政，未可相仍。惟宁省行政之费，既赖造币厂为挹注，一旦失此利源，该省财力因而支绌，尚属实情。除批答外，合行令仰该部妥筹抵补之方，俾资行政之费。切切。此令。

据《大总统令财政部为江苏都督呈请将江南造币厂仍暂归宁省办理由》，载南京《临时政府公报》第十九号，一九一二年二月二十二日

咨参议院答复汉冶萍借款并无违法文

（一九一二年二月十八日）

二月十二日贵院质问违法借款两则，政府据院议通过之国债一万万元，因仓猝零星征集，颇难应急，遂向汉冶萍及招商局管产之人商请，将私产押借巨款，由彼等得款后，以国民名义转借于政府，作为一万万元国债内之一部分。嗣又因政府批准以汉冶萍由私人与外人合股得钱，难保无意外枝节，旋令取销五百万元合股之议，仍用私人押借之法，借到二百万元转借于政府。是政府原依院议而行，因火急借入二百万元，以应军队之要需，手续未及分明，至贵院有违法之防。至现行于江宁之军用手票，系借自上海地方政府之中华银行，当时军用万急，兵士索饷，据称即空票亦愿领受，查得上海政府已通行有此手票，遂向借发；旋恐有碍商市，即将汉冶萍私人借来之国债随时收放。贵院欲得该手票之报告，当由上海地方政府一并造报，以免纷歧。据此实无违法及另造报告之处，故未即答为歉。此咨。

据《大总统咨参议院答复汉冶萍借款并无违法文》，载南京《临时政府公报》第二十六号，一九一二年三月一日

令内务部凡谒陵时被践损伤田苗准照数赔给示文

（一九一二年二月二十日刊载）

凡为谒孝陵时，被车马及军队一路践损之田苗，准由地主到本部呈报，核明

实情，照数赔给。

据《内政部奉大总统令凡谒陵时被践损伤田苗准照数赔给示》，载南京《临时政府公报》第十七号，一九一二年二月二十日

令内务部核办江宁自治公所等请另委南京府知事呈

（一九一二年二月二十一日刊载）

兹有江宁自治公所等呈请另行遴选南京府知事公文一件，应归该部核办。

据《内务部批元〔江〕宁自治公所等请另委南京府知事呈》，载南京《临时政府公报》第十八号，一九一二年二月二十一日

饬庄蕴宽咨实业部明定范围取缔渔业公会令

（一九一二年二月二十二日）

案查江阴大通渔民杨烺等前以组织渔业公会恳请准予立案，并颁给关防等情，具呈前来，当经发交贵都督核办在案。本总统并未批准，该渔民等何得凭空影射，希图垄断，殊属不合，着即申斥。至来呈所称土地与流域同为国家领土，即水课与地税并重，应拟令渔户按帮缴纳水课，以裕国家正课，并明定范围，严加取缔，俾免该渔民等得藉公会之名义而遂其垄断之私图，自是正办。合就将原书发交贵都督查照，仰即咨商安徽都督，会咨实业部妥为核办可也。此令。

据《大总统令江苏都督庄蕴宽咨商安徽都督会咨实业部明定范围取缔渔业公会由（附江苏都督呈）》，载南京《临时政府公报》第十九号，一九一二年二月二十二日

批法制局询新闻杂志演说会应否归教育部管理呈

（一九一二年二月二十二日刊载）

呈悉。教育部官职令修改全案，已咨交参议院并案议决。至来呈所称："教

育部原案中社会教育司编辑所掌新闻、杂志、演说会等事，据中央各部官制及其权限法案所定，应归内务部掌管。此等事项既非宗教，又非礼俗，初六日阁议并未提及，究竟该项事务应归教育部管理与否，请示遵办"等语，查新闻、杂志、演说会等事，自应归内务部管理，即行查照订定可也。此批。

据《大总统批法制局呈教育部官职令修改全案并新闻杂志演说会应归教育部管理与否请示遵由》，载南京《临时政府公报》第十九号，一九一二年二月二十二日

饬交通部规定宁省铁路时刻表以利行旅令

（一九一二年二月二十二日刊载）

查宁省铁路衔接沪宁车站以达本城，往来行旅，日甚频繁，关系交通，其事綦重。乃自光复以来，该路开车时刻尚无定准，不特使行旅有阻滞之虞，且于公事亦多贻误，亟应整顿，以利交通。合就令行贵部，仰即迅将该路开车时刻妥为规定，饬令遵行，是为至要。此令。

据《大总统批法制局呈教育部官职令修改全案并新闻杂志演说会应归教育部管理与否请示遵由》，载南京《临时政府公报》第十九号，一九一二年二月二十二日

饬教育部会同内务部核办林宗雪拨地兴学事令

（一九一二年二月二十二日刊载）

军代表[1]林宗雪呈，拟募资开办女子蚕桑学校，恳请拨借绿筠花圃为校地等情。查民国新造，凡有教育，应予提倡，乃足以启文明而速进化，该女代表既能募资设校，热诚可嘉，自当照准。惟该校一切章程应如何订定，所指绿筠花圃是

---

[1] 即女子军代表。

否公产、能否适用之处，应由该部会同内务部查照办理，合就开由发交。此令。

据《大总统令教育部会商内务部核办林宗雪呈请募资开
办女子蚕桑学校并恳拨绿筠花园为校地由》，载南京
《临时政府公报》第十九号，一九一二年二月二十二日

咨黎元洪转达参议院已连举黎为临时副总统文

（一九一二年二月二十二日）①

兹据参议院咨开："本院接黎副总统电称：'中央政府已准备重新组织，副总统及大元帅之职，应先辞退'云云。本院当开会公决，谨从黎君之意，于二十一日开临时副总统选举会，全体一致公举黎元洪君为临时副总统，应具正式公文，恭请受任。兹特具公文一份，敬请大总统转达"等因。准此，相应备文转咨，并特派本府参军黄大伟敬赍该项公文前赴尊处，即希贵副总统查照接受为荷。此咨。

据《孙大总统咨黎副总统转达参议院公举仍为临时副总统文》，
载南京《临时政府公报》第二十二号，一九一二年二月二十五日

咨参议院建议设立开国稽勋局文

（一九一二年二月二十三日刊载）

盖闻劝扬之典，莫要于赏功，服务之官，必望其称职，是故官惟其才，赏惟其功，截然为两事，断未有以官为赏、论功授职者也。溯我民国自造谋光复称兵统一以来，殉义与积功者，既已不可殚数。夫在个人私愿，尽分子之劳，决非市赏；然准建国通法，造公家之利，必当酬庸，此赏恤之规制，未可不定。况赏恤之制未建，军兴之际，将佐官属杂以有功与有才者兼任，国人之观听易淆，必有

---

① 日期据"中华民国"各界纪念国父百年诞辰筹备委员会学术论著编纂委员会主编《国父全集》（台北，"中华民国"各界纪念国父百年诞辰筹备委员会一九六五年十一月出版）酌定。

以为既树建国之勋，例应得官，故有立功而已官者，更望因功迁擢；其尽命而不及官者，亦议按事赠荫。如此则帝王以官赏功之流毒不塞，竟可以不止。现在统一之局大定，干戈待偃，国家之设官有限，而论功者众，借官为酬，与有功不录，皆伤国本，是以急咨贵院，务请速行建议，在临时政府时代，特设一开国稽勋局，俟所议通过，即委任专官领受局事。对于开国一役，调查应赏应恤之人，分别应赏应恤之等，详订应赏应恤之条，再咨贵院议决施行，届时稽勋局即应取销。其给赏给恤之曹司，可议另隶于内部，经此郑重措置，庶于南北新旧纷繁错综之事实，能尽得头绪而各有归束，于是议赏议恤可以不漏不滥，任官与赏功之界限亦得厘然分析，即目前本总统与行政各官属当裁并军队批答恤款之际，皆有所依循，是又足为临时维持秩序、稳固治安之补助也。此咨。

据《大总统咨参议院设立稽局文》，载南京《临时政府公报》第二十号，一九一二年二月二十三日

咨复参议院再质问临时政府抵押借款及发行军用钞票两案文

（一九一二年二月二十三日）

中华民国临时大总统咨

　　贵院二月十三日来咨，质问招商局抵押借款及以汉冶萍煤铁公司押借外债两事；又发行军用钞票实数，一并报告。二月十八日经已咨复。昨二十二日又准贵院来咨，以为未得要领，请派专员到院切实答复。兹将汉冶萍借款手续及军用钞票行使之情形答复如下：

　　一、汉冶萍之款，系该公司以私人资格与日本商订合办，其股份系各千五百万元，尚未通过合同于股东会，先由该公司借日本五百万元，转借与临时政府，而求批准其事，先交二百万至三百万，俟合办合同成立，交清五百万，该款已陆续收到二百万元。本总统以与外人合股，不无流弊，而其交款又极濡滞，不能践期，是以取销前令，惟已收支之二百万元，照原约须为担保之借款。

　　一、军用钞票，当时因中央所印者未能竣工，议借上海已印成者发行。旋因

上海中华银行不肯代负交换之责任，又与订加印南京通用银元及三月通换字样。其时军需孔亟，刻不容缓，是以从权发行，现发有百十余万之数。

除上所答，仍派秘书长胡汉民到院，并将关于汉冶萍借款各种文件携交，以便讨论。

此咨参议院

中华民国元年二月二十三日

据"中华民国"各界纪念国父百年诞辰筹备委员会学术论著编纂委员会主编：《国父全集》，台北"中华民国"各界纪念国父百年诞辰筹备委员会一九六五年十一月出版

饬教育部核办甘霖呈请由美赔款项下给予官费游学美国令

（一九一二年二月二十四日刊载）

兹据甘霖呈请由美赔款项下给予官费游学美国等因。查民国新建，奖励游学而培养人才，实为当今急务。但资格如何选派，学费如何筹措，应由该部统筹全局，酌核办理，合就将原呈发交该部，仰即查照核办可也。此令。

据《大总统令教育部核办甘霖呈请由美赔项下给予官费游学美国由》，载南京《临时政府公报》第二十一号，一九一二年二月二十四日

饬陆军部选派卫兵驻参议院守卫令

（一九一二年二月二十四日刊载）

据参议院咨称："按本院办事规则第三十三条，应置守卫长一人，守卫兵四十二人。目下本院已完全成立，亟需添置守卫。查驻宁沪军精神秩序，皆有可观，请迅赐行知陆军部，就沪军中选派兵士四十二人，并遴选守卫长一人，常驻本院，

以备守卫"等因。查守卫事宜关系重要，仰即迅速查照办理为要。此令。

据《大总统令陆军部选派卫兵驻参议院守卫由》，载南京
《临时政府公报》第二十一号，一九一二年二月二十四日

饬陆军内务财政三部遵照原议令①

（一九一二年二月二十四日）

案据陆军部呈开："统一军政、民政、财政办法，请咨参议院议定办法"等因。据此，当即咨移参议院照议。兹据咨覆前来，合就令行该部，仰即会同陆军、财政、内务三部遵照原议妥为办理可也。此令。

据《大总统令陆军内务财政三部照参议院议案将各省军
政分府酌改为司令长不得干涉民政财政由》，载南京《临
时政府公报》第二十一号，一九一二年二月二十四日

饬财政部准安徽都督呈请拨盐分销令

（一九一二年二月二十五日刊载）

据安徽都督孙毓筠呈请："皖省需盐甚多，请将财政部刻下所承办之芦盐一项，速拨二十万包交皖省分销，所得之款解财政部支配"等因前来。查该督呈称各节，系为维持盐食起见，应准如所请，即由该部照数拨给。其分销所得之款，将来仍由该部验收。为此令行该部遵照办理。此令。

据《大总统令财政部准安徽都督呈请拨盐分销由》，载南京
《临时政府公报》第二十二号，一九一二年二月二十五日

---

① 原议案称："……急宜发布临时命令，将军政分府名目即日撤销；如地势上为应驻兵之处，应由该省都督酌设司令部，专管该处军事，所需款项，开列预算，呈由都督核拨。其他民政、财政，悉由地方官主政，司令、部长绝对不得干涉，仍候官制颁行后，另遵通则办理……"

抗议荷兰殖民当局虐待泗水华侨照会①

（一九一二年二月二十六日）

孙中山及临时政府外长王宠惠决定："严诘荷政府，要求赔偿侨民损失，取消苛待华侨特别警律，斥革荷官，限一礼拜内答复，否则，下哀的美敦书，禁止通商，不许民国有荷旗。"

据《南京电报》，载一九一二年二月二十七日上海《民立报》第三页

饬陆军内务两部查封房屋及借用民房
应咨南京府知事令

（一九一二年二月二十七日刊载）

据南京府知事呈称："窃维民胥望治，闾阎首贵保安，官有专司，政令必须统一。当京畿光复之初，各军队封存房屋作为办公驻军之用者，不过一时权宜之计，原非得已，今秩序日渐恢复，亟宜力图治安，凡假托名义擅自查封房屋、搜抄家产诸弊端，必须切实防杜。知事职司行政，视事伊始，凡对于江宁、上元两县人民之财产，自当首先完全保护，何敢瞻徇玩忽，至使地方于干戈之后再有扰害之虞。兹为公安起见，理合呈请大总统鉴核，俯赐通饬各部暨驻宁各军队，嗣后如遇有须查封之房屋及借民房办公者，可分别饬咨知事就近派员查明发封，以安人心而维大局"等情前来。查财产之重，等于生命，光复之始，大敌当前，军情危迫，对于人民财产，保护或不无疏虞，征取亦多无限制，现在南北统一，革

---

① 二月二十日荷属东印度巴达维亚、泗水等地华侨因庆祝民国统一大典，被殖民当局干涉。荷官扯破中国国旗，当场打死打伤华侨多人，事后拘禁大批华侨。为此，孙文与王宠惠严诘荷政府，二十六日临时政府内阁会议并议定交涉条件："一、限三日内释放被捕获者；二、赔偿损失财产；三、被害者之赔偿；四、恢复人权，与欧侨、日侨一律看待，如无满意答复，民国自有相当之对待。"

命事业，完全告成，劳来安集，诸待经营，一夫不获，公仆有责，该知事所请，甚为切要之图，应即照准，合行令仰该部遵照办理可也。

据《大总统令陆军内务两部通饬所属嗣后查封房屋及借民房办公分别饬咨南京府知事文》，载南京《临时政府公报》第二十三号，一九一二年二月二十七日

咨参议院在稽勋局内设捐输调查科文

（一九一二年二月二十七日刊载）

民国建国，为十数年来志士之血所沃成，此国人所公认，前已咨请贵院建议设立稽勋局，详细调查，分别等次，量予赏恤，发扬国光，表彰潜德，为目下切要之图，贵院定表同意。惟义旗之举，必有所资，诛锄民贼，非可徒手，或助饷于光复之日，或输资于暗杀之辰，毁家纾难，实无以异于杀身成仁。至当日党人筹措军债，曾许偿还，虽出资者以义忘利，而民国坐享成功，莫为之报，何以昭大信而劝方来？本总统以为稽勋局内可附设一捐输调查科，专调查光复前后输资人民，其持有证券来局呈报，或由他项方法确实证明者，就其输助金额，给以公债票。为此咨请贵院，归并前案，早日议决咨覆，以便施行。

据《大总统咨参议院在稽勋局内设捐输调查科文》，载南京《临时政府公报》第二十三号，一九一二年二月二十七日

批旅沪甘肃同乡会康新民等公举
岑春煊为甘肃都督文

（一九一二年二月二十七日刊载）

自民国成立以来，宪法尚未规定，各省都督皆由自举。今甘省旅沪同乡会决议，举岑西林为甘省都督，于事理实属可行，惟必本省赞成之人，多数同意允担任筹备进行经费，及先商请岑西林允肯就任，本总统乃能发给委任状以委任之。

此批。

据《大总统批旅沪甘肃同乡会康新民等公举岑春萱〔煊〕为甘肃都督由》，载南京《临时政府公报》第二十三号，一九一二年二月二十七日

饬内务部准中华民国红十字会立案令

（一九一二年二月二十九日刊载）

兹准黎副总统电开："鄂省自起义以来，血战数十日，尸骸枕藉无算，幸赖中国红十字会在武汉设立临时医院，救治被伤兵士，并施掩埋。兹查该会已由日本赤十字社长松元侯爵特派法学博士有贺长雄来沪商榷修改会章，复承介绍得邀万国红十字联合会公认该会为中华民国正式红十字会。此次民军起义，东西南北各省均设立分会，共五十余处，所费不赀，其功甚巨，如此热心慈善事业，似不可不特别表彰。伏恳准予立案，揭诸报章，以资提倡而重诚〔情〕感"等因前来。查该会热诚毅力，殊堪嘉尚，应予立案，以昭奖劝。合就令行该部，仰即查照可也。此令。

据《大总统令内务部准予中华民国红十字会立案文》，载南京《临时政府公报》第二十五号，一九一二年二月二十九日

批江安渔业公会为前后批词不同请更正公报呈

（一九一二年二月二十九日刊载）

呈悉。前因临时政府成立伊始，各部尚未组织完全，该会来呈当由秘书处函复，不过认为暂时有此事实，并非予以特权，与正式批准不同。嗣据江苏都督呈请取缔，当令该都督咨商安徽都督会咨实业部妥为核办，仰即知照。此批。

据《大总统批江安渔业公会为前后批词不同请更正公报呈》，载南京《临时政府公报》第二十五号，一九一二年二月二十九日

批王先孚请押追谢仲山骗欠工价以重债权呈

（一九一二年二月二十九日刊载）

据称："旧岁三月间，谢仲山欠该人民工价壹千九百元有奇，控由地方审判厅判令谢仲山照给，迄今仍未遵判偿还"等情前来。查执行判决系检察厅之专责，应由该人民自向地方检察厅诉追可也。此批。

据《大总统批王先孚请押追谢仲山骗欠工价以重债权呈》，载南京《临时政府公报》第二十五号，一九一二年二月二十九日

饬财政部查照承认中华银行为商银行并予补助令

（一九一二年二月二十九日）

临时大总统令

据中华银行股东郭辉等呈称："商等前以本行垫发沪军公款太多，力不能支，请照原定章程，颁给公股洋壹百贰拾伍万元，并公举代表江上青君叩谒钧座，面陈一切，荷函致陈财政长筹款照拨。惟陈财政长以此行未经中央组织，颇有难意。伏念沪军起义之时，中央政府尚未成立，当此金融沮塞、百事待举之际，必先筹设财政机关，以资挹注。于是沪军陈都督特命沈财政长从速筹办，七日告成，当订招股章程，公股商股各半。商等以此行为经济要素，民国首基，不惜鬻产举债，以附股份。当此之时，苏军甫经反正，张军尚踞金陵，大局甚危，人心未定，沪上兵民，一夕数惊。若非本行拄撑，肆应其间，事变之生，未可逆料。是沪督之创此行，非为沪民计，实为民国全局计；商等之乐附股本，非为沪军计，实为热心共和计。窃意政府成立之后，必将本行原订章程宣布承认，特别保护，以示奖励而劝国民。乃一再禀陈，虽蒙钧座俯鉴下忱，优谕慰允，一则饬拨巨款，设立南京分行，再则准照原章，拨发公股资本，无如当事者每以财政困难无力应付为言。在当局者，自有苦衷。然本行办事之人，既已呕心绞脑数月之久，中华之名称亦已中外皆知，商等力虽微薄，断不忍坐听其澌灭。现惟有赶紧招集商股，以

巩基础，一面先在南京设立分行，以扩营业。至本行性质究居何等，从前沪军府原订章程，是否仍行承认，应请大总统俯赐察核批示遵行。又南京分行，刻拟即日先行设立，应恳令知财政部立案，确予保护"等情前来。

查该行系在沪上光复之时，由沪军陈都督饬令沪财政长等所组织。在当时中央政府尚未成立，金融阻塞，商旅束手。沪军当东南之要冲，征兵转饷，时机危迫，间不容发，赖该行之功，遂得应付裕如。是陈都督筹划之劳，该行维持之力，均不可掩。为此，令仰该部查照，认该行为商银行之性质，由国家补助股份一半。其办法如日本银行之对于正金银行。如目前无现金，可给以公债票壹百贰拾伍万作抵。庶政策既不因之违碍，商本亦赖以维持矣。此令。

财政部总长陈锦涛知照

孙文

中华民国元年二月二十九日

据"南京临时政府档案"原件，南京、中国第二历史档案馆藏

对吴铁城的面谕

（一九一二年二月）

江西铁路已向沪某洋行押洋一百万，今电致麾下为充中央政府用，加借一百五十万，共二百五十万。请派与南浔铁路有关系公正人前来中央政府接洽。

据《赣议会反抗借路条款》，载一九一二年二月十三日上海《申报》

令陆军部转饬所属遵行公债票定章

（一九一二年三月一日刊载）

据财政部总长陈锦涛呈称："准公债司呈'为公债募集不宜杂乱以杜流弊而免厉民事。窃维公债之担负在于国民，公债之利病视乎办法，发行有方则偿还可必，经理画一则募集不紊。此次发行军需公债定章，只准各省都督分任募集，业

经咨明各督在案。查此项公债，原以集巨款而助军需，惟不便听令各军队进〔径〕行来部请领债票以为军饷。盖如是则纷歧可免，办理有条，庶流弊不生，投资应募及纳税任还者皆得减轻其担负，而于民国共和之治、总统民生之义不相违背。乃今各处军队纷纷以出发购械为词来部领票，殊乖定章，于公债前途实多窒碍。应请呈明大总统饬下陆军部及各省都督，毋许军队径行来部请领公债票或预约券，须由该管各都督备咨转领发给，以昭划一，伏请裁断施行'等因。准此，查原呈所称各节系为慎重债务起见，除分咨各省都督外，理合据情转呈钧府鉴核，伏乞迅令陆军部查照，转饬所属一体遵办"等情。为此合行令仰该部查照，并饬所属一体遵行，以重公债而昭划一。切切。此令。

据《大总统令陆军部遵照财政部公债票定章并饬所属一体遵行由》，载南京《临时政府公报》第二十六号，一九一二年三月一日

饬财政部与交通内务两部协商
张人杰褚民谊等输款事宜令

（一九一二年三月一日刊载）

据交通部转呈商人张人杰、褚民谊等呈称："目击时艰，情殷输助，愿输集款项十万两，报效政府。当经财政部核议，据称尚属可行"等情前来。合行令仰该部，按照该商原禀所列各条，详加研求其中有无磋商之处，亦由该部协商交通部、内务部筹度情形，径与该商等妥拟办法，务期有裨国帑，无害政策。切切。此令。

据《大总统令财政部核议商人张人杰褚民谊输集款项并协商交通内务两部妥拟办法由》,载南京《临时政府公报》第二十六号，一九一二年三月一日

咨参议院请议决张人杰等输款助饷事文

（一九一二年三月一日刊载）

兹据交通部转呈商人张人杰、褚民谊等呈称愿输集款项十万两以充军饷等因，当经财政部核议，据称尚属可行。合将该商人原呈咨请贵院议决，即行赐覆，并望迅速办理为幸。

据《大总统咨参议院请议决商人张人杰褚民谊等愿输集款项十万两以充军饷文》，载南京《临时政府公报》第二十六号，一九一二年三月一日

颁给李笃宾旌义状

（一九一二年三月一日）

旌义状：李笃宾于中华民国开国之始，踊跃输将，军储赖济，特给予旌义状，奕代后民，永多厥义。此旌。

临时大总统孙文

中华民国元年三月初一日

据原件照片，台北、中国国民党文化传播委员会党史馆藏

颁给温庆武旌义状

（一九一二年三月一日）

旌义状：温庆武先生于中华民国开国之始，踊跃输将，军储赖济，特给予旌义状，奕代后民，永多厥义。此旌。

临时大总统孙文

中华民国元年三月初一日

据原件照片，台北、中国国民党文化传播委员会党史馆藏

颁给陈新政旌义状

（一九一二年三月一日）

　　旌义状：陈新政先生于中华民国开国之始，为国宣劳，不遗余力，特给予旌义状，奕代后民，永多厥义。此旌。

临时大总统孙文

中华民国元年三月初一日

据原件照片，台北、中国国民党文化传播委员会党史馆藏

颁给檀香山正埠《自由新报》旌义状

（一九一二年三月一日）

　　旌义状：《自由新报》于中华民国开国之始，宣扬大义，不遗余力，特给予优等旌义状，奕代后民，永多厥义。此旌。

临时大总统孙文

（中华民国临时大总统印）

中华民国元年三月初一日

据原件，檀山中山学校①藏

颁给《少年中国晨报》旌义状

（一九一二年三月一日）

　　旌义状：《少年中国晨报》于中华民国开国之始，宣扬大义，不遗余力，特

---

　　①　该校系据孙文的建议于一九一一年二月在檀香山正埠创办，原称"华文学校"，一九二八年改名"檀山中山学校"。

给予优等旌义状，奕代后民，永多厥义。此旌。

临时大总统孙文

中华民国元年三月初一日

据《少年中国晨报五十周年纪念专刊》，一九六〇年十二月出版

颁给埔吧哇觉群书报社旌义状

（一九一二年三月一日）

旌义状：埔吧哇觉群书报社于中华民国开国之始，踊跃输将，军储赖济，特给予旌义状，奕代后民，永多厥义。此旌。

临时大总统孙文

中华民国元年三月初一日

据原件照片，台北、中国国民党文化传播委员会党史馆藏

颁给刘易初旌义状

（一九一二年三月一日）

旌义状：刘易初先生于中华民国开国之始，踊跃输将，军储赖济，特给予旌义状，奕代后民，永多厥义。此旌。

临时大总统孙文

中华民国元年三月初一日

附：陆文辉致刘易初函摘要

（一九一二年六月六日）

刘易初先生大鉴：

兹奉中山先生命，特给先生旌义状，今托邮局代为奉上，到日祈为查收示复

是荷。至于我党素持三民主义，今民族、民权目的已达，独民生主义为有经济问题未能办到，尤望先生等竭力鼓吹，使海外同胞早回祖国……

陆文辉

据原件照片，台北、中国国民党文化传播委员会党史馆藏

颁给林镜秋旌义状

（一九一二年三月一日）

旌义状：林镜秋先生于中华民国开国之始，办务多年，颇资得力，特给予旌义状，奕代后民，永多厥义。此旌。

临时大总统孙文

中华民国元年三月初一日

据《黄冈革命史迹摄影集》，台北、
中国国民党文化传播委员会党史馆藏

颁给沈联芳旌义状

（一九一二年三月一日）

旌义状：沈联芳先生于中华民国开国之始，为国宣劳，不遗余力，特给予旌义状，奕代后民，永多厥义。此旌。

临时大总统孙文

中华民国元年三月初一日

据《黄冈革命史迹摄影集》，台北、
中国国民党文化传播委员会党史馆藏

颁给陈信藩旌义状

（一九一二年三月一日）

旌义状：陈信藩先生于中华民国开国之始，踊跃输将，军储赖济，特给予旌义状，奕代后民，永多厥义。此旌。

临时大总统孙文

中华民国元年三月初一日

据《黄冈革命史迹摄影集》，台北、
中国国民党文化传播委员会党史馆藏

颁给许柏轩旌义状

（一九一二年三月一日）

旌义状：许柏轩先生于中华民国开国之始，办务有年，颇资得力，特给予旌义状，奕代后民，永多厥义。此状〔旌〕。

临时大总统孙文

中华民国元年三月初一日

据《黄冈革命史迹摄影集》，台北、
中国国民党文化传播委员会党史馆藏

颁给徐赞周旌义状

（一九一二年三月一日）

旌义状：徐赞周先生于中华民国开国之始，踊跃输将，军储赖济，特给予旌义状，奕代后民，永多厥义。此旌。

临时大总统孙文

中华民国元年三月初一日

据徐市隐著，缅甸中国同盟会革命史编纂处增编：《缅甸中国同盟会开国革命史》，思明日新书局一九二九年八月出版

颁给何荫三旌义状

（一九一二年三月一日）

旌义状：何荫三先生于中华民国开国之始，踊跃输将，军储赖济，特给予旌义状，奕代后民，永多厥义。此旌。

临时大总统孙文

中华民国元年三月初一日

据徐市隐著，缅甸中国同盟会革命史编纂处增编：《缅甸中国同盟会开国革命史》，思明日新书局一九二九年八月出版

颁给潘叔谦旌义状

（一九一二年三月一日）

旌义状：潘叔谦先生于中华民国开国之始，热心筹饷，颇资得力，特给予旌义状，奕代后民，永多厥义。此旌。

临时大总统孙文

中华民国元年三月初一日

据原件照片，台北、中国国民党文化传播委员会党史馆藏

颁给槟城书报社旌义状

（一九一二年三月一日）

　　旌义状：槟城书报社于中华民国开国之始，宣扬大义，不遗余力，特给予优等旌义状，奕代后民，永多厥义。此旌。

临时大总统孙文

中华民国元年三月初一日

据原件影印件，台北、中国国民党文化传播委员会党史馆藏

颁给松柏港民群书报社旌义状

（一九一二年三月一日）

　　旌义状：松柏港民群书报社于中华民国开国之始，踊跃输将，军储赖济，特给予旌义状，奕代后民，永多厥义。此旌。

临时大总统孙文

中华民国元年三月初一日

据原件影印件，台北、中国国民党文化传播委员会党史馆藏

颁给梅乔林旌义状

（一九一二年三月一日）

　　旌义状：梅乔林于中华民国开国之始，为国宣劳，颇资得力，给予优等旌义

状，奕代后民，永多厥义。此旌。

临时大总统孙文

中华民国元年三月初一日

据原件，台北、中国国民党文化传播委员会党史馆藏

颁给邓慕韩旌义状

（一九一二年三月一日）

旌义状：韩君于中华民国开国之始，为国宣劳，颇资得力，特给予优等旌义状，奕代后民，永多厥义。此旌。

临时大总统孙文

中华民国元年三月初一日

据原件照片，台北、中国国民党文化传播委员会党史馆藏

颁给骆连焕旌义状

（一九一二年三月一日）

旌义状：骆连焕先生于中华民国开国之始，为国宣劳，不遗余力，特给予旌义状，奕代后民，永多厥义。此旌。

临时大总统孙文

中华民国元年三月初一日

据档案，台北、中国国民党文化传播委员会党史馆藏

颁给林义顺旌义状

（一九一二年三月一日）

旌义状：林义顺先生于中华民国开国之始踊跃输将，军储赖济，特给予旌义

状，奕代后民，永多厥义。此旌。

临时大总统　孙文（印）

中华民国元年三月初一日

据《历史之陈迹》（林义顺藏）原件影印件，载
上海《良友》第三十六期，一九二九年三月出版

颁给郑螺生旌义状

（一九一二年三月一日）

旌义状：郑螺生先生于中华民国开国之始，为国宣劳，颇资得力，特给予优
等旌义状，奕代后民，永多厥义。此旌。

临时大总统孙文

中华民国元年三月初一日

据原件影印件，载黄警顽编：《南洋霹雳华侨革命史
迹》，上海，文华美术图书公司一九三三年二月印行

颁给李源水旌义状

（一九一二年三月一日）

旌义状：李源水先生于中华民国开国之始，为国宣劳，颇资得力，特给予优
等旌义状，奕代后民，永多厥义。此旌。

临时大总统孙文

中华民国元年三月初一日

据原件影印件，载黄警顽编：《南洋霹雳华侨革命史
迹》，上海，文华美术图书公司一九三三年二月印行

颁给张永福旌义状

（一九一二年三月一日）

　　旌义状：张祝华①先生于中华民国开国之始，为国宣劳，不遗余力，特给予旌义状，奕代后民，永多厥义。此旌。

临时大总统孙文

中华民国元年三月初一日

据原件照片，载张永福编：《南洋与创立民国》，上海，中华书局一九三三年十月出版

颁给张蔼蕴旌义状

（一九一二年三月一日）

　　旌义状：张蔼蕴先生于中华民国开国之始，为国宣劳，颇资得力，特给予旌义状，奕代后民，永多厥义。此旌。

临时大总统孙文

中华民国元年三月初一日

据原件照片，北京、中国社会科学院近代史研究所藏

颁给周献瑞旌义状

（一九一二年三月一日）

　　旌义状：周献瑞先生于中华民国开国之始，踊跃输将，军储赖济，特给予旌

---

　　①　张永福，字祝华。

义状，奕代后民，永多厥义。此旌。

临时大总统孙文

中华民国元年三月初一日

据原件影印件，载周献瑞：《物无质》扉页，

新加坡，瑞兴号发行，一九三六年八月出版

颁给潘受之旌义状

（一九一二年三月一日）

　　旌义状：潘受之先生于中华民国开国之始，踊跃输将，军储赖济，特给予旌义状，奕代后民，永多厥义。此旌。

临时大总统孙文

中华民国元年三月初一日

据原件影印件，载李穗梅主编：《孙中山与帅府名人文物与未

刊资料选编》，广州，广东科技出版社二〇一一年九月出版

颁给广州《平民报》旌义状

（一九一二年三月一日）

　　旌义状：广州《平民报》于中华民国开国之始，宣扬大义，不遗余力，特给予优等旌义状，奕代后民，永多厥义。此旌。

临时大总统孙文

中华民国元年三月初一日

据黄大德：《新发现的孙中山研究资料》，载广州《学术

研究》一九九六年第十期，一九九六年十月二十日出版

颁给上海《天铎报》旌义状

（一九一二年三月一日）

〈旌义状〉：《天铎报》于中华民国开国之始，宣扬大义，不遗余力，应发给优等旌义状，奕代后民，永多厥义。此旌。

据《临时大总统颁给天铎报旌义状文》，
载一九一二年四月八日上海《天铎报》

严禁鸦片通令

（一九一二年三月二日刊载）

鸦片流毒中国，垂及百年，况溺通于贵贱，流衍遍于全国，失业废时，耗财殒身，浸淫不止，种姓沦亡，其祸盖非敌国外患所可同语，而嗜者不察，本总统实甚惑之。自满清末年，渐知有病，种植有禁，公膏有征，亦欲铲除旧污，自盖前盅；在下各善社复为宣扬倡导，匡引不逮，故能成效渐彰，黑籍衰减。方今民国成立，炫耀宇内，发愤为雄，斯正其时。若于旧染锢疾，不克拔涤净尽，虽有良法美制，岂能恃以图存？为此申告天下，须知保国存家，匹夫有责，束修自好，百姓与能。其有饮鸩自安、沉湎忘返者，不可为共和之民。当咨行参议院于立法时，剥夺其选举、被选一切公权，示不与齐民齿，并由内务部转行各省都督，通饬所属官署，重申种吸各禁，勿任废弛。其有未尽事宜，仍随时筹画举办。尤望各团体讲演诸会，随分劝导，不惮勤劳，务使利害大明，趋就知向，屏绝恶习，共作新民，永雪亚东〔东亚〕病夫之耻，长保中夏清明之风，本总统有后〔厚〕望焉。

据《大总统令禁烟文》，载南京《临时政府
公报》第二十七号，一九一二年三月二日

饬内务部通饬所属禁止买卖人口令

（一九一二年三月二日）①

自法兰西人权宣言书出后，自由博爱平等之义，昭若日星，各国法律，凡属人类，一律平等，无有阶级。其有他国逃奴入国者，待以平民，不问其属于何国。中国政治，代主开放，贵族自由民之阶级，铲除最早，此历史之已事，足以夸示万国者。前清入主，政治不纲，民生憔悴，逃死无所，妻女鬻为妾媵，子姓沦于皂隶，不肯奸人从而市利，流毒播孽，由来久矣。尤可痛者，失教同胞艰于生计，乃有奸徒诱以甘言，转贩外人，牛马同视，终年劳动，不得一饱，如斯惨毒，言之痛心！

今查民国开国之始，凡属国人，咸属平等，背此大义，与众共弃。为此令仰该部遵照，迅即编定暂行条例，通饬所属，嗣后不得再有买卖人口情事，违者罚如令。其从前所结买卖契约，悉与解除，视为雇主雇人之关系，并不得再有主奴名分。此令。

据《大总统令内务部禁止买卖人口文》，载南京《临时政府公报》第二十七号，一九一二年三月二日

饬内务部革除前清官厅称呼令

（一九一二年三月二日刊载）

官厅为治事之机关，职员乃人民之公仆，本非特殊之阶级，何取非分之名称。查前清官厅视官等之高下，有大人、老爷等名称，受之者增惭，施之者失体，义无取焉。光复以后，闻中央地方各官厅漫不加察，仍沿旧称，殊为共和政治之玷。

---

① 日期据"中华民国"各界纪念国父百年诞辰筹备委员会学术论著编纂委员会主编《国父全集》酌定。

嗣后各官厅人员相称，咸以官职；民间普通称呼，则曰先生、曰君，不得再沿前清官厅恶称。为此令仰该部遵照，速即通知各官署，并转饬所属咸喻此意。此令。

据《内务部资各部省革除前清官厅称呼文》，载南京《临时政府公报》第二十七号，一九一二年三月二日

饬内务司法两部禁止刑讯令

（一九一二年三月二日刊载）

近世文化日进，刑法之目的亦因而递嬗，昔之〈恫〉喝威吓报复为帜志者，今也则异。刑罚之目的，在维持国权，保护公安，人民之触犯法纪，由个人之利益与社会之利益不得其平互相抵触而起。国家之所以惩创罪人者，非快私人报复之私，亦非以示惩创使后来相戒，盖非此不足以保持国家之生存，而成人道之均平也。故其罚之之程度，以足调剂个人之利益与社会之利益之平为准，苟暴残酷，义无取焉。

前清起自草昧之族，政以贿成，视吾民族生命，曾草菅之不若。教育不兴，实业衰息，生民失业，及其罹刑网也，则又从而锻练周纳，以成其狱，三木之下，何求不得。彼虏不察，奖杀勖残，杀人愈多者立膺上考，超迁以去，转相师法，日糜吾民之血肉以快其淫威，试一检满清史馆之所纪载，其所谓名臣能吏者，何莫非吾民之血迹泪痕所染成者也。

本总统提倡人道，注重民生，奔走国难二十余载，对于亡清虐政，曾声其罪状，布告中外人士，而于刑讯一端，尤深恶痛绝，中夜以思，情逾剥肤。今者光复大业幸告成功，五族一家，声威远暨，当肃清吏治，休养民生，荡涤烦苛，咸与更始。为此令仰该部转饬所属，不论行政司法官署及何种案件，一概不准刑讯。鞫狱当视证据之充实与否，不当偏重口供；其从前不法刑具，悉令焚毁。仍不时派员巡视，如有不肖官司日久故智复萌，重煽亡清遗毒者，除褫夺官职外，付所司治以应得之罪。吁！人权神呈，岂容弁髦；刑期无刑，古有明训。布告所司，咸喻此意。

据《大总统令内务司法两部通饬所属禁止刑讯文》，载南京《临时政府公报》第二十七号，一九一二年三月二日

批龙华制革厂股商叶韶奎等禀陈历办情形
及现拟扩充办法呈

（一九一二年三月二日刊载）

呈悉。现在民国大局已定，亟当振兴实业，改良商货，方于国计民生有所裨益。披阅所陈历年筹办情形，良工心苦，洵非虚言。至拟更改公司组织，重招新股，力图扩充，树工界之先声，作商场之模范，将于该厂见之。既据分呈各主管官厅，仰即听候各该主管官厅批准立案可也。原呈及说帖清折存。此批。

据《大总统批龙华制革厂股商叶韶奎等禀陈历办情形及现拟扩充办法请批准呈》，载南京《临时政府公报》第二十七号，一九一二年三月二日

饬沪军都督转饬上海财政司
即日停止发行公债票令

（一九一二年三月三日）

据财政部呈称："此次发行中央公债票，原以统一财政，巩固信用，前因报载上海发行公债票广告一则，当由本部援鄂军政府成案，咨请沪军都督转饬财政司迅将广告停刊等因在案，迄今多日，未得咨覆。昨阅《大共和日报》，仍载此项广告，其中仍有商明本部长定以三百万元为限等语。查沪军政府发行债票，诚为救急之举，其在中央债票未发行以前，所售之票本部长准其发行，其在发行中央债票以后，所有沪军政府未售之票，即当截止，屡经王震、朱佩珍二君来部相商，俱以此对，本部长并未认可三百万元之数。乃今阅报载广告所云，事实全不相符，传闻难免误会，本部长职权所在，窃有不能已于言者。姑勿论购票之人财力有限，此盈彼绌，无裨实益；但以上海一隅即有两种债票之流行，非特有伤国体，抑恐贻讥外人。况民国初立，万端待理，各省均有度支匮绝之虞，若皆纷纷

援例，目前虚縻之害犹小，政出多门之消尤大。本部忝掌全国财政，长此纷歧错出，将何以收整齐划一之效？除咨沪军都督外，为此呈请大总统俯赐察核，迅电沪军政府转饬财政司，将上海公债票停止发行，无庸续售；并请查照前咨将已售出之债票查明号码数目，详细列册克日报部，以凭稽核；一面仍来部续领中央债票，继续办理，俾昭统一"等因前来。查该部所呈，为免纷歧而昭信用起见，中央公债票既经发行，上海公债票应即停止，自是正办；为此令仰该都督即行转饬上海财政司，将上海公债票即日停止发行，并查照财政部前咨，将已售之债票查明号码数目，详细列册，克日报部，一面到财政部续领中央债票，继续办理，俾昭划一。切切。此令。

据《大总统令沪都督转饬财政司即日停止发行公债票文》，
载南京《临时政府公报》第二十八号，一九一二年三月三日

批云南留日毕业生杨文彬为被嫌久拘请省释呈

（一九一二年三月三日刊载）

呈悉。该生因嫌被沪军都督府拘置，应候沪军都督讯明发落，已将原呈发交沪军都督秉公核办，所请提宁质讯之处，着毋庸议。此批。

据《大总统批云南留日毕业生杨文彬为被嫌久拘请省释呈》，
载南京《临时政府公报》第二十八号，一九一二年三月三日

饬沪都督核办云南留日毕业生杨文彬
为被嫌久拘请省释令

（一九一二年三月三日刊载）

据云南留日毕业生杨文彬呈称：被嫌久拘，请予省释等情前来。查该生系因嫌由该都督拘置，如讯有触犯民国法令确据，自应予以制裁；倘系无罪，即可早

日复其自由。为此令仰该都督遵照前情秉公核办，原呈并发。此令。

据《大总统令沪都督核办云南留日毕业生杨彬文〔文彬〕为被嫌久拘请省释文》，载南京《临时政府公报》第二十八号，一九一二年三月三日

咨复参议院弹劾吕志伊违法文

（一九一二年三月三日刊载）

接二月二十八日来咨，自系为尊重立法权、保障言论自由起见，诚无可非难之理。惟查法律最重方式，苟方式一有不备，即不能发生效力。此次司法次长吕志伊所发之函，系私人书信，在法律上无施行之效力，不能认为正式公文。该私函所述，仅系发表个人之意思，并无行为。在法律上亦无徒据个人之意思，不问其有无行为遽认为有效之理。来咨以“欲施行”三字断之，未免重视意思，而忽略行为矣。贵院议员刘成禺，现仍在参议院照常发言，身体言论，毫无阻碍，据此即不能断定吕志伊有不法干涉之行为，既无不法干涉之行为，则来咨所指蔑视议院、蹂躏民权之事实皆不成立矣。来咨对于议员刘成禺出言不慎一事，谓即令有之，亦不过偶尔失慎，不能指为违宪之确据。今吕志伊用私人信函，转托请示办法于副总统，亦有如来咨所谓出言偶尔失慎之嫌，本总统何能为之讳。抑共和民国之下，立法权固当倍加尊重，而行政权亦不宜轻蔑，司法次长系民国之望，遽尔因其私函之意思弹劾不职，恐非民国之宜。美国百年以来，议院弹劾行政官不过数次，诚互相尊重维持之至意。当兹民国初定，常人亦不能无过激之意思，其未见于行为者自不必深求，亦不能以其为司法次长而遽据“欲施行”三字加等深文也。此咨。

据《大总统咨覆参议院弹劾司法部次长吕志伊违法文》，载南京《临时政府公报》第二十八号，一九一二年三月三日

咨参议院核议借款救济皖灾案文①

（一九一二年三月三日）②

前据财政部总长陈锦涛呈称："华洋义赈会以安徽救急事宜向四国银行借款请示办法前来，当经饬令该部与该会会商办理"在案。兹再据该部长呈称：据该报告，灾情万急，如十日内无大宗赈款，恐灾民坐毙日以千数。又函称："四国银行允每星期可借十万两，分十六星期，共借一百六十万两，以民国财政部收据交银行存执为暂时担保之证，与现时南北商妥暂借二百万之办法相同。窃以该省兵燹偏灾纷来沓至，物力凋敝，罗掘俱穷。今日复接孙都督电请中央拨助，愿在钱粮项下分年提偿，其窘急情形亦可想见。然恐磋商此项分摊条件，缓不济急，可否俯念民生流离，倒悬待解，借款救济实为瞬不容缓之举，迅将全案理由咨交参议院查照，克日议复，以苏民命"等因。据此，理合咨请贵院查照全案理由，克日议复，以便施行。事关民命，幸勿迟误。此咨。

据《大总统咨参议核议借款救济皖灾文》，载南京
《临时政府公报》第三十号，一九一二年三月六日

准陆军部请奖恤吴禄贞等呈

（一九一二年三月四日）

据该部呈称："窃维荡涤中原，肇建民国，为先祖复累世之仇，为后人造无穷之福，实赴义先烈捐躯洒血以有今日。起义以来，效命疆场，碎身沙漠，若将若士，更仆难数。而吴禄贞、张世膺、周维桢三氏者，为同胞惨死尤最凄怆、恤

---

① 此文一九一二年三月二十四日天津《大公报》第二张（四）以《又咨参议院借款救济皖灾文》刊载。

② 日期据"中华民国"各界纪念国父百年诞辰筹备委员会学术论著编纂委员会主编《国父全集》酌定。

悼宜先抚恤者也。爰采各国抚遗恤亡之例，定抚恤章程。凡此次起义诸将士、兵卒，或遇害于行伍，或遭凶于暗昧，均按其等级高下，申请赐予一时恤金及遗族恤金，以酬忠烈，而励将来。查吴禄贞应照大将军例，赐一时恤金一千五百元，遗族每年恤金八百元；张世膺照右将军例，赐一时恤金一千一百元，遗族每年恤金六百元；周维桢照大都尉例，赐一时恤金九百元，遗族每年恤金五百元。拟请从先酌准，赐予三氏恤金，以为我共和开国报功酬勋之先表，宣示天下，以不负忠烈之意。为此，申请察核，伏乞照准"等情前来。

查民国新成，宜有彰勋之典。吴、周、张三氏，当义师甫起之日，即阴图大举，绝彼南下之援，以张北伐之势。事机甫熟，遽毙凶刃，叠被重创，身首异处，死事至惨。而抚恤之典，尚尔缺如。该部所称，实属深明大体。应准如所请，风示天下。此令。

陆军部总长黄兴知照。

孙　文

中华民国元年三月初四日

据"南京临时政府档案"原件，南京、中国第二历史档案馆藏

饬内务部晓示人民限期剪辫令

（一九一二年三月五日刊载）

满虏窃国，易于〔吾〕冠裳，强行编发之制，悉从腥膻之俗。当其初高士仁人，或不屈被执，从容就义；或遁入缁流，以终余年。痛矣先民，惨罹荼毒，读史至此，辄用伤怀！嗣是而后，习焉安之，腾笑五洲，恬不为怪。矧兹缕缕，易萃霉菌，足滋疾疠之媒，殊为伤生之具。

今者满廷已覆，民国成功，凡我同胞，允宜涤旧染之污，作新国之民。兹查通都大邑，剪辫者已多，至偏乡僻壤，留辫者尚复不少，仰内务部通行各省都督转谕所属地方一体知悉，凡未去辫者，于令到之日，限二十日一律剪除净尽；有不遵者，违法论。该地方官毋稍容隐，致干国犯〔纪〕。又查各地人民，有已去

辫尚剃其四周者，殊属不合，仰该部一并谕禁，以除虏俗，而壮观瞻。此令。

据《大总统令内务部晓示人民一律剪辫文》，载南京
《临时政府公报》第二十九号，一九一二年三月五日

批云南干崖土司刀安仁条陈各土司行政兴革事宜呈

（一九一二年三月五日刊载）

筹边固圉，久为要图，况在共和时代，凡我民国，含生负气之伦，皆归统治，政教所及，原无彼此之分，据该土司所陈各节，间有可行，仰候令行内务部酌核办理可也。此批。

据《大总统批云南千〔干〕崖土司刀安仁条
陈各土司行政兴革事宜呈》，载南京《临时
政府公报》第二十九号，一九一二年三月五日

批刀安仁禀请颁给陆军品级服章
并正式公文以便遵办呈

（一九一二年三月五日）

呈悉，已发交内务部咨商陆军部核办矣。此批。

据《大总统批刀安仁禀请颁给陆军品级服章并正式公文以便遵办
呈》，载南京《临时政府公报》第二十九号，一九一二年三月五日

饬内务部核办云南干崖土司
行政兴革及品级章服令

（一九一二年三月五日）

兹据云南干崖土司刀安仁呈：拟整顿腾永龙顺各属土司行政各条，及禀请领

给品级衣章正式公文等件，先后具呈前来。查筹边固圉，前代久视为要图，况值共和建国，凡属版图内含生负气之伦，皆当同享共和幸福，政教所及，尤不能有畸轻畸重之分。此后对于各处土司行政如何改革，如何设施，皆中央政府所应有之事。合就将原呈发交该部，仰即查照酌核转饬施行。至于该土司请给陆军品级衣章一节，并由该部咨商陆军部办理可也。此令。

> 据《大总统令内务部咨商陆军部核办云南干崖土司行政〈兴〉革及品级章服由》，载南京《临时政府公报》第二十九号，一九一二年三月五日

批钱广益堂尤福记恳请维持交通银行损失援照大清银行办法呈

（一九一二年三月五日刊载）

据呈已悉，仰候财政、交通两部核办遵行可也。此批。

> 据《大总统批钱广益堂尤福记恳请维持交通银行损失援照大清银行办法呈》，载南京《临时政府公报》第二十九号，一九一二年三月五日

批商人汪俊升禀旧东强迫谕换招牌叩求伸雪呈

（一九一二年三月五日刊载）

民刑裁判自有专司，仰即进〔径〕赴该管辖之审判厅呈诉可也。此批。

> 据《大总统批商人汪俊升禀旧东强迫谕换招牌叩求伸雪呈》，载南京《临时政府公报》第二十九号，一九一二年三月五日

饬内务部通饬禁烟令

（一九一二年三月六日刊载）

鸦片流毒中国，垂及百年，推其为祸之烈，小足以破业殒身，大足以亡国灭种，前清末年禁种征膏，成效渐著，吸者渐减；民国始建，军务倥偬，未暇顾及他务，诚恐奸商猾吏因缘为奸，弁髦旧章，复萌故态。夫明德新民，首涤污俗，矧酖毒厚疾，可怀苟安，除申告天下明示禁止外，为此令仰该部迅查前清禁烟各令，其可施行者，即转咨各都督，通饬所属仍旧厉行，勿任弛废；其有应加改良及未尽事宜，并着该部悉心筹画，拟一暂行条例颁饬遵行，务使百年病根，一旦拔除，强国保种，有厚望焉。切切。此令。

据《大总统令内务部通饬禁烟文》，载南京《临时政府公报》第三十号，一九一二年三月六日

饬陆军部准予建立杨郑二烈士专祠
并附祀吴熊陈三烈士令

（一九一二年三月六日刊载）

据陆军部呈覆，案查光复军总司令李燮和呈请："醴陵杨烈士卓林、长沙郑烈士子瑜同忠国事，同为端方所害，同死江宁地方，请以太平门外玄武湖端方私建之房屋一所作为二烈士祠，并请除该所房屋有无附属产业容再查明另呈附入该祠以作岁修祭费外，酌给抚恤银两，以存忠裔一案，奉总统批陆军部核办等因。奉此，祗〔祇〕领之下，遵即交本部军衡局核议。去后，旋据该局长督同科员逐一调查，该二烈士一骈死于丁未二月，一瘐死于庚戌八月，见残于一人，就义于一地，被祸既烈，身后尤极萧条，先后报告前来，实与原呈一辙，经本部覆查无异，以之拨作祠堂，并各酌给恤银壹千两。揆与彰善瘅恶公理尚无不合，理合具文申请总统，准予立案拨给批示遵行，以恤孤寒而彰忠烈，实为公便。

再吴樾、熊成基安徽人，杨笃生湖南人，前均谋炸端方未得一逞，迨吴震以一击，熊举烽燧于大江之涘，杨痛黄花冈之大功不就，于英岛蹈海以殉，亡身报国，与杨、郑二烈士先后合符，事同一律，可否援例共祀一祠，并照给恤银，以存忠裔之处，出自钧裁，感深存殁"等情前来。按民国缔造之功，匪一手足之烈，睹兹灿烂之国徽，尽系淋漓之血迹，以上诸烈士，或谋未遂而身赴西市，或难未发而瘐死囹圄，或奋铁弹之一击，或举义旗于万夫，或声嘶去国之吟，或身继蹈海之烈，死事既属同揆，庙食允宜共飨。该部所请事属可行。尚有陈烈士天华，前后屡图义举，均未获就，发愤著书凡数十万言，皆发扬民族之精义，至今家有其书，此次义师一呼，万方响应，实由民族学说灌输人心已匪朝夕，故铜山崩而洛钟应，光复大业，期月告成。考陈烈士与杨烈士生平最友善，其蹈海事迹亦复相同，允宜一体同祀，并照给恤银。合就令仰该部遵照办理可也。

> 据《大总统令陆军部准予建立杨郑二烈士专祠并附祀吴熊陈三烈士文》，载南京《临时政府公报》第三十号，一九一二年三月六日

批筹办全皖义赈事务卢安泽等呈

（一九一二年三月六日刊载）

皖省灾情之重，为数十年所仅见，居民田园淹没，妻子化离，老弱转于沟壑，丁壮莫保残喘，本总统忝为公仆，实用疚心。前据财政部呈称，华洋义赈会拟向四国银行借款救济，当经批令该部派员与借主商订一切条件矣，仰即知照。此批。

> 据《大总统批筹办全皖工振事务卢安泽等呈》，载南京《临时政府公报》第三十号，一九一二年三月六日

批唐庆鑅为凭权恣虐诉求批行审判并案讯究呈

（一九一二年三月六日刊载）

呈悉。上级司法机关自有提调人证职权，毋庸指令，仰即径赴该地方检察厅

呈诉可也。此批。

据《大总统批唐庆鑅为凭权恣虐诉求批行审判并案讯究呈》，
载南京《临时政府公报》第三十号，一九一二年三月六日

批江西新城县武立元等请破除引界定税运盐呈

（一九一二年三月六日刊载）

据呈已悉。应候令行实业部核办，仰即知照。此批。

据《大总统批江西新城县武立元等请破除引界定税运盐呈》，
载南京《临时政府公报》第三十号，一九一二年三月六日

批江浦县毛伯龙禀串据朋骗徇情偏断
恳饬检察厅调案提质呈

（一九一二年三月六日刊载）

该民人对于判决如有不服，可径赴该管检察厅上诉，果有枉屈，不难平反也。此批。

据《大总统批江浦县毛伯龙禀串据朋骗徇情偏断恳饬检察厅调案提
质呈》，载南京《临时政府公报》第三十号，一九一二年三月六日

准陆军部所拟编练第三军办法令

（一九一二年三月六日）

临时大总统令：现在各省所有军队，亟应编定建制，俾资统一而策进行。兹据该部申请以第八、第十七两师编为第三军，所拟各项办法，尚属妥善，着即准此施行。其王芝祥以下各统将，并着随时认真督率训练，俾成劲旅，毋负委任为要。此令。

陆军部总长黄兴知照

孙文

据"南京临时政府档案"原件，南京、中国第二历史档案馆藏

饬内务部撤去日商广告令

（一九一二年三月六日）①

着将日商在钟鼓楼及城门所悬挂之广告，即日派警丁直行撤去，毋稍延误。此令。

据《内务部令巡警总监撤去日商广告文》，
载一九一二年三月七日上海《民立报》

咨参议院请议决统一政府办法文

（一九一二年三月六日）

昨日蔡专使等长电，报告北方现状及现在对付之法，其要求有四：

一、宣布新选大总统袁世凯不心〔必〕南行就职；

二、临时政府地点暂设北京；

三、袁在北京行就职式，与南京、武昌商定内阁总理，即电传所拟任内阁总理之人，请参议院承认后，由总理在南京组织政府，与南京现在之临时政府办交代后组织完备，乃偕参议院迁往北京；

四、参议院及内阁全部迁北京时用重兵护送，以巩固政府、弹压地方。

按照来电及各处报告北方现在目〔自〕有为难之实情。

今拟办法如后：

一、电请黎副总统来南京代表受事；

---

① 日期据报道"昨奉大总统令：着将日商……"酌定为三月六日。

二、以同意委任总理得参议院之承认，在南京组织政府与现在政府交代；

三、如黎副总统不能来南京，则拟交代于武昌；

四、袁世凯君可否就北京行正式就职礼，与临时政府地点暂设北京一节，请由参议院决定。

据《南京政府之大决议》，载一九一二年三月九日上海《申报》

饬内务部掩埋城垣内外各处暴露尸棺令

（一九一二年三月七日刊载）

查江南风俗，常有亲死不葬，殡厝旷野，历年既久，槽棺暴露。又此次大变之后，尸骸狼藉，未及归土者往往而有，此不惟伤行路之心，损首都之美，抑恐天气转热，蒸成疫疠，关系全都人士卫生，实非浅鲜。为此令该部饬下所司，速派专员，切实调察，其有主之棺，责令自行收葬，无主者由官妥为埋掩，务期实力奉行，勿徒以虚文塞责。切切。此令。

据《大总统令内务部掩埋城垣内外各处暴露尸棺文》，载南京《临时政府公报》第三十一号，一九一二年三月七日

饬黄复生编具概算书令①

（一九一二年三月七日刊载）

兹据财政部呈称："各国财政皆有预算，以谋收支之适合，其预算案之编制，英由财部，美由议院，今我政尚共和，宜采美制。虽政府行将统一，综筹全局者当自有人，而目前费用孔繁，职掌度支者何从措手？况交替在即，尤应预备，略示规模，否则紊乱纠纷，窃恐贻讥来者。应请饬下各部，迅将三月份应支款项编具概算书，限十日内送交本部，由本部添具收入概算书，汇送参议院编成预算，

---

① 黄复生时任印铸局局长。

以凭筹办"等由前来。为此令行该局查照办理。切切。此令。

据《大总统令印铸局局长黄复生据财政部呈请饬各部编具概算书文》，载南京《临时政府公报》第三十一号，一九一二年三月七日

令王宠惠关于各部局互相咨商之件应直接办理文①

（一九一二年三月七日）

临时大总统令

查公务以敏迅为归，事权以分任为主。近来各部、局于应行直接自办之件，每每呈请转饬前来，既滋旷日之嫌，复乖负责之义，殊属不合。以后除呈请核办、存案备查及呈候咨交参议院决议等类应行具呈本府外，其各该部、局等互相咨商之件，统应直接办理，以期简当而明事权。此令。

外交部总长王宠惠知照

孙文

中华民国元年三月初七

据"南京临时政府档案"原件，南京、中国第二历史档案馆藏

饬内务部核办潘宗彝条陈安置旗民生计
并提拨原有款项令

（一九一二年三月八日刊载）

据江宁调查员潘宗彝条陈安置旗民办法四端，及提拨原有款项各等情前来。查江宁光复，难民遍地，生计艰难，不独旗民为然，应如何教养兼施、工赈并举之处，仰内务部统筹全局，随时与该主管官厅协商办理。原呈并发。此令。

据《大总统令内务部核办潘宗彝条陈安置旗民生计并提拨原有款项由》，载南京《临时政府公报》第三十二号，一九一二年三月八日

---

①　此件与《临时政府公报》第三十四号《大总统令九部三局凡互相咨商及可以直接办理之件毋庸呈请转饬文》内容相同。发给陆军部总长黄兴的命令内容亦同。

批潘宗彝请安置旗民办法并提拨原有款项呈

（一九一二年三月八日刊载）

呈悉。已令行内务部统筹全局，随时与各该主管官厅协商办理，并将原呈发给阅看矣。此批。

据《大总统批潘宗彝请安置旗民办法并提拨原有款项呈》，载南京《临时政府公报》第三十二号，一九一二年三月八日

咨参议院请提前议决设立稽勋局
及捐输调查科两案文

（一九一二年三月八日刊载）

前由本总统提议设立稽勋局及附设捐输调查科，已经先后咨行贵院付议在案，迄今未接咨覆。兹值大局渐定，酬庸之典，清理之事，亟宜举行，为此咨请贵院，将前两案提前决议，迅赐咨覆，以便施行。此咨。

据《大总统咨参议院请提前议决设立稽勋局及捐输调查科两案文》，载南京《临时政府公报》第三十二号，一九一二年三月八日

咨参议院请即议决袁世凯拟派唐绍仪为国务总理文

（一九一二年三月九日）①

顷接新举临时大总统袁电开："参议院拟决第四条办法，拟派国务总理姓名

---

① 日期据"中华民国"各界纪念国父百年诞辰筹备委员会学术论著编纂委员会主编《国父全集》酌定。

电知参议院，求其同意等因。现国务总长〔理〕拟派唐君绍仪，国基初定，万国具瞻，必须华洋信服、阅历中外者，始足膺斯艰巨，唐君此其选也。公如同意，请将此电送交参议院，求其同意，并希示复。稍俟即将拟派国务员，再行电商。袁世凯、初八日印"云云。查组织统一政府，刻不容缓，相应照录全电，咨请贵院即开临时会议决咨覆，以凭转复。此咨。

据《大总统咨参议院开临时议会会议决新举袁大总统电派唐绍仪为国务总理文》，载南京《临时政府公报》第三十七号，一九一二年三月十三日

饬交通部整顿电话令

（一九一二年三月十日刊载）

查电话为交通要品，现当百政待举之际，传达消息，所关尤重。乃本城所用电话，每于呼应不灵阻滞叠生之弊，贻误要公，莫此为甚。为此令仰该部，赶即设法改良，抑或加线传达，以资灵敏。切切。此令。

据《大总统令交通部整顿电话文》，载南京《临时政府公报》第三十四号，一九一二年三月十日

饬交通部整顿宁省铁路开车时间令

（一九一二年三月十日刊载）

前因宁省铁路开车时刻参差不一，有碍交通，业经饬令设法整顿在案。乃令行未久，故态复萌，近来仍不按时开行，闻有较规定时刻迟至一小时之久者，疲玩至此，殊堪痛恨。为此再令该部，转饬该路总管，务须加意整顿，遵章开驶，不得迟误，如再玩视，应即立予撤换，以重路政。切切。此令。

据《大总统令交通部整顿宁省铁路开车时间文》，载南京《临时政府公报》第三十四号，一九一二年三月十日

批江阴布厂秉请维持国货呈

（一九一二年三月十日刊载）

江阴华澄、鼎陞、元丰、美利发、东升、中和、经纶、纶华等三十余厂代表沙顺延秉悉。已令陆军内务两部酌核办理。此批。

据《江阴布厂秉请维持国货》，载一九一二年三月十日上海《申报》

准财政部鼓铸纪念币及新币令

（一九一二年三月十一日刊载）

据该部呈称："拟另刊新模鼓铸纪念币，就中一千万元上刊第一期大总统肖像，流通遐迩，垂为美谈。其余通用新币，花纹式样亦应一律更改，请将花纹酌定颁发，分令各省造币厂鼓铸，以资遵守"等情前来。查币制改良，新民耳目，自属要图，所请以一千万元上刊第一期大总统肖像以为纪念一节，应准照行。其余通用新币，花纹中间，应绘五谷模型，取丰岁足民之义，垂劝农务本之规。为此训令该部，即便遵照，速将新模印就，分令各省造币厂照式鼓铸可也。此令。

据《大总统令财政部准照铸纪念币并教示新币花纹文》，载南京《临时政府公报》第三十五号，一九一二年三月十一日

饬内务司法部通饬所属禁止体罚令

（一九一二年三月十一日刊载）

近世各国刑罚，对于罪人，或夺其自由，或绝其生命，从未有滥加刑威，虐及身体，如体罚之甚者。盖民事案件，有赔偿损害回复原状之条，刑事案件，有罚金拘留禁锢大辟之律，称情以施，方得其平。乃有图宣告之轻便，执行之迅速，逾越法律，擅用职权，漫施笞杖之刑，致多枉纵之狱者，甚为有司不取也。夫体

罚制度，为万国所屏弃，中外所讥评，前清末叶，虽悬为禁令，而督率无方，奉行不力。顷闻上海南市裁判所审讯案件，犹用戒责，且施之妇女。以沪上开通最早、四方观听所系之地，而员司犹蹈故习，则其他各省官吏，〈难〉保无有乘民国初成、法令未具之际复萌故态者，亟宜申明禁令，迅予革除。为此令仰该部速行通饬所属，不论司法行政各官署，审理及判决民刑案件，不准再用笞杖枷号及他项不法刑具。其罪当笞杖枷号者，悉改科罚金拘留，详细规定，俟之他日法典。此令。

据《大总统令内务司法部通饬所属禁止体罚文》，载南
京《临时政府公报》第三十五号，一九一二年三月十一日

饬内务部转饬遵照参议院议决南京府官制办理令

（一九一二年三月十二日刊载）

兹据参议院咨到同意议决之南京府官制一案，合行令仰该部转饬遵照办理可也。官制并发。此令。

据《大总统令内务部转饬遵照参议院议决南京府官制办理文》，
载南京《临时政府公报》第三十六号，一九一二年三月十二日

咨参议院提议唐绍仪与财政部会商借到四国银行款二百万两先行备案文

（一九一二年三月十二日刊载）

案据财政部总长陈锦涛呈称："二月二十六、七日迭接北京袁世凯、唐绍仪等来电，民国南方需用甚急，已与四国银行商妥即交二百万两，以后再可陆续商量交付，暂以民国财政部收据作保，将来由大批外债扣还。至利息及各条件，现因紧急用款，一时未及妥订，俟妥订后再交参议院通过等语。因军需孔急，已于二十八日由四国银行领到现银二百万两，应请咨交参议院备案，俟有大批借款时，

再行并案交院通过"等因前来。相应咨行贵院，即烦查照备案可也。此咨。

据《大总统咨参议院提议唐绍仪与财政部会商借
到四国银行款二百万先行备案文》，载南京《临时
政府公报》第三十六号，一九一二年三月十二日

批黄复生请将各官厅所用印刷品归局办理呈[1]

（一九一二年三月十二日刊载）

呈悉。所请以各部、局、官厅官用印刷品，均归该局办理，并该局刊刻印信关防以及图书等类，一并酌量取资各节，事属可行，着即照准，仍仰该局咨明各部局官厅照此办理可也。此批。

据《大总统批印铸局局长黄复生请将各官厅所用
印刷品归办理并酌量取资呈》，载南京《临时政
府公报》第三十六号，一九一二年三月十二日

据留日铁道毕业生祝晋条陈铁道四端
饬交通部备采择令

（一九一二年三月十二日刊载）

顷据留日铁道毕业生祝晋条陈铁道四端，皆本其平日讲肄经验所得，与剿袭雷同者有间。合将原呈发交该部，藉备采择可也。此令。

据《大总统据留日铁道毕业生祝晋条陈铁道
四端令交通部备采择文》，载南京《临时政
府公报》第三十六号，一九一二年三月十二日

---

[1]　黄复生时任印铸局局长。

批张惠人等请赈呈

（一九一二年三月十二日刊载）

呈悉。江淮以北，遍野哀鸿，言之实深悯恻。仰候令行江北都督，体察情形，酌量办理可也。此批。

据《大总统批张惠人等请赈呈》，载南京《临时政府公报》第三十六号，一九一二年三月十二日

饬江北都督蒋雁行核办张惠人请赈令

（一九一二年三月十二日刊载）

兹据张惠人等呈以淮北被灾恳饬赈济等情前来。查该地素称贫瘠，重以灾祲，饥馑荐臻，在所不免。但灾情之轻重如何，能否就地散赈，合行令仰该都督体察情形，酌量办理可也，原呈并发。此令。

据《大总统令江北都督蒋雁行核办张惠人请赈文》，载南京《临时政府公报》第三十六号，一九一二年三月十二日

饬陆军部咨商海军部统一长江水师编制
及委任妥员令

（一九一二年三月十二日）

临时大总统令

兹据长江水师二十二营前荆州营副将刘炳庭、提中营副将丁得贵、簰州营参将杨守约、芜湖营游击王诗访、金陵营参将张玉山、沅江营参将钱四和、江阴营副将邵茂春、华阳营游击万时雨暨全体兵士代表杨受百、蒋克明、范顺贻、朱宝滋等禀称："为选举将才，恳请擢用，以一事权，俾有遵循事：窃自武汉义师方

兴，经李传芬密授方针，兵士等莫不欢欣鼓舞，同为遥遥响应。伏念我水师原设有二十二营，分置五省江面，向归统一，层层节制，息息相通。惟现今各在一方，兵气不接，不无畛域之分。兵士等往返函商，若不禀请设一统一机关，漫无所归。然选举非人，不孚众望。悉心计议，将才难得，惟有旧恩宪李成谋之公子李传芬克当此选。其人年富而负英才，文德而兼武备，向与水师兵将均有感情，人望素著，胆略兼长。前在云南为宦，政声远播，驭军有法，剿匪尤称得力。此人人所共知共闻也。兹值民国共和之秋，正是求贤若渴之日。兵士等是以不揣冒昧，公同选举李传芬为水师二十二营统制，实系全体承认，并非个人私见。所有兵士等公议选举缘由，理合具禀，仰恳大总统，陆、海军总长俯准，札饬李传芬到宁任事，并赏通知各省都督查照可也。全体幸甚。水师幸甚。"等情前来。查长江水师亟须统一，其应如何编制，委任妥员接充之处，仰该部咨商海军部核办可也。此令。

陆军部总长黄兴知照

孙文

中华民国元年三月十二日

据抄件，台北、中国国民党文化传播委员会党史馆藏

为暂缓设置造币总厂正长批文

（一九一二年三月十二日）

临时大总统批

据该部①次长兼江南造币总厂正长王鸿猷呈称："现在全国造币分厂，多未成立，正长一职，虚名徒拥，请下令取消，以正名称而昭核实"等情。据此，查原定章程，造币总厂应设正长、次长各一缺，以负监督全国造币分厂之责。既据称现时分厂无多，事务尤简，自属实情。该正长一职，应准暂缓置，以符因事建官

---

① 指财政部。

之义，而慰该次长综核名实之心。此批。

孙文

中华民国元年三月十二日

据"南京临时政府档案"原件，南京、中国第二历史档案馆藏

饬内务部着各省劝禁缠足令

（一九一二年三月十三日刊载）

缠足之俗，由来殆不可考，起于一二好尚之偏，终致滔滔莫易之烈，恶习流传，历千百岁，害家凶国，莫此为甚。夫将欲图国力之坚强，此先图国民体力之发达，至缠足一事，残毁肢体，阻关血脉，害虽加于一人，病实施于子姓，生理所证，岂得云诬？至因缠足之故，动作竭蹶，深居简出，教育莫施，世事罔问，遑能独立谋生，共服世务？以上二者，特其大端，若他弊害，更仆难数。

曩者仁人志士，尝有天足会之设，开通者已见解除，固陋者犹执成见，当此除旧布新之际，此等恶俗，尤宜先事革除，以培国本。为此令仰该部速行通饬各省，一体劝禁，其有故违禁令者，予其家属以相当之罚。切切。此令。

据《大总统令内务部通饬各省劝禁缠足文》，载南京
《临时政府公报》第三十七号，一九一二年三月十三日

饬内务部通饬各省慎重农事令

（一九一二年三月十三日刊载）

军兴以来，四民失业，而尤以农民为最。田野荒芜，人畜流离，器具谷种之类，存者盖鲜。自近海内粗平，流亡渐集，农民夙无盖藏，将何所赖以为耕植之具？夫一夫不耕，或受之饥，若全国耕者释耒，则虽四时不害，而饥馑之数，已不可免，国本所关，非细故也。方今春阳载和，正届农时，若不亟为筹画，一或懈豫，众庶艰食，永怀忧虑，无忘厥心。为此令仰〈该〉部迅即咨行各省都督，

饬下所司，劳来农民，严加保护。其有耕种之具不给者，公田由地方公款、私田由各田主设法资助，俟秋成后，计数取偿。各有司当知此事为国计民生所系，务当实力体行，不得以虚文塞责，勉尽厥职，称此意焉。切切。此令。

据《大总统令内务部通饬各省慎重农事文》，载南京《临时政府公报》第三十七号，一九一二年三月十三日

据孙毓筠转呈蒯寿枢盐政条陈
令交实业部藉备采择令

（一九一二年三月十三日刊载）

兹据安徽都督孙毓筠呈称："近年以来，盐政不修，商民两困，于是有改革盐制之说，兹事体大，决非可囿于一隅之见，集思广益，庶几有裨。敝省所派全皖盐政总理蒯君寿枢，留心盐务有年，出所研求，著为论说，洞悉利弊，可见施行，与空谈者迥不相侔。当兹盐政改良，其言固亦刍荛之助，合将条呈具文呈送，仰祈采择施行"等由前来。查盐政之善否，于国家收入及人民日需，利害关系至为切要，该部长现正总理盐政，力图改良，合将该条陈发交，以资参考。此令。

据《大总统□安徽都督孙毓筠呈蒯寿枢盐政条陈令交实业部藉备采择令》，载南京《临时政府公报》第三十七号，一九一二年三月十三日

批李文藻条陈印花税呈

（一九一二年三月十三日刊载）

呈折均悉。印花税在各国行之而有利，吾国亟应仿办，理财家已历历言之。况丁此改革之初，岂不计画及此？仰候发交财政部存备采择可也。此批。

据《大总统批李文藻条陈印花税呈》，载南京《临时政府公报》第三十七号，一九一二年三月十三日

批江宁自治公所请庄代都督移驻宁垣
并留徐卫戍总督暂缓赴北呈

（一九一二年三月十三日刊载）

呈悉。据称临时政府地点已定北京，及裁撤卫戍总督等情，均系传闻之误。所请电饬代理庄都督移驻江宁一节，碍难立予照准。惟保卫地方，约束军队，乃政府应尽之责，自应妥为部署，以靖闾阎。该商民等务须各安生业，切勿误信谣传，致滋纷扰。此批。

据《大总统批江宁自治公所请饬代理庄都督移驻宁垣并留徐卫戍总督暂缓赴北呈》，载南京《临时政府公报》第三十七号，一九一二年三月十三日

饬财政部核办造币总厂匠徒呈文令

（一九一二年三月十三日）

临时大总统令

据造币总厂全体匠徒呈请愿留余总理①仍充厂长等由前来，合将原呈发交该部，察核办理。此令。

财政部总长陈锦涛知照

计发原呈一件。

孙文

中华民国元年三月十三日

据"南京临时政府档案"原件，南京、中国第二历史档案馆藏

---

① 余总理即余成烈。

令外交部妥筹禁绝贩卖猪仔
及保护华侨办法文

（一九一二年三月十四日）

临时大总统令

　　兹据荷属侨民曹运郎等呈请禁止贩卖"猪仔"及保护华侨各节。查海疆各省，奸人拐卖"猪仔"，陷人涂炭，曩在清朝，熟视无睹，致使被难同胞穷而无告。今民国既成，亟应拯救，以尊重人权，保全国体。又侨民散居各岛，工商自给，亦实繁有徒，屡被外人凌虐，然含辛茹苦，挚爱宗邦。今民国人民同享自由幸福，何忍侨民向隅，不为援手？除令广东都督严行禁止"猪仔"出口外，合亟令行该部妥筹杜绝贩卖及保护侨民办法，务使博爱平等之义，实力推行。切切。此令。

外交部总长王宠惠知照

中华民国元年三月十四日

据原件影印件，载中国第二历史档案馆编：《南京临时政府遗存珍档》，南京，凤凰出版社二〇一一年六月出版

批吉涌等请变卖八卦洲产业以作旗民生计呈

（一九一二年三月十五日刊载）

　　据呈已悉。经将原呈发交内务部核办，仰候该部批示可也。此批。

据《大总统批吉涌等请变卖八卦洲产业以作旗民生计呈》，载南京《临时政府公报》第三十九号，一九一二年三月十五日

饬内务部核办吉涌等请变卖八卦洲产业
以作旗民生计令

（一九一二年三月十五日刊载）

兹有公文一件，应归该部办理。合就开由发交，仰查明核办可也。此令。

据《大总统令内务部核办吉涌等请变卖八卦
洲产业以作旗民生计文》，载南京《临时政
府公报》第三十九号，一九一二年三月十五日

饬内务部核办江宁贫老李鼎等呈请抚恤令

（一九一二年三月十五日刊载）

兹据江宁贫老李鼎等呈请照旧发给膏伙银两等情前来，除批示外，合行令仰该部转饬南京府知事核明办理，以恤寒畯，此令。

原禀并发。

据《大总统令内务部转饬南京府知事核办江宁
贫老李鼎等呈请抚恤文》，载南京《临时政府
公报》第三十九号，一九一二年三月十五日

饬江苏都督遵照财政部议复江南造币厂办法令

（一九一二年三月十五日刊载）

前据该都督呈请处置江南造币厂办法前来，当经令饬财政部核办在案。兹据财政部呈称："查该都督所请各节，诸多窒碍"等语。合将财政部原呈另钞发交，仰即查照，此令。

附：陈锦涛原呈

　　财政部总长陈锦涛呈：二月二十六日奉大总统发下江苏都督呈请，二月十七日奉大总统令开：据呈已悉。造币权理应操自中央，分隶各省是前清秕政，未可相仍。惟宁省行政之费，既赖造币厂为挹注，一旦失其利源，财力因而支绌，尚属实情，已饬财政部妥筹抵补之法，仰即知照，此令。等因。奉此，具见大总统综核名实、慎重度支之至意。查江南造币厂之设，原以本省公款为其基金，房屋机件及开办费用，为值甚巨，实省有财产之一部，虽在前清政府币制先未划一，致有政权散在之弊，而揆诸欧美共和国制度，总统无变更地方财产之处分，则宜归诸中央者，是事权而非财产也。且所谓秕政者，要视其所鼓铸者为何等货币，未可以机厂之坐落何地、事权之集于何人为断。民国缔构伊始，断不能仍前鼓铸旧式各币，重蹈制度不画一、价值不相当之弊，则前清秕政一层，此后似可无虑。惟苏省宁属财政异常支绌，每岁不敷之款至数百万之巨，盈虚酌剂之权，攸赖主计者之擘画。奉令饬部妥筹抵补之法。即以抵补言，宁属自光复以后，财政收入机关尚待整理，而待支之款倍蓰于前，即使竭立核减，挹彼注兹，统计岁出所需，至少不敷银四五百万两，昔之恃币厂为后援者，今忽无着，应由部月给补助费银三十万两，目前藉资弥补。惟该厂财款房屋机件既为省有财产，如未得人民之同意，实未便听中央之处分。应由大总统饬令该厂员，将该厂财物之价值数目，及接收前总办蔡康暨接济中央并现存之数，详晰开示，由都督核计，仍听候江苏省议会开临时会公同议决办法，以重公权。等因。奉此，窃查该都督呈请各节，诸多窒碍，本部有万难遵办者，敢为大总统缕晰陈之：查来呈谓江南造币厂之设，原以本省公款为基金，实省有财产之一部，欧美共和国制度，总统无变更地方财产之处分，则宜归诸中央者是事权而非财产也等语。查造币事业，全应归诸国有，讵独事权即地方分权，如美国且不闻以造币厂之财产为地方所有者。况各省造币厂，在前清时代早已隶属中央，本部成立以后，不过继承其事，讵得为变更地方之财产，此其不可行者一也。又谓统计岁出所需，至少不敷银四五百万两，昔之恃造币厂为后援者，今忽无着等语。查币制以统一为要，并非以营利为业，前清官吏不解此理，向藉滥铸之余利，弥补经费之不足，驯至辅币日多，物价日贵，遗害小民，实非浅鲜。民国初建，方拟整理，以期划一，需款甚巨，正待筹画，即以各厂造币之余，尽归厘订币制之用，不敷犹巨，目前虽有所赢，中央政府且不得动用此款，何况地方，此其不可行者二也。又谓宁属财政异常支绌，不敷之款至数百万之巨，应由部月给补助银三十万两等语。夫财政支绌，各省皆然，讵止宁属，若因造币厂所在地之故，藉口请求中央政府补助巨款，则凡有造币厂之各省，皆得援例以求，中央政府更将何以应付；且地方之入不敷出，其财源当求之地方税中，统一新政府成立之后，地方税与国家税，自应分别规定，地方岁入不足，自有补救之法，此乃别一问题，讵得与造币事业并为一谈，此其不可行者三也。锦涛等断不能徇一省之意见受全国之指摘。谨据以上各理由，该都督所请实难遵行，照合备文呈复大总统，伏祈转饬该都督知照。此呈。

据《大总统令江苏都督遵照财政部议覆江南造币厂办法文》，载
南京《临时政府公报》第三十九号，一九一二年三月十五日

批宁省铁路局总协理拟改良办法加车行驶呈

（一九一二年三月十五日刊载）

所呈各节均悉。该路为人民交通利便而设，故时间不宜稍误。惟军政时代，军队开拔，运输辎重，勾留阻滞，亦是实情。兹据呈称：该局另备加车，每日往返四次，专为各项军队而设，办法甚为周妥，仰候将原呈发交交通部核饬遵办可也。此批。

据《大总统批宁省铁路局总协理拟改良办法加车行驶呈》，载
南京《临时政府公报》第三十九号，一九一二年三月十五日

饬交通部核办温世珍等呈报改良行车办法令

（一九一二年三月十五日刊载）

兹据宁省铁路局总协理温世珍等呈报改良办法加车行驶等情，似属可行。除

批示外，为此令仰该部核饬遵办。此令。

原禀并发。

据《大总统令交通部核办宁省铁路局总协理呈报改良办法加车行驶文》，载南京《临时政府公报》第三十九号，一九一二年三月十五日

饬财政部将侨商统一联合会王敬祥等募捐清册存案令

（一九一二年三月十五日刊载）

据侨商统一联合会王敬祥等呈报募捐总数，并列清册前来。应将该清册发交该部存案，仰即查照。此令。

据《大总统令财政部将侨商统一联合会王敬祥等募捐清册存案文》，载南京《临时政府公报》第三十九号，一九一二年三月十五日

批陈婉衍拟开办复心女学校请饬部拨款呈

（一九一二年三月十五日刊载）

呈悉。既据曾经具呈教育部在案，仰侯该部核办可也。

据《大总统批陈婉衍拟开办复心女学校请饬部拨款呈》，载南京《临时政府公报》第三十九号，一九一二年三月十五日

饬实业部审定王敬祥等拟办兴业贸易会社事件令

（一九一二年三月十六日刊载）

据侨商统一联合会王敬祥等呈请拟办兴业贸易株式会社，并列会员表、说明书及章程清册前来。合将原呈各件发交该部，仰即审定批示饬遵可也。切切。

此令。

据《大总统令实业部审定侨商统一联合会王敬
祥等呈请拟办兴业贸易会社文》，载南京《临
时政府公报》第四十号，一九一二年三月十六日

咨参议院送袁大总统选派国务员名单请查照文

（一九一二年三月十六日刊载）

兹得北京袁大总统来电云："按照初六经参议院议决第四条，受职后将拟派
各国务员姓名电知参议院求其同意等因。国务总理经参议院电复同意，兹将拟派
国务员开列于下：外交部陆徵祥，内务部赵秉钧，财政部熊希龄，教育部范源濂，
陆军部段祺瑞，海军部蓝天蔚，司法部王宠惠，农林部宋教仁，工业部陈榥，商
业部刘炳炎，交通部陈其美，邮电部梁士诒。以上各员伏乞酌核，如不合者，即
希更正，咨送参议院，求其同意"等因。准此，合行咨请贵院查照办理。此咨。

据《大总统咨送袁大总统选派国务员姓名请参议院查照文》，
载南京《临时政府公报》第四十号，一九一二年三月十六日

饬财政部核办贾凤威请于无锡设分银行令

（一九一二年三月十六日刊载）

临时大总统令：据贾威金〔凤威〕① 呈请，拟设分银行于无锡，推行钞票等
由前来。应将该呈发交该部核办。此令。财政部总长陈锦涛知照。计发贾凤威原
呈一件。

孙文

中华民国元年三月十六日

据抄件，台北、中国国民党文化传播委员会党史馆藏

---

① 参照原呈署名改。

饬各省都督一致遵行财政部所拟发行债票办法令

（一九一二年三月十七日刊载）

据财政部呈称："窃维行政以统一为先，理财以核实为要。本部此次发行债票，不独补助军需，亦以统一财政。惟自军兴以后，百务方新，各省度支，均忧匮乏，诚不得不以借贷之谋为挹注之计。其在中央债票未发行以前，有以地方名义，在各该省自行募集公债者；中央债票既发行以后，有以军需不继为词，一再来部请领债票漫无限制者。殊不知公债发行，在吾国为未有之创举，既关民国信用，又系外人观听，一纸无异现银，偿还即在转瞬，固不宜自为风气，尤不可稍涉虚糜。本部前以鄂军政府沪军政府、发行债票有碍统一，先后呈准饬令停止发行在案。惟查各省尚以地方名义募集公债，而其性质又非地方公债者，不独鄂、沪两地，现在中央债票发行，自应援照鄂、沪成案，将各省所发之债票一律停止。况本部定章，各省所得债款，半留中央，半归本省，原属内外兼权，在各都督体念时艰，通筹全局，自必乐于赞成。但各省光复未久，军书旁午，待理万端，发行债票，事又烦琐，兼顾之难，自在意中，应由本部遴选妥员分往各该省，随时禀承都督暨会同财政司办理债票一应事宜，所募之款，除将一半解部，其余一半留存该省撙节动用。惟如何用途，须由各省分别报部，静候指拨。嗣后不得藉口饷械短绌，径自来部请领债票，以示限制。除分咨各部长各都督外，相应呈请察核办理，并乞通令一体遵照"等由前来。查现在大局底定，财政亟应整理，该部所陈债票办法，系为统一财政起见，应予通令一体遵行，为此令仰该都督查照办理可也。切切。此令。

据《大总统通令统一财政限制各省办理公债文》，载南京《临时政府公报》第四十一号，一九一二年三月十七日

饬交通部核办报界公会请减邮电费令

(一九一二年三月十七日刊载)

兹据上海日报公会呈称:"军兴以后种种困难情形,请减轻邮电费以维报界"等情前来。查报纸代表舆论,监督社会,厥功甚巨;此次民国开创,南北统一,尤赖报界同心协力,竭诚赞助。兹据呈称军兴以后困难情形,均属实况,若不设法维持,势将相继歇业。合将原呈发交该部,仰即酌核办理可也。此令。

据《大总统令交通部核办报界公会请减邮电费文》,载南京《临时政府公报》第四十一号,一九一二年三月十七日

饬内务部许蛋户等享有国家一切权利令

(一九一二年三月十七日刊载)

天赋人权,胥属平等。自专制者设为种种无理之法制,以凌轹斯民,而自张其毒焰,于是人民之阶级以生,前清沿数千年专制之秕政,变本加厉,抑又甚焉。若闽、粤之蛋户,浙之惰民,豫之丐户,及所谓发功臣暨披甲家为奴,即俗所称义民者;又若薙发者并优倡隶卒等,均有特别限制,使不得与平民齿。一人蒙垢,辱及子孙,蹂躏人权,莫此为甚。当兹共和告成,人道彰明之际,岂容此等苛令久存,为民国玷?为此特申令示,凡以上所述各种人民,对于国家社会之一切权利,公权若选举、参政等,私权若居住、言论、出版、集会、信教之自由等,均许一体享有,毋稍歧异,以重人权,而彰公理。该部接到此令之后,即行通饬所属一体遵照,并出示晓谕该省军民人等咸喻此意。此令。

据《大总统通令开放蛋户惰民等许其一体享受公权私权文》,载南京《临时政府公报》第四十一号,一九一二年三月十七日

饬浙江都督查明刘学询呈称抵款各节秉公核办令

（一九一二年三月十七日刊载）

据上海信大庄主刘学询略称：上海信大钱庄抵款辗转，应由大清银行原经理席德辉将苏州河边货仓及浦东地基议价抵补各等因前来。此案前后辗转，颇为复杂，兹既据称业有沪产可作抵款，其杭庄应否籍没？又此案办法能否照来呈所请办理以清纠纷之处，合行令仰该都督切实查明秉公核办。原呈并发。此令。

据《大总统令浙江都督查明刘学询呈称抵款各节秉公核办文》，载南京《临时政府公报》第四十一号，一九一二年三月十七日

批胡汉民等请咨参议院提议设立国史院
并派专员筹办呈

（一九一二年三月十七日刊载）

呈悉。查中国历代编纂国史之机关均系独立，不受他机关之干涉，所以示好恶之公，昭是非之正，使秉笔者据事直书，无拘牵顾忌之嫌，法至善也。民国开创，为神州空前之伟业，不有信史，何以焜耀宇内，昭示方来？该员等所请设立国史院之举，本总统深表赞同，应候提交参议院议决。至请先行派员筹办一节，俟遴选得人即行委任可也。此批。

据《大总统批胡汉民等请咨参议院提议设立国史院并派专员筹办呈》，载南京《临时政府公报》第四十一号，一九一二年三月十七日

咨参议院请核议设立国史院文

（一九一二年三月十七日）

据胡汉民、黄兴、王宠惠、宋教仁、马君武、王鸿猷、于右任、钮永建、蒋

作宾、居正、黄钟瑛、汤芗铭、吕志伊、徐绍桢、秦毓鎏、任鸿隽、萧友梅、冯自由、吴永珊、谭熙鸿、耿觐文、陈晋、张通典、郑宪武、但焘、刘元撕、程明超、金溥崇、胡肇安、汪廷襄、伍崇珏、王夏、唐支厦、彭素民、易廷熹、廖炎、林启一、卢仲博、余森、李晓生、邵逸周、刘式庵、林朝汉、梅乔林、刘鞠可、胡秉柯、张炽章、贺子才、朱和中、覃师范、仇亮、杜纯、黄中恺、金华祝、汤化龙、张铭彝、巴泽惠、林大任、傅仰虞、梁能坚、侯毅、翁继芬、蔡人奇、田桐、林长民、张大义、萧翼鲲、孙润宇、于德坤、史青、高鲁、王庆华、程光鑫、马伯瑗、林文庆、方潜、熊传第、刘健、瞿方书、刘馥、仇鳘、杨勉之、姜廷荣、曹昌麟、刘伯昌、张周、周泽苞、黄复生、彭丕昕、饶如焚、史久光、王孝缜、何浚、唐豸、陈宽沅、喻毓西、黄大伟等呈："溯自有文字，遂有记载。古称史官，肇于沮苍，历代相沿，是职咸备。盖以纪一时之事，昭万祀之鉴，甚盛典也。顾概观中国前史，《春秋》、《史记》而外，多一人一家之传记，无一足称社会史可以传当时而垂后世者。抑典午东渡而还，中原涂炭，自时厥后，国统淆杂，殊方入主，尤间代相闻，以云正史，不足十六。而所称正史者，亦复狃于君主政体，其典章、制度、人物、文词见于纪、传、表、志者，多未能发挥民族之精神，方诸麟经迁史，去之复远，若借为民国之借鉴，犹南辕而北辙，凿枘不能相容。诚以立国之政体不良，而记载遂不衷于至当耳。今我中华聿新，民国前自甲午而后，明识远见之士，怵于国之不可以见辱，而政体之不可以不改变也，于是奔走号呼，潜移默运垂二十年。兹者民国确立，以前之艰巨挫折，起蹶兴踬，循环倚伏，不可纪极。若非详加调查，笔之于书，著为信史，何以彰前烈而诏方来，正史裁而坚国本？为此连同众意，合词呈请大总统速设国史院，遴员董理，刻日将我民国成立始末，调查详彻，撰辑中华民国建国史，颁示海内，以垂法戒而巩邦基。如蒙俯允，即请作为议案，提交参议院议决；并祈从速特委专员，筹办一切，民国幸甚。"查中国历代编纂国史之机关均系独立，不受他机关之干涉，所以示好恶之公，昭是非之正，使秉笔者据事直书，无拘牵顾忌之嫌，法至善也。民国开创，为神州空前之伟业，典章制度以及志士缔造经营之成绩，不有信史，何以焜耀宇内，昭示方来？该员等所请设立国史院之举，本总统深表赞同。除批示外，合行作为议案，咨请贵院迅予开会议决见复可也。此咨。

附：胡汉民、黄兴等原呈

（一九一二年三月十七日刊载）

胡汉民、黄兴、王宠惠、宋教仁、马君武、王鸿猷、于右任、钮永建、蒋作宾、居正、黄钟瑛、汤芗铭、吕志伊、徐绍桢、秦毓鎏、任鸿隽、萧友梅、冯自由、吴永珊、谭熙鸿、耿觐文、陈晋、张通典、郑宪武、但焘、刘元梓、程明超、金溥崇、胡肇安、汪廷襄、伍崇珏、王夏、唐支厦、彭素民、易廷熹、廖炎、林启一、卢仲博、余森、李晓生、邵逸周、刘式庵、林朝汉、梅乔林、刘鞠可、胡秉柯、张炽章、贺子才、朱和中、覃师范、仇亮、杜纯、黄中恺、金华祝、汤化龙、张铭彝、巴泽惠、林大任、傅仰虞、梁能坚、侯毅、翁继芬、蔡人奇、田桐、林长民、张大义、萧翼鲲、孙润宇、于德坤、史青、高鲁、王庆华、程光鑫、马伯瑗、林文庆、方潜、熊传第、刘健、瞿方书、刘馥、仇鳌、杨勉之、姜廷荣、曹昌麟、刘伯昌、张周、周泽苞、黄复生、彭丕昕、饶如焚、史久光、王孝缜、何浚、唐豸、陈宽沅、喻毓西、黄大伟等呈：溯自有文字，遂有记载。古称史官，肇于沮苍，历代相沿，是职咸备。盖以纪一时之事，昭万祀之鉴，甚盛典也。顾概观中国前史，《春秋》、《史记》而外，多一人一家之传记，无一足称社会史可以传当时而垂后世者。抑典午东渡而还，中原涂炭，自时厥后，国统淆杂，殊方入主，尤间代相闻，以云正史，不足十六。而所称正史者，亦复狃于君主政体，其典章、制度、人物、文词见于纪、传、表、志者，多未能发挥民族之精神。方诸麟经迁史，去之复远。若藉为民国之借鉴，犹南辕北辙，凿枘不能相容。诚以立国之政体不良，而记载遂不衷于至当耳。

今我中华聿新，民国前自甲午而后，明识远见之士，怵于国之不可以见辱，而政体之不可以不改变也，于是奔走号呼，潜移默运垂二十年。兹者民国确立，以前之艰巨挫折，起蹶兴踬，循环倚伏，不可纪极。若非详加调查，笔之于书，著为信史，何以彰前烈而诏方来，正史裁而坚国本？为此连同众意，合词呈请大总统速设国史院，遴员董理，刻日将我民国成立始末，调查详彻，撰辑中华民国建国史，颁示海内，以垂法戒而巩邦基。如蒙俯允，即请作为议案，提交参议院议决，并祈从速特委专员筹办一切。民国幸甚。

据南京《临时政府公报》第四十一号，一九一二年
三月十七日，第四十二号，一九一二年三月十八日

批扬州保存盐务会代表左酉山等
请留盐务办事地点于扬州呈

（一九一二年三月十七日刊载）

呈悉。已令行财政部会商实业部核办矣。此批。

据《大总统批扬州保存盐务会代表左酉山等请
仍留盐务办事地点于扬州呈》，载南京《临时
政府公报》第四十一号，一九一二年三月十七日

附：扬州保存盐务会原呈

（一九一二年三月十七日）

大总统台鉴：

润田因张总理①改变两淮盐法，不顺商情，徒误军饷，所议变法，无非纸上空言，迁变扬州地点，冀兴本籍。通州、扬州商民，当此离乱之后，再失固有生机，惨象何堪设想！譬如人欲居华屋，欲服艳衣，必俟有力经营，方可去旧从新。张总理之变法，是先毁其旧屋破裘，露处赤身而待新置，其理之不可者明矣。是以发起保存盐务会，公举酉山代表迭次上书，恭求实行共和政策，拒绝张总理个人私意，使扬州商民市面无败坏之怨，无失业之叹。

去岁②酉山代表上书，奉到钧谕，云不能以个人私意，轻于纷更，仰见一秉大公，合城商民无不钦佩。又以张总理彼时正在沪上，与各商会议，或可挽回全

———————————

① 即张謇，时任两淮盐务总理，曾于一九一二年一月发表《改革全国盐法意见书》，又载于一九一二年二月出版的《革命文牍类编》第八册。

② 指辛亥年，即公历一九一二年初。

局。讵阴历腊月有取消扬州盐政科之命，并委出场员十数人。窃思张总理所委之员，是公选乎？是私见乎？合民国之共和体制乎？况任事数月，盐务之利益未收，两淮、两浙商论舆情，物议四起。报纸宣传，不符物望。是以敝会全体仰遵钧令，个人私见未便上陈，又因全城二十五区商民公同会议，签名公求俯念扬城市面兴衰依赖盐务，迅委专员来扬经理，俾两淮盐务机关早定，人心得以早安。况现时升肟①乱于陕甘，北方出发之师屡次败北，南军又何可一日懈弛。倘升肟、董孽一出潼关，汴省即危，由汴而徐，难免牵动大局。两淮盐务岁得千余万，课厘得早完全，军需有着，全局攸关，非同恒乏。加之扬州乃南北要冲，任盐务者尤非稍知军事之人，不克务任。管窥所见，大总统雄才大略，谅能俯鉴愚忱，千祈将前两次所上公呈一并批答，以免众望。临颖不胜待命之至。谨肃。敬请金安。伏维垂鉴。

扬州保存盐务会发起焦润田、左酉山谨脱帽上呈

三月十七日

据原件，中山、孙中山故居纪念馆藏

饬财政部核办左酉山等请留
盐务办事地点于扬州令

（一九一二年三月十七日刊载）

据扬州保存盐务会代表左酉山等呈请仍留盐务办事地点于扬州，以维市面等由前来。为此令行该部，仰即会商实业部酌核办理为要。此令。

据《大总统令财政部核办左酉山等呈请仍留
盐务办事地点于扬州文》，载南京《临时政
府公报》第四十一号，一九一二年三月十七日

---

① 指前清陕西巡抚升允。

批李国樑等请改良盐政呈

（一九一二年三月十七日刊载）

呈及章程均悉。所请将前清旧票改换新钞，并盐政改良各办法，已令行财政部核办矣。仰即知照。

据《大总统批李国樑等请改良盐政将前清旧票改换新钞呈》，载
南京《临时政府公报》第四十一号，一九一二年三月十七日

饬财政部核办李国樑等呈请改良盐政令

（一九一二年三月十七日刊载）

据李国樑等呈请改良盐政，并附简章及手折前来。除批示外，合行发交该部，仰即察核办理。此令。

据《大总统令财政部察核李国樑等呈请改良盐政文》，载
南京《临时政府公报》第四十一号，一九一二年三月十七日

批仇志远请废泾县煤矿原案复行立案呈

（一九一二年三月十七日刊载）

呈悉。仰候令行实业部核办可也。此批。

据《大总统批仇志远请废泾县煤矿原案复行立案呈》，载南
京《临时政府公报》第四十一号，一九一二年三月十七日

饬实业部核办仇志远呈泾县煤矿
复请立案并出示保护令

（一九一二年三月十七日刊载）

兹有公文一件，应归该部核办，合将原呈发交。此令。

据《大总统令实业部核办仇志远呈泾县煤矿
复请立案并出示保护文》，载南京《临时政
府公报》第四十一号，一九一二年三月十七日

批杨显泰等控曹受诏混争水注县令
偏断害税殃民呈

（一九一二年三月十七日刊载）

据呈已悉。事关诉讼，本有专司，仰即赴该管辖官署呈控可也。此批。

据《大总统批杨显泰等控曹受诏混争水注县令偏断害税殃民呈》，
载南京《临时政府公报》第四十一号，一九一二年三月十七日

批仇志远请专利五年专熬戒烟药料以助饷糈呈

（一九一二年三月十七日刊载）

呈悉。鸦片流毒，垂百余年，祸国害民，深堪痛恨，民国建立伊始，凡我国民，固当力为戒绝。该商等所熬戒烟药料，果能于卫生筹饷两有裨益，诚属美举，惟所配药料是否甚良，及所请专利五年应否准行之处，仰候令由内务部核办可也。此批。

据《大总统批仇志远请专利五年专熬戒烟药料以助饷糈呈》，载
南京《临时政府公报》第四十一号，一九一二年三月十七日

批上海日报公会请减轻邮电费呈

（一九一二年三月十七日刊载）

呈悉。报纸代表舆论，监督社会，厥功甚巨。此次民国开创，南北统一，尤赖报界同心协力，竭诚赞助。兹据呈称军兴以后困难情形，均属实况，若不设法维持，势将相继歇业，仰候将原呈发交交通部核办可也。此批。

据《大总统批上海日报公会请减轻邮电费呈》，载南京
《临时政府公报》第四十一号，一九一二年三月十七日

批上海总商会请愿公举参议院议员呈

（一九一二年三月十七日刊载）

现在参议院为临时组织，故议员由各省都督送派，将来必合集民选议会，为正当立法机关，以代表国民。民国制度，一视齐等，不分界限，以我国商业日益发达，选举普及全国之日，商界当不止占三名选举之数，正不宜以此自限，本总统有厚望焉。

据《大总统批上海总商会请愿公举参议院议员呈》，载南京
《临时政府公报》第四十一号，一九一二年三月十七日

补发杨贺同盟会员证书

（一九一二年三月十七日）

杨贺君，广东省广州府香山县人，曾经矢誓入会填写盟书，并遵章缴纳基本金，注册第一百四十四号，特此发给证书，以资信据，仰祈收执。

檀山中国同盟会发给干事部长杨广建签押

主任孙文

中华民国元年三月十七日

据原件影印件，载香港中文大学、广州中山大学合编：《孙中山在港澳与海外活动史迹》，中山大学孙中山研究所一九八六年出版

饬内务部咨江苏都督清理阜宁苇荡积弊令

（一九一二年三月十八日）

临时大总统令

兹据谢承焘呈，请将海州阜宁苇荡裁泛升科，并缮抄旧呈前清江北提督原稿办法及苏谘议局议案各节，言之成理。在前清时议局既举其弊，而有司终延玩未行，坐失膏腴，殊为可惜。今据呈前来，合亟令仰该部咨行江苏都督切实查明，协筹办法，以清积弊，而收弃利。至要。此命。内务部总长程德全知照。计发谢承焘请将阜宁苇荡裁泛升科原呈一件。

孙文

中华民国元年三月十八日

据抄件，台北、中国国民党文化传播委员会党史馆藏

防止各省另举都督令

（一九一二年三月十九日）

从前各省自举都督，本为与中央隔绝关系。现在全国已经统一，各省更无所谓独立，所有地方官制按照约法应由中央制定公布施行。地方议会有无选举长官之权，自应于官制内规定由参议院议决，若各省于此项官制未公布以前各自为政，再纷纷另举都督，大局必更紊乱，显与统一之旨相背。目前办法总以维持现状保全公安为宗旨。万不可轻易纷扰致生枝节。此令。

据《防止各省另举都督之纷扰》，载一九一二年三月二十一日上海《申报》

饬外交部妥筹禁绝贩卖猪仔及保护华侨办法令

（一九一二年三月十九日刊载）

　　兹据荷属侨民曹运郎等呈请禁止贩卖"猪仔"及保护华侨各节。查海疆各省，奸人拐贩"猪仔"，陷人涂炭。曩在清朝，熟视无睹，致使被难同胞穷而无告。今民国既成，亟应拯救，以尊重人权，保全国体。又侨民散居各岛，工商自给者，亦实繁有徒，屡被外人陵虐，然含辛茹苦，挚爱宗邦。今民国人民同享自由幸福，何忍侨民向隅，不为援手？除令广东都督严行禁止"猪仔"出口外，合亟令行该部妥筹杜绝贩卖及保护侨民办法，务使博爱平等之义，实力推行。切切。此令。

据《大总统令外交部妥筹禁绝贩卖猪仔及保护华侨办法文》，载南京《临时政府公报》第四十二号，一九一二年三月十九日

饬广东都督严禁贩卖猪仔令

（一九一二年三月十九日刊载）

　　兹据荷属侨民曹运郎等呈请禁止贩卖"猪仔"各节。查奸徒拐贩同胞，陷人沟壑，曩在前清，草菅人命，漠不关心，致使被难人民穷而无告，岂惟有亏国体，亦本总统痛心疾首，殷念不忘，殊惨绝人道，前曾令内务部编定禁卖人口暂行条例，冀使自由博爱平等之义实力推行。惟禁止"猪仔"出口，尤为刻不容缓之事，民国既成，岂忍视同胞失所，不为拯救？除令外交部妥筹办法外，合亟令行该都督严行禁止，务使奸人绝迹，以重人道，而崇国体。此令。

据《大总统令广东都督严行禁制贩卖猪仔文》，载南京《临时政府公报》第四十二号，一九一二年三月十九日

批荷属侨民曹运郎等请禁止
贩卖猪仔及保护侨民呈

（一九一二年三月十九日刊载）

呈悉。奸人贩卖"猪仔"，惨无人道，本总统痛心疾首，殷念不忘，前曾令内务部编定禁止贩卖人口暂行条例，以重人权。查侨民散居各岛，工商自给，实繁有徒，而屡被外人横加虐辱，含辛茹苦，不背宗邦，可悯可矜，亟应援手。今民国既成，断不忍使海外侨民不同享自由平等之福，所陈各节，已分别令行外交部及广东都督酌核办理矣。此批。

据《大总统批荷属侨民曹运郎等请禁制贩卖猪仔及保护侨民呈》，
载南京《临时政府公报》第四十二号，一九一二年三月十九日

饬教育部注重师范并速筹开办中小学令

（一九一二年三月十九日刊载）

自民国起义以来，教育机关一时停歇，黉舍变为兵营，学子编入卒伍，此诚迫于时势，不得不然。然青年之士，问学无途，请业失据者，何可胜道？学者，国之本也，若不从速设法，修旧起废，鼓舞而振兴之，何以育人才而培国脉？查阅《临时政府公报》第三十二号，载有该部通告各省电，饬令高等专门学校从速开学，免致高等学生半途废学，中学毕业学生亦无升学之所云云，自是正当办法。惟教育主义，首贵普及，作人之道，尤重童蒙。中小学校之急应开办，当视高等专门为尤要。顾欲兴办中小学校，非养成多数教员不可；欲养成多数中小学教员，非多设初级优级师范学校不可，虽一时权宜与永久经制自殊，而统筹全局，亦不可顾此失彼。此时注重师范，既能消纳中学以上之学生，复可隐植将来教育之根本，是真当务之急者。为此令仰该部迅即妥筹办法，通告各省，将已设之优级初

级学校一并开学，其中小学校仍不可听其停闭，速筹开办，是为至要。此令。

据《大总统令教育部通告各省将已设之优级初级师范一并开学文》，载南京《临时政府公报》第四十二号，一九一二年三月十九日

批浙西场灶全体代表叶宝书等请维持盐灶呈

（一九一二年三月十九日刊载）

呈悉。据称浙省改革盐政办法，有碍该处场灶生产，应候令行实业部核办，仰即知照。此批。

据《大总统批浙西场灶全体代表叶宝书等请维持盐灶呈》，载南京《临时政府公报》第四十二号，一九一二年三月十九日

饬实业部核办浙西场灶代表叶宝书等
呈改良浙省盐政办法令

（一九一二年三月十九日刊载）

据浙西场灶全体代表叶宝书等具呈略称："浙省改革盐政办法，有碍该处场灶生产，请予维持"前来。除批示外，合将原呈发交该部，仰即察核办理。切切。此令。

据《大总统令实业部核办浙西场灶代表叶宝书等呈改良浙省盐政办法文》，载南京《临时政府公报》第四十二号，一九一二年三月十九日

批陆军部转呈陆地测量总局拟将测绘人员阶级
比照陆军官佐士兵阶级呈

（一九一二年三月十九日刊载）

呈暨表均悉。现今东西各国测绘人员，均据文职，无据武职之例。该部所呈测绘人员，可否比照陆军官佐阶级拟定之处，碍难照准。原呈及表发还。此批。

据《大总统批陆军部转呈陆地测量总局拟将测绘人员阶级比照陆军官佐士兵阶级订定呈》，载南京《临时政府公报》第四十二号，一九一二年三月十九日

批湖北矿商石仁山等控诉湖北内务
理财两司联络一气攘夺私产呈

（一九一二年三月十九日刊载）

所呈各节均悉。该商等创立公司，采办矿业，既据呈称：由该地主与各股东妥商合办，订立契据，呈明前清劝业道立案，何以当时不予认可给照。迨鄂军政府成立后，该内务、财政两司亦屡经派委查验，如果无别种辖轕，又何以藉词再三拒绝。此中情节，非彻查不能明晰。现当共和建设伊始，人民营业权亟应保护，岂容攘夺，惟既称另禀副总统鄂都督在案，仰候批示办理可也。此批。

据《大总统批湖北矿商石仁山等控诉湖北内务理财两司联络一气攘夺私产呈》，载南京《临时政府公报》第四十二号，一九一二年三月十九日

命黄兴准予烈士王家驹优恤令

（一九一二年三月十九日）

据陆军部总长黄兴呈称："山西行军参谋王家驹率兵攻克宁武、怀仁、大同一带，以功升总参谋兼四标统带。由虎谷渡河，略取河西蒙古地，贼闻惊溃，进占萨城、托斯和等处。不料孤军深入，弹尽援绝，为敌弹贯脑而死。查该总参谋忠勇性成，前后十余战，无不身先士卒，卒至捐躯报国。理合申请优恤，准将该总参谋王家驹照左将军例，优给阵亡一时恤金一千二百元，遗族每年恤金七百元，并准附祀晋、鄂两省忠烈祠"等情。自属正当办法，应即照准，以示褒奖，藉慰忠魂。此令。

陆军部总长黄兴知照

孙文

中华民国元年三月十九日

据"南京临时政府档案"原件，南京、中国第二历史档案馆藏

饬安徽都督查明上海裘业商会报告
被匪掳劫追究惩处令

（一九一二年三月二十日刊载）

兹有公文一件，应该都督①办理，合就开由发交，仰即切实查明究追惩处，至要。此令。

计发公文一件：

一、上海裘业商会呈：在皖境怀远县龙亢集地方，被该处练总邵德进率领土

---

① 指安徽都督孙毓筠。

匪劫船掳货，恳饬查办由。

据《大总统令安徽都督查明上海裘业商会报
告被匪掳劫追究惩处文》，载南京《临时政府
公报》第四十三号，一九一二年三月二十日

批郑裕庆为商号被封冤抑再恳饬查揭封以昭公允呈

（一九一二年三月二十日刊载）

呈悉。民国义师所至，一面为除暴，即一面为安良，倘非果为反对共和，甘作民贼，及显有侵吞亏空官款确证，其为人民财产，应当一律保护，岂容有株连抄没之举。该案早经发江西都督查办在案，仰候令行该都督迅速查明秉公办理可也。此批。

据《大总统批郑裕庆为商号被封冤抑再恳饬查揭封以昭公允呈》，
载南京《临时政府公报》第四十三号，一九一二年三月二十日

饬江西都督速查九江商人郑裕庆
所开宝记银号被封案令

（一九一二年三月二十日刊载）

民国革命，所以去专制之淫威，谋人民之幸福，是故义师所至，一面除暴，即一面安良，对于人民财产，除果为反对民国、甘作虎伥及显有侵吞亏欠官款确证外，应予一律保护，断不忍有株连抄没之举，而祸我生民。纵使戎马仓皇之日，难免殃及池鱼，而承平以后，即应设法挽救。前经内务部颁发保护人民财产五条，各省都督自应按照饬查，分别办理，以尽保护之责。该省九江府商人郑裕庆所开设宝记银号被封一案，早经发交该都督查办在案，兹复据该商人呈诉，冤抑莫伸，迫再吁恳饬令查明揭封等情前来。究竟该银号是否有亏欠官款之确证，该银号以及郑裕庆之财产应否并为查抄，何以久悬未办？合亟令行该都督迅速彻查，秉公

核办，以昭公道，是为至要。此令。计发宝记商人郑裕庆呈诉被封冤抑迫再吁恳饬查揭封以昭公允原呈一件。

据《大总统令江西都督速查九江商人郑裕庆所开宝记银号被封是否冤抑秉公核办文》，载南京《临时政府公报》第四十三号，一九一二年三月二十日

批张瀛调查金陵各属饥民情形请先发帑开设粜局呈

（一九一二年三月二十日刊载）

呈悉。米价涨落，民食攸关，如有奸商市侩敢为抬价居奇，例应禁止。至请设局平粜一节，应看地方市面米谷果否缺乏，方图救济，仰候令行南京府查核办理可也。此批。

据《大总统批张瀛调查金陵各属饥民情形请先发帑开设粜局呈》，载南京《临时政府公报》第四十三号，一九一二年三月二十日

饬南京府知事查明张瀛呈请调查
饥民情形妥办设局平粜令

（一九一二年三月二十日刊载）

兹据张瀛呈请调查金陵各属饥民情形发帑设立粜局等情。查米价涨落，民食攸关，而米粒之屯积与夫运输，若果匮乏，尤为可虑，亟应令仰该府知事，一面查明金陵市面有无奸商市侩抬价居奇情事，严行禁止，一面察看地方情形，应否设局平粜酌量救济，分别查明，妥为办理，是为至要。此令。

计发张瀛呈请发帑开设粜局原呈一件。

据《大总统令南京府知事查明张瀛呈请调查饥民设局平粜情形妥办文》，载南京《临时政府公报》第四十三号，一九一二年三月二十日

咨参议院请核议各部院三月份概算书文

（一九一二年三月二十日刊载）

据财政部总长陈锦涛呈称："据会计司案呈：《临时政府公报》二十八号内载本部呈请饬令各部办理三月份应支款项编具概算书，限期造送本部，由部汇送参议院编成预算。复于本年三月十一日奉大总统公布参议院《临时约法》内开：第十九条第二项参议院议决临时政府之预算决算等语。查各部院概算书业已陆续造送前来，兹经本司详细审查，所有各部院于本月份应支经常临时及预备等费册内所列数目，其务求撙节者固属不少，而从宽约计者亦居多数，事关中央行政要需，应即遵照《临时约法》，将各部支出概算书呈请大总统咨由参议院议决后，再行交部支出。惟各部院成立伊始，用度实繁，纷纷来部请领者，几有日不暇给之势，应请咨会该院，迅予裁决，以便遵行等情。查各部院三月份概算书支领各款，为数颇巨，筹措维艰；第百端待举，既需款之孔殷，而应付稍迟，辄责言之交至，统筹出入，挹注无方，至本部收入的款，向以全国赋税为大宗。自光复以来，各州县经征款项，应划归中央政府者，虽早经本部通电催解，而各该省迄未照解前来，以致收入亦无从概算。本部专司综核，盈虚酌剂，责有攸归，但仰屋彷徨，术穷罗掘，募借外债，原非持久之谋，整顿税源，难济目前之急，外省之解拨不至，公产之收入无多，舍此而外，别求财源，纵有孔桑，何从着手？特际此新政方兴，讵可因噎而废食，度支虽绌，总期积极以进行。锦涛等辗转筹思，深滋恐惧，与其内外相睽，坐以待困，何如同心协力，共济时艰，千钧一发，系于斯时，惟有吁恳大总统，令行各省都督，念国计关系之重，谅本部筹画之艰，将应解部款，从速催缴，其有不足应行设法弥补之处，并请咨照参议院议定救急方法，俾本部得所遵守，而财政藉以维持，实为至要。所有呈请交议各部院三月份支出概算书暨财政困难情形，理合备文呈报，敬祈鉴核施行。再陆军部月支概数咨文，一并录送。至该部三月份支出概算书，俟交到时再行续送"等由前来。除照呈令行各省都督催缴应解各款外，相应将概算书咨送贵院，请烦查照速行议决咨覆为要。此咨。

计咨送财政部呈交各部院三月份支出概算书一本，抄录陆军部支出概算咨文一件。

据《大总统据财政部呈送各部院三月份概算书咨参议院请议决文》，载南京《临时政府公报》第四十三号，一九一二年三月二十日

批上海裘业商会报告被皖境龙亢集练总邵德进率领土匪劫船掳货恳饬查办呈

（一九一二年三月二十日刊载）

禀悉。如果所控非虚，该商民等受累非轻，邵德进不法已极，仰候令行安徽都督澈〔切〕实查明究追惩办可也。此批。

据《大总统批上海裘业商会报告被皖境龙亢集练总邵德进率领土匪劫船掳货恳饬查办呈》，载南京《临时政府公报》第四十三号，一九一二年三月二十

批潘月樵等请改良伶界教育呈

（一九一二年三月二十日刊载）

潘月樵、夏月珊等启导伶界，开通社会，一片婆心，实堪嘉尚。所请各节，既经沪军都督批准立案，自无不合之处，应准其开办。至于抢获制造局有功，自应受赏，应禀请沪军都督咨报陆军部查核办理。此批。

据《大总统批潘月樵等请改良伶界教育呈》，载南京《临时政府公报》第四十三号，一九一二年三月二十

批邓城沥血代江皖灾民请命呈①

（一九一二年三月二十日刊载）

呈悉。江皖灾民愁苦之状，本总统无日忘之，前日经令财政部即行拨款救济，昨又电知北京袁总统设法维持矣。此批。

据《大总统批财政部赋税司司员邓城沥血代皖灾民请命呈》，
载南京《临时政府公报》第四十三号，一九一二年三月二十日

饬各部局整饬官方慎重铨选人才令

（一九一二年三月二十日）

满清末年，仕途腐败，已达极点，亲贵以财贿招诱于上，士夫以利禄市易于下，奔竞弋谋，相师成风，脂韦突梯，恬不知耻，以致君子在野，自好不为，事无与治，民不聊生，踵循不悛，以底灭亡。民国成立，万端更始，旧日城社，扫除略尽，肃整吏治，时不可失。然而法制未颁，考试未行，干进者存乘时窃取之心，用人者有高下随心之便，一或不慎，弊将有甚于满清之季者，治乱之分，端在于此，言念前途，能无兢兢。

南京临时政府草创之际，各处奔走疏附来求一地位者，当不乏人，以此苟得之心，遂开诈伪之习，或本旧吏而冒称新材，或甫入校而遽号毕业，蒙混诬枉，得之为能。虽转瞬统一政府成立，此地各官署立即取消；然使不肖者得持此以为进身之具，其遗患方来，何可数计。为此令仰该总次长等，于用人之计，务当悉心考察，慎重铨选，勿使非才滥竽，贤能远引，是为至要。又查各荐任各员，每有以一人而兼两职者，殊非慎重职务之道。荐者不知，是为失察，受者不白，是为冒利，胥无取焉。以后除有恃〔特〕别缘故，不得兼职，以肃官方而饬吏治。切切。此令。

---

① 邓城时任财政部赋税司司员。

内务部总长程德全知照

孙文

中华民国元年三月二十日

据原件，南京、中国第二历史档案馆藏

咨参议院特派秘书长赍送袁总统
在北京受职誓书文

（一九一二年三月二十一日刊载）

兹由蔡专使元培等赍回袁大总统在北京受职誓书，特派秘书长胡汉民送交贵院保存。此咨。

据《大总统咨参议院特派秘书长赍送袁总统在北京受职誓书文》，载南京《临时政府公报》第四十四号，一九一二年三月二十一日

饬上海通商交涉使迅查商人梁祖禄
承办垦牧迭被奸商捏控情形令

（一九一二年三月二十一日刊载）

据商人梁祖禄呈称："承办江苏句容县属垦牧事业，迭被奸商捏控"等由前来。其中辗转甚多，非彻查不能明晰，为此令仰该交涉使迅即查明呈覆，以凭核办。原呈及合同字据二折一并发交。此令。

计发交原呈一件、合同字据二件。

据《大总统令上海通商交涉使迅查商人梁祖禄呈称承办垦牧迭被奸商捏控情形文》，载南京《临时政府公报》第四十四号，一九一二年三月二十一日

饬陆军部查垦牧公司曹锡圭请设督垦营地局令

（一九一二年三月二十一日刊载）

据安宁垦牧公司经理人曹锡圭呈称："拟招集资本设立陆军部督垦营地局，并请派员帮理，发给关防，拟就开办简章，呈请核示"等情前来。查所请系为垦植荒地、安插游民起见，用意至堪嘉美。惟营地牧场校场等地，开垦种植，于军用有无阻碍，其简章所定，行之有无流弊，所请派员帮理，发给关防，可否准行之处，仰该部会同内务部妥筹尽善，再行饬知该商遵照办理可也。原呈并发。此令。

据《大总统令陆军部饬查垦牧公司曹锡圭请设督垦营地局文》，
载南京《临时政府公报》第四十四号，一九一二年三月二十一日

饬财政部核办上海源丰润号押产令

（一九一二年三月二十一日）

临时大总统令

据上海源丰润经理陈薰呈称：该号所抵押与沪关之号东自产及沪号押产，均属减值。惟此项押产，曾由沪关交存领事公会，恳候移还接收之日提回，除核抵沪关押款外，将抵余产业发还清理等情前来。当经批谓："呈悉。该号经营三十余年，信用素著，一旦为市面牵累，以致辍业。而前清专制，非惟不予维持，抑且从而朘剥，情殊可悯。除令通商交涉使向领事公会提取沪关交存之该号押产，候令财政部核办可也"等语。除令通商交涉使从速向领袖领事查提解交该部外，合即令仰该部知照。陈薰原呈附发。此令。

财政部总长陈锦涛知照

孙文

中华民国元三月二十一日

据抄件，台北、中国国民党文化传播委员会党史馆藏

指拨源丰润等钱号抵押前清沪道部款
为中国公学经费令

（一九一二年三月二十一日）

临时大总统令

　　据中国公学董事张謇等呈称："窃维中国公学创自前清光绪三十二年，实因日本取缔风潮，学生回国，各省绅民奔走联合，愤激而设此校。其宗旨纯属民办，即以董事会组织保管。数年以来，筹集开办费已及数十万金，而常年费则取给于各省公摊约二万余两，历有案卷可稽。上年新建校舍落成，适值民国起义之际，校内师徒多半从军，校舍亦为吴淞民军所借驻，各省公摊之款更皆无着。公学停办，职此之由。今者南北统一，民国成立，凡属学校均宜及时起学，以兴教育。惟是公学性质本由各省集成，当此军备未撤，财政困难，公摊一项，甚难希望。而教育所关，公学又系对外而设，若因款绌停办，恐不免贻日人之诮，而为民国之羞。兹查有前清上海道蔡乃煌以部款存放源丰润等钱号，致被亏倒，仅有房产、股票、各抵押契据移交后任刘燕翼，其价约及百万。若蒙拨为公学经费，于义相合，而公学即赖以不坠。謇等谨合词公恳大总统，俯念公学系属民立，饬令前清上海道刘燕翼将源丰润等抵押之房屋、股票、字据发交公学，存充经费，以资持久而免旷废"等情前来。当经批以"呈悉。所请源丰润等抵押之房屋、股票、字据发交公学，存充经费，事属可行。惟闻此项票据已由刘燕翼交上海领袖领事存贮，候令通商交涉使清查提还，再行指拨可也"等语。除令通商交涉使速为查提解交该部拨收外，合即令仰该部知照。此令。

　　财政部总长陈锦涛知照

孙文

中华民国元年三月二十一日

　　　　据"南京临时政府档案"原件，南京、中国第二历史档案馆藏

批财政部呈复中华银行不能由国家补助呈

（一九一二年三月二十一日）

临时大总统批

　　一件。财政部呈复中华银行不能由国家补助，乞改正前令由。呈悉。所陈中华银行补助一节，颇有窒碍难行之处，尚属实在情形，应予照准。仰即知照，此批。

孙文

中华民国元年三月二十一日

据"南京临时政府档案"原件，南京、中国第二历史档案馆藏

批陆海军部请发给长江上下游
水师总司令长委任状呈

（一九一二年三月二十一日）

　　呈悉。长江上下游，联贯数千里，舳舻相接，商旅殷繁，宵小出没其间，宜有水师统一机关，不时巡逻来往，以资镇摄。兹据呈荐李燮和为长江上游水师总司令长，张通典为长江下游水师总司令长。查李燮和久膺戎寄，威望素孚，应即照准。惟张通典前已由交通部荐任为该部参事在案，民国鼎新，未便仍沿兼差恶习，致旷官职，而阻贤路。如非张通典不能胜任，应由该部先咨明交通部撤去该员张通典参事一职，再行委任，以期核实。至长江上下游既设有司令二员，不若改总司令长名称为司令长较为妥叶，委任状发还改定另呈可也。此批。

孙文

中华民国元年三月二十一日

据"南京临时政府档案"原件，南京、中国第二历史档案馆藏

命黄兴准予陈鲁恤金令

（一九一二年三月二十三日）

临时大总统令

　　据陆军部总长黄兴呈称："该部二等副官陈鲁，于本月二十一日在总长办公室内，忽被流弹击伤，当晚殒逝。查该员历年奔走革命，不辞艰险，乃以无妄之灾，竟至陨命，痛惜殊深。仰恳准将该员陈鲁，按照左都尉阵亡例，给予一次恤金八百元，遗族抚恤金每年四百五十元"等情。自属正当办法，应即照准，以示体恤，而慰忠魂。此令。

　　陆军部总长黄兴知照

孙文

中华民国元年三月二十三日

据"南京临时政府档案"原件，南京、中国第二历史档案馆藏

饬教育部准佛教会立案并指人民有信教自由令[①]

（一九一二年三月二十四日刊载）

　　兹据佛教会李翊灼等函称：设立佛教会，以求世界永久之和平及众生完全之幸福为宗旨，并呈会章要求保护前来。查近世各国政教之分甚严，在教徒苦心修持，绝不干与政治，而在国家尽力保护，不稍吝惜，此种美风最可效法。民国约法[②]第五条载明："中华民国人民一律平等，无种族、阶级、宗教之区别。"第二

---

　　① 三月九日，上海李翊灼等人代表中华佛教总会上书孙文，呈送《中华佛教总会章程》、《佛教会大纲》、《佛教会要求民国政府承认条件》三附件，并要求承认该会。孙文饬令教育部准其立案，又于是月复函该会。见上海《佛学丛报》第二期，中华佛教总会主办，一九一二年十一月一日出版。

　　② 即《中华民国临时约法》。

〔六〕条第七项载明："人民有信教之自由。"条文虽简，而含义甚宏，于该会要求者尽为约法所容许，有行政之责者，自当力体斯旨，一律奉行。合将该会大纲发交该部，仰即查照批准立案可也。要求条件一纸并发。

据《大总统令教育部查照佛教会李翊灼等函请保护即予批准立案文》，载南京《临时政府公报》第四十七号，一九一二年三月二十四日

饬财政部核办李炳燿等呈请
札委国债事务所董事令

（一九一二年三月二十四日刊载）

据泗水商务总会李炳燿等呈称："该地已设立中华民国国债事务所，所中董事恳予札委。又鄂、闽、粤各处电饬募借公债，应如何办理"各等情前来。为此合行令仰该部核办。原呈及履历书董事表附发。此令。

据《大总统令财政部核办泗水商会李炳燿等呈请给国债事务所委札文》，载南京《临时政府公报》第四十七号，一九一二年三月二十四日

批闽都督孙道仁遵照部议取销昭忠祠
并报效住屋呈

（一九一二年三月二十四日刊载）

据呈已悉。查陆军部漾电所称：应归公专祠及昭忠祠，系指前清时效忠满洲觉罗一姓残杀同胞者而言。该都督故父于前清甲申中法之役，在台北战胜敌人，保全中国土地，因于闽省得建专祠，其建造费系由该都督自行筹措，外附昭忠祠一所，系同军人合建，以祀将士之捍卫同胞者，此项祠宇，自与陆军部所指应行归公之祠迥不相侔。兹竟首先遵照部令，取销两祠名目，将祠庐交政务院照部议

办理，并将祠后住宅一所，一并报效入官，在该都督，恪遵部电，以表扬忠烈为怀，实堪风励天下。惟该都督故父，战胜强敌，捍卫封疆，既功德之在人，宜庙食之永享，且民国法令，凡属国民，皆有完全享有财产之权，所有该都督请取销故父专祠及祠后住宅入官之处，着毋庸议。此批。

据《大总统批闽都督遵照部议取销昭忠祠并报效住屋呈》，载
南京《临时政府公报》第四十七号，一九一二年三月二十四日

饬广东都督派员照料迎赵声烈士灵柩令

（一九一二年三月二十六日刊载）

兹派赵光等赴港迎烈士赵声君之灵柩归正首丘，仰该都督届时派员妥为照料，并照会港政府及港中绅商一体知照，以慰英魂。切切。此令。

据《大总统令广东都督派员照料迎赵烈士灵柩文》，载南
京《临时政府公报》第四十八号，一九一二年三月二十六日

饬参谋部裁撤大本营名目令

（一九一二年三月二十七日刊载）

民国统一，战事终息，大本营名目应即取消，所有关防案卷等，即交参谋部存储，以资查考。其作战局职员，向系参谋部第一局职员兼任，着即消去兼差，仍归本部办事。至兵站局尚有转运等事，未便即予撤除，应暂由参谋部兼管，仍酌裁冗员，以节廉费。此令。

据《大总统令参谋部裁撤大本营名目文》，载南京《临
时政府公报》第四十九号，一九一二年三月二十七日

饬财政部拨银交实业部备赈清淮难民令

（一九一二年三月二十七日刊载）

据内务部呈称："准实业部咨开，顷准江北蒋都督电开：前奉大总统来电，以江北灾情甚重，已筹款发交张总长分别办理。现在清淮一带饥民麕集，饿尸载道，秽气散于城郊，且恐郁为鼠疫，当此野无青草之时，定有朝不保夕之势，睹死亡之枕藉，诚疾首而痛心。现虽设有粥厂，略济燃眉，无如来者愈多，无从阻止，粥厂款项不继，势将停止，苟半月内无大宗赈款来浦接济，则饥民死者将过半矣，即有数百千万之巨款，亦不能重起饿莩于九原，令其受赈。为此情急，沥血电陈，可否仰求大总统、总长俯念灾民垂毙，急救目前，于无论何处迅拨款万金，由总长派员经理其事，俾饥民得稍缓须臾之死，以待夏秋之成，雁行不胜迫切待命之至等因到部。查江北待赈孔殷，自应合力筹济，为此咨请贵部，希查核办理等因。准此，查来电量予赈济之处，似尚可行，拟请令行财政部，勉筹急赈一万元，即照前次江北赈灾办法，由实业总长遴员前往切实散放，以苏民困"等因前来。查清淮一带饥民麕集，流离死亡，相属于道，实堪悯恤，除令行江苏都督另筹抚恤方法协力进行外，为此令仰该部长，迅即拨银一万元，交由实业部派员前往切实散放，以济灾黎而谋善后。切切。此令。

据《大总统令财政部拨银一万元交实业部备赈清淮难民文》，载南京《临时政府公报》第四十九号，一九一二年三月二十七日

咨参议院议决参谋部公债票预算书文

（一九一二年三月二十七日刊载）

据参谋部总长呈称："窃本部三月份支出概算书中俸给项下，系按陆军部暂行给与令章程，仅将现金数目列填，前经参议院及财政部审核给发在案。惟公债票数目未及声明，亦并未在预算数中扣除，似应仍咨财政部照数补发。前准财政部覆称：'查贵部三月份支出概算书业由本部汇呈大总统转咨会参议院审核在案。

贵部前送概算书中，既漏列公债票一项，希即径行备文呈请大总统转咨参议院代为补入，俟贵部预算经参议院核准后，本部当即照发。目下预算未定，未便先行核发'等因。似此公债票一项既经财政部呈报在前，无从补入。仅将三月份公债票预算书列表备文呈请大总统察核，转咨参议院代为补入，一并核准，以归划一"等因前来。合将参谋部三月份公债票预算书一份咨送贵院，请烦查照议决咨覆可也。此咨。

计送交参谋部三月份公债票预算书一份。

据《大总统咨参议院议决参谋部公债票预算书文》，载南京《临时政府公报》第四十九号，一九一二年三月二十七日

批司法部请示袁大总统大赦办法呈

（一九一二年三月二十七日刊载）

呈悉。查《临时约法》第四十条，临时大总统得宣告大赦、特赦、减刑、复权。但大赦须经参议院之同意。又同法第五十六条，本约法自公布之日施行。袁总统前项命令，查系三月初十日所发布，在约法施行之前，须得参议院之追认方能有效，已咨照参议院，候议决咨覆时再行饬遵可也。此批。

据《大总统批司法部请示袁大总统大赦办法文》，载南京《临时政府公报》第四十九号，一九一二年三月二十七日

咨参议院议决袁大总统大赦命令文

（一九一二年三月二十七日刊载）

据司法部总长伍廷芳呈称："案据江宁地方审判厅、检察厅呈称：'三月十七日读《临时政府公报》电报栏内载有大中华民国元年三月十一日袁大总统命令：今国体变更，首在荡涤烦苛，与民更始。我国民积受专制官吏之弊，失〈教〉罹罚，政多未平，陷于囹圄，或非其辜。当兹民国初基，正宜涤除旧染，咸与维新，凡自中华民国元年三月初十日以前，我民国〔国民〕不幸而罹于罪者，除真正人

命及强盗外，无论轻罪重罪、已发觉未发觉、已结正未结正者，皆除免之。我国民其自纳于轨物，怀兹刑辟，毋蹈匪彝，以保我同胞之身命荣名于无极。此令。等因。查法律命令效力发生期间，前奉规定公布，无论远近，各衙门以奉到公报后五日为施行期间，所有袁大总统此项命令所定范围，是否包括南北一律施行？现在北京政府正在组织之中，南京政府又尚存在，是否认此命令为有效？本厅所受诉讼，三月初十日以前，除真正人命盗犯不在赦免之列，已结正未结正者共计五十八人，是否应遵袁大总统此项命令并予除免？本厅长等未便擅主，相应备文呈请示遵'等情到部。据此，查南北虽已统一，而内阁正在组织，南京临时政府尚未交卸，袁大总统此项命令曾否咨由大总统转发临时公报饬令南北通体遵照，本部未奉明文，不敢臆断，相应据情呈请钧核，以便饬遵施行"等情前来。查《临时约法》第四十条："临时大总统得宣告大赦、特赦、减刑、复权；但大赦须经参议院之同意。"又同法第五十六条："本约法自公布之日施行。"袁总统前项命令，查系三月初十日所发布，在约法施行之前，须得贵院之追认，方能有效，合就咨请贵院迅赐议决咨覆可也。此咨。

据《大总统咨参议院议决袁大总统大赦命令文》，载南京《临时政府公报》第四十九号，一九一二年三月二十七日

批交通部拟酌减报界邮电费办法
并请电告袁大总统呈

（一九一二年三月二十七日刊载）

呈悉。所拟酌减报界邮电费办法，尚属妥协，应即照准，仰即令行所属知照。至请电袁大总统转饬北京邮局帛黎遵办一节，已电告袁大总统矣，仰即知照。此批。

据《大总统批交通部拟酌减报界邮电费办法并请电告大总统呈》，载南京《临时政府公报》第四十九号，一九一二年三月二十七日

命黄兴优恤刘道一令

（一九一二年三月二十七日）

兹据汪兆铭等呈称："湖南烈士刘道一，游学日本，与其兄揆一密谋光复，结会党首领马福益，于丙辰冬起兵浏阳。事败乘间走日本，苦心计划，联络会党，传播革命思想。岁丙午，复与党首萧克昌等起义于萍、浏、澧等处。事败被逮，狱吏用酷刑讯供不得，遂以烈士佩章所镌'锄非'二字定狱，从容就义，死事极惨。方今民国成立，共和永建，凡从前为国死义之士，均已先后表章各在案。烈士尽瘁革命，瘢瘷愈奋，联络各党，鼓励民气，厥功甚伟，而惨遭亡清官吏之毒杀，遗骸至今未掩，行路悲哀，允堪悯恻。"自应准予列入大汉忠烈祠，同享祀典，并将事实宣付国史院立传。应得典恤，仰陆军部查照恤赏章程，从优核办，以顺舆情而慰忠魂为要。此令。

陆军部总长黄兴知照

孙文

中华民国元年三月二十七日

据"南京临时政府档案"原件，南京、中国第二历史档案馆藏

令广东都督酌发昭字全军将士功牌执照文

（一九一二年三月二十七日刊载）

顷据粤省昭字全军统领郑昭杰呈称："自前年三月，号召同志，分布黄龙都、石龙、增城、清远等处，所需饷项，概由各人担任，并未动支公款。反正后，复以地方多故，仍理旧部，分扎各处，维持公安。今粤局粗定，志愿引退各军士亦愿解甲归田，惟须商请酌给功牌执照，以酬劳瘁"等因。查该军将士，于粤省反正时，既能自筹饷项，立功于前，迨大局平定之后，复能不事矜伐，解甲引退，实属深明大义，殊堪嘉尚。所请给予功牌执照一节，应即照准，以彰酬庸之典。

至应如何分别等差之处，仰该都督会商该军统领妥为办理可也。此令。

据《大总统令广东都督酌给昭字全军将士功牌执照文》，载南京《临时政府公报》第四十九号，一九一二年三月二十七日

饬各省都督酌放急赈令

（一九一二年三月二十八日刊载）

溯自川路事起武汉倡义以来，兵燹蔓延，于兹数月，东南半壁已无宁区；加以升虏抗命，西北兴戎，燕都失防，祸延津保，神州以内，共罹兵烽；矧当连年水旱之余，益切满目疮痍之感。夫民国新造，首重保民，顾以用兵之故，致贻失所之忧。本总统每一念及我同胞流离颠沛之惨象，未尝不为之疾首痛心，寝食俱废也。兹者大局已定，抚慰宜先，为此电令贵都督等，从速设法劝办赈捐，仍一面酌筹的款，先放急赈，以济灾黎，而谋善后。并将各处被难情形及筹办方法先行电覆，俾得通盘筹算，患防未然，是为至要。此令。

据《大总统令各省都督酌放急赈文》，载南京《临时政府公报》第五十号，一九一二年三月二十八日

饬各省都督保护人民生命财产令

（一九一二年三月二十八日）①

各省都督鉴：临时大总统孙令：此次改革，原为救民水火，乃闻各省光复以来，各地方行政长官及带兵将领，良莠不齐，每每凭藉权势，凌轹乡里，有非依法律辄入人民家宅搜索银钱、衣物、书籍据为己有者，有托名筹饷强迫捐输甚且虏人勒赎者，有因小忿微嫌而擅行逮捕人民甚或枪毙籍没以快己意者，排挤倾陷，私欲横溢，官吏放手，民人无依。若不从严缔治，将怨郁之极，铤而走险，恐非地方之福。

---

① 原令未署年月。据《临时政府公报》发布时间确定。

现在地方官制尚未颁行，各省都督具有治兵察吏之权，务须严饬所属，勿许越法肆行。一面出示晓谕人民，有受前项疾苦者，许其按照《临时约法》，来中央平政院陈诉；或就近向都督府控告，一经调察确实，立予尽法惩治，并将罪状宣示天下，以昭儆戒。

本总统虽解职在即，然一念及民生涂炭，国本所关，不敢自暇，愿我各省都督百僚有司共勉之。此令。

二十八日

孙文（印）

据《大总统令各都督保护人民生命财产电文》，载南京
《临时政府公报》第五十二号，一九一二年三月三十日

咨参议院提前议决三月份概算表册文

（一九一二年三月二十九日刊载）

据财政部长陈锦涛呈称："本部汇编三月〈份〉支出概算表册，已于本月十五日呈请转咨参议院核议在案。惟查此项支出概算表册，既以月为纲，自应于月内核定，以便按款支付。现在临时政府交卸在即，各部院纷纷按照概算草案请领三月份经费，本部处此旋涡，苟欲照付，则法律之手续未完，不付则支给之事实已至，彷徨终日，应付无方，不得不呈请大总统咨会参议院，将各部院三月份概算表册迅赐议决，务在本月内公布，俾领款者知所遵循，发款者有所根据"等因前来。查现在已届月杪，所有本月豫算表册理应即日公布，俾有遵循。为此咨请贵院，将前次咨请决议之三月份概算表册，即予提前决议咨复，以便转饬遵照，是为至要。此咨。

据《大总统咨参议院提前议决三月份概算表册文》，载南京
《临时政府公报》第五十一号，一九一二年三月二十九日

批黄兴等请指拨大宗经费组织拓殖协会呈

（一九一二年三月二十九日刊载）

呈悉。吾国民族，生聚于东南，而雕零于西北，致生聚之地，人口有过剩之虞，彫零之区，物产无丰阜之望，过与不及，两失其宜，甚非所以致富图强之道。拓殖协会之组织，自是谋国要图，国家应予协助。所请维持经费三十万元，仰候令饬财政部编入每年预算案可也。此批。

据《大总统批黄兴等请指拨大宗经费组织拓殖协会呈》，载南京《临时政府公报》第五十一号，一九一二年三月二十九日

批黄兴为刘道一烈士请援照杨卓林烈士例恤呈

（一九一二年三月二十九日）

临时大总统批

一件。陆军部总长黄兴呈复刘烈士道一应请援照杨烈士卓林例恤由。

呈悉。应准如所请，仰即查照给恤杨烈士卓林例，一体办理可也。此批。

孙文

中华民国元年三月二十九日

据"南京临时政府档案"原件，南京、中国第二历史档案馆藏

饬财政部将黄兴等呈请拨助拓殖协会
经费三十万元编入预算令

（一九一二年三月三十日刊载）

据黄兴等呈称："窃查世界列强近皆注意于保护产业，各以扶植己国权利为

唯一无上之政策。自西葡航海移殖以来，德于南美阿根第那、于亚细亚土尔其及巴尔干半岛，英于南亚非利加、尼勒河流域、扬子江流域与夫印度、波斯之间；俄于满州〔洲〕、蒙古、伊犁及波斯、土尔其，法于亚非利加及南亚细亚，皆扶植殖民之势力，而蓄谋甚阴，近益举世风靡，时会所趋，无待赘述。我国领有东西北满蒙回藏数万里扼要之地，慢藏诲盗，以资外人，为国防计，何以固吾圉？为外交计，何以殖吾力？为经济计，何以阜吾财？为财政计，何以足吾用？藩篱既撤，堂奥岂能晏然？每一筹思，辄为心悸。现在共和成立，百废具举，而拓殖一端，尤为当务之急，然兹事重大，断非一手一足之力所可成功。考各国拓殖历史，有因国家政治失宜，纪纲破裂，由脱走本国之人民建立者；有因国家之政策，强制人民移住，遂为后日繁荣之基础者。虽事实各有不同，而其必得国家之协助则一也。今民国建设伊始，上下一心，苟其事为国利民福所关，当不致再蹈亡清壅滞隔阂之弊。兴等不揣冒昧，发起拓殖协会，一面编纂书报鼓吹，以激国民移住之热心；一面组织公司实行，以养国民开拓之实力。惟需款其巨，既非个人财力所能经营，而招集股份，又恐迂缓，难收急效，用敢披沥陈词，吁恳大总统俯念时艰，拨助维持经费三十万元，交参议院列入每年预算案，以便筹办拓殖公司及一切附属事宜，藉杜外人觊觎，而植国家富强之基业。伏乞鉴核允准立案，并指拨大宗经费，以资进行，民国幸甚”等情前来。查吾国民族生聚于东南，而凋零于西北，致生聚之地，人口有过剩之虞，凋零之区，物产无丰阜之望，过与不及，两失其宜，甚非所以致富图强之道。拓殖协会之组织，实为谋国要图，国家自应协助。除批示外，为此合行令仰该部，将该协会所请维持经费三十万元即行编入每年预算案，即交参议院核议。切切。此令。

据《大总统令财政部将黄兴等呈请拨助拓殖协会经费三十万元编入预算文》，载南京《临时政府公报》第五十二号，一九一二年三月三十日

咨参议院将陆军部概算册中之卫戍费一项取消文

（一九一二年三月三十日刊载）

据财政部呈称：本月二十一日准陆军部咨开：准南京卫戍总督徐咨称：本总

督府三月份概算书，当时以赶造表册尚须时日，经先将卫戍军队大概数目函送在案。惟查敝处预算，军队薪饷而外，尚有总督府人员月俸及厅费各项，日昨迭准财政部咨催经卫戍总督府暨所属军队支用各款造具表册，全数咨送财政部，并声明嗣后领款，按月由敝处直接向财政部全数领出，以归简便，仍将支用实数造报送请查核。相应备文连同表册咨请查照办理等情。查本部三月份概算书，业经咨送贵部察核；惟其中尚载有卫戍经费一项，兹准前因，自应全数取消，以免歧异等因到部。查卫戍总督府概算另备专册，共十二万八千六百元三角九厘，其中卫戍费一项，共需现金公债计共银元十万另六千五百十五元，前次陆军部所送概算清册，又复将此项列入，自系重复，应照陆军部来咨，即将该部概算册内之卫戍费一项取消，以符概数。理合备文呈请鉴核，俯赐转咨参议院查照施行。等情前来。为此相应咨请贵院，将陆军部概算册内之卫戍费一项取消，以符概数而免歧复。此咨。

据《大总统咨参议院将陆军部概算册中之卫戍费一项取消文》，载南京《临时政府公报》第五十二号，一九一二年三月三十日

令陆军部抚恤廖传珝等文

（一九一二年三月三十日刊载）

据呈管带廖传珝运动革命多年，卒惨死于淮南蚌山之役，请照左都尉阵亡例赐恤。其队官朱广凤、李允觉，排长王怀盛、徐兆丰，亦同时殉义，请照右都尉暨大军校阵亡例赐恤。其军士十余人，请并准予附祀该忠义祠。又决胜团学生队王卓、詹蒙、周廷章、李儒清转战武汉，中弹毙命，情形极惨，经各处报告确实，请照大军校阵亡例恤赏。自系阐幽表忠之意。为此令行该部，仰即遵照办理，以恤生者而慰忠魂。此令。

据《大总统抚恤廖传珝等令文》，载南京《临时政府公报》第五十二号，一九一二年三月三十日

饬各省都督将解部各款从速完缴令

（一九一二年三月三十一日刊载）

据财政部总长陈锦涛呈称："据会计司案呈：《临时政府公报》二十八号内载：本部呈请饬令各部办理三月份应支款项编具概算书，限期造送本部，由部汇送参议院，编成预算。复于本年三月十一日奉大总统公布参议院《临时约法》，内开：第十九条第二次〔项〕参议院议决临时政府之预算决算等语。查各部院概算书，业已陆续造送前来。兹经本司详细审查，所有各部院于本月份应支经常临时及预算〔备〕等费册内所列数目，其务求撙节者，固属不少，而从宽约计者，亦居多数，事关中央行政要需，应即遵照《临时约法》，将各部支出概算书呈请大总统咨由参议院议决后再行交部支出。惟各部院成立伊始，用度实繁，纷纷来部请领者，几有日不暇给之势，应请咨会该院，迅予裁决，以便遵行等情。查各部院三月份概算书支领各款，为数颇巨，筹措维艰，第百端待举，既需款之孔殷，而应付稍迟，辄责言之交至，统筹出入，挹注无方。至本部收入的款，向以全国赋税为大宗，自光复以来，各州县经征款项，应划归中央政府者，虽早经本部通电催解，而各该省迄未照解前来，以致收入亦无从概算。本部专司综核，盈虚酌剂，责有攸归，但仰屋彷徨，术穷罗掘，募借外债，原非持久之谋，整顿税源，难济目前之急，外省之解拨不至，公产之收入无多，舍此而外，别求财源，纵有孔桑，何从着手？特际此新政方兴，讵可因噎而废食，度支虽绌，总期积极以进行。锦涛等辗转筹思，深滋恐惧，与其内外相睽，坐以待困，何如同心协力，共济时艰，千钧一发，系于斯时，惟有吁恳大总统令行各省都督，念国计关系之重，谅本部筹画之艰，将应解部款，从速催缴。其有不足，应行设法弥补之处，并请咨照参议院，议定救济方法，俾本部得所遵守，而财政藉以维持，实为至要。所有呈请交议各部院三月份支出概算书暨财政困难情形，理合备文呈报，敬祈鉴核施行"等由前来。查现当建设伊始，庶政待兴，支出则刻不容缓，收入则的款无多，该部所陈财政窘迫各节，自系实情。目下各地秩序已渐回复，各种法制未经颁布以前，其一切应行经征各款项，自当照旧征收，解交财政部，以充中央行政各费用。中央与各地互相维持，新造民国乃得立于不敝，我各省贤达有为之都督、司令及百有司，必能深明此义，无俟本总统之反覆说明。除照所呈另咨参议院外，为此令仰该都督即将应解部款，从速完缴，俾资挹注，切切毋违。此令。财政总长陈锦涛副署。

据《大总统令各省都督将解部各款从速完缴文》，载南京《临时政府公报》第五十三号，一九一二年三月三十一日

咨参议院请提前议决协助拓殖协会之经费文

（一九一二年三月三十一日刊载）

前据黄兴等呈称组织拓殖协会，请由国家拨助维持经费三十万元以资进行等情前来，业经批准立案，并令饬财政部将该项经费三十万元编入每年预算案，交贵院议决拨给。兹据财政部呈称："查现在统一政府虽已成立，而编订全国预算案尚须时日，此项拓殖协会为国利民福所关，组织自刻不容缓，所有国家协助该会经费，如必俟全国预算案成立之日始行交参议院核议，恐迁缓难收速效，相应呈请大总统将国家每年协助该会经费三十万元，先行咨交参议院核议定案，俾便由政府筹款补助，以资早日成立，庶外足以杜强邻觊觎之萌，内足以植国家富强之基也"等由。据此，合行咨请贵院速赐议决，俾得早日施行。此咨。

计抄拓殖协会原呈一份。

据《大总统咨参议院提前议决协助拓殖会经费文》，载南京《临时政府公报》第五十三号，一九一二年三月三十一日

令准陆军部抚恤烈士李君白等文

（一九一二年三月三十一日刊载）

兹据该部呈称："修造科科长李君白，因在沪赶制前敌炸弹，拌合药料用力过猛，以致轰燃毙命，血肉狼藉。第一师第二旅第四团第二营长江来甫，转战颖〔颍〕州，身先士卒，在战斗第一线中弹身亡，遗骸惨被敌人酷虐。请均照左都

尉例给恤。

"烈士杨禹昌，历充陆军中学教员，鼓吹革命，去秋武汉起义，奔走津、沪，组织一切，厥功甚大，而卒就义于北京。请照右都尉阵亡例，优给一次恤金五百元。

"江南将弁毕业生、江西新军队官彭克俭，在萍乡起义事败，为亡清赣抚冯汝骙用酷刑惨毙；安徽炮台管带薛哲，与徐锡麟同谋在皖起义事败，为亡清皖抚恩铭及江督端方惨杀。请均照右都尉阵亡例，给予一时〔次〕恤金七百元，遗族每年恤金四百元。

"前湖北常备军督队官胡震江，在皖与熊成基密谋起义事败，潜至金陵，为端方所捕，瘐死狱中。请照大军校阵亡例，优给一次恤金五百元。

"前湖北特别陆军学堂毕业生、巡防营排长胡焐恂，在老河口谋举义旗，被湖北光化县拿获遇害。请照左军校阵亡例，优给一次恤金四百元。

"宜章志士彭遂良、彭昭，接应义军，与焦达峰光复湘省，被该县令吴道晋诈诱枪毙，情殊可惨。彭遂良请照大军校阵亡例予恤，彭昭请照左军校予恤，并咨行湘都督查明遗族，分别给予抚恤"等情前来。

查以上所开诸烈士，就义之先后虽殊，而其为国为民、以身殉国之忠诚则一，所请给恤之处，自应照准。为此令行该部，仰即遵照办理，以安存殁而励来兹。此令。

据《大总统抚恤烈士李君白等令文》，载南京《临时政府公报》第五十三号，一九一二年三月三十一日

为民服务不得钻营奔竞令

（一九一二年三月）

方今民国初基，首在任用贤能。扫除弊蠹。近岁以来，是非倒置，黜陟不公，致钻营奔竞之风大开，谨厚者或贬节以求全，巧滑者益趋炎而忘耻，官方既紊，职守全堕，倾核〔覆〕之由，多在于此，此等恶习，自应痛加洗涤，务绝根株。为此通谕百僚，须知凡属官员，皆系为民服务，官规具在，莫不负应尽之责任，而无特别之利益，何得存非分之希冀，而作无谓之应求；况佐治需才，果有寸长，

奚患沦弃。自今以往，该管长官，毋得以好恶为取舍，喜怒为进退，如有此等情形，属员准其申诉；倘属员对于长官再于钻营奔竞情事，必当严加惩戒，以肃官常，维我同官，各宜清白乃心，束身自爱，毋负本大总统殷殷诰诫之意。此令。

据黄季陆编：《总理全集》下册，成都，近芬书屋一九四四年七月出版

严禁鸦片令

（一九一二年三月）

鸦片烟为害，历岁久远，年来订限禁绝，幸觉悟者日多，稍免荼毒。乃军兴之后，禁令渐弛，复有滋蔓之虑，亟宜重申严禁，责成各长官，将从前禁种、禁运、禁吸各办法，继续进行，毋得稍有疏懈。并当剀切晓谕，俾知禁烟为除害救民之要图，凡我国民尤宜视为鸩毒，互相劝惩，不得图一时之利，而妄无穷之害。此令。

据黄季陆编：《总理全集》下册，成都，近芬书屋一九四四年七月出版

批香港大学请出席开学典礼函

（一九一二年三月）

请给登记处答复。

附：香港大学邀请函

香港大学校长和理事会敬请孙逸仙博士出席香港大学开学典礼。典礼仪式将于一九一二年三月十一日在校内大楼内举行。

据胡伯洲、胡波、朱明海、董少葵译：《海外华人致孙中山信札选》（四），载南京《民国档案》二〇〇三年第四期

饬交通部限制官电令

（一九一二年四月一日刊载）

一等官电之设，原为传递紧要公文务求捷速起见。乃查近日来去电文，长者辄至数百千言，司电报者收发一电，动经十数小时始能完结，是不免以一人一事之交通，致碍各方之信报。推原其故，实缘官电往来概未取费，发电之人遂致不知剪裁，往往以简单之事由，发为繁重之言论，烦人废时，几忘设电本意；甚至匿名诋毁，亦借官电传达，此则官署如林，得印甚易，发送无费，恣意何难，若不设法限制，不特于交通有妨，抑恐别生枝节，致碍要政。为此令仰该部，迅即拟一暂行条例，规定每电至长不得过若干字，并于各处官电酌量取资若干，通饬遵行，以示限制，而杜流弊。此令。

据《大总统令交通部取缔电报文》，载南京《临时政府公报》第五十四号，一九一二年四月一日

批马伯援等请拨款作武汉死义
烈士遗孤教养所经费呈

（一九一二年四月一日刊载）

呈悉。民国开创，武汉实为首功，而诸烈士血战捐躯，其死义亦最烈。该发起人等拟设遗孤教养所，既孚博爱之精神，亦协报功之典礼，殊堪嘉尚。所请拨给公债票二万元作为开办费之处，已令行财政部照拨矣。此批。

据《大总统批马伯援等请拨款作武汉死义烈士遗孤教养所经费呈》，载南京《临时政府公报》第五十四号，一九一二年四月一日

饬财政部拨款作武汉死义烈士遗孤教养所经费令

（一九一二年四月一日刊载）

据马伯援、居正、丁仁杰、查能一、李俊英、张权、张楚、倪汉信、胡若龙、杨莹、但焘呈称："窃维武汉一呼，天下响应，专制倒幕，百度维新，联五族为一家，合南北为一体，庶政概从公意，元元咸得自由，民国基础至是确立，微我武汉诸先烈士掷其头颅，弃其妻孥，以为代价，宁克底此？伯援等尝侧〔厕〕身赤十字会，目击战地暴尸数十里，地方为之赤，战事方剧，转载伤者之行列，有如鱼贯，疮痍满目，呻吟昼夕，昔人所谓肝脑涂中原、膏血润草野者，殆无以逾此。夫诸先烈既惨淡经营，缔共和之幸福遗之后人，而己身不获享，或乃有茹痛忍苦赍遗憾以没者，吾人饮水思源，而不谋所以报之，何以对诸先烈于地下？顾死者已矣，报之曷及，而其后裔以失恃而家计艰难，无以为生，为数夥颐，遑论教育之事？若将其子若女集于一处，幼者育之，长者教之，俾后长成，擅一技之艺，足以自立，同享共和之幸福，是亦稍慰英魂之道，此伯援等发起遗孤教养所之微志也。理合联词呈请大总统察核，并恳令下财政部拨给公债票二万元，作为开办经费，曷胜翘企之至"等情前来。查民国开创，武汉实为首功，而诸烈士死事之惨亦独烈，该发起人等遗孤教养所之设，既昭博爱之忱，亦协报功之义，所请拨给公债票二万元之处，即由该部照拨可也。此令。

据《大总统令财政部拨款作武汉死义烈士遗孤教养所经费文》，载南京《临时政府公报》第五十四号，一九一二年四月一日

为解临时大总统职训勉文武百官通令

（一九一二年四月一日）[①]

前由参议院议决统一政府办法第六条，孙大总统于交代之日始行解职。今国

---

① 日期据内文酌定。

务总理唐君南来，国务员已各任定，统一政府业已完全成立，于四月初一在南京交代，本总统即于是日解职，是用宣布周知。此后国中一切政务，悉取决于统一政府，本处各部办事人员，仍各照旧供职，以待新国务员接理，勿得懈怠推诿，致多旷废。本总统受任以来，慄慄危惧，深恐弗克负荷，有负付托。赖国人之力，南北一家，共和确定，本总统藉此卸责，得以退逸之身，享自由之福，私心自庆，无以逾此。所愿吾百僚执事，公忠体国，勿以私见害大局；吾海陆军士，谨守秩序，勿以共和昧服从；吾五大族人民，亲爱团结，日益巩固，奋发有为，宣扬国光，俾吾艰难缔造之民国，与天壤共立于不敝。本总统虽无似，得以公民资格，勉从国人之后，为幸多矣。此令。

据《大总统通告解职令文》，载南京《临时政府公报》第五十六号，一九一二年四月三日

咨参议院报告解职日期文

（一九一二年四月二日）①

前由贵院议决统一政府办法第六条，孙大总统于交代之日始行解职。今国务总理唐君南来，国务员已各任定，统一政府业已完全成立，于四月二〔一〕日在南京交代，本总统即于是日解职，此后国中一切政务，悉取决于统一政府。本总统受任以来，夙夜忧惧，深恐弗克负荷，有负国人付托之意，今幸南北一家，共和确定，本总统获免于戾，退居林泉，长为自由国民，为幸多矣。此咨。

据《大总统咨参议院报告解职日期文》，载南京《临时政府公报》第五十六号，一九一二年四月三日

---

① 日期有误，据上文酌改。

饬陆军部调查开国立功尽瘁及
死事者速行分别议恤令

（一九一二年四月三日刊载）

溯自武昌雷动，各省云兴，一鼓而专制之幕翻，崇朝而共和之旗树，竟至欢腾五族，祸弭萧墙，鼎定初基，安于磐石，此固全国人民精神之所孕育，抑亦数千百辈血肉之所代偿。方其义旅恢张，豪雄奋发，头颅孤注，功业千秋，或免胄而幸生还，或舆尸而伤革裹，或食少而戕诸葛，或援绝而困霄云，甚至郤克轮殷，中军鼓壮，岑彭盗杀，陇蜀功成。凡夫百战之余生，以及丧元之勇士，不加抚恤，何以酬庸？本总统眷念弗忘，怆怀无似，为此令仰该部迅速调查，民国开国之始，其立功尽瘁者及死事者，分别速行议恤，毋涉疏略，致没勋庸，庶慰精诚，亦资借镜。此令。

据《大总统令陆军部调查开国立功尽瘁及死事者速行分别议恤文》，载南京《临时政府公报》第五十六号，一九一二年四月三日

令准陆军部请抚恤赵康时等文

（一九一二年四月三日刊载）

据该部呈称：“前清四川第十七镇正参谋官赵康时，当四川光复之初兵变遇害，身后凄惨，请照陆军左都尉阵亡例，优予一次恤金八百元，遗族年金四百五十元。徐淮巡防第五营哨长陶振基，单骑追右张勋，被勋溃兵击毙，现妻子流拓镇江，沿门乞食，情殊可悯，请照陆军右军校给予一次恤金三百元，遗族年金二百五十元。又沪军营队官王介夫，光复上海，攻制造局阵亡，现家室流寓沪上，情形极惨；宁巡防缉营管带朱继武，受密约反正，谋泄，为张勋惨杀，均请照大军校阵亡例恤赏。杨作商因赶装炸弹，历三昼夜未息，倦极失慎，弹裂毙命，肢体破碎，极为惨酷；又张钊奋攻南京阵亡；沈克刚光复吴淞，运动军警各界，颇

著劳绩，后吴淞军政分府财政长以手枪误伤毙命，均请照右军校阵亡例恤赏"等情前来。查以上诸志士，或因光复之初，兵变遇害；或因只身御敌，为国捐躯；或因赶制炸弹，失慎毙命；或因密图光复，谋泄被戕，其死事虽殊，而其忠于民国则一，所请恤赏之处，理合照淮〔准〕。为此令行该部，仰即遵照办理，藉恤生者，而慰忠魂。此令。

据《大总统准陆军部请抚恤赵康时等令文》，载南京《临时政府公报》第五十六号，一九一二年四月三日

批黄兴等拟设立中华民国民族大同会请予立案呈

（一九一二年四月三日刊载）

呈悉。该会以人道主义，提携五族，共跻文明之域，使先贤大同世界之想象，实现于二十世纪，用意实属可钦。所拟教育、编译、调查实业各种办法，尚属切实可行，应即准予立案。至请政府拨款补助一节，俟该会各项事业开办时，再行呈请拨给可也。此批。

据《大总统批黄兴等拟设立中华民国民族大同会请予立案呈》，载南京《临时政府公报》第五十六号，一九一二年四月三日

批黄复生等来呈饬陆军部抚恤邹谢喻彭四烈士令

（一九一二年四月刊载）

顷据川人黄复生等呈称：四川前后起义死难者甚众，以邹容、谢奉琦、喻培伦、彭家珍四烈士功绩最为卓著，请照陆军大将军阵亡例赐恤，并请崇祀忠烈等因前来。案查邹容当国民醉生梦死之时，独能著书立说，激发人心，喻培伦则阐明利器，以充发难军实，彭家珍则歼除大憝，以收统一速效，所请赐恤崇祀各节，着即照准。惟谢奉琦丙午在蜀运动起义，组织各县机关等因，虽其功在民国不小，究与邹、喻、彭三烈士之攻略有区别，着改照陆军左将军阵亡例赐恤，仍准崇祀忠烈祠，以慰忠

魂，而垂不朽。除批示外，合行令仰该部知照，原呈并发。此令。

> 据《孙大总统饬陆军部抚恤邹谢喻彭四烈士令》，载《中华民国临时
> 政府新法令》第十二册，上海自由社校订印行，一九一二年四月初版

批袁世凯电着陈锦涛即交去汇业银行呈①

（一九一二年六月一日）

看过。当电陈②，着即交呈与总统③。文批。

附：袁世凯电文

广州孙中山先生鉴：卅一号电悉。汇业银行呈尚未寄到，已先将尊电交财政部
矣。袁世凯。东。（印）（北京发）

> 据原件，中山、孙中山故居纪念馆藏

批内务部总长呈

（一九一二年）

据内务部总长呈称："禁烟公所开办费五千元，土木疆理二局开办购用仪器费
六千五百元，均属紧要需用，不及待预算编成，必须预为支领。乞准令财政部先行
支给"等情前来。查禁烟公所及土木疆理二局开办购用仪器等项费用，均属紧要，

---

① 陈锦涛在南京临时政府任财政部总长期间，曾呈请设立海外汇业银行并经孙文核准。陈
在袁世凯政府成立后不久赴北京，迭电孙文请去电袁政权维持设立汇业银行原案。本件系孙文在
广州收到一九一二年六月一日袁世凯来电后，当天用铅笔在电文上端所批。

② 指陈锦涛。

③ 指临时大总统袁世凯。

合就令行该部核给可也。此令。

据沈式荀编：《中华民国第一期临时政府财政部事类辑要》，台北，学海出版社一九七〇年出版

批苏格兰某君来函

（一九一四年三月）

答以日间或可发动，故留此候消息。如二三月后犹不能动，然后再酌远行也。

据原件，台北、中国国民党文化传播委员会党史馆藏

批美洲舍路分部伍曜南报告集款近情函①

（一九一四年七月二十三日）②

覆函鼓励。章程并述第一次革命度量太宽，所以反对党得从中入涉，破坏民国。第三次成功，非本党不得干涉政权，不得有选举权，故将来各埠选举代表，非本党人不可，请照章程通传各埠侨民可也。

据原件，台北、中国国民党文化传播委员会党史馆藏

批陈新政等函

（一九一四年七月二十九日）

前函已复，想已收到。改组革命党，随贵地情形变通办理可也。

情〔请〕誓约一事，已派陆文辉兄前来办理。

---

① 伍曜南是美国华盛顿州舍路埠（Seattle，今译西雅图）国民党分部长，来函报告筹集革命经费情况。

② 日期据来函。

　　李、丘二君，初系自行担任筹款，但近日已与弟通消息，弟着之所筹之款，当直接汇东京弟收，以归统一。

据原件，台北、中国国民党文化传播委员会党史馆藏

批吴麟兆等函

（一九一四年八月三日收到）

复函鼓励。①

附：吴麟兆等原函

（一九一四年七月二十日）

中山孙先生伟鉴：

　　现接三藩市发来函电，知内地讨袁时机已熟，年饷当急筹应。本分部即召集同志开临时会议，决议从速汇行，兹已集成少款，即由电汇日银壹仟大元，由汇丰转交以应急需，收到请即回音，随后集有成款，当即随时付汇，当此大局垂危，袁贼一日不亡，民国一日不安，此正豪杰枕戈之秋，烈士舍身之日。

　　先生为国驰驱，苦心毅力，亦欲强固国家，造福人群，乃数十年经营而成之，一二辈奸贼而败之，致使国家人民出于水火之中，复陷于旋涡之内。言之痛心，见之眦裂，若不速起义师，诛灭袁贼，民国前途何堪设想。现观诸时局，证诸人心，天下事大有可为，二十世纪必不容专制民贼复活于汉家之锦绣河山也，望先生率内地同志树我旌旗，整我师旅，灭此袁贼而朝食，此海外同志所引首伸眉东向而高望者也。本党自同盟成立，改组国民党，于兹四载有余，向隶属于温埠支部，因此未获函件请教，近赖各同志热心锐力进行，党务日见扩张。美支部许为

---

　　① 秦孝仪主编《国父全集》第六册及黄季陆主编《革命文献》第四十八辑同条在"复函鼓励"后有如下文字："并前接到汇丰电款一千元，据称由纽约寄来，当时已覆函纽约，并收条寄往胡心泉君查交。今接函，始知为贵埠所寄，即致函胡君，将收条寄至贵埠矣。并寄章程。"

交通机关，从此可与内地直接。兹特奉函请教，望先生时赐训言，倘有命令指挥，定当服从，竭力划一进行，务祈再造民国，巩固共和，为四百兆同胞谋完全之幸福，然后先生之志成，吾党之责任亦尽，庶可告成功于天下后世也。

先生勉之，同志勉之，吾党勉之，此同人所乐为执鞭者也。临风想望，不尽所言，伏维珍重，统惟荃照不宣。

英属都朗度埠国民党交通部长吴麟兆、中文书记许一鹗、

西文书记李慈五（名连）上言

中华民国三年七月二十日

据原件，台北、中国国民党文化传播委员会党史馆藏

批澳洲黄国民来函

（一九一四年八月十四日收到）

回信鼓励，并着即筹款寄来。并寄章程前去。

附：黄国民原函

（一九一四年七月十日）

孙中山、黄兴、胡汉民、叶夏声、夏重民，国民党众同志伟鉴：

启者月之十一号由担保信件奉来函，内及袁贼世凯立心不良，帝制自为，□毒专制等情，惨无人道，天下皆知，外患不顾内刹俦人，为仇敌大权在握，残刹同胞云，借外债强用私俸金，每军数佰余万之多，自私自肥，私心利禄，私用亡清之旧奴，庸败之极，民国前途何堪设想，并无立足之地，民不聊生，极之伤心痛恨矣。此等亡国贼种，贼一日〈不〉死，国民一日不安，为我同志能为自由之鬼不受专制之奴，今知有国有民者，不知有袁氏耳。为我众同志各当义务，用心向前，布置各机关，合力运动，即举义师，扫除此等亡国贼种奸贼，早日恢复自由之幸福，免而后患之忧，为拿破仑之手段亦有十一次革命者，方有成功之日。如有□说筹款捐资特别等情，仰祈示教，通知本技会同人等，定当此责任为快矣。

为现有同志而欲助筹寄来，为因近况未知如何付返何处爰为应交，奈未有执据之消息，故此通知，感情近况如何仰祈示复为要。草此并请伟安。

国民党支部

弟黄国民等同上言

中华民国三年七月十日

据原件，台北、中国国民党文化传播委员会党史馆藏

批陈楚楠拟联络各埠同志筹商闽事函

（一九一四年九月二日）

回信鼓励，并详述本党办法及统一之旨，并寄章程。许在东京，现任本党军务部长，方来□□□；林子超往美洲，为本党筹款委员长。福建机局已成，□□□立举事，毋庸再事□□也。①

据黄季陆编：《总理全集》下册，成都，近芬书屋一九四四年七月出版

批庇能支部总务局报告改组函

（一九一四年十月五日）

海外局复后，另交总务部择要存案，并另行答复，发给委任状。

附：庇能支部总务局原函

（一九一四年十月五日）

中山同志先生暨各部长钧鉴：

日来次第接到大教四章外，复收到印刷品六本，示事敬悉。曾经召集稳健同

---

① 文中许指许崇智，方指方声涛，林子超即林森。

志实行改组，现庆成立。人数虽云未多，幸皆死守主义者。当场并公举职员八人，陈君新政为本支部部长，刻仍着着进行。将来兼有可望。职员及党员誓章名册，俟汇齐来日寄呈，请毋绮介。目下欧事影响，居留戒严，书信自由，早已丧失，出入皆要剖阅。如蒙大教，祈仔细为佳。余容后启。谨颂义安。

十月五号

中华革命党庇能支部总务局上言

据黄季陆主编：《革命文献》第四十八辑，台北，中国国民
党中央委员会党史史料编纂委员会一九六九年九月出版

批中华革命党苏坡支部长郑文炳请示汇款办法函

（一九一四年十月六日）①

代答：着款汇东京孙先生亲收，分别支应各地，乃能统一。香港自收自用一层，日前已函达邓泽如兄取消办法。

据原件，台北、中国国民党文化传播委员会党史馆藏

批邓慕韩告通信地址函

（一九一四年十月八日发）

抄录通信地址。

附：邓慕韩原函

先生大鉴：

慕韩于七日由横滨出发，八日正午安抵神户，十九可抵香港。以后如有委用

---

① 日期据来函。

慕韩之处，慕韩力可能办者无不竭力为之。盖慕韩除从事革命之外，别无事业经营也。通信处请寄交"香港歌赋街尾真报林换廷转交邓民声"便可得收。专此敬颂大安。

弟慕韩谨白

八日诹访凡中发

据黄季陆主编：《革命文献》第四十八辑，台北，中国国民党中央委员会党史史料编纂委员会一九六九年九月出版

批程壮报告在沪因案被系及获救情形函

（一九一四年十月十六日）

代答鼓励。

附：程壮原函

（一九一六年十月十六日）

中山先生伟鉴：

敬启者，壮本不才，尚知大义，二次失败，筋力几灰，然满腹愁怀，急思再振，以巩我真正共和，而救此流离兆庶。是以不揣冒昧，举义南通，实指马到功成，为十八行省之倡。不意天未厌恶，不能如愿以价，徒使数千健儿断送于国贼之手，言念及此，不仅泪出痛肠而抱恨终天也，实赧为先生告焉。通事败后，冒出万险，幸得余生，匿迹申江，藉求续步。乃遗物弄人，祸出意表，于八月十三日午后，有米占元探伙吴守山、余虎臣同投法捕房控称壮与米案关系，拘壮以去。意在以米案为之导引，而以通事证之，并加以土匪等词，以达引渡之目的。幸有杨君啸天、顾君振黄之奔走运动，周君哲谋、欧阳君豪、蔡君少黄等之输助，计费五六百金。虽经英法两廨再四研讯，绝未准政府之请，完全出狱，亦云幸矣。且因之而获有范君鸿仙案内正犯吴守山乙名，得有实供甚详，是真天纲疏而不漏也。韩君复炎为人，先生深悉之，纵有小瑕疵，尚乞体谅。盖以内地渠之机关，

困难已达极点也，并有大好机会可图，无非经济掣其肘耳。壮因沪上种种手续未完，不能遽离沪上，否则当东渡蓬莱，面受机宜矣。此后更恳时示方针，俾壮奔走，以尽天职。余容再呈，谨此上达，致请筹安。

晚生程壮鞠躬

据黄季陆主编：《革命文献》第四十八辑，台北，中国国民党中央委员会党史史料编纂委员会一九六九年九月出版

批陈警天陈缅甸党务函

（一九一四年十月二十二日收到）

海外局答覆后，交总务部存案。该地支〔部〕长已经党务部发函查问，俟有回音，即发给委任状。

据原件，台北、中国国民党文化传播委员会党史馆藏

批李容恢来函

（一九一四年十月二十二日）

海外局答后，另交总务部择要答覆，并分别存案发给委任状。

据原件，台北、中国国民党文化传播委员会党史馆藏

批刘崛为在广西大举请拨款函

（一九一四年十月二十四日）①

答以现款难得，临时军费，因粮为必要。地方一切货物钱财，悉发收据，定以时价，尽为收买，由我管藏之，则民间亦当向我取求，而钱银自归于我矣。我

———————

① 日期据来函及内容酌定。

有货物如盐、米、油、茶、烟、酒、布帛等大宗养命必需之货在掌把之中，则纸票可通行无碍矣。此物此间已印就，一得地点，能交通海外，当能直送到也。

附：刘崛原函

中山先生钧鉴：

前上二缄，谅蒙尊览。此次筹划进行，当极称意，事之成否不可知，惟三十日内，决有大举。请即预筹五六万金，并选择富有军事及政治知识者多人，一俟电到，即拨派回来助理一切。广西财才缺乏，当在先生洞鉴中，无庸赘渎。故不佞向以为广西不难在破坏，而难在破坏后之收拾，故届时若无财才，其何以济变，愿先生注意焉。汇来五千当不敷配置，不佞当再作区处以补不足。惟不佞行动，志在得款，除先生外，誓不再受第二人命令。先生幸勿以形迹拘我，是为至要。此请公安。

党弟刘崛上

廿四号

据台北、中国国民党文化传播委员会党史馆藏

批吴宗明来函

（一九一四年十月三十一日）

港款当汇交邓颂仁收，叶君当照告乃合。今公等竟汇与叶君收，当由贵处函促叶向邓君将收款之数详报前来，弟当发给收条也。以后若欲早得收条，即请将款直汇至东京弟收。弟一到即发收条也。

附：吴宗明原函

（一九一四年十月三十一日）

中山先生鉴：

筹款事已极力进行，经遵照前电，于叶夏声先生起程时，由薛汉英君筹饷局司库交叶君亲带彬银 1200 千元，又前日爱国团电港交叶夏声君一千元（此条该团前二次筹者不在本党范内），兹于本早再由薛汉英手电交叶君二千元，其余现陆续鸠收。此后拟随收随汇，请免介意。至捐款办法，此处遵照叶君代表先生所宣布者，即是每人各捐若干，由先生逐一发给收单至认捐诸名矣。星期二录上收条，请速寄来破题，□第一次必速为好，庶得振奋同志筹饷之热诚，故祷！伍君平一之事望速设法，此处同志，颇有啧言，且支部长之委任书□□□大不合宜，请速寄来对换，当书飞律滨群岛总支部为合，切嘱。各小埠款未寄来，经弟电催，至以后之款均寄香港交叶君或直汇先生，请明示，盖此间有一部分不欲寄港，为恐蹈从前无复书及收单之覆辙也。然弟以事急断难执一故，通告寄港也。弟现忙甚，恕其勿草不一……

弟吴宗明顿首

中华民国三年十月卅一日

据原件，台北、中国国民党文化传播委员会党史馆藏

批萧英函①

（一九一四年十月）

总务部调查对讨代覆。

据原件，台北、中国国民党文化传播委员会党史馆藏

---

① 萧英为留日学生。十月十八日致函孙文，提及因留学经费取消，"欲留则贫寒之家筹款维艰，甚难支持，而求学之目的决不能达；欲归则有志之士万里乘风壮志未酬，恐东之父老终无以对"，希望取得资助。

批芙蓉某君来函

（一九一四年十一月十八日）

覆函：由横滨汇款尽可，不必汇至东京；挡打银行，到处可以通汇。

据黄季陆编：《总理全集》下册，成
都，近芬书屋一九四四年七月出版

批加拿大云高华埠民国维持会来函

（一九一四年十一月二十三日）①

由党务〈部〉再致函鼓励，并寄章程、誓约，及由总务部第三局循例通告各
近事。

据原件，台北、中国国民党文化传播委员会党史馆藏

批凡在南洋各埠运动者需经本党总理委任②

（一九一四年十一月二十六日）③

答以所言甚是。此间近正议奖励章程，与足下所见不约而同。以后有款当直
寄此地，以归统一。令党务部长发一通告南洋各埠，凡非有本党总理委任，而自
行借名某处设统筹部而来筹款者，谋概行谢绝。则所称同志到各埠运动，虽属
〈个〉人行为，亦必由各支部查明其人已立誓约服从新章否，如尚未立誓约者，
支部当劝告即行立誓，如不听从，当〔则〕则〔当〕阻止，勿俾到处招摇，以伪

---

① 日期据收文时间。原函邮戳为一九一四年十一月十四日。
② 原函报告该地近议奖励筹款章程，并拟发一通告南洋各埠非有孙文委任而借名筹款概
行谢绝事。
③ 日期据来函。

乱真为要。

据原件，台北、中国国民党文化传播委员会党史馆藏

批释加盖指印之意义

（一九一四年十二月五日）

第三次革命之后，决不如第一次之糊涂，将全国人民名之曰国民；必其有心赞成共和，而宣誓注册者，乃得名之曰国民。然至成功之日，其宣誓注册之人，自然争先恐后，举国若狂，亦恐根底不固，易为巧诈，借名取利，容易把真心原始之革命党推翻，如袁氏近日之所为。故定事前首义党人有优先权利，选举执政当在首义党人，民国乃能巩固。然到时冒称为首义党人，欲得元勋公民权者，必纷纷也。如第一次之官僚劣绅，向来反对革命，杀戮党人；及一旦革命成功，此辈则争先自号为老革命党，把持一方权利，而向日真心革命志士，且多被此辈杀戮，真伪莫分，热诚志士，成败俱遭惨祸，实可痛也！故第三次成功之后，欲防假伪，当以指模为证据。盖指模人人不同，终身不改，无论如何巧诈，终不能作伪也，此本党用指模之意也。他日革命成功，全国人民，亦当以指模为识别，以防假伪，此至良之法也。务望将此意向同志解释明白，不必以外国有用于犯人而生忌讳，至坏良法美义，以至将来自误也。盖他日必再有冒充老革命者出，而吾党之真同志，若无指模为证，则将何以识别？故认定以指模为判真伪，当为一定之办法，真正同志，无指模为凭，则自误也。况今日之法，乃欲他日行之于全国国民者也，吾党为首义尚不肯为，他日全国更何能望其一律遵行也。倘今日以义合则不欲行之，他日以法使则行之，是失吾人资格也。故指模为一不可更之条件，无论如何委缓，须当解说明白，使同党一致乃可。总之，指模一道，迟早要盖，今日为党人不盖，他日为国民亦必要盖。倘以外国待犯人为言，则外国待犯人，往日单独以照相行之，岂吾人则永不照相乎，此乃少见多怪也。

据原件，台北、中国国民党文化传播委员会党史馆藏

批刘剑侠函

（一九一四年十二月七日收到）

接洽海外局存查。

附：刘剑侠原函

（一九一四年十二月三日）

中山公伟鉴：

肃启者：追忆鸿仪，无时或息，曩蒙训诲，益自加励。岁与陆领等往助南京，道路梗塞，逗留沪上吴淞，危急之时而粤东警电又至，即偕诸同志火速回救，自与仲贤、济民、恒霜诸君五路进攻之策失败后，悲愤之余，破产继续猛进，种种情形已报书托夏重民君转呈，料蒙赐阅，至陈智觉君来传公命，使各机关统一，即招集大会于港永年人寿公司，是以有铁血团之成立，至情形方略亦已举梅乔林君代表面述一切，仆同时公派到南洋联络，先抵北般鸟布置数月，各埠方陆继〔续〕就绪，更在山打根新建日光书报社二所，十一月廿一抵星洲，颇蒙各机关欢迎，公新委任邓子瑜君等八人亦颇竭力，所惜者永福君不负责任，致机关散设，进行不大速也。仆已招得旧同盟模范军百数名先遣回华，仆亦准此数日内返国襄助，认真使各机关联合进行，事方有济。仆不才，南渡数月只筹得二千余元接济广东，倘当时得公委任状，一、二万不难筹集也。有二、三热心资本家须公另加委任者，待回国与诸同志妥商方再呈请办理可也。此次必得轻快巡舰一、二艘备用，大事方济，乞为留意。恭候筹安。

十二月初三

仆剑侠上呈

仆旧名振邦，公所知也，龙贼索急，故改名剑侠，特此并告。

据原件，台北、中国国民党文化传播委员会党史馆藏

批倒袁团体新华社赣支部长查昆臣报告书①

（一九一四年十二月二十三日）②

总务、军事、江西支部三部审查答复。

据原件，台北、中国国民党文化传播委员会党史馆藏

批中华革命党蘇坡支部郑汉武来函

（一九一四年十二月二十四日）

三年十一月二十八日收到星洲由台湾银行电汇到壹千元，即日已发回收条第拾九号寄星洲同志卢伟堂查交。如未交到，请向问取可也。总理批。

据原件，台北、中国国民党文化传播委员会党史馆藏

批许崇智请委王善继白耀辰为军事联络员呈

（一九一四年十二月二十六日收到）

准照办理。

附：许崇智原呈

（一九一四年十二月二十五日）

军事部部长呈：拟请委任王善继为河南军事联络员，白耀辰为关外军事联络

① 来函请委余子厚为江西革命军总司令，并报告江西省军事计划。
② 日期据来书。

员，应请核夺施行。右呈总理钧鉴。

许崇智

民国三年十二月二十五日（三年十二月廿六日午后二时收到）

据黄季陆主编：《革命文献》第四十八辑，台北，中国国民
党中央委员会党史史料编纂委员会一九六九年九月出版

着中华革命党总务部不再给款何海鸣等手谕

（一九一四年十二月二十八日送到）①

何海鸣、陈家鼎、韩恢、凌钺②，以上四人，自后所有接济，由总理直交，总务部不得再行经手给款。总理字。

"中华民国"各界纪念国父百年诞辰筹备委员会学术论著
编纂委员会主编：《国父墨迹》，台北，"中华民国"各界
纪念国父百年诞辰筹备委员会一九六五年十一月出版

批宿务同志填写誓约事函③

（一九一四至一九一五年间）

复函并寄誓约，着各人再填。因所寄之约不合式，今暂存此地，俟订正之约寄到后，或消毁，或寄回，随同志酌夺。收到几分，当于答函列明。

据原件，台北、中国国民党文化传播委员会党史馆藏

---

① 原件注有"三年十二月二十八日午后二时收到"字样。

② 何海鸣、陈家鼎为湖南人，韩恢为江苏人，凌钺为河南人。此四人均参与反袁，为中华革命党负责实际行动的干部。

③ 批在空信封上，应在一九一四到一九一五年间。

批傅铁民函告知委用党务干部权责①

（一九一五年一月九日）

可准行。正副名誉部长总理委；其他由党务部长委任。

据黄季陆编：《总理全集》下册，成都，近芬书屋一九四四年七月出版

批刘平条陈经营江西革命计划书②

（一九一五年一月九日）

总理阅过。交总务部、军事部会同审查。

据黄季陆编：《总理全集》下册，成都，近芬书屋一九四四年七月出版

批怡保某君询问关于发给海外筹款收条办法函

（一九一五年一月十一日）

待答，并发给收条。

答以：本党自开办以来，对于海外筹款，只发给总收条；其分收条，当由各支部、分部自发。伍平一君所主张之法，非本部之意，如海外各部若以此法为良善，亦可由本部另订新章办理。但各埠既自立支部、分部，本部只对于支部、分部各长交涉。支部、分部，对于党员较为妥善，他日赏勋酬劳，亦容易调查。因本部办事人员，一遇革命得手，则全数入内地，分往各省担任职务，如此，则恐难再行会商党事也。故对海外党员，当以支部及分部为交通点，倘各支部、分部恐当地党员不信用，当由党员公举理财员，汇款至本部，得回总收条，昭示大众，

---

① 傅铁民在中华革命党吉礁支部工作。

② 刘平时任职军事部。来函报告江西军事布置情形，并建议迅速武装起义。

当无不信也。另由支部、分部造详细征信，以示大众及备考，则他日偿债筹划，亦由支部经理便可。

据黄季陆编：《总理全集》下册，成都，近芬书屋一九四四年七月出版

批王孟榃为述张孟介受同志责难函

（一九一五年一月十五日）

交觉生、梓琴代答①，劝他写誓约。

附：王孟榃原函

（一九一五年一月十五日）②

中山先生伟鉴：

不通音敬者又数月矣。然先生统率群才，血忱谋国，每闻同人传诉之余，引领下风，无任拜祝。张君孟介此次归来，所有一切规划，孟榃始而本不与闻。继阅报章之所载，及诸同人之口述，乃知各处所谋均归失败。此间诸同志因对于孟介咸有责言，孟介尤愤闷异常，几不欲生。刻闻在东诸人亦多不满意。孟榃隔阻海内，未曾加入新党，此事本不宜妄忝未议。然伏念先生领袖同人，组织新党，实欲改进国家耳。孟榃亦民国一分子，偶有所见，何敢默而不言。且孟榃与孟介相处有年，深知其雄才大略，勇于任事，实为吾皖中之不可多得者。惜热度过高，处事用人亦欠精细，乃其所短。况今日党德日下，所往来于国内外好为大言，口热诚而心金钱者，所在皆是。以孟介之豪放，尤易受其诬骗，此次之败正为此故。即孟榃等夏间以爱惜孟介之意，出为反对，盖亦早虑其有今日矣。虽然以伊之为人，若考其才而用之，将来成就当亦未可限量。昔秦用孟明，而卒能称霸，使功

① 指居正和田桐。
② 黄季陆《革命文献》第四十八辑为一九一四年，《总理全集》定为一九一五年，今暂从后者。

不如使过，古人亦有名言。先生为党惜才，望函召孟介回东，加以劝勉，以备收孟明之用。孟介之幸，亦民党之幸也。嗟乎！时局变迁，人心难测，以民党素称佼佼者，今则亦自行投降，甘为敌用矣。苟有饶于魄力，真为党中之血性男子，偶因一事之疏，若弃之不顾，岂不更觉可惜。此则孟棨所以不揣鄙陋，披肝沥胆，为先生告也。书不尽言，即请钧安。

王孟棨谨上

元月十五日

据黄季陆主编：《革命文献》第四十八辑，台北，中国国民党中央委员会党史史料编纂委员会一九六九年九月出版

批居正呈巴达维亚函问刘子芬在港设机关事①

（一九一五年一月十九日）

此事已直答巴城，并无其事，此乃刘擅行自立。

据原件，台北、中国国民党文化传播委员会党史馆藏

对谢持指示豫鲁地区军事行动

（一九一五年一月二十日）

豫之军队，出于意外，亟应特别留意，至宋、庞②若果能动，则不惜小费而使之急进可也。

铁道以毁为主，盖我得时，于兵事政治皆不能立时适用，莫如毁之，免资

---

① 居正时任中华革命党党务部长。原呈请示可否委任吉礁名誉部长，并询刘子芬在港设立机关是否奉孙文命令事。

② 即宋拼三、庞三杰。一月二十一日，孙文委任庞三杰为鲁、豫、淮游击司令。

敌也。

据谢持：《总理嘱件记录》，载罗家伦等主编，黄季陆增订：《国父年谱》（增订本）上册，台北，中国国民党中央委员会党史史料编纂委员会一九六九年十一月出版

谕许崇智呈

（一九一五年一月二十一日）

转嘱聂豫君及该救世军团体，立约者认为党员，入党后再与之接洽。

据《中华革命党军事部日记》，载罗家伦等主编，黄季陆增订：《国父年谱》（增订本）上册，台北，中国国民党中央委员会党史史料编纂委员会一九六九年十一月出版

批杨熙续请求接济钱财函

（一九一五年一月二十七日）

调查应否补助。

据黄季陆主编：《总理全集》下册，成都，近芬书屋一九四四年七月出版

附载：中华革命党总务部奉批着梁骥等来总理处听训函①

（一九一五年一月三十日）②

径启者：顷由总理交下君等手书一通，奉批"着各人于二月初二午前十一时来总理处听训"等因，合行转达，即希查照。并颂大安。

---

① 一九一四年七月孙文于东京正式成立中华革命党后，在本部组建总务部等部，加强对海内外各支分部的联络和指导，使党务得以向前发展。
② 原函未署年份。据底本《文稿》的前后编排次序酌定。

梁骥、〇〇〇诸君鉴

总务部启一月卅日

（缮发）

据《致梁骥等函稿》，见中华革命党本部总务部《文稿》第一卷（一九一四年十月二十八日立），原稿本，上海图书馆藏

批陈其美许崇智军事服务状式呈①

（一九一五年一月三十一日）

所拟适当，着即日施行。惟以前已领委任状者，按时地宜否酌量办理就是。

总理批

正月卅一日

据原件，台北、中国国民党文化传播委员会党史馆藏

谕军事部呈②

（一九一五年二月一日）

以毁津浦铁路为主要任务，余照所请。

据《中华革命党军事部日记》，载罗家伦等主编，黄季陆增订：《国父年谱》（增订本）上册，台北，中国国民党中央委员会党史史料编纂委员会一九六九年十一月出版

---

① 陈其美时任中华革命党总务部长。原呈为拟定军事服务状式请示核办事。

② 一九一五年二月一日庞三杰偕刘本至中华革命党军事部汇报情况，军事部决定"以庞三杰担任丰、沛、砀三县军事，并遇有北军南下消息，担任破坏津浦铁道"呈于孙文，翌日，许崇智偕庞、刘谒见孙文，面呈机宜。

告诫党员把平等自由安正位置的训词①

（一九一五年二月一日）

吾党固主张平等自由，然党人讲平等自由，都把平等自由安错位置，不把平等自由安给国民，而把平等自由安在自己身上。自己要平等，而不肯附从创造主义之人，偏要人来附从他。自己要自由，而不肯牺牲，偏要人来供他的牺牲，所以自第一次革命以来，吾党之受人攻击，以致失败者，大半都是将平等自由弄错了。故欲举第三次革命，以求真正成功，非先把以前错处都改了，则无成功之希望。

据《中华革命党第四号通告》，载《居觉生先生全集》，台北，一九五一年出版

收到山田纯三郎来款收据

（一九一五年二月二日）

收到山田先生交来金贰万圆也。

孙文

民国四年二月二日

据原件照片，台北、中国国民党文化传播委员会党史馆藏

批曾集棠来函

（一九一五年二月二日收到）

觉生答之，嘉奖其志，并本党现已设立统一机关，凡愿效力于革命，须就各

---

① 一九一五年二月一日孙文授命党务部长居正发出中华革命党第四号通告，孙指出：袁世凯派人至海外各部，混称革命党，挑拨华侨对中华革命党之恶感。并又贿派变节革命党人，宜早加预防。同时强调维护党内纪律。

地支部或分〈部〉立誓加盟，由部长荐去候用。

附一：曾集棠原函摘抄

（一九一五年一月四日）

……棠以组织同人一部，痛时事日□，几不□生，恨不能生两翼直抵燕市，刺杀民贼而谢天下。棠已组成中华热血模范新军炸弹暗杀团，内地亦经运动陆〔绿〕林豪杰，均已成熟，乘此时机，人心摇动，首从闽粤二省举事，并得周君仲龙炸弹火药自行制造，此君亦我粤人，客岁南京，独立亲督队出战，炸弹皆此君所造也。棠今业□□授制造炸弹火药，共二十余种，均已精熟，经先发死士一部潜入内地官吏衙署，以炸弹从事实行暗杀，誓死□□不□被获，尤能警醒后人，惊破贼胆，以□再接再励，故特恳请先生给予委任状，俾得早日进行，否则棠亦以尽国民分子而举事，若不急行进主义，安能醒睡狮振舞于大□耳。嵩此肃候，□叩钧安。

顺候陈其美、居正暨同志□□道安。

并附经年历史呈鉴。现拟不日束装回国。此函由星洲发。

后生曾集棠一字冠武鞠躬

中华民国四年元月四日

附二：居正代复函

（一九一五年二月六日）

径启者：二月二日奉总理交下来函一件，内附节略一件，持诵之下具见热力宏愿，有不欲与民贼共天地之概，而个人深衷毅魄，历年奔走，为国云劳，不惜牺牲一切，尤为人所难能。

总理固切实褒许，而敝部尤钦佩不已也……

据原件，台北、中国国民党文化传播委员会党史馆藏

批卢耀堂询在南洋购地事函

（一九一五年二月七日）①

答以：弟并未有属托买山园之事，此事弟实不知情由，请为详示。徐人往南洋全为个人计，并未何种党务委托也。

据原件，台北、中国国民党文化传播委员会党史馆藏

批陈家鼎报告周诗暗中连络北方军官函

（一九一五年二月七日）

交总务部。

附：陈家鼎原呈

（一九一五年二月七日）

中山先生大鉴：

启者，鼎去年介绍入党之湖南周诗，闻伊已运动陆宗舆咨送北京陆军部作官。但周诗为人纯系民党性质，断不致中途变节，虽作官谅不致违背本党宗旨。并闻周有暗中连络北方军官援助吾党之意，或者效赵声、吴禄桢辈之作用，亦未可知也。鼎既有闻不可不报，乞先生详察焉。近日中日邦交大有决裂之势，党员纷纷请问者，想不乏人。我公宜持镇静态度，并希早定革命进取方针，使同志便于遵守。袁世凯与日人暗定亡国条约，又不宣布，令人寒心。鼎日来忧患成疾，已连次吐血，不止无补于党，身已稍衰，可为浩叹。加以受经济束缚，心甚不安，奈

---

① 日期据来函。

何？此叩道安。

陈家鼐上言

二月七日

据黄季陆主编：《革命文献》第四十八辑，台北，中国国民
党中央委员会党史史料编纂委员会一九六九年九月出版

批许崇智等为江苏全省进行计划呈

（一九一五年二月十四日）①

着总务部长酌量办理。总理批。

据原件，台北、中国国民党文化传播委员会党史馆藏

附载：总理令中华革命党总务部向郑克成转达意见函

（一九一五年二月十八日）②

径启者：顷由中山先生交下执事手书一件，并面令"以时机迫切，本党态度宜出以镇静"③等语，合行转达，即希察照。顺颂大安。克成先生。

总务部谨覆　二月十八日

（缮发）

据《覆郑克成函稿》，见中华革命党本部总务部《文稿》第
一卷（一九一四年十月二十八日立），原稿本，上海图书馆藏

---

① 日期据原呈。
② 原函未署年份。据底本《文稿》的前后编排次序酌定。
③ 此处删二衍字"奉覆"。

附载：中华革命党总务部关于本部收支数目之说明

（一九一五年二月二十日）①

附启者：本党自民国二年第二次革命失败后，孙中山先生来居日本东京，即行着手组织，于同年十月成立。迨民国三年开成立大会，决定设立总机关于日本，于是本部成立。然总机关中财政一部尚未组织任事，及本年二月财政部始组成接手办理，故本部收支数目应于是时作一结束。此清册统括本部成立前后，截至民国四年一月底止之理由，合行说明。随同清册通告，希即察照。此颂公安。

总务部启　中华民国四年二月廿日

（缮发）

据《缄寄海外支部通告——附于财政报告之后》，见中华革命党本部总务部《文稿》第一卷（一九一四年十月二十八日立），原稿本，上海图书馆藏

批中华革命党总务部呈

（一九一五年二月二十日来呈）

寄杨广达。

附：总务部呈报《中华革命党收支数目清册》

本部收支数目清册：

收入（自民国三年七月三十日起至民国四年正月三十一日止）

民国三年七月三十日收少年中国款壹万元

八月十二日收少年中国彭壹万元　五十份

---

① 原函未署年份。据底本《文稿》的前后编排次序酌定。

十四日收罹省款贰千元　三份

廿四日收少年中国款一万元

廿九日收金山同志款一万元

九月一日收檀香山同志款肆千贰百元五份

九日收神户王君款叁千元　一份

中华革命党总务部启

中华民国四年二月二十日

据原件，台北、中国国民党文化传播委员会党史馆藏

附载：中华革命党总务部据总理交件代答楚藩吴君等所询总司令任职条件函

（一九一五年三月十二日）①

顷由总理处交下诸君来书，读悉。诸君爱国挚诚，深堪嘉许。所询委任总司令一事现正拟议中，尚未定妥。此等重任，自当以名望、资格、才能三者均佳为能胜任。诸君卓实，先获我辈之心矣。此复。即颂大安。

总务部启　三月十二日

（缮发）

据《覆楚藩吴君等函稿》，见中华革命党本部总务部《文稿》第一卷（一九一四年十月二十八日立），原稿本，上海图书馆藏

批张本汉报告改组华侨爱国团为菲列宾第二支部函

（一九一五年三月二十二日）

总务、党务、财政三部复。

① 原函未署年份。据底本《文稿》的前后编排次序酌定。

附一：张本汉原呈

敬启者：日前付来文件均仅妥收，惜本支部成立以来同，绝无起色，其中情形谅李萁君已函奉告。昨叶夏声君抵埠，将先生所主张扩充海外支部，以及本党对于现时主持之态度，敝团同志均一致赞成。叶君未到时，吾人之主见，亦不外解决讨贼问题，后乃御外，今得本总部同意，同志中更加奋励。措本支部一大部分倡救亡团，为恶劣政府之后盾，不知此辈之居心如何？最可恶者，称为党报之公理报，叶君所托刊登各文件均却不登，而反为民号报所登，可谓奇也。刻下据叶君所云，着敝团组织一支部，名曰菲岛中华革命党第二支部，敝团同志均赞成其议，未审总部以为然否？至于爱国团之发生，系在二次革命失败时，由弟等组织，专为筹饷讨贼，今将成立时所订之简章以及职员表呈阅，应如何办法，速复为盼。斯后有关于爱国团函件，可直交民号报便妥。余未他及。专此，并候党安。总务部长、党务部长、财政部长伟鉴。三月廿二日，菲列宾支部党务部主任张本汉顿首。小吕宋华侨爱国团印。

附二：中华革命党总务部复张本汉函

（一九一五年四月十日）

径启者：接诵三月二十二号致三部来笺，比悉贵团主持直扶大体，解决国家根本问题，原为救亡之策，若逐影附声，不知政府黑幕，恐今日之热心过当必启他日之悔念丛生。此理只能为知者道，难与不知者言也。盖袁氏为中国之祸昭，以其有称帝之念，始惹起日本苛刻之要求，内容不察，而遽后盾是肩？实不知其着手安在也。吾觉不能强人所同，惟有各行其是而已。夏君莅贵埠后，诸同志深依嘱托，已将爱国团改组菲岛中华革命党第一支部，具见主义从同，名实攸副，热忱毅魄，佩何如之，已会商党务部禀陈总理正式承认，而总理亦颇深嘉励，已令党务部将各项应备手续文件直接寄上，所有总章内口支部条文，即祈妥照办理。贵团原成立于第二次革命以后，历史光明，基础稳固，今更励行新意，重整壁垒，自当精神凌厉，勇进无前，但开幕之始，部署纷繁，团结内部，主持新进，种种手续实赖因时制宜，务望诸公投艰任劳，为将来开辟无穷之势力，则种繁实裕翘足可期，尚乞随时不吝详商，敢谒驷驾以输臂助。专此，即颂时祺。

张本汉君鉴

总务部启

四月初十日

据原件，台北、中国国民党文化传播委员会党史馆藏原件

批答黄伯耀函

（一九一五年三月）

代答：款现实落法。

附：黄伯耀原函

（一九一五年三月十五日）

总理钧鉴：

三月四日来示拜领，预料陈孔林三人之案每人大律师上堂等费约二千五百元一人，若三人能同一次一案则五千元亦够。华民尚未入案，起诉仍候彼消息，我方能对附大律师，则延砵打小律师为戴忽臣，小律师费约五百元矣。保证金一千五百元，是向友人处借来者，总理汇来之五百元当即还回借款人，因订明一星期，故其余千元本星期亦须设法清还之，向各处筹款无一可称得手，重民兄亦不鸣一钱，只靠弟一人而已，还望总理鼎力维持，方不至于失败。报务前途大有起色，正二三月乃属紧支之期，非候至旧历四月则方有收入之，希望此三月内非三千元不容易敷衍过去，每日销币三千五百份，亦堪告慰。谨此奉达，并候健康。

伯耀拜启

三月十五日

据原件，台北、中国国民党文化传播委员会党史馆藏

对谢持的面谕

（一九一五年四月一日）

凡属江浙方面关于军事者，一律令于上海接洽。

据《总理嘱件记录》，载罗家伦等主编，黄季陆增订：
《国父年谱》（增订本）上册，台北，中国国民党中央委
员会党史史料编纂委员会一九六九年十一月出版

谕党务部长即寄誓约两本交香港朱卓文收用手令

（一九一五年四月十七日）①

党务部长照：请给誓约两本，交仲民寄香港朱卓文收用为荷。

孙文字

四月十七日

据原件照片，台北、中国国民党文化传播委员会党史馆藏

批叶独醒荐谭根欧阳尧函

（一九一五年四月二十三日）②

交回总务部复。看后，关于飞机人员，此间无从酌夺，请该员自行裁夺，或贵埠同志与他酌夺可也。

再复函，对于谭根不置可否乃妥。

据原件，台北、中国国民党文化传播委员会党史馆藏

---

① 原函未署年份。系"中华革命党用笺"，当在一九一五年。
② 日期据来函。

批周应时为党务部事务来函①

（一九一五年五月二日）②

惠生③代答，以所言极是，当照来函意，作救国通告一章。

据原件，台北、中国国民党文化传播委员会党史馆藏

批吴忠信请代还川资函

（一九一五年五月六日）

总务部存查。

附：吴忠信原函

（一九一五年五月六日）

先生伟鉴：

信准于今晚起行，今朝趋领训言，适先生公出，匆匆不克再往拜辞。但此次川资，一时无出，系由同乡龚君石云暂借六十元，又代担任馆账三十元，而伊亦急须他往，则信所借之款实不能不即还之。然信又无即还之法，故只得仍请先生设法代为付还，此事已与龚言，务望先生极力一为筹措所至祷焉。敬请伟安。

吴忠信上言

五月六日

据黄季陆主编：《革命文献》第四十八辑，台北，中国国民
党中央委员会党史史料编纂委员会一九六九年九月出版

---

① 原函主张党务部第二通告宜补行宣示国人，以救国者决不卖国，并声明未与他国订约事。

② 日期据来函。

③ 惠生，即慧生，谢持字。

批陈慕徐来函

（一九一五年五月八日）①

谢惠生代答云：此间无款，已函着上海同志代筹，如筹得多少，当由周君接济也。

据原件，台北、中国国民党文化传播委员会党史馆藏

批葛庞请再借千元作为遣散同志费用函

（一九一五年五月十六日）

惠生代答以：不能再为力。

据黄季陆编：《总理全集》下册，成都，近芬书屋一九四四年七月出版

批居正请发给石瑛到湖北路费呈

（一九一五年五月二十三日收到）

着总务部照给。

附：居正原呈

（一九一五年五月二十二日）

党务部呈：谨拟派遣石瑛还国，到湖北方面联络党人运动军队，约需路费壹百元。石瑛湖北兴国人，在东留学，于去年夏间入党，其人颇精敏稳重，于湖北内地情形，尚称熟习，所有拟派回湖北发给路费等情，理合呈请总理鉴核，指示

---

① 日期据来函。

遵行。党务部长居正（印）谨呈。

民国四年五月二十二日。（四年五月廿三日下三时收到）

据黄季陆主编：《革命文献》第四十八辑，台北，中国国民
党中央委员会党史史料编纂委员会一九六九年九月出版

批黄实请资助学费函①

（一九一五年五月二十六日）

惠生代覆：此事可以办到，惟必当一次了之乃可。

据黄季陆编：《总理全集》下册，成都，近芬书屋一九四四年七月出版

批中华革命党旧金山某党员函告以用指模办法

（一九一五年六月二十三日）②

指模本定用左正指，金山支部大约为避洪门之底号，故改用右正指。但吾党以指纹为重，倘前已用了左指者，将来如有查对，则说明右指便可。以前宜一律用左指为妥。

据原件，台北、中国国民党文化传播委员会党史馆藏

---

① 原函请接济郑经纶学费四十金，并谓本身学费无着。
② 日期据收到来函时间。

批居正为东南亚各支部委任事呈①

（一九一五年七月五日）

此处暂行缓办，待专派员许崇智回来报告再酌。

除菲律宾一处暂行缓办外，余一概准行。总理批。

据原件，台北、中国国民党文化传播委员会党史馆藏

批中华革命党利物浦支部评议部函

（一九一五年七月十二日）

一、写信郑螺生李源〈水〉并寄原函去。近来各地热心同志急欲进，故各派人回内地组织机关，以图进行，热诚实为可嘉。惟不统一之弊，则从此生矣，故香港有数十机关，各不统一，则多半由外洋热心同志所派回者，如公等派林师肇君同为一例，一旦机关完成，进行有望，则断难联合矣。

二、同办一事不能联合，久而久之，自然生出冲突，此时欲救无法矣。故对于第三次革命，弟力任其难，发起中华革命党，设本部于日本东京，为全国之枢纽。请公等及各埠同志如物识有可为之人物，宜直接介绍前来本部差遣，以归统一，庶于大局有补。

据原件，台北、中国国民党文化传播委员会党史馆藏

---

① 原呈转请分别委任林连称、郑太奇、许清源为巨港支部总务、党务、财务各科主任；吴公辅、陈柏鹏、钟莠珊、李逊三、钟公任为巴城支部总务、党务、调查、交际各科主任；麦炳初、邓培生、梁英、邓泽如为芙蓉支部总务、党务、财务各科主任及评议部长；谢汉兴、傅子政、陈伯豪、刘谦祥、杨仲平为宿雾支部总务、党务、财务、交际各科主任及评议部长；饶潜川、郑士铨、黄德源、蓝磊、曾省三为仰光支部总务、党务、财务、调查各科主任及评议部长；李思辕、张本汉、黄燮泰、冯伯罹、陈天扶、王忠诚为菲律宾第二支部正副部长，总务、党务、财务各科主任及评议部长；林偶然、蔡怀安、林有祥、陈英担、李引□、郑玉池为吉礁支部总务、党务、财务、调查、交际各科主任及评议部长事。

批马杰瑞来函

（一九一五年九月二日）

着速将款寄金山筹饷局，以便早日汇寄前来应急。

据原件，台北、中国国民党文化传播委员会党史馆藏

批代理山东支部长班林书来函①

（一九一五年九月七日）②

所言若果诚心，可准其办理，惟费不得过应用之数。

据原件，台北、中国国民党文化传播委员会党史馆藏

收回公家还款凭单

（一九一五年九月十三日）

收回公家还款壹万圆正。

孙文

民国四年九月十三日

据原件，台北、中国国民党文化传播委员会党史馆藏

---

① 林班书时任中华革命党代理山东支部长。来函报告回国之事。

② 日期据来函。

批马杰瑞等报告在域多利办报及筹款情形函[①]

（一九一五年九月二十二日）

着速将款寄金山筹饷局，以便早日汇寄前来应急！

据黄季陆编：《总理全集》下册，成都，近芬书屋一九四四年七月出版

批周应时请取消中华革命党军事部副部长
及江西司令长官职务呈

（一九一五年十月十五日）

着与英士酌量，由英士决夺办理。总理批。十月十五日封。

据原件，台北、中国国民党文化传播委员会党史馆藏

批杨汉孙请编密电函[②]

（一九一五年十月二十三日）[③]

（关于电码之事）答以：现当欧战之际，几经英国管治下之电局，检查甚严，所有不明白之电，皆不准发。则照来信所言，以商场通话编成密码，若简单则不敷于用，若详细则编制为难，且一电之语气，前后不接者，英电局亦必不发，是以以电报传时局之变，恐不能尽达其意，自后当着接洽海外同志局员，频频致书，将国内时局详报就是。

据原件，台北、中国国民党文化传播委员会党史馆藏

---

① 马杰瑞时任中华革命党域利多交通部长。
② 杨汉孙时任中华革命党巴东支部长。
③ 日期据来函。

批芝加哥萧汉卫报告美洲
保皇党近颇不直袁氏函①

（一九一五年十月二十五日）

答以：当将来信详情转告支部，由彼地设法办理乃合，不能另给委任状。

据《总理办公处收发登记簿》，载罗家伦等主编，黄季陆
增订：《国父年谱》（增订本）上册，台北，中国国民党
中央委员会党史史料编纂委员会一九六九年十一月出版

批容星桥请印陈春生革命史稿函

（一九一五年十一月九日）

代答以：陈君春生虽久主笔政，然对于革命仍是门外汉，其所收藏不免街谈巷语，挂一漏万，殊不足为革命之史料。本党不能代为印行，并将原件寄回。交总务部。

附：容星桥原函

逸仙先生大鉴：

久违钧教，想精神日进，动定咸宜为慰。弟蠖屈香江，毫无建白，仅藉华暹轮船公司一枝之栖，以为度活之计而已。兹有启者：中国报旧同事陈君春生，顷到弟处闲谈，据言当此时代，官僚势力满压神州，自问无力与争，惟有一事可为吾人效力，且此事为吾人此时所急应为者；因现在官僚得政之后，将从事吾人历次革命之伟烈丰功一概抹煞，虽有所谓清史馆，亦不过具文，断不能为革命纪功

---

① 该函提出拟设一中华革命协会，将来章程寄来时，请给委状。

之作。恐一二十年后，吾人多成鬼物，将来千秋万世，无复有人知乙未以来历次革命流血之人物事迹矣。陈君在中国报主笔十余年，于历次起事，颇知一、二，而报纸上所纪革命事迹，他必剪出留存，资料甚富，恐再无别人能保存至如是之多、如是之久者。窃以为宜将此稿付刊，作为史稿，以免散失，印成书后分寄各旧同志合力修正之，然后请汪精卫等文豪，编成完全之革命史。则煌煌大文可称信史，而从事为国流血诸同志，亦可以瞑目于地下矣。若欲省一重手续，将陈君之稿寄交汪君等修正，然后付印，未尝不可。但恐汪君等或行踪无定，或不暇著书，倘中途将稿散失，则大可惜矣。此举吾人义不容辞，倘使非有陈君之资料，则茫无头绪着手，亦非容易。倘今不付刊，将来或将资料散失，则难以弥补矣。兹将史稿之一、二抄呈尊览，其余太多，不能尽抄。阅闭祈将稿寄回，如以为应刊，请示知办法。大约除印费之外，倘有余金，似宜送回笔金若干与陈君，作为购买版权之代价，因陈君系寒士故也，陈君尚有《汉满民族战纪》一稿，自满洲入关以至红巾广西诸役，凡属汉满战事，无不包括。若加入乙未以来革命事迹成一专书，甚有价值。惜乎印费太多，恐未易办，故特将乙未以来革命事编成一书，合并奉闻。专此奉达。即颂义安。

容星桥

如有复示，请寄香港皇后大道旧水坑口附近华暹轮船瓮公司弟收。

据原件，台北、中国国民党文化传播委员会党史馆藏

批郭汉图报告经商发达情况并请代为招股事函

（一九一五年十一月九日）

心准①代复，以应酬语嘉勉之。

据黄季陆编：《总理全集》下册，成都，近芬书屋一九四四年七月出版

---

① 即谢心准，时任孙文秘书。

批洪兆麟求救函①

（一九一五年十一月十一日）

　　答以：函悉。兄过堂数十次，已证明无罪，而港督以行政干涉，以偏袒龙济光，实属失英人素来公正之态度。如果被诬提解往省，文当将事诉之英国议员并英民公论，以彰港督之无理枉法，想英人民必有公道也。

据《总理办公处收发登记簿》，载罗家伦等主编，黄季陆
增订：《国父年谱》（增订本）上册，台北，中国国民党
中央委员会党史史料编纂委员会一九六九年十一月出版

批潘祯初来函

（一九一五年十一月十二日）

　　代答以：函悉。热诚可嘉。并询其事何业，长于何技。着向利物浦或伦〈敦〉中华革命党分部注名入党，到时便可投效军前也。

据原件，台北、中国国民党文化传播委员会党史馆藏

---

　　①　洪兆麟一九一四年在惠州举事后负伤逃至香港，为龙济光拘捕。孙文延律师为之辩护证明无罪，然港督竟应龙之请拟将洪引渡。洪于一九一五年十月二十日向孙文求救。孙接书后批示。

颁给李庆标奖状

（一九一五年十一月十五日）

三等有功章奖状：李庆标君慷慨捐资，赞襄义举，赉兹永宝，用彰厥功。

中华民国四年十一月十五日

中华革命党总理孙文

据原件照片，台北、中国国民党文化传播委员会党史馆藏，载中国国民党中央委员会党史委员会编订：《国父全集补编》，台北，中国国民党中央委员会党史委员会一九八五年六月初版

颁给何荫三奖状

（一九一五年十一月十五日）

三等有功章奖状：何荫三君慷慨捐资，赞襄义举，赉兹永宝，用彰厥功。

中华民国四年十一月十五日

中华革命党总理孙文

据原件照片，台北、中国国民党文化传播委员会党史馆藏，载中国国民党中央委员会党史委员会编订：《国父全集补编》，台北，中国国民党中央委员会党史委员会一九八五年六月初版

颁给黄壬戌奖状

（一九一五年十一月十五日）

三等有功章奖状：黄壬戌君慷慨捐资，赞襄义举，赉兹永宝，用彰厥功。

中华民国十二年一月

中华革命党总理　孙文

据档案，台北、中国国民党文化传播委员会党史馆藏档案

批王敬祥请筹还代借款函

（一九一五年十一月十九日）①

答以：前拟以南洋之款寄到乃还，但近因粤以起事需款极急，南款已着直汇香港，以应粤需。阁下所借之四数，现尚无的款可以指定，未知阁下能否另行设法代还。如其不能，则此间当另行设法。万一不得手，则请设法转期三月，或先还多少，到时或可为力也。

据原件，台北、中国国民党文化传播委员会党史馆藏

批公理报转来李襄阳函

（一九一五年十一月十九日收到）

存查。不答。

附：李襄阳原函

（一九一五年十月七日）

公理报主笔先生鉴：

得接来书，称说汪精卫先生意欲作澳洲之游，第等欠慕大名，翘思若渴。今日袁氏称帝，国事阽危，各华侨尤为注意，若得汪先生到来发明革命救国言论及募款进行，同人等十分欢迎，且能相助为理。各人具有天良，革命思想能无激发乎！澳洲各埠华侨共约三万，以雪梨、美利滨、鸟丝仑三埠为最多，俱是广东人，其人以东莞、香山、增城四邑、高要居多数，华侨则商店、园工、木工三行。

中国一总领事居美利滨埠，又一领事居鸟丝仑埠，报界只有《民国报》、《东

---

① 日期据来函。来函无年份。当在一九一五年。

华报》、《广益华报》俱在雪梨埠，因华侨人数及生意在雪梨为最多也。《东华报》由康梁党人所组织，《广益华报》则不成言论界，本报则三年前多数华侨所设立，以鼓吹第三次革命为宗旨，令袁氏称帝，全澳洲华侨均是反对，惟是《东华报》一部分之人素赞成君主政体，而又不愿袁氏为君主，又不赞助三次革命，大致是模棱两可。赵国俊、伍洪培两先生，本报成立之时求英政府取一有期限之凭照在本报主任，不过年余，英政府不难续留，是以伍则之南洋，赵为教师所引荐则往乌丝仑为传道。

汪先生如惠然肯来，祈于起程时何日何船随人多少，由小吕宋城或波打云埠，打电示知，俾得知情预备一切。澳洲禁例甚严，外国人不得越雷池一步，由中国来之商家游历游学教员必持凭照，又用担保，每人现金壹佰磅方准登岸，凡来澳洲者不可不预知也，书不尽言。耑此，并候著安。

（并附上东华报广益华报以供阅）

民国四年十月七号

弟李襄伯上言

再启者：驻澳洲之总领事曾宗鉴侦察党人甚密，凡有碍于袁政府人物，他有权与英政府交涉，阻止嫌疑之人到来澳洲。上月康有为欲来澳洲亦为英政府不允，此中必有缘故。汪精卫先生或别位，幸祈审慎凭照如何方可起程，特此再赘。

十月十三日雪梨民国报书柬

据原件，台北、中国国民党文化传播委员会党史馆藏

批吴宗明报告筹款情形函

（一九一五年十一月十九日）①

财政部代复。

---

① 日期据来函发信时间。

附：吴宗明原函

（一九一五年十一月十九日到达东京）

中山先生鉴：

　　来函及支部印委任状均照转，必有公件上复，兹无庸赘。川陕进步甚慰，款已力筹，但商场窳败，巨款难集，为缺然耳。最可痛者，礼智被人破坏，至今尚未寄来，任函电催亦不复。弟思亲往一行，又无人代理职务，气急交并，无可奈何也。接信后，弟经请支部长开会讨论，进行如何，容后报。前日许（崇智）先生、宋（振）先生嘱弟查澳洲事，兹接前途消息，合函赉呈一阅。如何之处，乞复知，以便通知前途也。此奉，并颂大安。

吴宗明顿

　　汝为①、汉民、英士、觉生、人杰、庶堪、田桐、展云、陈群、宋振、道方诸同志先生均此。

据黄季陆主编：《革命文献》第四十八辑，台北，中国国民党中央委员会党史史料编纂委员会一九六九年九月出版

颁给郑秀炳奖状

（一九一五年十一月二十日）

　　三等有功章奖状：郑秀炳君慷慨捐资，赞襄义举，赍兹永宝，用彰厥功。

中华民国四年十一月二十日
中华革命党总理孙文

据原件照片，台北、中国国民党文化传播委员会党史馆藏，载中国国民党中央委员会党史委员会编订：《国父全集补编》，台北，中国国民党中央委员会党史委员会一九八五年六月初版

---

① 许崇智，字汝为。

批吴铁城报告黎协被害函①

（一九一五年十一月二十六日）②

复信檀山支部并希炉分部致哀，并吊慰其家人。

附：吴铁城原函

（一九一五年十一月二十六日）

中山先生阁下：

谨启者，希炉分部长兼筹饷局长黎协君，于本月十九日在希炉被凶徒所狙击，一弹深入肝内，疗治数日，因伤势过重，不幸于二十五晚十时逝世。凶手乃黎君乡人，当场捕获，现尚未提讯，究不知彼因何故仇杀黎君。俟知详细，再行奉闻。专此，并颂大安。

吴铁城（印）谨启

十一月二十六日（民国四年）

据原件，台北、中国国民党文化传播委员会党史馆藏

批林森函

（一九一五年十一月）

交财政部复。

---

① 吴铁城时任中华革命党檀香山特派委员。
② 日期据来函。

附：林森原函

（一九一五年十一月十九日）

中山先生伟鉴：

接读来电，已将尊意告知那猛状师，因他素来极其有心相助支部党务，至疏通外人误会袁氏为中国有力之人，尤为不惮唇舌。据其观察，美国政界对于吾党感情原系不恶，然必须有人与其接近，故前议以马素担任远方通讯社即本此意作用，无奈他经营商务不能兼顾，故尚未开办，而对于政客议绅未免太形隔膜。去冬森访华盛顿议员，即布此线索为将来联络之地，惜为时甚促，未得亲密，且人微言轻，未必遽生效力。明冬为美人改选总统之期，当选者尚在逐鹿之中，查现任之总统饶有民党心志，易望其共表同情，若过此任期，或他人执政，则须另起炉火。此间前得陕西起事之电，极力鼓吹，所筹不过三两万，今事隔多日，问讯者见未有后文，不但无以激其乐输，且有怀疑欺彼消息，虽以腹地消息未能遽传以释其惑，究告之淳淳，听之尚多滋念，幸郑汝成被炸，不至使观望者冷落，然徘徊趋炎者，非有实得一二省根据地，终难望其解囊助饷也。因是债券无人过问，但且待时而售，既知不合观望派之，心理亦故意不肯轻易放手。先从筹捐而后售券，庶不至冷淡，不能起热心也，此财政上原是有限之希望。设内地举义，必须有财方得进行，则不能不统筹全局，趁此帝制出现，反对正热之时，暂以三两月工夫，来美游说政界报馆，与其资本家接洽，因墨西哥革命两派实受资本家接济，故各能久相见于炮弹之中。今墨事已将了局，助资者正可以余力而助吾党，其人既表同情于民党，必亦肯相助我党与恶政府战也。以上乃来美之机缘恰合之时也。其应如何决夺，事关大计，仍请尊裁，管见所陈，乃就美洲之近情而论也。吴铁城在檀被拘，查系领署控为无政府党案，今虽保释候讯，究未卜如何了局。今已由支部聘律师向华盛顿政府及工部交涉，檀山同志不能内坚团体，示人以弱，故召外侮，此皆误于一二人无远见之明，种此恶果也。夏重民限于术学护照，行动不能自由，党务更莫能动作，今已由同志送其回东，定月初起程。此番加拿大同志颇费苦心，惟英政府太为拘执，故莫偿其心愿，现与美洲巴拿马跛打达打意忌基各地党务皆相继而兴，将来筹饷颇有希望，冯自由君何日回来，森近日气力就衰，须求替手方免误事，望其早来。此请筹安。

十一月十九日

林森

据原件，台北、中国国民党文化传播委员会党史馆藏

颁给吕双合奖状

（一九一五年十二月一日）

二等有功章奖状：吕双合君慷慨捐资，赞襄义举，赍兹永宝，用彰厥功。

中华民国四年十二月一日

中华革命党总理孙文

据原件照片，台北、中国国民党文化传播委员会党史馆藏，载
中国国民党中央委员会党史委员会编订：《国父全集补编》，
台北,中国国民党中央委员会党史委员会一九八五年六月初版

颁给黄馥生奖状

（一九一五年十二月一日）

二等有功章奖状：黄馥生君慷慨从戎，赞襄义举，赍兹永宝，用彰厥功。

中华民国四年十二月一日

中华革命党总理孙文

据档案，台北、中国国民党文化传播委员会党史馆藏

批日本神田代木君函

（一九一五年十二月八日）

心准代答：约以十二月十日午后二时来见。

据黄季陆编：《总理全集》下册，成
都，近芬书屋一九四四年七月出版

批梁愚汇寄筹款函

（一九一五年十二月二十一日）①

答以：沪款收到，良牧款并由此追认。请竭力再筹应急。

据原件，台北、中国国民党文化传播委员会党史馆藏

批吉樵支部傅天民来函

（一九一五年十二月二十四日）

可准行，正副名誉部长总理委，其他由党务部长委任。

据原件，台北、中国国民党文化传播委员会党史馆藏

批刘崛询问革命军起义因粮办法函②

（一九一五年十二月二十四日）

答以：现款难得，临时军费，因粮为必要；地方一切货物、钱财，悉发收据，

---

① 日期据来函。

② 刘崛时任广西革命军司令长官。来函报告筹划工作进行顺利，请准备款项及选择干部，派回广西襄助工作。

定以时价，尽为收买，由我管藏之，则民间亦当向我取求，而钱银自归于我矣。我有货物，如盐、米、油、茶、烟、酒、布、帛等大宗养命必需之货，在掌握之中，则币票可通行无碍矣。此物此间已印就，一得地点能交通，海外当能直送到也。

据黄季陆编：《总理全集》下册，成都，近芬书屋一九四四年七月出版

批广东琼州分部郑振春请取销陈侠农委状函

（一九一五年十二月二十七日）

党务部代答云：分部本无限制，可并驾而驰，以图扩张党势。本部之于职员，当视效果之大小以论功绩，望各勉力进行可也。

据黄季陆编：《总理全集》，成都，近芬书屋一九四四年七月出版

批周之贞报告陈炯明在粤活动情形须先发制人函

（一九一五年十二月二十七日）

答以：各事可听执信计划而行。

据黄季陆编：《总理全集》下册，成都，近芬书屋一九四四年七月出版

批伍平一报告遵命停止吸收会员函

（一九一五年）

答函要点：

一、此事之错，在文一接兄函即发委任状，破例即犯例也。弟所以如此者，信兄之深也。同时属以写约寄来，望兄接信之日，即写邮寄，便可弥缝也。乃兄不会此意，而自写于国字部内，而又久不抽出寄来，今受人攻击，本部职员一查，

兄确未有誓约，文不能不对本部认错，所以有着兄在岷立誓，预料兄一定难从，所以只有着兄来东之一法耳。

二、文不特对本部要认错，对于岷支部亦不能不认错，非关于筹款之多少也。文虽为总理，亦不能违例，此所以不同于专制也。

三、兄既接三号之信，而明知文以私人情谊破例行之，而犹不晓，即将誓约一张寄来以为补救，是于无意中扬揭文之违例也，此事一扬，文不认错便是违法专制矣，兄将何以教我？

四、事既错矣，而兄今日之信，犹欲文强承兄之约已寄到东京，以瞒岷支部，是教我行恶也。

据原件，台北、中国国民党文化传播委员会党史馆藏

颁给郑螺生奖状

（一九一五年）①

二等有功章奖状：郑螺生君慷慨捐资，赞襄义举，赉兹永宝，用彰厥功。

中华民国　年　月　日

中华革命党总理孙文

据原件影印件，载黄警顽编：《南洋霹雳华侨革命史迹》，上海，文华美术图书公司一九三三年二月印行

---

① 参照颁给黄馥生奖状，此两件似应为一九一五年。

颁给李源水奖状

（一九一五年）

二等有功章奖状：李源水君慷慨捐资，赞襄义举，赍兹永宝，用彰厥功。

中华民国　年　月　日

中华革命党总理孙文

据原件影印件，载黄警顽编：《南洋霹雳华侨革命史迹》，上海，文华美术图书公司，一九三三年二月印行

批复关于筹饷及推广党务函[①]

（一九一五至一九一六年间）

筹饷一事，虽支部亦可兼任，但当以分任为宜。支部专任推广党势，筹款委员专司财政，协力进行，必收效果。贵埠侨胞人数财力，俱过于美埠金山大埠，而金山一埠能筹款十余万，而贵埠乃如此，公等之责不可不加勉也。

据原件，台北、中国国民党文化传播委员会党史馆藏

颁给何荫三奖状

（一九一五至一九一六年间）

二等有功章奖状：何荫三君慷慨从戎，赞襄义举，赍兹永宝，用彰厥功。

中华民国　年　月　日

中华革命党总理　孙文

据原件照片，台北、中国国民党文化传播委员会党史馆藏

---

① 年代及来函者均未详，似为一九一五至一九一六年间自美洲来函。参照秦孝仪主编《国父全集》。

颁给黄德源奖状

（一九一五至一九一六年间）

二等有功章奖状：黄德源君慷慨从戎，赞襄义举，赍兹永宝，用彰厥功。

中华民国　年　月　日

中华革命党总理　孙文

据原件照片，台北、中国国民党文化传播委员会党史馆藏

颁给邢炳光奖状

（一九一五至一九一六年间）

三等有功章奖状：邢炳光君慷慨捐资，赞襄义举，赍兹永宝，用彰厥功。

中华民国　年　月　日

中华革命党总理　孙文

据原件照片，台北、中国国民党文化传播委员会党史馆藏

批尹子柱等为赣省党务事来函[①]

（一九一六年一月三日收到）

答以：函悉。江西司令长之事，文当有主张，现尚不便发表，必俟事发之后方可公布，到时无论何人，总望公等协力襄助，以成大事云云。总理批。

据原件，台北、中国国民党文化传播委员会党史馆藏

---

① 尹子柱为江西革命党人。来函对于推举欧阳豪或董福开办理赣省党务者具作罢论，提出另委贤能接充。

批谢持签转□□伟来函

（一九一六年一月四日）

慧生代答以：本已有策划，并嘉其热心。

据黄季陆编：《总理全集》下册，成都，近芬书屋一九四四年七月出版

批胡汉民签转香港某君函

（一九一六年一月十日）

至紧！复函奖励，并着执信、海云①与接洽。

据黄季陆编：《总理全集》下册，成都，近芬书屋一九四四年七月出版

批梁愚报告汇款情形函②

（一九一六年一月十一日）

答以：沪款收到，良款亦由此追认，请竭力再筹应急。

据黄季陆编：《总理全集》下册，成都，近芬书屋一九四四年七月出版

---

① 执信、海云即朱执信、李海云。李时任中华革命党广东高雷两阳恩开新等处区司令。
② 梁愚时任中华革命党南洋日里正支部长。

批吴铁城报告希炉党务函[①]

（一九一六年一月十四日）

复函嘉勉，并照开列各会馆，各致一函奖励，并任委郑成功为希炉筹饷局长。交仲恺办理。

据原件，台北、中国国民党文化传播委员会党史馆藏

批许直臣报告支部选举及筹款情形函[②]

（一九一六年一月十四日）

仲恺办理，复函嘉勉。

据黄季陆编：《总理全集》下册，成都，近芬书屋一九四四年七月出版

批薛汉英报告在岷筹饷情形
及飞船公司款项问题函

（一九一六年一月十四日）[③]

答以：薛君借出飞船公司之款，因谭根君欲由公司填还，故未发收条者。飞船公司不能，当由本部认归公款开销，发还收条就是。

---

① 吴铁城时任中华革命党檀香山特派委员。
② 许直臣时任中华革命党檀香山副支部长。
③ 日期据来函。

附：薛汉英原函

（一九一六年一月十四日）

中山先生伟鉴：

　　来函拜悉。委与筹饷之职，责任所在，弟何敢辞。但才力两亏，恐难胜任，有负长者之期许耳。况此地自粤事败后，同志又复灰冷，而各埠分支亦不能鸠上款来，故近来无款再汇，请祈见谅为荷。前者夏声君来岷，曾向弟处取交谭君办飞行机原约，转入筹饷项内，然至今未有收条寄返，是以函询夏声君。兹据他复函，谓经函达先生，未审果然否，请于下次示知。至在岷发给捐款收条，从前原有此议，因夏声君力说无论巨细，切可由先生亲手签号发单，今又变更前说，恐对同志不住。但先生于军事倥偬之际，安有暇隙作此细微之事？势必如命办理方合，但当多费口舌对同志解释耳。此复，并候伟安。

弟薛汉英顿

元月十四日

据原件，台北、中国国民党文化传播委员会党史馆藏

批杨广达报告汇款情形并寄筹饷清单函

（一九一六年一月十四日）

　　仲恺复。

附：杨广达原函

（一九一六年一月十四日）

中山先生有道：

　　敬维春禧集祜，新业大振，为颂无量。旬月之间，函电传来，喜悉吾党进行着着得胜，袁贼末运，民党中兴，第三次革命成功在此一举。至快至快。兹有启

者，弟去□因奉尊电，曾由国民捐余款，汇返日银四千二百元，当蒙察收。自是之后，由现任筹款委员长余揖君汇返一次，由现任筹款局长吴铁城先生汇过美洲总支部者一次。今承冯自由先生到檀，亦迭开大演说会，极力鼓励，以期筹集款项汇助军需，故日间弟因忝承诸同志推举，谬任檀埠支部长。用是嘱各关于筹饷数目，按计清列，而弟经手之汇款一项，亦早清列，敢再钞出一份，付呈尊览。但内有支自由报告白等费，该银原不应归入汇款动支，所以如此者，以该报本属本党机关，经费非裕，故略多支，既经支出，则不得不并录呈电，以符原数耳。至此次汇款，虽由诸同志认出，然已公决归作支部公项，清单后已略注明其原委，兹不赘，专此奉达。内地消息现又如何？檀支部进行又应如何？敢求训示祗遵。敬请大安。列位盟长均安候安。

弟杨广达谨上
中华民国五年元月十四号

兹再付上戋纸一张，该日艮〔银〕二十九元正，祈即查收。并上日汇款共该日艮四千二百二十九元请为比对可也。

据黄季陆主编：《革命文献》第四十八辑，台北，中国国民党中央委员会党史史料编纂委员会一九六九年九月出版

颁给林元光奖状

（一九一六年一月二十一日）

三等有功章奖状：林元光君慷慨捐资，赞襄义举，赍兹永宝，用彰厥功。

中华民国五年一月廿一日
中华革命党总理孙文

据原件照片，台北、中国国民党文化传播委员会党史馆藏，载中国国民党中央委员会党史委员会编订：《国父全集补编》，台北，中国国民党中央委员会党史委员会一九八五年六月初版

批冯自由为国内讨袁军事并报告筹款事函

（一九一六年一月二十五日收到）

复函着致力筹款，待有号令招乃可回。岑日内来日本，报上所传不实。仲恺办理。

附：冯自由原函

（一九一六年一月十四日）

中山先生大鉴：

自滇省宣布独立，各省闻风而起，谣传已独立者数省，弟以为时机全熟，急欲返国效力，故日前专电询问，需弟回助否？后得复电，遂暂延未行。然粤中军事如已发难，弟必即日就道，否则仍须渡美为财政上补助也。南美各国，近党势异常发达，饷项汇交美支部者，源源不绝。纽丝仑来函，谓弟到澳洲可得大款，此二处皆弟欲达之目的地。但水程辽远，非费二三月之光阴及手续，不能成行，当此军事万分紧急之秋，远水因难救近火，奈何！奈何！檀岛自弟到后，党务大有起色，外界纷纷开会欢迎，筹饷亦大有进步。昨到希炉，曾代表公往慰问黎协君遗族，黎之妻子均甚满意。近接子超来信，知重民之到加拿大，日从该处各分部直接汇款，不受美支部统属，因是财政之活动大受阻碍，几酿绝大之风潮。重民此举可谓谬极，弟即已修函痛切告诫之。并另函域多利部，令严守统一之范围。请公更以公函训饬重民，使勿妄动，实为至要。阅近报滇军闻已举岑云阶为总统，未悉确否？粤中惠潮之兵，似是由竞存①主动，吾党似尚未大举。弟以为此次各省起事，分子太杂，吾党必占有广东，乃有军财之实力。沪事需款绝巨，非由粤助以大款，发动诚恐不易。至此时粤仍未起，或因滇军桂军等交涉未协，且不得妥人以圆转其间之故。倘弟在东，愿任此事，今仍望公加以特别之注意，免失此

---

① 陈炯明，字竞存。

好机也。余容续告。匆匆，并候义安。

弟自由上

正月十四日（民国五年）

据原件，台北、中国国民党文化传播委员会党史馆藏

批冯自由函

（一九一六年一月）①

并有电来问各省独立，需彼回否，已答须待上海得后乃可回，现当请竭力筹款，以应各省起事云云。

附：冯自由原函

（一九一五年十二月二十四日）

中山先生大鉴：

别后已于十二月二十日抵檀，此间人士对于革命已得大多数之赞成，而党务略较前为整齐，故迩来筹饷之成绩甚佳，正埠汇往金山之款已二千余元，希炉亦三千余元，现尚陆续筹捐，将来或可得美金二三万之数，日间更定期开大演说会，于筹饷事亦一助力。明年檀支部新职员昨已举定吴铁城、杨广达为候选部长，大约于决选后即从事于改良党务，一扫历年之积弊，如是则檀山党务当可切实整顿而大有助于筹饷也。弟已定期明年正月五日搭"日本丸"赴美，金山支部已举子超君为部长，则彼当不作他行之想，弟可以专为南美或澳洲之游矣。报载云贵陆军倡言独立反对帝制，未悉确否，弟惟望此消息成为事实，而他省继续响应，如是则弟此时亦可返国效力，而中止渡美之举也。铁城兄被控之案，经已审毕，专

---

① 原件未署年份。冯自由来函仅书"十二月二十四日"，依内容中有"报载云贵陆军倡言独立，反对帝制"等字，当系一九一五年十二月二十四日发，按时间推断，当在一九一六年一月寄达。来函信封上有孙氏手笔"仲恺代答"。

候美京工商部之判决，闻必可得直，此举全为袁家领事所主动，今彼亦知彼辈之必归于失败云。余不白。匆匆，并候大安。

弟自由上

十二月廿四日

据原件，台北、中国国民党文化传播委员会党史馆藏

谕交夏次岩日金手令①

（一九一六年二月七日）

见票即交夏次岩君亲收日金壹万七千圆正。

孙文

据原件，台北、中国国民党文化传播委员会党史馆藏

谕电送香港朱超日金手令

（一九一六年二月八日）

请电送香港朱超收日金壹万圆也。

孙文

据原件，台北、中国国民党文化传播委员会党史馆藏

---

① 原件未署年份。当在一九一六年。

谕票汇东京日金令

（一九一六年二月八日）

票汇东京孙文收日金六万圆也。

孙文

据原件，台北、中国国民党文化传播委员会党史馆藏

颁给陈秉心奖状

（一九一六年二月八日）

三等有功章奖状：陈秉心军慷慨捐资，赞襄义举，赉兹永宝，用彰厥功。

中华民国五年二月八日

中华革命党总理孙文

据原件照片，台北、中国国民党文化传播委员会党史馆藏

谕交吴藻华日金手令

（一九一六年二月十五日）

即交吴藻华君亲收日金五千圆也。孙文。

据原件，台北、中国国民党文化传播委员会党史馆藏

谕交周淡游日金手令①

（一九一六年二月十八日）

即交周淡游君亲收日金五百圆也。

孙文

据原件，台北、中国国民党文化传播委员会党史馆藏

谕交吴藻华日金手令

（一九一六年二月十八日）

即交吴藻华君亲收日金四千圆也。

孙文

据原件，台北、中国国民党文化传播委员会党史馆藏

批邓居文述其生平并请晋见函②

（一九一六年二月十九日）

交惠生调查后，约来见。

---

① 周淡游为陈其美助手，负责长江一带秘密联络事宜。
② 邓居文为吉林留美学生，来函自述生平，请求以私人名义，叩而问教。日期系来函日期。

附：邓居文原函

中山先生伟鉴：

　　文生好良友，思之至深，以为友者志之所同，道之所合，然志不可以学而能，道可以修而致。圣保罗曰：吾志作完人，非已达到，乃力求之。今观其文书经训，宽厚宏薄，充乎宇宙之间，称其道之大小。马丁路德生欧西，周览东普名山大川，与当时间信徒往来。故其道宏远，颇具奇志。此二子者，岂尝动静得充如是之志与道哉。其道充乎其中，而溢乎其貌，动乎其言，而见其行，且不自知也。文生念有六年矣，生之年家无恒业，且罗火灾，又不幸三岁而遭父丧，家兄稍长而弱，独立时，惟赖家贤世扶持，文赖以养。七岁入私塾，至庚子乱后，北满尽归俄人势力范围。时城立俄文学校，入之，继因学费难供，遂于十四岁离家作工，就哈尔滨之聚华林业公司。初为小厮，终日作苦工，以所学不足用也。时尝抱大志，誓不甘为人下，故工余则就本公司之华俄书启间习俄语汉文，至十六岁藉俄语学通，得独立，且仰赖天才，得伴该公司总理办理外交事务，至是益求俄文。至十七岁俄文粗通，遂受命公司全权代理，是年冬且兼充滨江道署会审译员。十九岁往俄属海参威〔崴〕，办理吉黑两省转运官盐事务，在彼居一年，后年往中俄交界呢马江之交涉局。文痛前清失政，外交屡遭失败，改革之志因动起。然每欲离本省入内地，以与志士豪俊交游。只以家毋〔母〕年近花甲，碍难远离，加以学费无出，更所难申素志。浸假至千九百零九年秋，得友资助学费，兼己所蓄，遂于是秋入内地，游奉天，过山海，经津京，而入保定之法政学校。毕业将近，值辛亥事举，乃约同志数人回东。不幸于冬季事败于哈埠，同志死者数十人，文幸逃免，仅一时之差耳。文事后追想，败于党中复杂分子居多，若求再接再厉，底于必成，则团体之结合，不可不慎焉。元年，民国既告成立，更往内地，预备异日出洋游学。至民国三年困于经济，几将废学，后得教中二牧师荐送，入北京之汇文大学校。是文往日已得宗教之裁〔栽〕培，至此深入教会学校，则于信仰一途，逾加亲密焉。去年得本省官费，送日留学，文决计往留欧美，盖来日所在者大，留东犹恐不足用也。然经费有限，西游之计犹未得速达，郁郁者匝月。复得汇文大学校长允可，荐送往美国欧者之威斯林大学，并请准以原费补助留美。十月至东京，以时局维艰，暂缓进行。然处兹社会失败于往昔者，正所以得助于今日，上天爱人，使其历诸种困苦而授大任，此文益以天道不可远也。抵东后未敢直访先生者，非志不同道不合也，诚恐先生所主团体分子之不齐耳。文居住此百余日，而交游者多民党，个人应尽之天职者，实一日未敢弃也。文往者居哈尔滨五年，并尝游中俄交界各地，且驻海参威期年，文于社交方面早料将来时机成熟，必有得用之一日，故所交游者，除侨商外，更有悲歌慷慨者在。况文游学京津保三地六年久，目击清末以来社会情况，已早知袁氏之不可持也，岂独自帝政发现后而已哉。年来痛于真同志之难遇，于是除爱众之外兼亲其仁。故若护良友，必限以严格，非过傲也。实欲收救济于将来耳。客冬同乡徐乔二子，欲介绍入党，文感斯意，且尝答曰中山先生吾具革命思想以来，所最崇拜者也。使文志先生之志，充先生之道，尽力于人类幸福是谋，则于已入又何异焉。抑文更有进者，人之行事，惟恐世人不我知者多，而文则反是，惟恐人先知之，而事乃益不可谋也。先生为吾国之先觉者，离祖邦游异地，含辛如〔茹〕苦，稍有知识者知之。曩过天津，于欢迎会间得聆雅言，惜尤未尽也，故欲以私人名义，叩而问教，庶茅塞得开，闻一言以自壮，则可以舒素怀而无憾矣。先生苟不弃而辱教之，则所深幸焉。肃具，恭请道安。

吉林留美学生邓居文再拜

据原件，台北、中国国民党文化传播委员会党史馆藏

谕交刘友敏日金手令

（一九一六年二月二十日）

即交刘友敏君亲收日金叁千五百圆也。孙文。（由吴藻华君介绍前来）

据原件，台北、中国国民党文化传播委员会党史馆藏

批小吕宋吴宗明请准招售部分公债券函①

（一九一六年三月六日）

仲恺办理，并复。

据黄季陆编：《总理全集》下册，成
都，近芬书屋一九四四年七月出版

批史明民陈述急图东北计划函

（一九一六年三月二十日）

惠生代复，着他来见。

据黄季陆编：《总理全集》下册，成
都，近芬书屋一九四四年七月出版

附一：史明民原函

（一九一六年三月十二日发）

中山先生伟鉴：

　　敬肃者，明民无状，亦尝纠合同志，力图讨贼，无如棉力薄弱，更值时势危急，乃不远万里，以乞援于先生，计到东京，忽忽已二十余日矣。愚悃上达，圣颜得亲，三生有幸，爱戴弥殷，理宜静候驱策，曷庸哓哓。第念明民与东省多有交游，早归一日，当有一日进行之效益，在此一日，徒耗一日可贵之光阴，用是寸心若焚，夜不成寝。伏思先生，明并日月，智参天地，东事之得失，进取之方针，运筹所及，决胜可必，宜能早定指挥，何致迟迟不宜也。未闻明教，万状焦

---

　　① 吴函请先生电达筹饷局长薛汉荄拨出军债票一千元，交吴氏设法招售，以还《公理报》之旧欠。

虑。窃维一隅问题，似可克期进行，当无碍于全局，然则复何所待也。愚见短浅，莫测高深，临书涕泣，急盼钧命，不胜屏营迫切之至。

后生史明民谨肃

附二：秘谋光复吉林计划

自袁贼祸国，神州垂危，而关东三省之内忧外患，更岌不可终日。及今革命早告成功，或尚有救济之余地。否则积势愈深，他日虽欲救济而不可得矣。或以为关东如是之危，而民军复欲于兹举事，恐适促其亡耳，所得将不偿失。曰是何言也？假今吾党即不从关东举事，能保袁贼不再完全断送关东，以保个人地位乎？更能保外人不再肆野心，以关东完全为第二朝鲜乎？我民党唯一宗旨在于救国，然则为救国计，诚不能不于关东举事也。袁贼今日所持者，奴性之野蛮军数镇而已，然抗我云贵义师已形拮据，若关东复早为吾党所有，从而分兵窥燕，则袁贼首尾不能相顾，其败必矣。我民党欲达救国之目的，必先倒袁，然则为倒袁计，亦诚不能不于关东以举事也。就关东形势而论，吉长绾三省中极，吉能光复，则奉黑之光复自易。就关东现状而论。奉段芝贵兵力较厚黑，朱庆澜颇得人和，似皆不如谋吉为易，请申其由：

一、吉林孟恩远，目不识丁，治兵无状，军心如散沙。

一、吉林孟恩远与王揖唐意见之左，有如水火。辛亥武昌首义后，王欲谋吉林革命，孟恩远驱之去。乙卯秋，王重来吉任巡按使，段芝贵与有力焉，盖欲以王兼将军，统一事权。孟恨之入骨，未几筹安会起，袁政府遂不敢动孟，然王孟之意见，自此愈结而愈恶矣。

一、吉林因税捐繁重，民怨已深。现复厉行丈地，迭起风潮，祸机四伏。

一、吉林去岁，年景荒歉，为数十年来所未有。今春青黄不接之时，民心思乱，势所必然。

一、吉林大多数同胞，因苦于苛税重捐，固无不归怨于袁政府；而稍有常识者，受外患之激刺，痛政治之无状，益集矢于袁贼，于是思念共和，盖心理所从同也。

有此五者，皆天假吾党以利用之资，即所以付吾党以救济斯民之责也，吾党乌可不勉哉。

关于光复吉长问题，前已略拟计划，今再续陈数端，以供商榷。约举如左：

一曰招集矿丁以作主力军也。招集办法，已详前书，毋庸再述，惟必须招集之理由，敢再申之。缘矿丁皆属年力勇壮之徒，而精熟枪法者实不乏人，此辈以劳动为生活，最易以感情结纳，主持矿事者，但能虚心笼络，则彼等未有不心诚受戴，故一经招集，即可利用，所谓轻而易举、事半功倍者莫过于此。如枪械能筹备得手，便可以之首先起事，以军警及民团应之。否则以军警起事同，以矿丁应之。譬如运动军警，所不能将所有军警一致运动成熟，然则此一部分军警举事，他一部分是否抵抗，即不抵抗，是否随和，诚多可虑；若一部分军警起事，同时即有千数百之矿丁响应；即如矿丁枪械不齐，要之当军警告变间，正风声鹤唳，草木皆兵时也，而忽有千数百众与之响应；其威势之浩大，先声之夺人，可以想见，必如是而后能操全胜。故矿丁主动，固可认为主力军，即继动亦不啻主力军也。

一曰先除孟恩远以利举事也。孟氏一粗勇之徒，固不足虑，然彼自督办吉林防务，至今将十载，军界虽不尽彼之私人，而其私人亦不少。故一般军人，虽对于袁贼无所爱戴，而一部分人对于孟氏，或不无顾念，所谓投鼠忌器，故我民军欲活动于吉林，此亦障碍之一端。欲去障碍应即除孟，除之之法有二：（一）内部暗杀，容回吉后设法为之。（一）派人暗杀，由东京本部派人为之。二者似可并进，以达目的为止。除孟之后，袁政府必以王揖唐兼将军，王与军界，蓄有恶感。一旦操权，则一般军官佐，虑其更张，不免群相恐惶；而一部分之孟氏私人，虑被淘汰，更不免恐惶，与吾党举事上，当有种种之好机会也。

一曰利用放木工人以围击公署也。吉林公署及财政厅，均门临松花江，每年开江以后，由上流运下木排，络绎不绝，有销于吉垣者，有转运下江者。今能招集木工数十人，亦放运木排，停泊于公署左右，届起事时，以此项工人围攻公署，以炸药及火油之类为利器，务将王氏擒获或击杀之，则大事解决过半矣。

除以上三端，均为进行要着外。至军警究应如何联络运动，临机究应如何起事，详细节目，现难预定。总而言之，自来兵机万变，无不以因时因地制宜为上乘。即如淮阴之将台宣谋，不过谓项羽可败，武侯之隆中高对，不过谓荆益可取，要皆举其大势而已。又如唐之起兵太原也，诈言将征兵伐高丽，遂以利用人心。遂以利用人心。故欲举非常之事者，不外一谋字、一术字，便是要领。一得之见，仅如是云。

据黄季陆主编：《革命文献》第四十八辑，台北，中国国民
党中央委员会党史史料编纂委员会一九六九年九月出版

批谢持转签朱霁青陈述国事党事意见函

（一九一六年三月二十二日收到）

可据实答之，并着再来见。

附：朱霁青来函摘抄

……前聆先生之言，实深佩敬，回忆非道德精纯、学问夙贮、经验特深者，曷能有中鹄之言。外间传闻可为不知人者叹。不才之事谅先生已洞悉一般矣，不必复述。不才非执一不通故作矫枉过正之举，亦非不肯捐除己见而对于党部特加严重要求，亦非不知其难也。如征诸既往，揆之事实，舍子弹而外能乎？不能，亦不能谓无丝毫苦意存于其中也。不才对党部之元素尤悉，党部不过代表多数党员意志，遇事竭尽义务而已，足非对党员应负完全责任也，党员对党部亦不可自视为臣妾立无限要求，非此而不为，亦无非有事得党部之同意，协同赞助，凡百易二耳，况革命各人之天职也，大备则大举，小备则小举，无备而不能自举者，国事为重，亦不能不邀他有力者合力而并举，至于有备无备有力无力而不能举者，亦无人强执其颈鞭其背而使之举也，此举只在良心安与不肯安耳，故不才前承先生劝励，并中孚兄之面告及函慰，心辄不自安，鄙意怀抱如故，仍不肯稍舍者正为此也。知我者不督责，不知我者以我为妄为虚谈为想相为无足为为不可谋之人，皆未知也，试思千钧一发之际，大举正是破釜沉舟之计，以死求生，小举无补于时局，又何取焉，况国家之大计，又非可以儿戏虚词坐致也。特加意审慎，虽云

成败不可拟及，然谋之不可不诚也。不才之意如是意然是，先生以为然乎？否乎？我不念及，至于入党之事，先生尤不必深为介意，非不才对党部有隔阂，亦非视为门限。入党可以忠于党，不入党独不能忠于我心乎。不才之意，以为无党员之实，徒托党员之名，意何取焉。设先生不弃菲薄，倘有指使，大者可以操戈荷戟，小者可以为台隶、为厕役，皆不敢辞，何待先生指告入党而自求之尤恐不得也，试旁询往事即知我言之不谬也。前谈子弹事，谅先生近日确有消息，能乎不能，望示一音，不才好作合计。言多无序，词意拉杂，祈恕罪。顺祝策安。不另。

朱霁青谨上言

据原件，台北、中国国民党文化传播委员会党史馆藏

批高铁德陈煊等报告组织美洲讨袁军函

（一九一六年三月二十四日收到）

着军事部代复，奖其热心，并着稍候沿海得有根据之后，当函召回来效力也。

附：高铁德等原函

（一九一六年三月五日）

中山先生伟鉴：

万急，启者，刻下弟等组织美洲讨袁军，以大战号召，相率海外健儿归国效力，同赴疆场，以期扫除叛逆，还我共和，聊为兴亡有责之义。幸人心奋激，业已成立各分部，赞成者甚形踊跃，诸同志报名效力者，络绎纷纷。现编制队伍将见完备，用特缮函驰告，备陈意旨，先请我公指示进行，俾得率队追随，驰驱左右，不胜翘企之至。弟等鄙意，待口岸一得手（如广东上海等处），即拔队东归，为北伐之一助。到时仰军政府协助，给以饷械，藉资效力。倘蒙我公不弃，俯允

所请，望速赐电复是幸。谨布区区，倚马以待，引领东望，无任神驰。并候伟安。

发起组织者罗省高铁德、钵仑陈煊、贝市伍横贯同上

中华民国五年三月五日

据原件，台北、中国国民党文化传播委员会党史馆藏

颁给杨其焕奖状

（一九一六年三月三十一日）

三等有功章奖状：杨其焕君慷慨捐资，赞襄义举，赍兹永宝，用彰厥功。

中华民国五年三月三十一日　中华革命党总理孙文

据原件，台北、中国国民党文化传播委员会党史馆藏

颁给黄挺生奖状

（一九一六年四月八日）

三等有功章奖状：黄挺生君慷慨捐资，赞襄义举，赍兹永宝，用彰厥功。

中华民国五年四月八日　中华革命党总理孙文

据原件，台北、中国国民党文化传播委员会党史馆藏

批陈某关于湘事来函

（一九一六年四月十日）

惠生签：答以办当有统系，湘事既归林覃担任，当就彼商乃可，否则纷乱矣。

据原件，台北、中国国民党文化传播委员会党史馆藏

颁给黄升奖状

（一九一六年四月十五日）

三等有功章奖状：黄升君慷慨捐资，赞襄义举，赉兹永宝，用彰厥功。

中华民国五年四月十五日　中华革命党总理孙文（印）

据原件，北京、中国国家博物馆馆藏

批刘煜焕报告墨西哥党务函①

（一九一六年四月十八日）

复函鼓励。

据黄季陆编：《总理全集》下册，成
都，近芬书屋一九四四年七月出版

批刘灯维来函②

（一九一六年四月二十一日）③

答书鼓励，并着改为中华革命党。因共和等为官僚借用，以混乱吾党故也。

据原件，台北、中国国民党文化传播委员会党史馆藏

---

① 原函报告党务及墨西哥政府苛待华侨事，并请设法早派外交官保护。

② 刘灯维为澳洲墨尔本华侨。原函报告当地华侨反对帝制，组织中华共和会及筹款事宜。

③ 日期据"中华民国"各界纪念国父百年诞辰筹备委员会学术论著编纂委员会主编《国
父墨迹》（台北，"中华民国"各界纪念国父百年诞辰筹备委员会一九六五年十一月出版）
酌定。

批陈中孚关于购买日本飞机事函

（一九一六年春）①

即发电云：此物甚急用，望查明何式，并马力如何，价钱如何，即覆。

据原件，台北、中国国民党文化传播委员会党史馆藏

颁给李霭春奖状

（一九一六年五月十日）

三等有功章奖状：李霭春君慷慨捐资，赞襄义举，赍兹永宝，用彰厥功。

中华民国五年五月十日

据中国国民党中央委员会党史委员会编订：《国父全集补编》，
台北,中国国民党中央委员会党史委员会一九八五年六月初版

颁给冯尔琛奖状

（一九一六年五月十日）

三等有功章奖状：冯尔琛君慷慨捐资，赞襄义举，赍兹永宝，用彰厥功。

中华民国五年五月十日

中华革命党总理孙文

据中国国民党中央委员会党史委员会编订：《国父全集补编》，
台北,中国国民党中央委员会党史委员会一九八五年六月初版

---

① 原件未署日期。当在一九一六年春。

颁给陈明春奖状

（一九一六年五月十日）

三等有功章奖状：陈明春君慷慨捐资，赞襄义举，赍兹永宝，用彰厥功。

中华民国五年五月十日

中华革命党总理孙文

据中国国民党中央委员会党史委员会编订：《国父全集补编》，

台北，中国国民党中央委员会党史委员会一九八五年六月初版

谕交胡汉民五千元令

（一九一六年五月二十四日）①

支交汉民五千元正。

孙文

五月二十四日

据原件，台北、中国国民党文化传播委员会党史馆藏

谕交曹亚伯五千元令②

（一九一六年五月二十五日）

支交亚伯五千元正。孙文。

据原件，台北、中国国民党文化传播委员会党史馆藏

---

① 原件用"中华革命党本部用笺"，年代经考订应在一九一六年。
② 原件用"中华革命党本部用笺"，年代经考订应在一九一六年。

谕交孙洪伊银叁千元手令①

（一九一六年五月二十五日）

交孙伯兰银叁千元正。孙文经手。

据原件，台北、中国国民党文化传播委员会党史馆藏

谕交山田等往奉天用费令②

（一九一六年六月四日）

交山田等往奉天用费四千三百元正。孙文经手。

据原件影印件，台北、中国国民党文化传播委员会党史馆藏

颁给叶独醒奖状

（一九一六年六月十日）

二等有功章奖状：叶独醒君慷慨捐资，赞襄义举，赉兹永宝，用彰厥功。

中华民国五年六月十日

中华革命党总理　孙文

据中国国民党中央委员会党史委员会编订：《国父全集补编》，
台北，中国国民党中央委员会党史委员会一九八五年六月初版

---

① 原件用"中华革命党本部用笺"，年代经考订应在一九一六年。
② 原件用"中华革命党本部用笺"，年代经考订应在一九一六年。

谕交曹亚伯四千五百元令

（一九一六年六月二十四日）①

交曹亚伯四千五百元正。文经手。

据原件，台北、中国国民党文化传播委员会党史馆藏

批青岛某君电②

（一九一六年七月十六日）

已着仲恺致意，请照行可也。

据黄季陆编：《总理全集》下册，成都，近芬书屋一九四四年七月出版

批赵鸾恩请苏督府转饬盐县释放周龙甲函

（一九一六年九月二十二日）

代答以：待详细查明，乃能设法，并向江北同志一查其人，或由信内各节根究查之。

附：赵鸾恩原函

（一九一六年九月二十二日）

中山先生钧鉴：

---

① 原件用"中华革命党本部用笺"，无年代，当在一九一六年。

② 原电报告敌方侵地未返，国务院莽日电张怀芝，有"居正迭次反复，立予剿除"等语；本日会议电话问将士，愤欲急进，请令定夺。

恩前驻宁联络军事，职守攸关，无敢逾越。窃维革命全赖我同志，成败纯恃乎人为，大好头颅，填溢沟壑，一场热血，蒙满江河，屡失败而终底于成，死者已而，生者何堪，此恩所以有汲汲于呼吁也。查盐城有周龙甲者，前以陆军学生受讨袁委任，不旋踵而运筹成熟，其势力颇堪报国。不图时机失败，远来北直之师，遂被该营捕拘，移送军政执法，判决一等徒刑，解回原籍收禁。三年黑暗，久羁壮士之身；二九青龄，徒洒英雄之泪。今幸国运转兴，黄陂继任，政治犯首先赦免，周龙甲自应开除。讵有劣董刁绅，挟仇图报，突架孙鹤瑞、马肃甫等名，栽以抢劫抬架各案，沈知事否认为政治犯，周龙甲势将以监狱终。但以革命系前首之案件，巨匪出事后之栽污，前指革命而议徒刑，今奉赦文而又否论。罪命重要，岂容或贰或三；法律尊严，勿得今非昨是。论大局达其目的，在龙甲原可甘心，而当今注重人权，在我辈岂容缄口。是用恭书节略，进片语于先生，伏希倍述详情，致八行于督府，请其扎饬该县早释缧囚，庶使爱国男儿，免遭冤抑，赦章俱在，毋任犹疑，定献取消，勿容揹捺。是在先推仗义之心，拯俘囚于末路，始终不懈，幸福无疆，惟先生图之。肃此，敬颂勋祺。

前军事联络员赵鸾恩谨呈

九月二十二号

据黄季陆主编：《革命文献》第四十八辑，台北，中国国民党中央委员会党史史料编纂委员会一九六九年九月出版

批云南陆军驻蒙步二十二团第二营来函

（一九一六年九月二十三日）①

代答以：追悼当即照办，抚恤当稍待，转请政府为之。

据原件，台北、中国国民党文化传播委员会党史馆藏

---

① 日期据来函。

批古同志陈报困苦请催善后
审查委员办理善后事函

（一九一六年九月二十六日）

不复，存。

据黄季陆主编：《总理全集》下册，成
都，近芬书屋一九四四年七月出版

批加属华侨来函

（一九一六年九月至十月间）①

函答：此事当着人到京相机行之，然成否未敢决也。并将电由函到汉、仲②。

据原件，台北、中国国民党文化传播委员会党史馆藏

批旧金山国民党美洲总支部寄送
组织香港国民党交通部办法函

（一九一六年十月一日）

自答：香港机关实不可少，但款恐难筹集耳。

据黄季陆编：《总理全集》下册，成都，近芬书屋一九四四年七月出版

---

① 原件未署日期。按其内容，当在一九一六年九月至十月间。
② 汉、仲即胡汉民、廖仲恺，此二人正在北京交涉偿还华侨债款事。

批汪德渊拟整理邹容墓地函

（一九一六年十月三日）①

代答以：请同吴稚晖先生来商办法可也。

附：汪德渊原函

（一九一六年十月三日）

中山先生道席：

当癸卯春间，德渊与蔡孑民君等方立光复会于沪，未几张溥泉、邹慰丹（太炎易慰为威）二君自日本来奔。值章太炎君刊行驳康书，邹君亦发箧出宿构稿本《革命军》者，刊行于沪。是时禁网方密，除镜今书局外，无人敢为出售。乃由黄宗仰寄千册于先生。嗣先生来函，盛称《革命军》为南洋所崇拜，而此时章、邹已被清吏俞明震构成大狱，拘押于四马路巡捕房。其时同志星散，蔡孑民君避地青岛，吴稚晖君赴巴黎，而为章、邹援沪者，但叶浩吾（瀚）、林万里（獬）、陈佩忍、汪颂縠（诒年）及德渊数人，与清吏争持。十月，章、邹乃被判定，监禁于提篮桥西牢。章三年，邹五年。狱官仅许每月入狱展省一次，以德渊及香山徐敬吾君（已故）往省之次数为多。邹君在狱方及二年，不堪其虐，遂撄痨瘵。忆乙巳春末，与邹君最后晤面，邹君向德渊大泣，言半月之前，无力任役，为印捕所殴，至今胸骨大痛，夜不能寐。顾此言方脱口，在侧监视之西捕即曳之入，不许复与德渊见面矣。（是时清政府既恨吾党，外人更不以人类见待也。）于是同人乃相为援护之策。一面托西牢翻译陈某，向管牢西吏乞请许邹君入医院诊治；一面更请工部局书记朴兰德向领袖领事疏通。然其结果，仅得到同仁医院就诊一次；惟许不任力役，在狱中病房养病而已。未几邹君在狱病故。是时德渊因事离沪，仅由徐敬吾收殓营葬。次年徐亦客死于沪，邹君墓地知之者愈少矣。

---

①　日期据来函。来函未署年份。据来函内容确定。

光复之始，由德渊揭广告于《神州日报》，觅邹墓所在，久而无效。盖因国人心量褊狭，迷于一往，苟其事无利于己，即不肯为。又或以邹君为光复会员，视若与己无预，此殆偏迫之劣性使然。嗣后托上海地方官向龙华一带代觅，亦未有效。三年春间，曾向龙华遍检诸墓，冀可有获，乃为军人干涉而止（此时龙华已成军用禁地）。及至前月与吴稚晖君面谋，更登广告寻访。幸广告方揭，即有人报告，因而觅获于距龙华五里之华泾镇上。因邹君逝时有同学刘季平君，世居华泾，曾于祖坟之侧为邹君营葬，且为立石以志之。其风义承堪并邹不朽矣。德渊现拟约合同志于国庆日往展邹君之墓，并欲相其地势，为崇加封树之计。

邹君当日著书立说，力襭满人之魄，固尝有以佐助于先生。幸值先生在野优游之日，当能为此式彰之计，故敢略伸原委以请也。如荷赞成，当于日内造谒，以竟谋营。特达，并叩勋祉。不尽。

汪德渊拜上

十月三日

据原件，台北、中国国民党文化传播委员会党史馆藏

批乔义生请电黎元洪关照函①

（一九一六年十月八日）

代答：办不到。

据黄季陆编：《总理全集》下册，成

都，近芬书屋一九四四年七月出版

---

① 原函请念昔日之谊，速给黎元洪一信，祈其关照。

批吴铁城请代推荐函

（一九一六年十月九日）

代答以：先生不荐人。

据黄季陆编：《总理全集》下册，成都，近芬书屋一九四四年七月出版

批吕宗堂陈镜伯为秘鲁党务函①

（一九一六年十月十三日）

此内各信皆当一一答之，并寄前致各埠通函。许君尚未来见。（缘何一问伯元便知。）

附：吕宗堂等人原函

（一九一六年十月十三日）

中山先生伟鉴：

敬启者，南美洲本党分部林立，党员繁庶。惟地悬隔关，僻处遐方，祖国消息传来异常艰阻。欲谋党情联络一致进行，非公举专员于内地采择见闻，势难收效果于美满。然各分部各选派一人，一则经济浩繁，难于挹注；再则人才支配维难。与其各行自选之难，熟若联同合举之易。此次秘鲁加里约本党交通部，发起南美驻粤代表，以许君择香肩任，敝分部极表同情。查许君向来热心党务，久为同志所钦佩，更以世居省垣，缘事归国，一举双全，何等天然。将来声气灵通，

---

① 吕宗堂为秘鲁国跛打埠国民党分部长。

党情络绎，庶几其有赖焉。谨布区区，希为钧照，毋任神驰。即此，并询精神。

　　　　　　　　部长吕宗堂、文事科陈镜伯

　　　　　　　　中国国民党秘鲁国跛打埠分部印

　　　　　　　　民国五年十月十三日

据黄季陆主编：《革命文献》第四十八辑，台北，中国国民党中央委员会党史史料编纂委员会一九六九年九月出版

批居正职后清理旧卷及草定总务部组织纲要函

（一九一六年十月二十四日）

批准，发回。

据黄季陆编：《总理全集》下册，成都，近芬书屋一九四四年七月出版

批马骥请求随侍函[①]

（一九一六年十月）

代答：少年有志，望从事于学问，以造成有用之才，庶能□□□□

附：马骥原函

（一九一六年十月）

孙、黄二公钧鉴：

　　窃维扫专制之膻腥，建共（下缺）我公建国之元勋，可是我公乃当代之伟人，绝世之英俊，不（下缺）尊隆。而我公复忘怀轩冕，适志邱园功成（下缺）不恋禄位，尤得（下缺）之清则虽顽儒之夫，闻风亦当为（下缺）志矣。故骥企

────────────

① 原函系致孙文和黄兴两人者。

仰之深心，孺慕之切念，殊难言状，每欲得一睹英颜，饱挹雄风，方慰渴念。但尔时尚羁身校中，智识正在幼稚，想及而力不逮。兼以云山间阻，晋谒无门，故只抚怀而自恨。未几肄业离校，蒙地方自治荐充两等小学校教员，寻思（下缺）一隅，难知人情世故为何如，即虽皓首穷经，终无补于经济，将何以展生平抱怀，而报效国家于万一乎。因去而就南宁水上警察厅充书记员，既而调充巡船长。然仍以此地亦难展生平所志，于是投笔从戎于敝省陆军，身列士卒，悉心研究，至去年春始在粤东龙某以陆军中尉就职供差。其时思晋谒我公之心，每一兴怀，即怦怦欲动。但思公等乃当代之伟人，勋绩赫赫，而骥以乡村布衣，营伍末级，视此最尊最严之下，安能望其必枉下垂青，思及此层，顿觉冰念。然又窃思既难亲仰慈范，亦可肃函上奉，以视钧意，故而投笔罢论，若是者屡次，行终不果。迄今年袁氏窃国，滇黔起义，而龙某按兵不动，置若罔闻。骥知其与民国无大感情，爰组织同袍，冀应滇黔，再造共和。不料事机不密，为所识破，于是黉夜潜逃，寻至湘垣，而各省已次第独立，共和亦由告成，于是而遂留湘。缘经此次乱役，所以一切行装一空如洗，迫得谋一寄足之地，方能自给。不意湘省自大乱削平后，官场运动都借力财神，致新闻纸有上 800 中 500 下 300 之说，哄传一时，宦途粃政何堪设想。今虽经谭督军极力维持，锐意图治，以杜厉阶，第因循已久，用人维旧，急难悉屏恶习。故骥连寄湘旅有三有阅月，非特无事之为图，几至流落无归。因目击时局是前途之可危，复思我公之勋迹，无心宦途，只思得随侍芝帏，亲炙芳范，以慰夙念已耳。惟际此落魄异地之秋，囊橐空虚，举步维艰。兼以道阻且长，万一遭逢不偶，岂非往返徒劳，筹思再四，只有肃函上禀，敷陈蚁悃，以候钧示，再作区处，方为万全。随思昔日犹豫不决，不敢措词者，固觉思想之浅，逆料之非，盖谓交接之间，专与名门巨族富贵显达为往来，则亦见利大人已矣。

我公既负伟人之名，望必具伟人之品格，尤必有特达智识，非可与此流俗同语，故骥思得理至正而义至切之名称者，其惟师弟必然。自他人观之，未尝不责骥越分，而不自量之极。自达者观之，则殆不以为然。诚骥以樗栎庸才菰芦下士，论才识则不敢望先生贤肩背，言学术则又浅不堪道，而所以晓然自鸣于世者，特以具爱国之天真，丈夫之抱怀，区区丹心，不能自已，故自肄业学校后，其欲报效国家之心未尝须臾而能弃念。然究其爱国之思想，报国之热忱所自由来，则亦得我公先觉之觉鼓励之力，拜挹其芳而然耳，此正得教育之普及，尊之以师不亦直乎。夫今日政治风俗，世道人心一至于此，可畏可危。窃谓我国承前清之遗孽，经屡次之更改，元气断丧殆无余矣。今当共和甫造而乱党踵兴，旦旦而伐，我国吾民其何以堪，呜呼！噫嘻！国之兴替匹夫有责，公等既能创造于始，尤当匡辅于后，俾得实行共和为完全之民国，方不负初志耳。骥以微才末艺无补于世，徒唤奈何？诚欲得随侍我公，资益淘汰，图维厥终，庶不愧此堂堂七尺之躯，未审我公尚恳容纳否？现骥已准备旋里，筹划川资行装，以俟钧示。倘辱蒙垂青，不以疏忽见罪，而谓孺子可教，请即赐示，俾得遵循。区区微忱，出自天性，冒犯之处，尚希原谅，临书恐怖，不胜待命之至。肃此，恭请钧安，伏乞垂鉴。企候钧示。弟子马骥谨肃。

再者倘有钧示，请交广西南宁线行街（下缺）馨发号，转交墰洛圩，马广太转交马伯龙便妥。

据原件，台北、中国国民党文化传播委员会党史馆藏

批曹沛请接济二百元函

（一九一六年十一月九日）

调查其人，若查不出，可不答。

据原件，台北、中国国民党文化传播委员会党史馆藏

批四川仁寿县征收局某君来函[①]

（一九一六年十一月十日）[②]

自答以：甚赞其议，若滇省政府皆同意，此间可代向集资承办。然必先实测

---

① 来函提出拟在滇省开浚航政。
② 日期据来函。

全河之高低，绘就详细图乃可。

中国国民党文化传播委员会党史馆藏原件

批黄容生请派人出席加拿大各分部同志恳亲会函

（一九一六年十一月十二日）

留意：如有妥适之人到时派往，甚好。答函励之。

据黄季陆编：《总理全集》下册，成
都，近芬书屋一九四四年七月出版

批广州严君来函

（一九一六年十一月十四日）

不记忆为何人，可一查审美书馆人，乃酌代答。

据黄季陆编：《总理全集》下册，成
都，近芬书屋一九四四年七月出版

批马耀星等请函示近来举办五事为急要函

（一九一六年十一月十六日）

此等复通函之件存之，待各件有要领再答。

据原件，台北、中国国民党文化传播委员会党史馆藏

批智利某君来函

（一九一六年十一月十六日）

答函谢之，并告近情。

据黄季陆编：《总理全集》下册，成
都，近芬书屋一九四四年七月出版

批山东夏君来函

（一九一六年十一月十九日）

千元当可照办。

据黄季陆编：《总理全集》下册，成
都，近芬书屋一九四四年七月出版

批冯君问国内产锡事函

（一九一六年十一月二十四日）①

代答：函悉。锡矿富于云南，两广间亦有之，必从该处求之，乃有得也。

据原件，台北、中国国民党文化传播委员会党史馆藏

---

① 日期据来函。

批徐化龙来函①

（一九一六年十一月二十四日）②

　　自答以：已照致书粤督，俟有回音当再报。并写信陆督，言广东无烟药，德工师既造，不无防用此人一试，如有成效则留之，无成效则去之。

据原件，台北、中国国民党文化传播委员会党史馆藏

批某君申明该埠同志所拟维护大局办法函

（一九一六年十一月二十八日）

　　自答：通电绝止之后，本难再行承认，然贵埠同志，既已从全为大局行之，本部则照承认就是。

据黄季陆编：《总理全集》下册，成
都，近芬书屋一九四四年七月出版

批答某君关于铁路参考书事③

（一九一六年十一月三十日）④

　　自答数语，并言铁路书所见无多，所知有后面之二种：《中国铁路现势通论》二本，曾鲲化著；《中国铁路鉴》一本，刘复、易□乾同著。此请向书店觅之。

据原件，台北、中国国民党文化传播委员会党史馆藏

---

　　①　黄季陆编《总理全集》作徐光龙。时在北京东城马市双辇胡同。原函请求致函粤督并更换德工程师。
　　②　日期据来函。
　　③　对方时居广州西堤二马路十三号伯楼。
　　④　日期据来函。

批某君请嘱地方官保护函

（一九一六年十一月三十日）

自答以：各事当照办，惟嘱地方官保护一事，尚待查明其人，乃能办之。恐成为反对民党之官，则曾口为保护，暗或有不利亦未可知也，故宜慎之。

据黄季陆编：《总理全集》下册，成
都，近芬书屋一九四四年七月出版

批冯自由为华侨选举事请发电通告各埠函

（一九一六年十二月一日）①

选期定元月十八，速照由函令各埠，用书报社名函电农商部，各举代表一人，不得同名。并电自由。文。

附：冯自由原函

（一九一六年十二月一日）

先生大鉴：

昨函详论华侨选举事，想已入览，昨总统已公布选举期为一月十八日（各省是十一月十八日），美洲相隔太远，只用函件，必赶不及。计期弟之印刷公函，此数日当已达美，弟处毫无经费，不便发电，请即由尊处致旧金山一电，以免误事。电文如下：

"选期定元月十八，速照自由函，用书报社名函电农商部，各举代表一人，不得同名。并电自由。"

上拟电文，请即斟酌发去，因弟甚虑彼等不谙选举法，误以数十埠同举一人，

---

① 日期据来函。

等于无用。又恐彼等虽有电农商部，若无电与弟，亦难代为设法，使该票必归有效。弟今尚运动农商部，使之延期选举，若能再延二十日或廿五日，则美洲方面较易为力也。匆匆，并候大安。

弟自由上
十二月一日（民国五年）

据原件，台北、中国国民党文化传播委员会党史馆藏

批三藩市国民党美洲总支部汇款函①

（一九一六年十二月二日）

即代收款，交蒋介石转交，取条作回信。速寄。

据黄季陆编：《总理全集》下册，成
都，近芬书屋一九四四年七月出版

批黄伯耀报告定期回国函

（一九一六年十二月三日）

注意！派人接船，朱卓文为妥，否则刘纪文亦可。

据黄季陆编：《总理全集》下册，成
都，近芬书屋一九四四年七月出版

批孙一鸣再请告知居正拨发军费函

（一九一六年十二月五日）

前信如何，酌量代答。

---

① 一九一四年国民党改组中华革命党，海外仍有沿称国民党。

附：孙一鸣原函

（一九一六年十二月五日）

中山先生大鉴：

　　昨得朱君代答赐书，敬悉所云长春军费，实缘无款可拨，爱莫能助，可向居觉生君商要等语。诵聆之下，感激爱似，自当遵命办理。惟前得蒋介石来书云，居之对于长春，久未复答，实为无款可以设法，若由一鸣径与催索，恐仍置之不理，敬恳先生函告居公，请其照数拨给，以纾急困。当时与潍县联合，无非激于义愤，虽旋即解散，然招募等费，皆同志贷垫而来。今潍县等处，均如愿而偿，竟独遗长春一部，致一鸣辈，困处边徼，日为债累所迫，大有欲死不得，欲生不得之势，实可寒心。微先生仁德及众，其谁援之？肃此，恭请大安。

孙一鸣叩上

十二月五日

据原件，台北、中国国民党文化传播委员会党史馆藏

批某君劝加入青年会及询问黄德三住址函

（一九一六年十二月六日）

　　代答以：先生云：彼已年老，非青年之资格，是以不敢混入青年会；但望青年人鼓舞向前，日进不已耳！

　　又，黄德三住址，此间亦不知，先生亦欲一见其人。

据黄季陆编：《总理全集》下册，成
都，近芬书屋一九四四年七月出版

批周子骥秦竹裴等报告起程回粤
并告通信地址函

（一九一六年十二月六日）

抄所在地址，并注明为回国华侨。

附：周子骥等原函

（一九一六年十二月六日）

中山先生大鉴：

末策到申数月，未尝有候，疏懒自咎，比谨佳想安善，至以为慰。末等不忖冒昧，自海外归来，欲随诸君子后，冀达怀抱，矧材力薄弱，毫无表见，辄自惭，然至抵申，蒙彻底思维，种种津助，感谢实深。月前着从事业农，斯举至善，末等之中已派人往津浦路一带观察，在情形上顷用数阅月而候〔候〕时机，方不失相当营谋。近有一先生有意于来春后辟农场以栖，不得回海外之同志尤感盛意，末等现因农事不能速成，日间动程返粤，一转汉夹呈通信址，以便他日农业告成请随址赐示，以资送循，无任感盼。谨此谢别，并询日祉。

末等：周子骥、秦竹裴、周燮猷、周炳林、

方有志、高汉、李杰三、杨星辉、陈思球

十二月六日

据原件，台北、中国国民党文化传播委员会党史馆藏

批香港黄君函

（一九一六年十二月六日）

代答以：事未定，不能委任。

据黄季陆编：《总理全集》下册，成
都，近芬书屋一九四四年七月出版

批答某君请求接济函

（一九一六年十二月十一日）①

答以：现在此间财尽援绝，而海外华侨又迫还债，正在困途，无由接济，乞为谅之。

据原件，台北、中国国民党文化传播委员会党史馆藏

批答华侨某同志对反对党须以德感化

（一九一六年十二月十八日）②

答以：失去证书，请另开列姓名以便补发。对反对党当以德化之，不必用何种手段也。

据原件，台北、中国国民党文化传播委员会党史馆藏

---

① 日期据来函。
② 日期据来函。

批陆费逵请赠《会议通则》函

（一九一六年十二月二十三日）

代答以：先生近因事忙，尚未完稿。

据原件，台北、中国国民党文化传播委员会党史馆藏

批程壮致朱执信请设法营救被捕党人函[①]

（一九一六年十二月二十三日）

可照写信或发电请释各人。

据原件，台北、中国国民党文化传播委员会党史馆藏

批三藩市美洲总支部来函

（一九一六年十二月二十五日）[②]

答以：在国内招股为极难之事，既得如此妙法，当可在上海试办。先用少本，至有成效，为众人所知之后，则招股不难。若照此去办，弟当尽力助成。

据抄件，台北、中国国民党文化传播委员会党史馆藏

---

① 程壮曾于一九一四年夏在南通起兵失败，部属被捕，经孙文电促冯国璋开释南通九人外，来函请再设法营救被拘其余各县的部属。
② 日期据来函。

批杨汉魂报告革命经过并请予济助函①

（一九一六年十二月二十五日）

代答：……接，无能为力，并着不必来见。

附：杨汉魂原函

（一九一六年十二月二十五日）

中山先生麾下：

起居获福，贵体延釐，操纵自如，清神倍健，不禁临风神驰，指日额颂矣。启者，鄙人前年由美回旋，特到东京谒见，后买掉〔棹〕而归，组织民党，一片坚心。不料奸人侦探率兵二百余，机关枪二架围捕，家庐惨遭其害，倾箱倒箧，如虎如狼，侄为伯俘（家伯被捕于杨大宗祠），母与子辱（强迫家母具结指为逆子）。机关破后，不独鄙人一身难保，几乎累及全家，幸父子三人先觉而远逃港澳，出亡计已年余矣。虽性命苟全，其中险阻艰难，备尝苦况。但舍身为国，死何惜乎，惟可惜者，袁贼未除，同胞之疾苦难当，吾党之势力未伸，我辈之仔肩仍负，纵使海可枯石可烂，而鄙人之心志实难移也。幸香军起义，遂与民党协力同心，血战三昼夜，于是克复香城。弟充护国第三军二支队三团二营副营长，继后扑攻江门，据江门狗山要点；又与魏邦平司令合兵，星夜进攻新会城，与龙贼军相战约数小时，遂克复新会城。后吾军奉司令命，回守狗山驻守，不数日又奉命往容奇，会兵直攻三山，血战两天，骥欲进取车歪炮台不果，退守容奇。笠日奉□司令命，拔队镇守小杭，继有月余之久。讵料解组而归，经济困乏，薪水概无支给，兼且自筹款用，约计数百，此中之拮据苦楚，惟对公方敢直陈。鄙人本欲来申亲聆雅训，无奈舟资告罄，难于抽身。至现下民党势力日进，其中进行，谅先生自有权衡，仰祈指示。兹时值隆冬，年关甚紧，是年借长朋友之银，苦无

① 杨汉魂为旅美归侨，曾参与广东护国第三军讨袁，以"解组而归，经济困乏"，来函请求代筹银三百元。

路筹策，寂寞居家，空囊在抱，筹持无措，特修寸楮，恳代筹银三百圆，以救眉之急，万求勿却。若先生体贴寒微，恩准补助，则鄙人感公之德无涯矣，伏求迅速赐教为祷。临笔神驰，诸希为国珍重为祝。复信寄至香港上环德辅道西门牌一百二十三号江盛利金山庄刘伟道兄收下，转交杨保仲收入无误。嵩此，敬请公安。

杨汉魂鞠躬

十二月廿五号

再启者：家父嘱笔候安，不另注。

据原件，台北、中国国民党文化传播委员会党史馆藏

批加拿大品夫分部来函

（一九一六年十二月）

告以近事，并言各种章程办法，俟与政府交涉还债妥后，乃能从事，请稍待之。

据原件，台北、中国国民党文化传播委员会党史馆藏

批答甚愿旧同志速行组织大政党

（一九一六年秋、冬间）①

文近不欲与闻党事，专致力于建设事业。然甚愿吾党旧同志速行组织大政党，少川②、伯兰确已开始组织，此二公皆与吾等志同道合，诸君可赞助之也。以后如有疑点，可就近询问胡汉民、林子超两君便可。

据抄件，台北、中国国民党文化传播委员会党史馆藏

---

① 原件未署日期。据秦孝仪主编《国父全集》推断。
② 唐绍仪，字少川。

批答偿还借款事

（一九一六年冬）①

　　各信自答。答直臣云：文集字已写妥寄，并奖其热心。答广达言：粤债务自当尽力，俟待汉民、仲恺由京回来，再商办法也。南非党证照发，并嘉其热心。甲元代居正答。

据抄件，台北、中国国民党文化传播委员会党史馆藏

批张汇滔意见书②

（一九一六年）

　　自答：所见甚是，既已知之，自当力行，我数以来，则从事于此，先欲著一书以教国人集会结团之事。俟此书一成，当更域手实业，先从于垦荒，以安插党人后，乃着手其他，更望人人就其所知，切实力行也。

据原件，北京、中国国家博物馆藏

批长沙溥利磺矿公司孙静山来函

（一九一六至一九一七年间）③

　　自答：嘉其用意，并云力所能到之处，自当尽之。为现正筹划伊始，欲引导海外侨商返国开发一切利源，是以第一事当以还债，以照信用而励侨情。但此事政府尚未确允，而反对之声已起，若此不能达目的，则侨商恐不敢投资于国内等

---

①　来函未署日期。当在一九一六年冬。
②　此件上有"内意见书，计十三页"字样。
③　原件未署日期。据《国父墨迹》酌定。

由却之。

据原件，台北、中国国民党文化传播委员会党史馆藏

批朱葭等请转政府抚恤萧成美函

（一九一六至一九一七年间）①

凡有萧部，可以不理。盖本部并未命令萧办事，其自号为十三军军长等，实属谬妄之极。

据原件，台北、中国国民党文化传播委员会党史馆藏

批南洋卑南部某君今后决意不问国事

（一九一六至一九一七年间）②

答以：中华革命党自袁氏一死之后，约法恢复，国会招集，即行取消矣。今后国中无大变乱，弟则决意不问国事。盖今后想无有野心家矣，则维持现状，以使政理从渐而进，国内大有人也。

据原件，台北、中国国民党文化传播委员会党史馆藏

批答用款无法列入向政府交涉还债案内

（一九一六至一九一七年间）③

答以：此次向政府交涉还债，乃指明为第三次革命，文一人由外人及华侨借

---

① 原件未署日期。当在一九一六至一九一七年间。
② 原件未署日期。据"中华民国"各界纪念国父百年诞辰筹备委员会学术论著编纂委员会主编《国父墨迹》酌定。
③ 原件未署日期。当在一九一六至一九一七年间。

来，而分用于各省。中华革命军之款，公处自筹自用若干，文既不知，而来函又未开列其数，自无从加入此案之内也。然公倾家为国，文所素知，倘能为力之处，自当尽力也。

据抄件，台北、中国国民党文化传播委员会党史馆藏

批答第一要着手在推广党势固结党力

（一九一六至一九一七年间）①

所言极有见地，此间现所欲者，首为银行，次及他业，亦即此一劳永逸之意也。今已从事于调查，俟调查的确，乃能从事于计画，而其第一要着手在推广党势，固结党力。

据抄件，台北、中国国民党文化传播委员会党史馆藏

批答将尽力设法解决困境

（一九一六至一九一七年间）②

函悉。君现处困境，甚以为念，官费一时难以设法，俟稍有机会，无论何方面，若能为兄设法，当为尽〈力〉也。现下大局犹未定，而吾党亦无权，文欲从实业入手，现正在调查中，他日若入手之法当再报闻也。

据抄件，台北、中国国民党文化传播委员会党史馆藏

---

① 来函未署日期。当在一九一六至一九一七年间。
② 来函未署日期。当在一九一六至一九一七年间。

批某君回国请安排工作维持生活函

（一九一六至一九一七年间）①

答以：现在尚非吾党执政，恐无从设法为谋生，不如招之回国从事实业为妙也。现弟正开始调查此事，想赵君必能于其间择一事也，俟得要领，当再报闻。

据抄件，台北、中国国民党文化传播委员会党史馆藏

批答借款已报告政府入筹还预算之中

（一九一六至一九一七年间）②

答以：此款已入筹还预算之中，报告政府，政府尚无拒绝，然亦未有还期。漳泉会馆之款，已面托黄竹友转致贵乡人云，政府一旦还款，即交黄君代清手续等语。

据抄件，台北、中国国民党文化传播委员会党史馆藏

批答吴君无力援助

（一九一六至一九一七年间）③

答以：此间困乏异常，无从为力，当致函永福、楚楠、义信〔顺〕三友，请其援助。楚楠、永福、义顺之信，要时寄去。

据原件，台北、中国国民党文化传播委员会党史馆藏

---

① 原件未署日期。当在一九一六至一九一七年间。
② 原件未署日期。当在一九一六至一九一七年间。
③ 原件未署日期。批在空信封上，应在一九一六至一九一七年间。

批答归还侨款事

（一九一六至一九一七年间）①

自答：不必登报，侨款俟三次之款还妥，当再设法还首次之款，则兄自可不辩而明也。前函似未收到。

据原件，台北、中国国民党文化传播委员会党史馆藏

批答江南合群实业公司某君来函②

（一九一六至一九一七年间）

答以：政府侨款尚无期，故无③从移借，不能如约。

据原件，台北、中国国民党文化传播委员会党史馆藏

批加拿大温哥华国民党支部陈君函

（一九一六至一九一七年间）④

答以：收悉，并述告近情，俟还债交涉妥后，乃能订各种章程以进行也。心准相加函寄去。

据原件，台北、中国国民党文化传播委员会党史馆藏

---

① 原件未署日期。批在空信封上，当在一九一六至一九一七年间。
② 原件未署日期。批在空信封上，当在一九一六至一九一七年间。
③ 删去一衍字"无"。
④ 原件未署日期。批在空信封上，当在一九一六至一九一七年间。

批某某请接济函

（一九一六至一九一七年间）①

代答以：此次吾党各□用兵，所借侨款、外款共二百七十万，尚未清还，□再无通融之地，所请接济报务，无从为力。

据原件，台北、中国国民党文化传播委员会党史馆藏

批答徐君地方事可直禀内务总长

（一九一六至一九一七年间）②

代答以：先生现无暇顾及党事，各事皆听之在京党员，酌量施行。地方上之〈事〉，可据实禀于内务总长便可，先生不便干预也。

据抄件，台北、中国国民党文化传播委员会党史馆藏

批阚钧请资助函

（一九一六至一九一七年间）③

代答以：日来因种种意外之事，罗掘已空，实无力相助，幸为谅之。

据原件，台北、中国国民党文化传播委员会党史馆藏

---

① 原件未署日期。仅批在空信封上，当在一九一六至一九一七年间。
② 原件未署日期。当在一九一六至一九一七年间。
③ 原件未署日期。当在一九一六至一九一七年间。

批某君关于接济党员问题函

（一九一六至一九一七年间）①

答以：中华革命党，并未成功，故无从长顾党长。且自袁〈死〉之后，本党已将余款解散党人，并取消本党名义，此后已无共同之约束，自不能再以党名而要求党魁之接济也。且先生为党务而负债二百七十〈万〉，尚无归还之地，不得而请于政府，尚受国人之攻击，此债不还，断无借筹之地，万难接济党人也。且党之义，当以党人而接济党魁，断无以党魁一人而接〈济〉百千万之党人也，此万国党例之通义也。吾国彦语有云：十人养一人肥。今中〈华〉革命党人许身于国者不下数万人，倘人济十元，则非数百万元不办，君试设身处地，将若之何？然先生所济之人，日已不少矣，君之穷境，先生实有同情，其奈尧舜犹病何！

据原件，台北、中国国民党文化传播委员会党史馆藏

批美国《民气周报》函

（一九一六至一九一七年间）②

答以：函悉。此间实无一纯为吾党机关报，故无从应命交换也。组织政党，现在实有不宜。吾党海外同志，当结合为一华侨实业，专从事于实业，则更能收好效果也。俟政府还债事如何，乃能从事进行也。

据原件，台北、中国国民党文化传播委员会党史馆藏

---

① 原件未署日期。当在一九一六至一九一七年间。
② 原件未署日期。当在一九一六至一九一七年间。

批崇德公报社来函

（一九一七年一月九日）①

答以：此间同志所办之《民意报》尚无力维持，对于贵报更爱莫能助矣。

据原件，台北、中国国民党文化传播委员会党史馆藏

批美洲葛仑分部郑占南呈报党务函

（一九一七年一月十日）②

复函奖励，并着他主持公道，竭力维持。并抄前覆驳评议部之函，与之一观。

据原件，台北、中国国民党文化传播委员会党史馆藏

批答现无暇访欧

（一九一七年一月十二日）③

执信代答以：各函悉。先生云：所言多有至理。后函所言周访团，更为事所当行。然在适欧洲大战乱，道途多有未通，而在战之十余国，生死俄倾〔顷〕，其朝野自无暇注意于我之周访也。而先〈生〉现正注意于实业，而不暇其他。在北京无可介见之机关及人物。

据原件，台北、中国国民党文化传播委员会党史馆藏

---

① 日期据来函。
② 日期据来函。
③ 来函日期仅书一月十二日。函中称"在北京无可介见之机关及人物"，当为一九一七年一月。

批卢永祥来函①

（一九一七年一月十二日）

循例复云函悉等等，并抄录二分加以数言，寄往岑西林、李协和。

据原件，台北、中国国民党文化传播委员会党史馆藏

批广州岭南学校某君来函

（一九一七年一月十二日）②

答以：令郎尚未见着，所属之事现尚无法应命，倘他有可设法，当必尽力也。

据抄件，台北、中国国民党文化传播委员会党史馆藏

批神户杨某来函

（一九一七年一月二十五日）③

代答：存款寄回，定购飞机着查明原委覆他。废约前有一人来信欲接受，可否与之，着寿彭酌夺。

据原件，台北、中国国民党文化传播委员会党史馆藏

---

① 卢永祥时任淞沪护军使。
② 日期据来函。
③ 日期据来函。

批答关于交涉还债及组党事

（一九一七年一月二十六日）

代答，并告以：现与政府交涉还债，故未暇筹改组之事，俟债务交涉妥当再进行。

据原件，台北、中国国民党文化传播委员会党史馆藏

批某君承办粤汉路事

（一九一七年一月三十日）①

承办粤汉车路一事，如顺手得之，当甚乐为，如要多费手续，则不必也。

据原件，台北、中国国民党文化传播委员会党史馆藏

批中华革命党列必珠分部来函②

（一九一七年二月五日）③

答：写字祝词，可照办寄去。所谋营业，亦极赞成。

据原件，台北、中国国民党文化传播委员会党史馆藏

---

① 日期据来函。
② 列必珠为加拿大城市。
③ 日期据来函。

批林定一请设法援救函

（一九一七年二月十一日）

不知其人。代答：既在上海，则以无事，何必设法。而此间亦无法可设。

附：林定一原函

（一九一七年二月十一日）

谨呈中山先生大伟人均鉴：

两造拜恳，未晤芝范，殊多自愧。昨呈报告，谅邀洞鉴，然未奉覆，我心寥寥。兹再恳者，定一于民国四年，因在英缅发起募捐，建立杨君庄祠一事，俱属善举，谁知被无志之辈谣传定一欲取缅甸，彼时英政府信以为真，各处行文密获定一，以致逵走风尘，于今尚隐藏山林泉石之间，毫无安身之所。故专寸笺恳求伟人，念在同志，设法以救；并祈据情转达政府，速向英政府交涉，定一实无取缅情事。想伟人素爱同志，必能施法以救定一。如交涉清事，则定一亦得脱离久困山林之苦况也，不惟定一感情不尽，则全家亦深感无暨矣。专此寸禀，敬请升安。

同盟会党员林定一恭叩

六年二月十一日

据原件，中国国民党文化传播委员会党史馆藏

批某君请删列名事

（一九一七年二月十七日）①

代答：先生现拟不问外事，前所列名，请为删去可也。

据原件，台北、中国国民党文化传播委员会党史馆藏

批刘季谋来函②

（一九一七年二月十九日）

代答：先生向不荐人，此事则早知无效，已劝同志另作别图。

据原件，台北、中国国民党文化传播委员会党史馆藏

批答孔立波函指出无政府主义不能行于今日③

（一九一七年二月二十日来函）④

无政府主义之说，乃发生于最黑暗之专制国。在欧洲往日之俄国、以国⑤、西斑〔班〕牙等，其人民多受政府之暴虐无道，故忿而为此过激之论。但今日各国陆续行宪政之制，而此等过激之论亦渐消灭矣。乃有少年之辈，矜奇立异，奉为神圣，不过一知半解，实无所谓也。对付之法，最好以〔与〕他辩论，明白指

---

①　日期据来函。

②　刘季谋为日报横滨华侨，中华革命党人。曾致书参谋本部，请求加入南苑航空学校肄业。

③　所批来函信封上署为 Kong Li Po 寄自菲律宾马尼拉，寄信人中文原名不详，"孔立波"为音译。

④　原批未署日期。此据来函信封邮戳日期标出。

⑤　"以国"指以大利（Italy），今译意大利。

明在今日世界，国家之界限既不可破，则政府为代国家执行律法，以限制恶人而保卫良善为不可少，故无政府主义实不能行于今日。而使之化为平和，或可为吾党之助，较胜于用他种手段也。（原函寄陈树人收）

据原件，台北、中国国民党文化传播委员会党史馆藏

批某君不能荐人函

（一九一七年二月二十七日）①

代答以：先生决不能荐人，若自己谋得，先生断无反对。

据原件，台北、中国国民党文化传播委员会党史馆藏

批吉隆坡同志来函

（一九一七年二月二十九日）

答以：此间已不遗余力以争，更海外各琼州会馆更发公电至北京总统、总理并国会力争。先当查明其案现情形如何，乃答。

据原件，台北、中国国民党文化传播委员会党史馆藏

批洪兆麟等为邓承昉之妻冯氏请江西督军
发还被没收之款呈②

（一九一七年二月）

代答：此等事甚难追办，只得由吾党同志各人量力助之而已，文助二百元。

---

① 日期据来函。

② 前广东陆军第五旅第九团团长邓承昉反袁被害，存款被江西当局没收，洪兆麟、黎荨、罗翼群等十三名广东陆军学会会员代其遗属呈请设法发还。

附：洪兆麟等原呈

（一九一七年二月）

　　广东陆军学会会员洪兆麟、黎萼、罗翼群、胡汉卿、徐连胜、邹武、王振渚、熊略、吉廷献、谭克强、刘庆一、尹骥、张励等，为代呈事：本月七日，据邓冯氏呈称：为恳请代呈孙前大总统，转咨江西政府发选还氏夫余款，以归旅榇，而恤孤孀事。窃氏夫邓承昉，广东将弁学堂毕业，于民国元年元月，蒙前广东第三混成协统领黎萼，保请广东都督陈炯明，委任为第七标统带，随改编为陆军第五旅第九团团长，随同第五旅旅长兼潮梅绥靖处帮办黎萼驻防潮汕。二年七月陈督去位，黎旅长亦解职，氏夫留潮，改编为第三团。因与黎旅长秘密交通，被龙督侦悉，即令氏夫率带该团第二营回省，听候解散，所遗驻梅州之第一营，驻饶平黄冈之第三营，派莫擎宇到汕节制。氏夫见势不佳，往港避祸。其时氏母子随侍在汕，即被龙督电饬吴祥达、莫擎宇，将氏母子管押。后闻氏夫两次奉黎旅长指令，赴饶、赴梅，督率第三营营长吴文华、第一营营长王国柱，就地起义讨袁。因时机未熟，两均失败，氏夫间道走入江西，被江西政府拿获，龙济光电请袁政府，褫夺步兵上校官阶，交江西都督李纯正法。氏母子在汕闻耗，力请吴祥达释放，匍匐赴赣，幸得与氏夫一面，并闻氏夫面谢云：我今死于国事，死亦何伤，但汝母子无依，老母垂暮，不克尽孝，实为遗憾。但我有大洋二千四百元存于上海汇丰银行，存银单据已被政府搜去，我死后汝母子求于长官取回，此款以为事亲教子之用云云。氏夫于旧历甲寅年闰五月十四日在江西就义，时氏母子哀恸几绝，收殓夫骸，厝于江西之湖南义庄。即遵夫遗命，向江西政府乞还此款，乃江西政府不允所请，派副官往沪提取。氏母子即随之赴沪，叠经禀求上海交涉员杨晟，及请律师德律雷辩护，办理数月，始得发还四成，得大洋九百六十元，所余六成大洋一千四百四十元，仍被副官取回，缴存江西政府。氏所得之数除在沪旅及聘请律师之外，所余无几，欲运夫柩回湘安葬，款又不敷，不得已，暂退回家乡，上事哀姑，下教幼子，忽忽于今三年矣。今幸民国重光，共和再见，氏母子忍饥受冻，固不敢辞。然氏夫为国就义，湮没无闻，旅榇孤悬，首丘莫正，此为人后者，所最伤心，而不敢所视者也。爰于去腊率子来粤，昭雪之事本已蒙黎旅长允为代恳，朱省长核办矣。但窃闻党人财产收殁入官，现蒙政府发还者不一而足，而氏夫身遭刑戮，余资没收，揆之情理，似难缄默，氏夫原为粤之军官，发难又在粤地，迫得泣诉钧听，务恳转咨江西政府发还此款，以俾运枢营葬，得以有资。则不独氏母子感激鸿恩，氏夫得归骸骨，竟安夜台，亦当环报大德于无涯也等情前来。亟应代呈钧座，恳电请陆军部转咨江西督军，将已故团长邓承昉余资尽数发还，以慰忠魂，而恤孤寡，实为德便。

　　　　　　　　　　　　　　会员洪兆麟等谨呈

　　　　　　　　　　　　　　中华民国六年二月　日

　　　　　　　　　据原件，台北、中国国民党文化传播委员会党史馆藏

批黄甲元来函①

（一九一七年三月一日）②

　　答以：上海有圣约翰书院，培育人才甚多，□□令郎求学之地，但非一二年可以成功，至四五年方能卒业也。

　　　　　　　　　据原件，台北、中国国民党文化传播委员会党史馆藏

批丁怀瑾来函

（一九一七年三月五日）

　　荐事难以办到，江之深浅甚欲详知。

　　　　　　　　　据原件，台北、中国国民党文化传播委员会党史馆藏

---

① 黄甲元曾任中华革命党南洋烈港支部长。

② 日期据来函。

致参众两院力陈加入协约国之害电

（一九一七年三月九日刊载）

北京参、众两院均鉴：外交问题，关系至大。文亦国民一分子，于此不能不贡一言。今日主张加入协商诸君，有以利害言者，谓加入之后，可以一跃进为头等国，外交从此顺利，言之似能成理。有以人道公理言者，谓德恃强硬，必须惩创，义不能坐视公理沦亡，虽以国殉，亦所不辞，其精神尤可钦。但文以为，一国之地位能否上进，须视自力。加入之结果，于国中有纷乱之虞，无改善之效，则头等国之想象，恐未可几。且为中国损者，同时又使协商诸国之弱点暴露，将致发生他种困难，则欲为人道助者，恐反为德人所利也。且欧战本为利害之争，我国事与彼殊，不必以人道为由，自驱笠入。文于中国加入一事，再三熟虑，审察南方情况，灼知加入以后，必起两种危险：其一为排外之盲动也，一为回教徒之离叛。华人排外性根久伏，遇隙必发。一旦开战，则必有国内敌人损伤及我之事，图报复者，将不辨国籍，恣行杀戮。第二之团匪，弹指可见。回教徒在中国势力不可侮，若与土战，彼必循其宗教之热狂，起而反抗。中国从此大乱，危亡指日而见，此岂徒中国之不利而已。协商诸国引入中国以图强助，殊不可得，而团匪之祸先被之。更恐以中国内讧，将有一二国以他一二国之行动，为与己有妨，协商之团结，将形危险，此实于中国与协商国两无利益之事。但此两危机，协商国人未能察及，诚使了悟，必不劝诱中国蹈此危机。文处南方，察之最审，昨已以此意电英国首相，劝其打消此议。英相贤明，于此必能晓悟。但恐彼国际行动，已经发表，不能等于儿戏，遽尔收回，转圜之方，仍视我国。今者报称政府已决加入，此或有迫而然。诸公代表国民，责无旁贷，务望审察坚持，转圜枢纽，惟在诸公。勿以中国投之不测之渊，庶几不负国民重托。孙文。兹并将致英相电文，电请公鉴。

据一九一七年三月九日上海《民国日报》

批某某答南京附近荒地可以开辟

（一九一七年三月十五日）①

答以：长江流域南京附近之处，荒地甚多，若有二十万资本，则可得数万亩之地，且为平原沃壤，较之新宁山地必胜万倍也。如有资本，回来此间，可代设法。

据原件，台北、中国国民党文化传播委员会党史馆藏

批询北朱家桥发信人

（一九一七年三月十七日）②

代询北朱家桥发信处内信由何人代寄，覆信由何处可以达到，请即回音，即问北朱家者为何人。

据原件，台北、中国国民党文化传播委员会党史馆藏

批北京包君来函

（一九一七年三月二十七日）③

代答：来函收悉。政府既欲以国为□□之牺牲，此间亦无良法以挽救，徒唤奈何耳。京中有何消息，望时时见示为荷。

据原件，台北、中国国民党文化传播委员会党史馆藏

---

① 日期据来函。
② 日期据来函。
③ 日期据来函。

批答朱某询矿山抵押借款事①

（一九一七年三月二十七日）

答以：前函俄京电报已发去，但未见回音，想俄政局一时未能安静，来日狂澜正难料也。又借款一节，尚难觅得相当之抵押品，未开之矿山，可否作抵，请一询前途。再三月十九之函亦收，所言之人未有来见，想有阻碍也，以后来函可不必明说也。

据信封原件，台北、中国国民党文化传播委员会党史馆藏

为无力资助批某君函

（一九一七年春）②

代答以：本党既经一次解散发款，于所属之各领分发以后，尚有源源而来，以请阔恤，前后皆尽力应付，至今已力尽款缺，先生担负海外华侨借款二百〈万〉余尚未□，更难再行筹借，实在困难之中，无从为力。□既非贫士，家自有资，请由家中自行设法，此亦间接助党之一臂也。

据原件，台北、中国国民党文化传播委员会党史馆藏

---

① 原函已失。信封书"魏家胡同朱缄"，朱或系朱和中（湖北建始人，旅欧同盟会员，曾任南京临时政府参谋部第二局局长）。

② 原件未署日期。按其内容，时间据秦孝仪主编《国父全集》及内容酌定。

批冯炎寄《驻澳门华侨交通处办事员名册》函①

（一九一七年四月二日）

着照办。

据黄季陆主编：《革命文献》第四十八辑，台北，中国国民
党中央委员会党史史料编纂委员会一九六九年九月出版

批李墨西函请午餐演说事

（一九一七年四月十四日）

代答谢之，云是日适有他事。

据原件，台北、中国国民党文化传播委员会党史馆藏

批加入协约国为复辟之手段

（一九一七年二至五月间）②

答函鼓励，并时事日非，恐大乱将作，盖政府以加入协约国为回〔复〕辟之手段也。

据抄件，台北、中国国民党文化传播委员会党史馆藏

---

① 冯炎为前驻澳门华侨交通处吉隆支部特派员。
② 原件未署日期。据内容酌定。

批陆望华请恤陆皓东遗属函

（一九一七年四至五月间）①

答以：已电省城同时追悼，政府若有抚恤到时，当力言之。至其妻母，俟不日回乡时，当另设法妥恤之。

附：陆望华原函

孙中山先生大鉴：

敬启者：共和再造，大总统得人，民国幸甚。弟阅报所载，广东开黄花岗七十二烈士追悼大会，以及省议会决拨款十万元，建造公园，留为纪念等事。竟将朱、邱、陆、程置之以外。先生共同四烈士前在广州共谋起义，事前败露，四烈士为清所残害，惟先生得幸身免，诚民国之福。兹四烈士含冤二十多年，今共和再造，目的已达矣。

查先兄陆皓东牺牲生命财产，以求共和，置家以不顾及，热心共和，可至以极点。惟皓东老母妻子贫苦之状，不堪所言，终日以泪洗面，家贫如水，度日如年。伊赖何人？闻大总统早有明文抚恤先烈士之属，伏乞先生念诸同志，呈请中央维持，以安死者之魂。弟幸甚，民国幸甚。并候□□。

弟陆望华鞠躬

据原件，台北、中国国民党文化传播委员会党史馆藏

---

① 原件未署日期。据来函"共和再造……广东开黄花岗七十二先烈追悼大会"等语酌定。

批保定军校学生努力学问结交志士

（一九一七年四至五月间）①

代答以：来函先生阅悉，甚慰。并属代答以：努力学问，结交志士，抱持救国拯民为天职，至死不变，是先生久所望也。先生近专从事于提倡实业，以为国民谋生计，而暇时则从事于国民教育，近著有《会议通则》，兹寄□十本，请分送同志研习可也。保定校中之学生如何，同学之志气如何，先生甚欲详知，有暇请常常见告。《中国存亡问题》印起可多寄些。

据原件，台北、中国国民党文化传播委员会党史馆藏

批寄赠李宗黄会议通则及存亡问题

（一九一七年五月）②

酌答谢之云：大局未定，暂不能远游，俟之他日。并寄《会议通则》百本，托送要人并各界；及《存亡问题》若干本，着他在滇翻印。

据抄件，台北、中国国民党文化传播委员会党史馆藏

交孙洪伊洋壹万元令③

（一九一七年六月五日）

交孙伯兰洋壹万元正。

---

① 原批无来函及年月。按其提及书目，当在一九一七年四至五月间，系批保定军校学生来函。

② 时间据一九一七年五月二十三日发出复李宗黄函酌定（见书信类）。

③ 原件系"中华革命党本部用笺"。

六年六月五日

孙文经手

据原件影印件，载"中华民国"各界纪念国父百年诞辰筹备委员会学术论著编纂委员会主编：《国父墨迹》，台北，"中华民国"各界纪念国父百年诞辰筹备委员会一九六五年十一月出版

姚锦城请赠《民权初步》函

（一九一七年六月二十三日）

着交《民权初步》二本。

文

附：姚锦城原函

（一九一七年六月二十三日）

中山先生大鉴：

下走等救国心重，而能力薄弱，曾无稍补。素仰先生道德文章，无从谋面，斯下走所抱恨者也。今拟恳先生惠赐《民权初步》二册，一则存诸教育科中，以便同志之披览；一则走私之，时时加以揣磨〔摩〕，使得益广所闻，则下走等永感勿忘矣。耑此，敬请道绥。

下走姚锦城再拜

六月二十三日

据原件，台北、中国国民党文化传播委员会党史馆藏

批马幼伯来函①

（一九一七年上半年）②

答以：前函未接（查明）。袁氏死后，势力仍在彼党徒之手，民党无权，万事不可为，其尚有一线生机者，则在各省之同志能集合团体，坚固地盘，先成立支部，随便采用名目，俟有数省城〔成〕立，然后本部乃可随之成立，否则必无办法也。

据原件照片，台北、中国国民党文化传播委员会党史馆藏

批今井嘉幸函嘱胡汉民拟稿答复③

（一九一七年八月十二日来函）④

汉民拟稿作答问候。

据原件，台北、中国国民党文化传播委员会党史馆藏

咨国会非常会议咨询外交方针文

（一九一七年九月十八日）

为咨询外交方针事：自对德宣战问题发生以来，国民鲜表示赞同之意，而揆诸事理，亦未见有无故宣战之由。然自国会被迫解散，张勋敢行复辟以后，民国已无合法政府，段祺瑞假窃名号，乘军政府之未建立，擅向德、奥宣战，今日民

---

① 来函原署"幼伯"，中国国民党文化传播委员会党史馆编印之目录汇编冠以马姓，从之。
② 原件未署日期。按其内容，似写于一九一七年上半年。
③ 今井嘉幸系日本法学家，来函情况不明。批语写于该函信封上。
④ 作批时间不详。该函信封上注明于八月十二日来函，但无年份，今据当时今井嘉幸动向暂定为一九一七年。

国与德、奥两国间交战状态已经成立。以理言，此违法之宣战行为，军政府不能容认；以势言，则交战状态已经成立，非从头再宣布中立，无解决此问题之办法。凡一国外交，当首审己国利害所存，以决政策。国会代表民意，必能审度理势，宏谋国利，确定方针，用特依国会非常会议组织大纲第九条，咨询以后对于德、奥两国应恢复中立关系，抑应暂行容认现在之交战状态？希贵会从速开会公决。此咨国会非常会议。

海陆军大元帅孙文

据《咨询外交之方针》，载一九一七年九月二十九日上海《中华新报》

咨国会非常会议请将外交案文
内容认二字改为承认文

（一九一七年九月二十日）

为申明外交方针事：前咨询对德、奥外交方针，应行恢复中立关系抑应暂行容认现在之交战状态，经由贵会开会公决，应暂行容认现在交战状态过府。既经贵会议决方针，自应遵据进行；惟查去咨原文中"暂行容认"四字，本即指承认此交战状态而言，并非另有意义，而措词尚属含糊，似仍须改用承认现在交战状态字样，始免疑义。相应咨请贵会再行开会议定见复。此咨国会非常会议。

海陆军大元帅孙文

据孙曜编：《中华民国史料》，上海，文明书局一九二九年五月出版

缉拿段祺瑞倪嗣冲等令

（一九一七年十月三日）

大元帅令

北京伪政府乱国盗权之罪，业经本日通令宣布全国。查段祺瑞实为首逆；倪嗣冲为叛军之魁；梁启超、汤化龙为主谋；朱深假藉检察职权公然附逆。着各路

司令一体进剿，有能擒斩以献者，本大元帅当视厥等差，予以厚赏。此令。

　　　　　　　　　　　　　　　　　　大元帅　（印）

　　　　　　　　　　　　　　　　中华民国六年十月三日

　　　　　据《大元帅令》，载广州《军政府公报》第十号，一九一七年十月一日

派黄大伟代表参加国庆致祭历次殉国先烈典礼令

（一九一七年十月八日）

大元帅令

　　本届国庆日致祭历次殉国诸先烈士，派参军黄大伟代往行礼。此令。

　　　　　　　　　　　　　　　　　　大元帅　（印）

　　　　　　　　　　　　　　　　中华民国六年十月八日

　　　　　据《大元帅令》，载广州《军政府公报》第十二号，一九一七年十月九日

批居正呈准设通俗讲演所使启导民治令

（一九一七年十月八日刊载）

大元帅训令

　　令代理内政总长居正

　　呈为筹设通俗讲演所及附讲演规程、规则各一件由

　　呈及所拟讲演规程、讲演规则均悉。共和国家重在民治，民之自治基于自觉，欲民之自觉，不可无启导诱掖之方。今据呈称筹设讲演所，遴选热心爱国之士分任讲演使，宣示军政府成立之必要，发挥民治之真理等语，洵足为导民自觉之一助，良堪嘉许。所拟办法，尚属周密，应即照准。着该都即行如拟，切实办理。此令。

　　　　　　　　　　　　　　　　　　大元帅　（印）

　　　　　据《大元帅训令》，载广州《军政府公报》第十一号，一九一七年十月八日

附载：大元帅招待宾客时间之通告

（一九一七年十月十一日刊载）

大元帅招待宾客，除有预约依约定时间接见外，通常每日午前九时半至十一时半由本府参军处招待，候大元帅接见或派员代见，过时概不招待。星期〈日〉及其他例假日均不招待。特此通告。

据《大元帅招待宾客时间通告》，载广州《军政府公报》第十三号，一九一七年十月十一日

批徐璞求职函

（一九一七年十月十七日）

由秘厅答复徐璞本人，谓刻下各机关尚未成立，无相当位置，将来定当借重。

据原件，台北、中国国民党文化传播委员会党史馆藏

批熊英询杨华馨函请委以副官之职可否不答呈

（一九一七年十月）

不答。

附一：杨华馨原函

（一九一七年九月二十八日）

大元帅钧鉴：

敬禀者：窃华馨于民国三年奉命与蔡洛五人入滇倡义，事败死事者所部有十数人，负债至二千余金，华馨待罪狱中，先君以忧死，咫尺天涯不得尽丧礼，国

是败而家难殷，足悲矣。然犹勉自夺情，期留此身以为国后效。洎丙辰袁殂始得脱狱，时肇庆军务院延揽豪俊，华馨过而不闻，昔人谓当今之世，非但君择臣，而臣亦择君，盖士有所主必有所不为，而后可以有为也。乃者权奸擅国，我大元帅实主讨逆护法之任，期期愚忱，欲贯彻三年未成之志，犹之乎我大元帅期竟元年之功也。伏乞稍假颜色，使隶旧麾以待罪之身盖前愆，以孤行之愿偿夙志，不胜感图奋发悚惶待命之至。恭叩勋安，并乞垂鉴。

名正具　九月二十八日

附二：熊英原呈

（一九一七年十月一日）

大元帅大本营秘书处总务股秘书熊英于中华民国六年十月一日函呈孙曰：查杨君华馨已由本处函请参军处委以副官之职，可否不答，请钧裁。秘书熊英谨答。

据原件，台北、中国国民党文化传播委员会党史馆藏

饬广东各地民军除潮梅外一律停止行动令

（一九一七年十一月二十三日）

大元帅通令

迩闻各属民军屡起，以讨逆名义转相号召，其慷慨请缨，志有足多。惟近日西南各路凯报迭至，而陈督去任，莫督接事，开诚相与，尤足维持地方之治安。所有各属民军，除潮、梅外，一律停止，以待后命。此令。

大元帅（印）

中华民国六年十一月廿三日

据《大元帅令》，载广州《军政府公报》
第二十七号，一九一七年十一月二十三日

附：军政府停招民军

（一九一七年十一月二十三日）

大元帅通令：

　　迩闻各属民军屡起以讨逆名义，转相号召，其慷慨请缨，真爱国心者固有足多，而假借名义扰害闾阎者，亦复不少。方今西南各路，凯报迭至，而陈督亦已去任，本省地方长官，锐意维持地方治安，一致护法讨逆。所有各属民军，除潮、海〔梅〕外，应即一律停止，以待后命。此令。

（大元帅印）

中华民国六年十一月二十三日

据一九一七年十二月二日上海《民国日报》

饬邓耀停止招抚事宜令

（一九一七年十二月四日）

大元帅训令

　　令邓耀停止招抚事宜由

　　照得广东何苦多盗，历任官吏非不竭力谋臻肃清，卒鲜良效。军府初建，设局招抚，本意招其桀骜，归于轨范，使就工商之业，或从干城之选；意重弭盗，法取安辑。前以该局长素著勤慎，尤热心桑梓福利，特任命为广东招抚局长，俾利进行。正筹画安插之时，略有端绪；而地方官吏土〔士〕绅于招抚主旨，尚多未喻。以致遇事扞格，奸人乘机假冒，以遂其私，乃丛谤于招抚，甚非设局本旨。军府深知治盗决非可以操切从事，而承流布政尤赖吏士用命；人民了解既多未喻，招抚之良法美意未便强行。招抚局事宜着即行停止，所有已经派出人员，均即由该局长分令撤回。以后治盗事宜，即由地方长官完全负责，仍望各地方官熟察致盗之由，审喻招抚之计，因时利行，有厚望焉。此令。

大元帅（印）

中华民国六年十二月四日

据《大元帅令》，载广州《军政府公报》

第三十一号，一九一七年十二月五日

批席正铭请拨款经营北事呈

（一九一七年十二月四日）

支川资五百元。

孙文

附：席正铭原呈

（一九一七年十二月四日）

经营北事，拟请饬令财政部发给内国公债壹拾万元，以作进行费用。大元帅鉴核。

参军席正铭谨呈

十二月四日（民国六年）

据黄季陆主编：《革命文献》第四十八辑，台北，中国国民

党中央委员会党史史料编纂委员会一九六九年九月出版

云南首义国庆日派黄大伟代祭诸先烈令

（一九一七年十二月二十四日）

大元帅令

本届十二月二十五日，为民国四年云南首义国庆日。致祭诸先烈，派代理参

军长黄大伟前往代行致祭。此令。

（大元帅印）

中华民国六年十二月二十四日

据《大元帅命令》，载广州《军政府公报》
第三十六号，一九一七年十二月二十四日

着秘书处作书五通交赵德恒带往云南手谕

（一九一七年十二月）①

着秘书处作书五通，交赵德恒号诚伯带往云南，联络感情，并详告此间状况。

孙文

据原件照片，台北、中国国民党文化传播委员会党史馆藏

批答民党对日态度

（一九一七年）②

答以：时局诚如来书所言，日人之眼光远之士，皆主联结民党，共维东亚大局；其眼光短少之野心家，则另有肺腑也。现在民党当与〔以〕联日为态度。

据原件，台北、中国国民党文化传播委员会党史馆藏

---

① 原件未署日期。据赵德恒于一九一七年十二月二十四日派为云南靖国后备军慰问使判断当在此一时期。

② 原件未署日期。据"中华民国"各界纪念国父百年诞辰筹备委员会学术论著编纂委员会主编《国父墨迹》，当在一九一七年。

批周震鳞函

（一九一七年）①

面答。

附：周震鳞原函

先生钧鉴：

王天鹏因攻岳甚急，又须派三人归湘收取抢械补充实力，应领川资百圆，伏乞给发，以利戎机。此款将来由湘款到后奉还。即颂钧安。

周震鳞启

十六日

据原件，台北、中国国民党传播委员会党史馆藏

批答马骧函勉各省同志宜集合团体坚固地盘②

（一九一七年）③

答以前函未接（查明）。袁氏死后，势力仍在彼徒之手，民党无权，万事不可为。其尚有一线生机者，则在各省之同志能集合团体，坚固地盘，完成各部随

① 原件未署日期。按内容似在一九一七年。

② 马骧，字幼伯，滇籍中华革命党党员，袁世凯死后曾多次呈函孙文为中国革命前途献策。本函寄自云南，寄信人署名"幼伯"。一九一七年九月孙文在广州建立护法政权，任命马骧为大元帅府参议。批语系用铅笔写于来函信封上。

③ 来函及作批日期不详。按批语内容，当写于一九一七年。

便采用自固①，俟有数省城立，然后本部乃可随之成立，否则必无办法也。

据原件照片，台北、中国国民党文化传播委员会党史馆藏

批徐永丰介绍与钮永建共办苏事名片

（一九一七至一九一八年间）②

作函介绍见纽〔钮〕惕生③，共同办苏事。

据原件，台北、中国国民党文化传播委员会党史馆藏

着陈翘协同邓孔芝率兵带往
第四师司令部听候指挥令

（一九一八年一月四日）

着陈翘协同排长邓孔芝将滇军三十八团一营三连全连迅即带往第四师司令部听候指挥。此令。

孙文

中华民国七年一月四日

据原件照片，台北、中国国民党文化传播委员会党史馆藏

批彭邦栋报告赴湘劳军经过及桂系在湘专横函

（一九一八年二月五日）

看过，拟复。

---

① 此句中"各"、"自"二字难以辨认，由编者酌加。
② 原件未署年月。可能在一九一七至一九一八年间。
③ 钮永建，字惕生。

附：彭邦栋原函

（一九一八年二月五日）

大元帅鉴：

　　栋奉使无状，前函已详。久欲赴程赵军，前因火车为马慎堂占领，莫能搭载。昨初一日始得与游击司令参谋长刘重同行，得晤程总司令颂云（潜）、赵师长炎武（恒惕）、林旅长修梅（刘使建藩驻通城，去此太远未遇），奉上钧缄，三君均极端表示欢迎。因电局均系谭军管理，未便电谢惠赐，拟端缄奉复云云。此次湘军将士，对于广桂各军，因抢枪械，夺马匹（军士手中枪，军官坐下马，有被抢去者），大有不满意处，即程、赵亦愤愤不平。现为大局上虽极力调和维持，而心理上实愿军府发展势力，以稍伸郁气。又大兵本可直攻武汉，而或以张怀芝出赣相挠，故事实上尤甚愿军府速攻闽，以牵赣师也。赵于前日，程于本日，均被谭电召回，据言为解决西路问题。盖谭于西路，已穷于应付，故转有须于湖南军官也。栋于此节，曾进言主张维持，颂云深以为然，然刻下会议究竟何如，容日电来再为报告也。又劳军一节，程、林均未多说，惟赵师长言，大元帅何不稍颁赏物，以励将士。栋答大元帅本命栋采办猪酒约银万元，因联帅已经谢绝，故对于湘军士亦未敢将来云。栋盘旋营中数日，上下士兵，对于大元帅莫不各具一种信仰钦敬之意。炎武前语并非戏谈，实足代表一般军人心理，荣得于大元帅赏赐也。若下次再派人时，最好各赏徽章一面，上级官团长以上金质，中下级银质，兵士铜质，较他物优也。又前次龙璋先生，本在某公司代借南票万元，以备犒赏。旋因谭谢绝，故此款亦已退还。又内国公债收据，栋虽领有三百纸，因谭处不能交涉，未便开局劝办，虽曾派人劝办，亦未发生效力，曾与颂云言，亦有承应，但事权不属，亦终成空言而已，并闻。余容另呈。谨此，肃禀钧安。

彭邦栋呈

二月五日

据黄季陆主编：《革命文献》第五十辑，台北，中国国民党中央委员会党史史料编纂委员会一九七〇年三月出版

批李锡熙等陈办各节呈

（一九一八年二月八日）

令海军学校学生李锡熙等

呈悉。所陈各节，现正派员查办，候查复后再行核办可也。此令。

大元帅孙文

据原件，台北、中国国民党文化传播委员会党史馆藏

咨国会非常会议请设大理院文

（一九一八年二月十八日）

为咨行事：案据内政部呈称：窃维司法机关，原为保护人民而设。使设置未臻完善，即不足以实践保护之责任，而贯彻法之精神。查司法机关有三审四级之别，其最高终审机关设于中央。惟是中央政府今既非法罔民，失其威信，各省相继独立自主。当此中央与护法各省关系断绝之秋，人民遇民刑诉讼事件，无最高终审机关为之处理。在押犯人，有久困囹圄，法外受刑者；有含冤茹痛，末由申诉者。夫以护法之人，处护法之时，而转令人民失其法律之保护，为政不仁，莫此为甚。故欲期克尽保护人民之责任，为人民谋享受法律保护之幸福，令从速设立最高终审机关之大理院，其道无由。考大理院之组织，文明各国，各有不同。我国今日宪法犹未成立，应根据何种方法，为组织大理院之标准，此诚非片言可能解决。惟准情察势，我国既称共和，自无妨采取共和先进国之成例。查美国大理院长由国会组织选举，我国现在既无成法可为依据，似宜鉴时势之要求，采邻邦之法制。请钧座咨请国会，即行提议，筹设大理院并选举大理院长。庶人民无不伸之公理，国家具法治之规模。所有拟请咨由国会提议设立大理院并选举院长缘由，是否有当，理合备文呈请等情。据此，相应咨行贵会查照议决施行。此咨

国会非常会议。

海陆军大元帅孙文

据《军政府筹设大理院》，载一九一八年三月四日上海《民国日报》

准内政部呈请明令撤销地方行政长官
监督司法以维司法独立令

（一九一八年二月二十三日）

大元帅令

内政部呈请明令彻〔撤〕销地方行政长官监督司法，以维司法独立。查三权分立，约法具有明文，以行政长官监督司法，实为司法独立之障碍。军政府以护法为职志，自宜遵守约法上之规定，所请撤销地方行政长官监督司法，应即照准，至司法行政及筹备司法事务，应暂由内政部管理。此令。

大元帅 （印）
中华民国七年二月二十三日

据《大元帅令》，载广州《军政府公报》
第五十号，一九一八年二月二十八日

为选举海军总长咨国会非常会议文

（一九一八年二月二十七日）

为咨行事：海军总长程璧光于本月二十六日被刺身故，所有军政府海军总长一职，按照中华民国军政府组织大纲，应由国会非常会议选举。兹据国会非常会议组织大纲第九条，咨行贵会议，请烦查照，迅速开会，议决施行。此咨国会非常会议。

海陆军大元帅孙文
中华民国七年二月二十七日

据《大元帅为选举海军总长咨国会非常会议文》，载
《军政府公报》第五十一号，一九一八年三月四日

程璧光治丧事宜令

（一九一八年二月二十七日）

大元帅令

去岁叛督称兵，国会解散，大法凌夷，危及国本，凡我国民，义愤同深。时则海军上将海军总长程璧光率同第一舰队首先创义上海，宣言护法，即统各舰来粤，共同讨逆，厥功甚伟。国会非常会议成立，遂被选为军政府海军总长，经本大元帅特加任命，方期纡筹阔略，克靖叛乱，乃本月二十六日午后八时半，突被凶徒遮道狙击，中及要害，创剧遽殁。国难方棘，忽丧元良，曷胜悲悼。着财政部发给治丧费三千元，并派海军总司令林葆怿前往治丧，其应受国葬荣典，候咨国会非常会议议决举行，以慰英灵，而示将来。此令。

大元帅（印）

中华民国七年二月二十七日

据《大元帅令》，载《军政府公报》
第五十一号，一九一八年三月四日

附：另一版本

大元帅令

去岁叛督称兵，国会解散，大法凌夷，危及国本，凡我国民，义愤同深！时则海军上将、海军总长程璧光率同第一舰队首先创义上海，宣言护法，即统率各舰来粤共同讨逆，厥功甚伟！国会非常会议成立，遂被选为军政府海军总长，经本大元帅特加任命。方期筹纡阔略，克靖叛乱，乃本月二十六日午后八时半，突被凶徒遮道狙击，中及要害，创剧遽殁。国难方棘，忽丧元良，曷胜震悼！除咨国会非常会议优议荣典外，其治丧费由广东地方官应解国库项下从优拨给，以慰英灵，而示将来。此令。

据程玉堂先生追悼会筹备处编：《程玉堂先生荣哀录》，广州，一九一八年出版

特派林葆怿为程璧光治丧令

（一九一八年二月二十八日）

大元帅令

令海军总司令林葆怿

照得海军总长程璧光被刺身故，元勋凋谢，愍悼良深。兹特派该海军总司令前往治丧，仰即妥慎办理，以慰英烈，切切。此令。

大元帅　（印）

中华民国七年二月二十八日

据《令海军总长司令林葆怿》，载广州《军政府公报》第五十一号，一九一八年三月四日

饬廖仲恺拨给银三千元为程璧光治丧费令

（一九一八年二月二十八日）

大元帅令

令代理财政总长廖仲恺

此次海军总长程璧光被刺身故，元勋凋谢，愍悼良深。除特派专员前往治丧外，仰该代理财政总长即行拨给银三千元为治丧费，发交具领可也。此令。

大元帅　（印）

中华民国七年二月二十八日

据《令代理财政总长廖仲恺》，载广州《军政府公报》第五十一号，一九一八年三月四日

饬严拿狙击程璧光凶徒令

（一九一八年二月二十八日）

大元帅训令

代理内政总长居正呈称：海军总长程璧光，突于本月二十六日午后八时半，在海珠码头被凶徒狙击，洞中胸脏，创剧遽殁。该凶徒惨害元勋，实属罪大恶极，法无可贷，而该管地方军警，事前疏于防范，事后又未能立获正犯，殊难辞责。为此令行该代理内政总长，仰即令饬广州地方检察厅，通行地方军警，一体严缉，务获惩办，以肃法纪，而慰英灵，切切。此令。

据莫汝非：《程璧光殉国记》，程慎修堂一九一九年刊赠

咨国会非常会议请优议程璧光荣典文

（一九一八年二月）

为咨行事：海军总长程璧光，于本月二十六日被刺身故，该总长首倡护法，统率海军来粤，功高望重，方冀协力同心，共扶危局，乃事功未竟，遽遭惨害，实为民国之不幸，亦我民国所应永志无忘者也。兹据国会非常会议组织大纲第九条，咨行贵会议查照民国法规，优议荣典，以昭崇德报功之意，请烦议决施行。此咨国会非常会议。

海陆军大元帅孙文

据《大元帅为程总长璧光优议荣典咨国会非常会议文》，载《军政府公报》第五十一号，一九一八年三月四日

批湖南陆军第一师来函

（一九一八年二月）①

作答以：蒙允出兵助粤，甚喜云云。至于解决江西、湖北不反攻湘之问题，此间可完全负责办到等语。又另作一信与赣陈，介绍首君相见，面取陈中立之表示。又一信介绍首见冯玉祥，言首为赵之代表，当彼此联络一致，以为救国之图，欲知赵之意志及军情，可询首代表，尊见亦请对之表示。

据抄件，台北、中国国民党文化传播委员会党史馆藏

批刘柱石等请创设保卫局呈

（一九一八年二月）

大元帅批令

令刘柱石、朱大同等

呈悉。省河护卫商旅既属原有，保商卫旅营自未便再事纷更，致惑观听。所请创设保卫局一节，着不准行。此令。

大元帅（印）

据《令刘柱石朱大同等》，载广州《军政府
公报》第四十五号，一九一八年二月八日

---

① 原件未署日期。当为一九一八年二月批赵恒惕之来函。

批女子卖物赈济中外慈善会发起人朱明芳等呈

（一九一八年二月）

大元帅批令

令女子卖物赈济中外慈善会发起人朱明芳等呈

呈悉。急公好义，甚为嘉慰。仰着意进行，俾惠灾黎，而宏善德。原呈已交内政部存案矣。此令。

大元帅　（印）

据《令女子卖物赈济中外慈善会发起人朱明芳等呈》，载广
州《军政府公报》第四十九号，一九一八年二月二十三日

咨国会非常会议告知由粤省拨支国会经费文

（一九一八年二月）

为咨行事：案据内政部呈报："现准广东省议会函开：'本会于一月二十八日开会议决，由防务经费项下拨支国会正式会议经费五十万元，除咨请本省行政长官执行外，相应备函报告大部存查，并请转呈大元帅咨照国会从速召集'等因到部。理合呈请咨行国会查照"等语。相应咨行贵会，即请查照办理可也。此咨国会非常会议。

海陆军大元帅孙文

据《大元帅咨国会非常会议文》，载广州《军
政府公报》第四十四号，一九一八年二月四日

批胡汉卿等请恤隆世储农有兴呈

（一九一八年二月）

大元帅批令

令警卫军统领胡汉卿等请恤隆世储农有兴呈

呈悉。此次龙逆犯顺，势甚猖獗，高雷镇守使隆世储及统领农有兴奋勇当先，效死抵御，卒以众寡不敌，弹尽援绝，先后阵亡。隆故使治兵粤东二十余年，迭次革命，威著勋绩；农故统领亦在军中有年，忠勇素著。此次力抗劲敌，同死国事，当戎马仓皇之时，失此良将，殊深惜悼。所请照例给恤各等情，已交陆军部存记，俟大局稍定，再行汇案理办可也。此令。

大元帅（印）

据《令警卫军统领胡汉卿等请恤隆世储农有兴呈》，载广州《军政府公报》第四十八号，一九一八年二月十八日

准国会非常会议议决国葬程璧光令

（一九一八年三月二日）

大元帅命令

准国会非常会议咨覆，议决海军总长程璧光，号召舰队，合力护法，实有殊勋于国家，准予依照国葬法，举行国葬典礼。兹公布之。此令。

据莫汝非：《程璧光殉国记》，程慎修堂一九一九年刊赠

饬居正派员办理程璧光国葬典礼令

（一九一八年三月四日）

大元帅令

令代理内政总长居正

案据国会非常会议议决："已故海军总长程璧光，号召各舰合力护法，实有殊勋于国家，准予依照国葬法，举行国葬典〈礼〉。咨请公布施行"等因。除公布外，仰该部按照国葬法第四条之规定派员办理。此令。

中华民国七年三月四日

据《令代理内政总长居正》，载广州《军政府公报》第五十二号，一九一八年三月五日

饬居正颁发广东高等审判厅印信令

（一九一八年三月十一日）

大元帅令

令代理内政总长居正

呈悉。广东高等审判厅请领大小印信二颗，准饬印铸局照刊颁发。此令。

大元帅（印）

中华民国七年三月十一日

据《令代理内政总长居正》，载广州《军政府公报》第五十五号，一九一八年三月十三日

着广州中国银行把本地盐税收入
三分之一听候临时政府

（一九一八年三月十四日）

广州的中国银行把本地盐税收入总额的三分之一象〔像〕往常一样转给盐务分署即戴布洛克先生的办事处，但是迄今一直汇给法属印度支那银行转给北京的那三分之二收益将留下，这笔钱如何处理得听候临时政府①的命令。

据王美嘉：《粤海关关于孙中山任护法军政府大元帅期间广东财政状况情报选》，载南京《民国档案》一九八七年二月第一期

关于盐税给中国银行广东分行的命令

（一九一八年三月十四日）

广州的中国银行把本地盐税收入总额的三分之一像往常一样转给盐务分署即戴布洛克先生的办事处，但是迄今一直汇给法属印度支那银行转给北京的那三分之二收益将留下，这笔钱如何处理得听候临时政府②的命令。

据王美嘉：《粤海关关于孙中山任护法军政府大元帅期间广东财政状况情报选》，载南京《民国档案》一九八七年二月第一期

---

① 指护法军政府。
② 指护法军政府。

批廖仲恺准盐税收入分配办法呈

（一九一八年三月十八日）

大元帅令

　　令代理财政总长廖仲恺

　　呈请将盐税收入由两广盐运使专管，按照预算分配各项用途，分别听候令拨及径拨，并请令知该盐运使及中国银行由。

　　呈悉。应如所拟，仰候令知各该机关，分别遵照办理。此令。

大元帅（印）

中华民国七年三月十八日

据《大元帅令》，载广州《军政府公
报》第六十号，一九一八年三月二十日

饬盐税收入交由两广盐运使专管按照预算
分配各项用途分别听候令拨及径拨令

（一九一八年三月十八日）

大元帅令

　　令代理财政总长廖仲恺、两广盐运使李茂之、中国银行广东分行行长

　　据代理财政总长呈："请将盐税收入交由专司盐政机关收管，按照预算分配各项用途，提取税款，分别听候令拨及径拨，并请令知两广盐运使、中国银行遵照办理"等情，自应照准。嗣后盐税收入，即着该盐运使收管。此项收入三分之二，据查平均每月约四十万有奇，应即指定最急用途五项，以资分配。着以十万元为国会经费，五万元为本府经费，十三万元为海军经费，九万元为广东财政厅例拨还款，其余悉数拨给前敌军饷，由该盐运使向中国银行提款。其前三项听候财政部令拨，后二项由该盐运使径拨。如逢收入缺少之时，由该盐运使按照前列数额比例多寡，按成匀配，仍俟旺收时期，于所赢税款内如数补支。仰该代理财

政总长、该盐运使、该分行长，分别遵照办理。此令。

大元帅（印）

中华民国七年三月十八日

据《大元帅令》，载广州《军政府公
报》第六十号，一九一八年三月二十日

批居正请颁发广东高等检察厅检察长小印一颗呈

（一九一八年三月十九日）

大元帅令

　　令代理内政总长居正呈请颁发广东高等检察厅检察长小印一颗由。呈悉，应
照准。此令。

大元帅（印）

中华民国七年三月十九日

据《大元帅令》，载广州《军政府公
报》第六十号，一九一八年三月二十日

饬迅速遴员管理广三铁路并收入余款
不得挪移动用令

（一九一八年三月二十日）

大元帅令

　　令代理交通总长马君武

　　据呈：派员接收广三铁路。已悉。惟该管理局局长一职，必须有专门学识，
并富于经验之人，始能胜任愉快。该部呈派接收之员，应准暂行管理，仰该总长
迅即遴员呈荐，以资任用。其该路收入，如有余款，应逐渐将该路切实推广，不
得挪移动用。所有该管理局在事员司，除有庸劣失职情事，应准留局，以资熟手。

仰即遵照办理。此令。

大元帅（印）

中华民国七年三月二十日

据《大元帅令》，载广州《军政府公报》
第六十一号，一九一八年三月二十三日

批龙璋呈报湘西各方情形函①

（一九一八年三月二十三日）

着秘书拟函奖慰，并属时时将湘中情形详报。

附：龙璋原函

（一九一八年二月二十八日）

孙大元帅麾下：

久未奉书问讯，然精神所注，盖无日不驰系于左右也。近接各处报书，谨悉粤中军政近情，深以为慰。此次督军叛国，群逆啸凶，赖公振臂一呼，西南诸省应声而起。方今虽未能深予膺惩，不克即收护法讨逆之效，然使中外人士，晓然于吾民护国之大义，俾宵小反侧之徒，憬然于民意之不可违，国宪之不可犯者，则公倡义之力也。璋以庸驽无状，复因衰病侵寻，既不能追随左右，效指臂之力，又不能揭竿斩木，以为义师声援；终日促斗室，穷愁苦思，每每感愤，则神志立为昏愦，中心愧恨，如何可言。覃君振自粤返湘，适傅、王先后出走，长沙已复原状，感抱热肠，颇欲就湘桂间彻底疏通意见，终已未得一当。刻已遣归常德，不遽欲与闻此间政事。当是璋以病不能兴，仅与面晤数次，不及相与协同奔走，至今犹以为恨也。先是北军败，湘军首入长沙城，各界议举督军省长，而程君潜出示陆干老前电，推重谭君浩明，遂推程君潜为省长。嗣以桂军方面，略有间言，

---

①　复函日期为四月四日。

因复辞职，而有暂不举督军省长，别立三厅，分任各事之举。现谭君浩明司令驻节长垣，湘省首义诸人，如程君潜、赵君恒惕、刘君建藩、林君修梅，在督师赴岳前敌，与桂军划分防线，协同作战。刻北军已退出蒲圻，两军若猛力攻取，三日即可直抵武昌城下。此间作战计划，又复易攻为守，不肯急于求进。其意想不外乎武昌地方，易取难守，又恐孤军深入，膺意外之失败也。湘西方面，几于别一天地，追原其故，其一，基于张君学济、田君应诏、王君正雅、周君则范、卿君衡诸首领，地丑德齐，莫能相尚。其二，因谭月波首领，应付亦稍失宜，骤委李君书城为湘西防务督办，而各方意见益深。又因周君则范与张君学济，双方所部，微有违言，周遂联李倾张，通于谭司令，遂有李书城为援鄂军第一路、田应诏第二路、周则范第三路之委任，而置张学济、王正雅、卿衡于不问。于是张、王、卿诸人，亦微有此厚彼薄之感。现湘西军之概数，有荆沙溃军之一部，与李书城接洽，由何君成濬为之组合，尚无成样，其数约千人。李之固有军队二百余人，张学济所部四千余人，田应诏千余人，周则范二千人，王正雅、卿衡各数百人，皆驻扎澧州津市，及鄂省之公安间。近复有桂军数营，即林俊廷所部者，驻扎常德。湘西方面，南北军自荆沙失败后，无复战事，此湘西现状之大概也。正谊社自军兴以来，严守沉静态度，迩来各方面之有力者，颇欲假为利器，以运用之。然璋及社中同人，以为此次战争，社中分子，虽有多数参预其事，然在精神上殊未占特殊实力。假手他人，而为勉强之动作，非徒无益，而又害之。且政党之作用，其大者根本上须能实行其政策，手段上又以在和平潮流中，运动选举，运用议会，今则皆非其时，造次图功，实自取败劫之道。故近来虽有以活动相劝勉者，同人皆以婉言谢之。公主张召集正式国会，此自根本要图。虽刻下战争方剧，咄嗟之间，不易取足法定人数，然努力为之，终必有达到目的之一日也。为今之计，战事乃相机应付，完全为事实问题，难可逆料。其余以法律言，须国会早足法数，根本既立，既成效随之。以政治言，则党务亦为要图，其法不外先将中坚分子，为第一步之结合，意见则化除之，权利则互让之，重要同志，咸负责就职，以新中外之观感。中心既定，然以次收来，其渐疏渐远者，成为纯一强固之团体，而返乎民国元年之旧，乃得与桂联并进，而西南一致之明效可期。盖吾党之精神，如水在地中，无远弗届；惟频年以来，因种种之误会，意见歧出，而交谊益疏，党略亦因之失败，此可为长太息也。若我公时从此处留意，以道德相风尚，行见扫荡逆巢，大张法纪，为期且不远矣。一得之愚，诚不足以尘秽视听，然默念我公期许之厚，国民痛楚之深，刍荛之献，终不能已。是非得失，企候呈裁。恭叩伟安。

龙璋顿首谨启

二月二十八号

据原件，台北、中国国民党文化传播委员会党史馆藏

批徐朗西来电[①]

（一九一八年四月四日）

答以：石青阳已率兵援陕，饷械无法。

据黄季陆主编：《革命文献》第五十辑，台北，中国国民党中央委员会党史史料编纂委员会一九七○年三月出版

批李安邦请发给关防呈

（一九一八年四月十日）

着印铸局办理。

文

附：李安邦原呈

（一九一八年四月十日）

为呈报事：本年四月九日奉钧帅第一千二百二十四号任命状开，任命李安邦

[①]　徐朗西向孙文电告："王烈抵沪，据云陕局虽未解决，然势力已成。惟饷械缺乏，请速设法，并望通电川军赴援。"

为大元帅行营卫队司令，此状等因。奉此，伏念卑职猥以樗栎，辱承厚沛。解衣之爱远过于淮阴，杖策之知乍深于高密，殊施重戴，感激弥殷。遵即敬谨受职暨分令所部一体知照。惟是卑职从前奉颁木质关防一颗，其文原为大元帅行营守卫队司令关防，现在既奉令更易名称，则此项关防自不适用，应请从新颁发，并迅赐令行印铸局刻日铸就，俾便祇领启用，以符体制，而昭信守。除将旧有关防暂行借用外，所有感激下忱暨恳请另颁关防各缘由，理合呈报钧座，伏乞察核，照准施行。谨呈大元帅钧鉴。

司令李安邦（印）

中华民国七年四月十日

据黄季陆主编：《革命文献》第四十八辑，台北，中国国民党中央委员会党史史料编纂委员会一九六九年九月出版

饬居正体察情形如有设立终审机关必要即拟具办法呈候令

（一九一八年四月十三日）

大元帅令

令署理内政总长居正

前将大理院组织大纲案咨交国会非常会议。兹准咨覆："于本月十四日开会，据审查报告内称，此案经众讨论，决议俟国会正式开会后再议，至目前对于应设终审机关，可由军政府按照法院编制法办理，即经大会可决"等因。仰该总长体察情形，如有设立终审机关之必要，即拟具办法呈候令遵可也。此令。

大元帅（印）

中华民国七年四月十三日

据《大元帅令》，载广州《军政府公报》第七十二号，一九一八年四月十七日

批邓焱函①

（一九一八年四月十八日）

代复，令与陈总司令接洽。

据原件影印件，载广东省集邮协会、广东省中山市集邮协会编：《孙中山邮票图集》，北京，人民邮电出版社一九九一年六月出版

命内政部确查阮复殉难事实令

（一九一八年四月十八日）

大元帅令

　　令代理内政总长居正

　　呈悉。该部秘书阮复，于本年一月不避艰险，赴鄂密谋举义，正进行间，不幸所志未竟，遂被逆贼逮捕，惨遭枪害，为国捐躯，闻耗不胜痛惜。既据声称该员原有家产已于民国二年悉被抄毁，兼以老母寡妻弱女幼子茕独无告，尤堪悯恻。除令财政部拨给恤款千元外，着该部将该故员殉难事实，确查存记，一俟大局平靖，即由该部汇案呈请表彰，以慰忠魂。此令。

大元帅（印）

中华民国七年四月十八日

据《大元帅令》，载广州《军政府公报》第七十四号，一九一八年四月二十二日

---

① 邓焱由汕头上书孙文，报告福建军事情况。

命财政部拨给阮复家属恤款令

（一九一八年四月十八日）

大元帅令

　　令署理财政部总长廖仲恺

　　案据内政部呈称："秘书阮复，于本年一月不避艰险，赴鄂密谋举义，正进行间，不幸所志未竟，遂遭逮捕惨害。该故员原有家产已于民国二年悉被抄毁，老母寡妻子女多人茕独无告，请予抚恤"等因。查该故员奔走国事，历有年所，此次为国捐躯，闻耗不胜痛惜，除令内政部确查该故员殉难事实以待表彰外，着该部拨给恤款千元，确交该故员家属具领。此令。

大元帅（印）

中华民国七年四月十八日

据《大元帅令》，载广州《军政府公报》

第七十四号，一九一八年四月二十二日

批张鲁藩报告在湘失败并请委以招抚函

（一九一八年四月十九日）①

　　秘书拟答以：当先以个人能力感情与该地主将结合编成军队，军政始可承认加委。

---

　　①　日期据来函。复函日期为五月六日。

附：张鲁藩原函

（一九一八年四月十九日）

大元帅均鉴：

　　窃藩自去秋奉命入湘以来，无日不为军府谋势力之发展。只以非民党系，从中梗塞，借箸殊深，虽属军府威望之未隆，而西南失败之原因实基于此。顷者岳州失败，退守衡阳，指挥未得其人，兵多终难致胜。近又前敌告急，主将惶惶，谭帅似有退入桂境之宣言，湘将确有死守湘边之决意，他之军队无论矣。刘使崑涛兵数有六千以上，而器械完全者，迭遭退却而未损一兵，其纪律严明已可概见。顷因战略上关系，将有退入永州之计划，扼要固守，当可支持。唯饷弹既绝来源，军心即难巩固。军府为西南统一机关，对于健全军队，当有援助之义务。矧刘使对于先生最为爱戴者，藩拟俟计划决定后，再与刘使妥实为条件的磋商，重行入粤面陈大要。将来湘事或能直接军府，一致进行，即可于此时期预定之。再有言者，湘军退却，游散实多，故每逢退却一次，而十成之师，仅能收容六成者。此外即由各总司令委派招抚，另自收容改编名目，其习惯也。藩前在省时，曾与刘使商，有组织游击队准备入赣之命。嗣以岳州失败，停止进行，而湘军中之闻风来归者，日有多起，此次退守永州，沿途散兵当更不少。藩拟恳大元帅委以招抚，藉宣德意，收容散卒，组织成旅，暂以坪石为根据地，一可壮军府之声威，一可备入湘之再举。湘中将校，多属故交，感情既融，接洽自易，既无冲突之可言，即属尊崇之表示。除另派郑子敬来粤面陈一切外，用肃函禀大元帅鉴核，伏恳训示祗遵，不胜惶汗之至。肃此，敬请钧安。

张鲁藩谨呈

四月十九日

据原件，台北、中国国民党文化传播委员会党史馆藏

准崔文藻请假令

（一九一八年四月二十五日）

大元帅令

　　令陆军次长崔文藻

　　据呈交通次长一职碍难兼顾，请假两个月等情。应照准。此令。

大元帅（印）

中华民国七年四月二十五日

据《大元帅令》，载广州《军政府公报》
第七十六号，一九一八年四月二十七日

咨国会非常会议派居正代表出席文

（一九一八年五月四日）

　　为咨行事：本日贵会议议决军政府组织大纲修正案，兹特派署理内政总长居正代表出席，请烦查照。此咨国会非常会议。

中华民国七年五月四日

大元帅孙文

据《大元帅咨国会非常会议派居正代表出席》，载广
州《军政府公报》第七十八号，一九一八年五月十日

咨国会非常会议辞大元帅职文①

（一九一八年五月四日）

为咨明〔行〕事：查军政府组织大纲修正案，经于本日贵非常会议议决通过。文于大元帅任职期内，虽自愧德薄能鲜，幸尚无负贵会议之付托。兹特向贵会议声明辞职，所有交代军政府事宜，及解散现在服务各职员、兵士等办法，自应另行提案，咨请贵会议议决。此咨国会非常会议。

中华民国七年五月四日

海陆军大元帅孙文

据《大元帅咨国会非常会议辞大元帅职》，载广州
《军政府公报》第七十八号，一九一八年五月十日

向国会非常会议陈述辞大元帅职理由书②

（一九一八年五月七日）

大元帅以诚意向国会非常会议辞大元帅之职，所有辞职理由：

一、从政治上观察。大凡立宪国政治家之进退，全视民意为依归，民意代表机关即在国会。国会信任政府，则政府无论处于如何困难时际，当然求贯彻其主张政策，锐意进行；国会不信任政府，除宪法上解散国会之规定外，政府当然辞职。况此次国会非常会议，系由黎大总统以违法解散而来。大元帅不忍国会之中断，民国之沦夷，奔走呼号，国人大为感动，于是海军有护法之宣言，广东有自主之宣告。大元帅冒险南下，请求广东省议会欢迎国会，国会议员不远千里，遂

---

① 在桂系、滇系军阀势力及政学系政客的合谋策动下，国会非常会议于四月在广州提出改组军政府议案，拟将大元帅制改为总裁合议制，旨在剥夺孙文的权力。孙文几经反对无效，遂于是日毅然辞大元帅职，并发表全国通电。

② 五月七日国会非常会议在广州开会，第一议案即为大元帅辞职事件。居正代表孙文在会上宣读辞职理由书。

开非常会议于广东，是以有军政府之组织。大元帅受国会之付托，任职以来险阻艰难备尝之矣，一意以拥护国会为职志，于是护法各省始晓然于国会之尊严，莫不以恢复国会为达护法之唯一目的。今国会非常会议既通过改组，虽改组内容尚未决定，大元帅认为不能贯彻其主张政策，只有服从国会洁身以退，此不能不辞职者一。

二、从法律上观察。原军政府改组大纲经国会非常会议议决，无修正之规定，今一旦骤然修正，当然与原大纲有变更，大元帅守法不能曲从，挽救无术，亦只出于辞职之一途，此不能不辞职者二。

大元帅辞职以后，对于国会非常会议有绝大之希望。此次护法非仅护法，即以救亡。欧战不息，某国利用此机耽耽虎视，段祺瑞再出，欲假外援，不惜牺牲国家，灭我护法政府及各省各军，以逞一时之欲，共同密约行将签字。近复由某国驻京公使南下与某要人晤商，名为调和，实则压迫。大元帅绝对反对和议。即护法各省各军如承受其调和，自然承认其共同密约，中华民国等〈同〉朝鲜。况自民国以来，误于和议者不止一次，尚不至亡国者，以仅内部争持，无外国之干涉也。今若以改组之故，本想联合，适得其反，由外人干涉议和，则是亡国之罪，国会不能不任其咎。所以深愿国会诸君，无论改组若何，仍本初志，勉励护法各省各军践最初之宣言，拥护约法，勘定叛乱。国会与大总统完全得行使其职权，不但民国不亡，而共和政治率由轨道，国民幸福由此日臻，大元帅虽辞职，亦与荣施焉。

据《军政府改组之汇闻》，载一九一八年
五月十五日上海《民国日报》第三、六版

批秦广礼请拨款办理东北善后事宜函

（一九一八年五月十一日）

着财政部办理。

文

附：秦广礼原函

（一九一八年五月十一日）

中山先生钧鉴：

启者，广礼自受以来，已六阅月矣。东北军事，仰托威福，尚不棘手。不幸钧府改组案已通过，付开二读会，使数月之经营，尽归无效，殊令人饮恨无穷。查广礼自招讨黑龙江兼宣抚吉林各事，费用均系由个人筹办，前在财政部领到之公债收条，已发行台万贰千柒百元，昨经呈报备案矣。兹特恳祈先生，饬财政部发给正式公债票百元者贰万元，除已发行之数外，所余柒千叁百元专为办理善后事宜之用。倘有不足，再具情呈领。惟所有用途俟另文呈报，现因印信未在，用先函禀。专此，敬请钧安。

秦广礼谨上

五月十一日

据黄季陆主编：《革命文献》第四十八辑，台北，中国国民党中央委员会党史史料编纂委员会一九六九年九月出版

咨国会非常会议请追认发行公债文

（一九一八年五月十七日）

为咨明〔行〕事：兹据署理财政总长廖仲恺呈称："现在军政府亟待结束，所有职部自去年九月二十六日成立起至大元帅辞职以后本月十五日为止之各决算表册，业已造竣。查军政府成立以来，内部职员向无俸给，所有一切开支，皆系必需之支出。兹当结束之期，理合连合前项表册共□份，汇呈钧坐〔座〕转咨国会非常会议查照备案"等因。准此，相应咨达贵非常会议查照。至文于去年督军团称兵复辟发生以后，在沪与海军将士创义南下，其间派员分赴苏、浙、皖、奉、鲁、山、陕、两湖、四川等省运动起义及海军饷需、招待国会议员各项费用，多由海外侨商陆续筹借，共计百十二万有奇，皆系在军政府财政部成立以前支出。

其财政部成立以后各省进行，因现款缺乏，多系领去军事内国公债券济用，此项公债券现存及已发出之数，当俟核定另行咨请备案。前〔兹〕准前因，理合并行咨请贵非常会议追加承认可也。此咨国会非常会议。

五月十七日

据原件，台北、中国国民党文化传播委员会党史馆藏

咨国会非常会议派居正为代表办理军政府交代事宜文

（一九一八年五月十八日）

为咨明事：窃文于本年五月四日，向贵非常会议辞去大元帅职务在案。现在军政府各机关，当将次第结束，文任务已竣，亦愿早事息肩。兹特着署理内政总长居正为文代表，办理军政府交代事宜，与贵非常会议直接接洽。相应咨请查照可也。此致国会非常会议。

五月十八日

据一九一八年五月二十八日上海《民国日报》

咨国会非常会议为结清帐目事宜文

（一九一八年五月二十日间）

离开广州之前，孙文正式通知非常国会，他的班子于本月二十二日停止工作。他在职时的财政部从一九一七年九月二十八日至一九一八年五月十五日的帐目已由孙文转给非常国会。该帐目表明，上述时间内总收入为 494212.35 元，而总支出为 494135.92 元，结余 76.43 元。

据王美嘉：《粤海关关于孙中山任护法军政
府大元帅期间广东财政状况情报选》，载南
京《民国档案》一九八七年二月第一期

颁给赵国璋奖状

（一九一八年六月一日）

三等有功章奖状：赵国璋君慷慨捐资，赞襄义举，赍兹永宝，用彰厥功。

中华革命党总理孙文

据原件影印件，台北、中国国民党文化传播委员会党史馆藏

批彭占元为鲁省军事函

（一九一八年六月二十日）①

看过，已面答。

附：彭占元原函

（一九一八年六月二十日）

中山先生伟鉴：

前上海奉上两函，计达洞鉴。所请委任山东各路军队司令各职，未候回示之时，奉函召即时就道，自以谓来粤面达一切，执意来粤先生远去二日矣。有怀未达，怅惘曷极。此次先生又被举为总裁，务乞勉为就职，以为护法之精神，免却争权利者苟且了事也。总之，平民革命，此番又成泡影，殊堪浩叹。先生共和精神，在中国后起不无英俊，终有达到目的之一日。想先生当有亦助同人也。元本樗栎，十数年于会中无大建白。而在立法界七八年所经过，自以谓因改党而破坏吾同盟旧国体者，为绝大憾事，不知先生以为然否？请先生以为教之是祷。数月

---

① 据来函日期。

在山东所办军事计划书一纸，奉上一阅，如何之处，并请示知。肃此，即颂任安。

彭占元启

六月廿日

据原件，台北、中国国民党文化传播委员会党史馆藏

批丁怀瑾来函

（一九一八年八月二十八日）

代答以：先生现养病，暂不问各事。

据原件，台北、中国国民党文化传播委员会党史馆藏

批王伯群函

（一九一八年八月）

另答。

附：王伯群原函

（一九一八年八月六日）

中山先生赐鉴：

顷得冀赓①总裁嘱转密电一通，特抄呈尊览，余容面陈。敬候署安。

后学王伯群顿

八月六日

据原件，台北、中国国民党文化传播委员会党史馆藏

---

① 唐继尧，字冀赓。

谕电汕头陈炯明调袁带征闽令

（一九一八年九月）

　　发电汕头陈总司令：着电省，调袁带往征闽，以在香山恐通龙生变，调往则可防止，并可加多援闽军数营武器，一举两得，宜速为之。孙文。民国七年九月。

据原件影印件，台北、中国国民党文化传播委员会党史馆藏

批石青阳派赵丕臣赴沪购械请指导函

（一九一八年九月）

　　已见赵君所托之件，已托赵君另函详达，酌夺可也。

附：石青阳原函

中山先生伟鉴：

　　自先生谢政去粤，养晦著书，社会得一曙光，政局失一良导。青阳孤军在蜀，无所请训，欲罢不能，进又无功，惭国负民，鲜可补救。计唯乘此闲暇，整饬军队，保此一部分实力，以为将来发展资耳。顷因筹购军械一事，已有确款廿万元（川银元），未悉购买运输之途，枪种弹类搭配之数，特托赵丕臣君到沪（赵员蜀之合川人，任云南外交事务多年，通法语，与法人交颇宜），晋谒崇阶，乞赐教诲，指示一切，免有遗误，他日西南有以首义助吾党者，则必此军也。专此，肃候撰安。

石青阳再拜

据黄季陆主编：《革命文献》第五十辑，台北，中国国民
党中央委员会党史史料编纂委员会一九七〇年三月出版

批吴山录呈黄复生来电函

（一九一八年十月二十二日）

代答：收到。

附一：吴山原函

（一九一八年十月二十二日）

中山先生左右：

久违教益，孺慕弥殷。山以季龙先生嘱任秘书事务，兼以慧生迭函催促，本月一日由沪吉抵羊城，三日午前八时移住司法部，日与徐公同理部务，兼办代表总裁文电等事。除机密重要已由徐公呈报不赘外，兹将复生来电录呈，并转呈刘崑涛烈士小照一枚，又军政府公报十二、十三、十四、十五号公报四册，届时乞察付记室为荷。肃颂道祺，季陶先生均此。

吴山谨启

十月廿二日

附二：黄复生电文

国会吴议长转孙总裁钧鉴：我公共和鼻祖，安危所系。今再俯从群请，慨然投袂。从此群贤毕集，盛德益彰，将士承风，万民托命。行见以回天之力，奏返日之功，奠国家于苞桑，拯生灵于涂炭。复生遥拜下风，无任钦仰，谨电驰贺。黄复生叩。寒。（印）

据黄季陆主编：《革命文献》第四十八辑，台北，中国国民党中央委员会党史史料编纂委员会一九六九年九月出版

批凌钺报告徐谦来粤后之政情函

（一九一八年十月二十五日）

答以：对于时局尚想不出办法，故绝无主张，总由同志多数意见是瞻耳。

附：凌钺原函

（一九一八年十月二十五日）

中山先生伟鉴：

在沪所聆教言，抵粤后普告同人，莫不雀跃。刻正力谋讨伐，日内开会当有结果。濂伯近有觉悟，对于讨伐尤为激昂，昨与晤谈，始悉渠有讨伐令不下即辞职之宣言，并因受欺而有喉痛之疾，其觉悟当可想见。季龙来此，同人颇形欣幸，皆称若无先生代表来，军府之事概难与闻。此后有季龙在粤，一切重大事端，或有补救之机。至所议吾党发展之计，正在进行，俟有头绪再行报告。惟季龙虽代表军府会议，而一切对外发展大计，尚望先生随时指示，俾同人有所遵循，并党务国事皆有裨益，是所切祷。匆匆，专此，顺颂钧祺。

凌钺谨启

十月二十五日

据原件，台北、中国国民党文化传播委员会党史馆藏

批澳洲雪梨民国报来函

（一九一八年十一月十五日）①

国会吾党得大多数。内阁吾党虽有一二人，但恐被化于官僚也。督军有二三

---

① 日期据来函。

人，尚可与吾党亲近。前电款是否该埠，并答。

据原件，台北、中国国民党文化传播委员会党史馆藏

批李亚东请电前敌将帅以振军心函

（一九一八年十一月二十七日）

不答。

附：李亚东原函

（一九一八年十一月二十七日）

中山先生钧鉴：

惟兴居康吉为颂。东因友召嘱，赴前敌之役，正详慎筹划间，忽闻有和议将就签字之声，并闻先生亦有灰心之说，侧闻之下，不胜惊惶。窃维此次兵兴，坚持护法，军心民意，愤感异常，如再稍事迁就，则国内永无太平之日。人心歧异，时事蜩螗，其能存正气而维一线之光明者，实惟先生一人是望。如先生稍退，举国将有转移之势。幸顷过凌子黄处，得见先生手书，仍以坚持到底相勉，知铁肩担道，百折不回，捧诵之余，曷胜鼓舞。窃维最后胜利，仍以军事为依归。彼方矫诈，并无开诚悔过之心，我若退缩，转令敌人以可攻之瑕。仍祈先生速电前敌将帅，力鼓士气，重整军心，勿令功亏一篑为要。东本武夫，亦将效死前驱，以尽一民之职。临颖神驰，不胜悚惶盼切之至。肃泐，敬请钧安。

从生李亚东鞠躬

十一月二十七日夜

据黄季陆主编：《革命文献》第四十八辑，台北，中国国民党中央委员会党史史料编纂委员会一九六九年九月出版

致军政府暨国会非常会议论外交书

（一九一八年十一月下旬）①

（衔略）昨接汕头抄录精卫致竞存②电，述美领事传达其驻京公使之言，阅之不胜诧异，果尔是袒庇北京武力派以压迫我也。欧战告终，非一国战胜一国，实正义民权战胜武力之结果。美总统之宣言具在，今后惟正义民权可以风动世界，必不能再有以一部分人压制其他部分人之事，更不能再有一国干涉他国国民之事。我爱和平不尚侵略之民族，向受陵轹于各国者，从此将为世界之天骄。而我民党及国会，向受摧残于暴力者，从此亦将为国内之天骄。吾人正当应此潮流努力奋斗，以表示威武不屈之志，世界文明国人乃能以我为新进之国民而引为同类也。

吾人外交上之危险，无过于欧战未决之期间，北方借加入协商之优势压迫南方，是非混乱，公理不昌；而日本又以金钱武器协助北方，各国之舆论亦不我助。然公等尚能排大难冒万险，毅然坚持至今，今正拨云雾而见青天之日已到，为山只少一篑之时。昔日之危险尽移于北方，北方之优势尽归于我。昔南方武人向北方求和，而北方不允；今北方反向我求和，且不惜乞怜各国，此乃彼自知大势已去，死期将至，辗转穷蹙，而出于此。如我再能如前稍予支持，则完全之收功不远矣。

十日前得北方传说，伪政府已求美国作调人，且有威迫南方服从之语。某当发一电与美总统，更由路透〈社〉传布欧美各报，舆论当为赞许，且必共祝望我为正义民权坚持到底。前派王正廷等赴美要求承认，当欧战正酣之时，未有过而问者，今则渐为美人所注意。最近消息，美国国会乙治郭君已提起承认南方交战团体之议。即章士钊之赴日本，彼朝野上下亦颇注目，其民党且预备开大会促其政府承认南方。乃章到后之表示，非为要求承认，乃电〔为〕运动妥协而来，日人大为失望。然其国民殷殷表同情于我者，犹未少替也。

---

① 底本未说明日期。文中"十日前……某当发一电与美总统"所指系十一月十八日孙文曾致电威尔逊，据此推断，则此书当写于十一月下旬。

② 陈炯明时任援闽粤军总司令。

夫交战团体，惟能继续作战则有之，要求承认方在进行之中，又忽息兵降伏，狐搰狐埋，直等儿戏。而彼提议承认我者，将反成为国外之煽动人，岂不辜世界仁人义士之望，而数月来外交上运用之功亦且付之流水。是盖表示中国之无人权，惟有坐待他人之瓜分宰割而已。且美公使之劝告本出于一种好意，惜彼不明中国内情，致其所施于中国者，不啻与其所抱之主义相反。吾人正宜借此机会据理抗争，使吾国民真意之所在表襮于世界，彼主民权正义者，必能回易视听以对我。若遂从而默受之，是陷友邦于不义，而重贻吾国民之羞也。

吾人所希望之和平，其唯一无二之条件，即国会必当有完全自由以行使其正当之职权是也。某以为此简单至合理至易行之条件，无论何国政府、何国国民苟知我只为此纯正之要求，必不能以我为非。是公理所在，不能一毫迁就也。（下略）

据《孙总裁致军政府暨国会书》，载一九一八年十二月四日上海《民国日报》第三版

批凌钺萧辉锦等报告军政府对北军停战并请撤换代表函

（一九一八年十一月）

答以：文暂时仍不欲问事，如何进行，总由多数同志取决施行便是。

附：凌钺等原函

（一九一八年十一月）

中山先生伟鉴：

启者：敌势穷蹙，诱我停战，两院主张以取销伪总统、伪国会为停战前提。军府闻此消息，以迅雷不及掩耳之手段，即于议决之晚，骤然发布停战命令，隳士气而长逆氛，不知是何居心。惟季龙列席会议，事前既不与同人协商，临时又冒然副署。并闻此项命令实系季龙起草，似此行动，实与先生派遣代表根本主张，

大相背谬，事关民国存亡，法治前途，本党主张，先生信用，良匪浅鲜。同人公意，拟请改派汉民代表来粤，较为妥善。如何办理，即请卓裁，不胜切祷之至。专此，即颂钧祺。

　　凌钺、萧辉锦、高旭、彭养光、丁象谦、李执中、王法勤、高凌霄、宋桢、黄策成、居正、王湘、王玉树、李春荣、吴宗慈、田稔、赵舒、李文治、丁超五、覃寿公、丁惟汾、邓天一、方镇东、尚镇圭、李克明、文笃周、张知竞、黄元白、牟琳、李含芳、狄楼海、刘峰一、张善与、刘荣棠、丁骞、陈廷飐、于法起、曾振懋、杭辛斋、梁星五、邵仲康、赵中鹄、杨大实、吕泮林、崔怀灏、赵金堂、陈纯修、彭昌福、方子杰、张凤九、王乃昌、唐玠、张树桐、李东璧、焦易堂、黄攻素、卢元弼、贺赞元、吴道达、陆昌烺、詹调元、禹瀛、张瑞萱、于均生、孔庆恺、张嘉谟、田增、李载赓、段雄、刘积学、万鸿图、彭介石、讷谟图、白瑞、石凤岐、王釜、陈玉麟、徐绳曾、吴崑、姚守先、王定国、傅鸿铨、角显清、胡正芬、陈义、陈则民、金尚诜、江浩、马宗周、刘万里、谢鹏翰、李瑞椿、李式璠、张大昕。（民国七年十一月）

据原件，台北、中国国民党文化传播委员会党史馆藏

批宋均陈述地方自治意见书函

（一九一八年十二月一日）

　　不答。

附：宋均原函

（一九一八年十二月一日）

中山大总裁钧鉴：

　　敬禀者：八月二十五日奉上第四次书，并夹补呈邮寄回六月十三日奉上第三次书，经得回照，知我大总裁寓上海环龙路四四号。因久未回粤，意以为不受总裁之职，乃今阅报载，见有徐君谦为大总裁代表，知我大总裁不得不忍弃父母之

邦，而创造民国基础攸关，或将藉此以大有为乎。然均窃有疑焉，想西南护法以来，业有年余，为名誉之护法耶，为良心之护法耶，为权利之护法耶，为根本之护法耶，前函谓总裁七人中，恐未必皆同心同德者，即虑此也。今摄行大总裁职务矣，其众皆始终不变，一致进行，以底于护法之目的而后已乎。我大总裁为创造民国首领，坚贞卓绝，国人共信。兼有孙公洪伊，曾通电国会，及西南各要人，不公认伪国会所举出之伪总统徐世昌，此名正言顺，与我大总裁纯为护法起见。国会议员，亦赖我大总裁与孙公洪伊二人方可召集，谅他人不能为也。此实均所素仰深为欣佩者，无虑如枯木之易于振蒡者比矣。乃孙公洪伊不与总裁之职，而四万万同胞之倚赖，独属望我大总裁一人主持。今伪总统徐世昌，暗听违法首恶之段祺瑞所嗾使，倡言停战以运动和平，实欲将西南护法主旨阴以打消，欺天下无识者之耳目。段祺瑞又耸说外人美公使，解散国会之原由，致美公使信以为然，谓有不肯和平者，美国将助财政于北方以相战等语。均以为段党之伪国会，非由天下民意所选举，其所举出之伪总统，即为私生子，不论其人当选与否。然破坏约法，此端一开，后来效尤，祸无底止，民国不可挽救。若言“和平”二字，惟有解散伪国会，与伪总统徐世昌速行退步，此乃唯一之办法，不然何谓为和，何谓为平，即任天下政客之趋附，并任其谎耸外人多方恐吓，我惟守法而已矣。孟子曰世守也，即守此约法效死勿去之义也。对付外人亦惟以法耳，不然彼何以为万国公司，岂故意护奸以坏我约法乎。则系蠢蛮不灵，与不驯之牛马无异，当以牛马对待之。彼曲我直，我则有词，理直气壮，何惧之有。况凡外人从前至恃其强蛮，侵占我内地，霸取我属国者，理犹当一一追讨，收复我故物，以振我堂堂中华大国之德威。今美人何物，毫无忌惮，不顾理法，横行扛帮，出此无礼之言，欺压我大朝，我何可屈法俯首顺从，致取笑我国无人。笑我中国无人犹浅，害我民国永不得成为民国实深，难瞒明眼人也。均知我大总裁可为中流砥柱，必不因而摇动，定有主宰，故不妄投书于他人，而独叠叠奉书于我大总裁者，所谓君择臣臣亦择君也。但均上书数次，实因西南护法已非一日，而未见善政一施，又不蒙钧谕，或局外人不当言局中事耶，故未敢遽详言办法。然均亦国民一份子，似不妨举其大意一二以言之。今阅报载，省长由省议会选举，业经宪法审议会通过，而参议院议员周震麟，又提出县知事由县议会选举意见书于宪法会，各议员皆赞成。又广东省议会提议，兵由本地方选用。此皆均所素熟筹于胸中者，不了天下同情不言而合，然提议三事尚未备且未详。均思民国约法，大总统既由国会选举，则其下一切皆应可类推，不独省长县知事可由省会县会选，即督军亦应由省会选，镇守使亦应由所辖之县会合同而选，镇自治会选镇警察，城自治会选城警察，乡自治会选乡警察，则人人有权，方合民国有民权之旨。至督军省长兵该若干，视所辖之县所选出省议会议员多寡，依兵数派匀，在其本县地方选之该议员负担保责任。其余镇守使县知事以及警察，各该若干兵，皆照所辖之地所选出自治会议员多寡，依兵数派匀，在其本地方选之议员，亦各负担保责任。以此善法制定宪法，布令实行，天下人民无不悦服，遵令而行。速于邮传，请先急规复各自治会，即可下手以举行。并一律撤销保卫团局，免耗地方公款，将该地所原收公款，拨归该地自治会，本地方人办本地方事，利害关切，亦易于管束，省省如是，天下皆兵。均前函言民心团结，民国巩固，不动声色可暗削各督军之权，内夺奸雄暴戾之气，外绝四夷割据之思者，即此策也。不独此也，在本地方选兵，定由保甲派选，良歹尽知，土匪易清，可除内患，并无异寓兵于农之法。以地方人当地方兵，近其家舍得兼耕种者，即裁减饷需以纾府库奇绌，亦无不可。此治民国之大略也，苟能行此，民国其有豸乎。至于司法关厂冗员，贪官污吏残酷武夫，苛捐虐政等弊，速宜分别斟酌尽善，或剔除之，或严惩之，为国家培一分元气，即为人民造无限生机，此皆洽于民心者也。民心既得，则经国民公认之国债，亦易徐图筹还。前次国民捐原为还债而设，所收不赀，归乎乌有，大失信仰。今也认真施爱民之政，即以爱国为前提，谁无感激，国民岂无踊跃捐输。以中国土地之大，人民之多，谁甘让抵押各款，为外人渔利，抵押税务，加捐税规，倍于货本，剥削脂膏，民怨已极，岂不思脱此束缚乎。若夫办理妥适，无碍之方，其细节不可一言而尽，请果见之实行，方一一言之。如言战，则不得已而后用耳。倘不行善政，徒言护法，拥兵杀夺，同室操戈，战与和两端，非徒无益，而皆有害，急宜猛省，勿坠其计，坐失时机，天下事尚可为也。谨陈管见，上干钧听，是否有当，统祈钧示。敬候勋安。

前充合浦县正式县议会正式议长宋均叩

民国七年十二月一日

据黄季陆主编：《革命文献》第四十八辑，台北，中国国

民党中央委员会党史史料编纂委员会一九六九年九月出版

批凌钺报告徐谦言论乖谬请改派驻粤代表函

（一九一八年十二月二日）

不答。

附：凌钺原函

（一九一八年十二月二日）

中山先生伟鉴：

　　启者：前月二十三、二十五两日曾寄二书，谅邀电览。季龙近日乖谬异常，主张举陆荣廷为大总统；并云时机未到，即举先生为大总统，亦不能就。似此淆乱听闻，实为吾党之害。钺与同人，所谋联络陆氏者，正欲陆氏拥护先生，将来选举总统时，或予以副座亦可，断不能以主座奉之，至贻引火自焚之讥。钺逢人极力辩白，以定人心。先生可速电改派代表，免误事机。此颂钧祺。

凌钺谨启

十二月二日

据黄季陆主编：《革命文献》第四十八辑，台北，中国国

民党中央委员会党史史料编纂委员会一九六九年九月出版

批四川省议会坚持维护约法通电

（一九一八年十二月十日）①

答函赞励。

附：四川省议会电文

（一九一八年十二月十日）

【快邮代电】广州军政府岑总裁、伍总裁、唐总裁、陆总裁、孙总裁，参众两院国会议员诸先生，上海国民促进和平会，北京和平期成会，莫督军、李省长、方军长，四川代表吴、王、章、谢、张各先生，厦门陈总司令、许总指挥，湖南谭联军总司令、钮总参谋长、张司令，永州府唐总司令、赵总司令、程总司令、谢总司令，辰州李总司令、胡总司令、章太炎先生、张总司令、田总司令，衡州马总司令、韦总司令，韶州李总司令协和、李总司令印泉，上海孙伯兰先生、汪精卫先生，广西陈省长，云南刘代督军、唐卫成总司令、由代省长，贵阳刘督军、王总司令、袁师长，资州顾军长，泸州赵军长，叙府赵卫成总司令、何总司令，巫山叶军长，施南唐总司令、柏总司令，利川牟总司令、方纵队长，夔州黎总司令、王总司令，成都熊总司令、杨省长，嘉定陈旅长，仁寿舒司令，康定陈护使，宁远郭统领，重庆姚总司令、黄总司令、卢副司令、蔡总司令、余代镇守使，隆昌刘师长，顺庆石总司令，绥定颜总司令，保宁陈副司令，大竹陈统领，广元吕师长、彭旅长，安县何旅长、龙旅长，万县田梯团长，陕西于总司令、张副司令、转胡、郭、曹、卢、范、焦、高各司令，并转各省议会、各商会、各教育会、各报馆钧鉴：西南兴师，历时年余，动员百万，转战千里，所牺牲之生命财产更难以数计，岂西南人士果有他意耶，不过为尊重约法巩固共和耳。迩者和议之声，风动全国，一倡百和，异口同音。本会为地方民意代表机关，对于和议希望尤殷。

---

① 日期据原电发文时间。

惟北方既非法改组国会，选举总统，与西南护法目的，愈趋愈远，以此言和，恐和议终难实现。夫共和国家之基础，首在约法，故凡倡和议者，断不能舍约法而牵就他事，约法既应遵守，则当召集约法产出之旧有国会，凡选举总统，改组内阁，以及一切重要事件，皆由国会解决。必如是，乃不负护法之初衷，而共和之基础，始得永固。特布区区，惟希鉴察。四川省议员章咸、冉君谷、范春膏、王仲贤、郭湘、杨文萃、唐宗尧、刘云裳、邹宗鲁、田荫农、景昌运、廖泽宽、董续伟、高裕文、黎道济、何其义、游运炽、刘西池、郭崇渠、刘扬、陈钟绪、黄万里、沈镛、方于彬、游定安、傅春宣、袁显仁、文化祥、帅正邦、彭泽久、郭祚昌、王志仁、廖师政、胡素民、谢从鑑、王南棠、廖瀚、唐家驹、刘元杰、秦森甫、鄢澍、张承烈、周光表、谢联辉、郭藩诚、吴希曾、马文勋、汪金相、陈宝全、戴正濬、韩澍滋、王寿培、范介和、刘冕、欧阳瑜、刘恒光、辜增荣、叶鲲、吴鸿祖、李开绵、李澍森、王丕治、汪全义、李光珠、张泰阶、曾子玉、钟铸成、薛仲良、吴其焕、黎光堃。（民国七年十二月十日成都发）

据黄季陆主编：《革命文献》第五十辑，台北，中国国民党中央委员会党史史料编纂委员会一九七〇年三月出版

批于应祥请接济所部函

（一九一八年十二月十一日收到原函）

发给百元。并代答刻下甚困，若大局无转机则断难为继，务望早日为计可也。

附：于应祥原函

（一九一八年十二月八日）

大总统钧鉴：

敬禀者：窃应祥前将遵奉钧谕，暨参军处令饬驰赴湘属，收集原有队伍，及为势所阻情形，合并报请钧座鉴核在案。兹据旧部营长蔡永等陆续来申，面称所收队伍困苦万状，立请维持，或调遣各等语。查该员等竭力支持，迄今八阅月余，

尚复无异，自应允予所请，设法接济，以安兵心，而鼓士气。惟应祥自被难以来，孑然一人，日者渥荷鸿慈，给予津贴，庶免落柘〔拓〕异乡之虞，刻骨铭心，无能言报。现在侨居数月，窘迫仍然，蒿目时艰，宁忍坐视，中夜彷徨，几不成寝。更以来员愈多，应付计拙，惟有恳请钧座垂怜苦衷，给予旅费叁佰元，俾便即率诸员赴湘桂边界，设法维持，候令遵循，则为国家前途之警备，不无小补于将来矣。不胜迫切待命之至，伏乞示遵。谨禀。恭请钧安。

于应祥谨禀（印）

十二月八日

据原件，台北、中国国民党文化传播委员会党史馆藏

批邹鲁陈述争取粤省计划函

（一九一八年十二月十三日）

如能办到，当然赞成。

附：邹鲁原函

（一九一八年十二月十三日）

先生大鉴：

自漳返月余，大局益入沉黑，值此昏纷，求其入手，在全国着想，则应恢复国会之自由；在广东着想，则应先取得省长。国会分子非必良也，而正义所在，主张容易。且民党除国会外，更无他地盘可以占一席与人角者。故先生唯一之条件，在恢复国会行使职权之自由，可谓最中今日解决全国之入手办法。但国会虽可为解决全国之入手办法。然无一省之地盘为国会后盾，及为国会运用之调济，则国会亦恐不能灵活。而此一省，福建之得手与否未可知，即能得手，而年中收入不过四百余万，颇难展布。四川虽富庶地，远而事隔，故不如广东之为民党地盘为妙也。去年展堂长粤事失败，即为前军政府失败之要点。往事具在，可为复按。故今日欲求全国之发展，除国会外，当谋广东之地盘。欲谋广东之地盘，一

时纵未能全数入手，亦当先得省长。鲁本此旨，经力复为展堂谋长粤，各方进行，经有头绪。然内部当未一致，诚恐又蹈去年覆辙。故专函请先生表示意见，毋使临事错杂，贻误粤事，是为至要。能得内部同人步调一致，则省长一事，鲁准可如去年往事，一人办妥，幸先生速照示为祷。若别有办法及他政见，亦请赐示，以便照办。专此，敬请大安。

邹鲁上言

十二月十三日（民国七年）

据黄季陆主编：《革命文献》第四十八辑，台北，中国国民党中央委员会党史史料编纂委员会一九六九年九月出版

批答广州凌钺等十四人告代表参加和会不如由个人发言为有效

（一九一八年十二月十四日）①

答以：南方政府未被承认，无从取得国际资格，代表无效也。倘将来有机，尚与个人发言，效当更大耳。

据原件，台北、中国国民党文化传播委员会党史馆藏

---

① 日期据来函。复函日期为十二月二十四日。

批唐继尧报告年来出师护法经过
及对南北议和态度函①

（一九一八年十二月二十一日）

嘉其正论。

据罗家伦等主编，黄季陆增订：《国父年谱》
（增订本）上册，台北，中国国民党中央委员会
党史史料编纂委员会一九六九年十一月出版

批焦易堂请任赴欧议和大使函②

（一九一八年十二月二十二日）③

作答致慰，并言：欧洲议使，南方尚未得各国承认，当然无效。惟文早本有意于近日再游欧美，以尽个人之力耳。

据原件，台北、中国国民党文化传播委员会党史馆藏

批林修梅反对南北议和函

（一九一八年十二月二十三日）

答函鼓励，并告外间近情。

据原件，台北、中国国民党文化传播委员会党史馆藏

---

①　唐继尧于一九一八年十二月四日自滇来函，报告年来出师护法经过及对南北议和态度。
②　焦易堂为国会议员。
③　来函日期为十二月十四日，二十二日收到。

批林伯渠函

（一九一八年十二月二十三日）

作答：函悉。彼辈果借和议以分脏〔赃〕，吾党当竭诛之。就是颂云①果有悔改之心，予亦何所不容？总望奋斗为国立功可也。

据原件照片，广州、中山大学孙中山纪念馆藏

批丁惟汾等营救薄子明赵挥尘函

（一九一八年十二月二十六日）②

已极力设法阻止引渡。

附：丁惟汾等原函

（一九一八年十二月二十六日）

中山总裁先生大人钧座：

兹有恳者：前由林子超、吴濂伯议长电请设法营救之薄子明、赵挥尘二君，此次因护法之役率其部下首义禹城，以致山东当道悬赏缉拿，避居法界，已三阅月。忽经公共租界包探陈云忠等于十九日捕去，指为劫匪，实受山东政府贿买造案。现交公廨讯判，已请律师声辩。惟沪护军使受鲁督张树元之托，交涉引渡，进行甚急。万祈先生设法，先为阻止，切勿引渡。至本案真像，本系捏诬，自不难水落石出。详细情形由刘君芙航面陈。刘君切实可靠，务请纳而教之。专此。

---

① 程潜，字颂云。

② 原件未署日期。日期据来函。根据秦孝仪主编《国父全集》考证当为一九一九年一月七日复函。

恭候道安不备。

山东众议员丁惟汾、刘冠三、邓天一

十二月廿六日

据原件，台北、中国国民党文化传播委员会党史馆藏

批秦广礼请推荐和议代表函

（一九一八年底）①

代答：此事碍难办到，因决不欲干预和议代部〔表〕之事也。

据原件，台北、中国国民党文化传播委员会党史馆藏

批唐君勉历陈在湘冤苦经过函

（一九一八年）

着军事股秘书查明，酌量办理。

附：唐君勉原函

（一九一八年）

大元帅钧鉴：

　　敬肃者：窃君勉由武昌陆军第三中学毕业，民国元年，充黎副总统府军事参谋。南北和议告成，以湖北记名参谋，肄业保定军官学校。及宋案发生，至赣组织讨袁军，充讨袁左翼军林虎司令部军事顾问，失败东渡，入日本东京大森浩然学社肄业。三次革命，充两广护国第六军林虎司令都上校参谋。粤事戡定，就湖南军署一等谘议。去年十一月一号，随湖南民军检阅使覃振，劳军使林祖涵，由

---

① 来函无年月。当在一九一八年底。

粤还湘，招募民军，为湘南后援。彼至郴县，委君勉为湖南民军左路支队长，拟偕赴衡阳与程总司令潜接洽妥当，再行着手进行。复因衡山战事吃紧，急待后军救援，恐往返需时，有误事机，令君勉暂驻郴城，就近与程总司令所派副官长张辉瓒接洽办理。覃则先赴衡与程总司令接洽，另行改委，以归一致云。当时张副官长在郴宜一带，招募绿林，编为湘南游击队，于宜章县旧参将署设立办公处一所。君勉于二号由郴至宜与张接洽，而张极表欢迎，谓彼此一致进行。张为游击队统领，令君勉担件帮统，而招军之多寡，则视力量以为断。张则担任电请程总司令加委，并通知郴宜两县知事，而饷项及一切交涉事宜，亦负完全责任。当亲笔书与绿林首领交涉条件六款，及湘南游击队一营编制表一纸，宜章县曾知事告示一道"均已存案"，旅费五十元，令君勉放胆进行，以速为妙，如需款项，随时向宜章办公处领取云云。君勉以为确无疑二，即于三号携带条件，至湘粤交界之坪石地方，与羊城偕行之同志萧礼源、黄锦清等磋商妥洽，嘱令将所募之军，速赴宜章会合，听候张副官长编制。君勉于四号带同志王赐斋回宜，往办公处，便通声气。五号张副官长令君勉赴郴，与县知事丁洪海及游击队驻郴办事员谢某接合同，八号返宜。彼至中途，适张副官长赴郴领取军服军饷，本拟随行，而张令其回办公处，照料一切，谓两日内即归云。十号午后八时，君勉将次就寝，突有驻郴粤军王统领得庆部下之稽查王某，率带兵士，拥入办公处，声称有人报告，谓君勉引王统领部兵士十名，携带枪枝潜逃，奉王统领命令拿君勉至郴对质云。不由分说，将君勉与萧礼源背反索缚。君勉以理直气壮，并无其事，偕王径行。不图至宜章县署，桎梏收狱。十一号，押解至郴县王统领部。复督军队将家叔唐瞻云及同志焦新阶、李铸，并仆役冯生学等五人，一并捆押王统领部，而家内搜抄一空，形势汹汹，如待大盗。是晚派机关枪连长王某，提君勉究诘，喝问勾引逃兵情实。然君勉自问第一次革命后，而武昌、而江西、而广东，所抱宗旨，咸属光明磊落，绝无卑劣行为。此次欲募绿林，编制成军，与王统领护法靖国同一宗旨，并无织芥界限之私心。况募军方在进行，收效与否，尚不可知，庸何忍勾引正式军人，而遂我未成之军乎，又何忍扰乱我护法军之进行乎？君勉虽愚，绝不至于此极。其所谓勾引逃兵者，何人指证，凭何可据，如有证据，则甘当军法；设系平空诬陷，亦当赔我名誉，偿我损失。次谓与王统领部之周棚长，曾有勾引之私约；请以所谓周棚长出而对质，则又并无其人。再三反诘，该连长瞠目结舌者久之。忽有王统领之书记，出一公文，系张副官长辉瓒所移，内云："假借名义在外招摇之唐君勉、萧礼源，有碍粤军关系，甚形重大，今既押解来，请讯明重办等语"。噫！事诚可怪，何来此文，同行办事，反害其类，是何居心。当随覃振之还湘也，乃奉大元帅之任命，虽无招军其名，已有招军其实。君勉初与覃振计划成熟，继与张副官长磋商妥洽，均无疑义，又非荒谬。其所谓假借名义者，果何所指？在外招摇者，从何说起也？王统领为援湘之前军，君勉等亦为援湘之后队，行同此事，心同此理，前矛后盾，两无抵触，其所谓有碍粤军者，何所见解耶？盖此事之不明发生之真象者，有二大疑点在焉。君勉之与张辉瓒也，同为党人，久已晤识，及此次之进行，往返磋商，气味相投，两无芥蒂，何前后义仇判途若此耶？此疑而不解者一。君勉之与王得庆也，虽知其人，素不晤面，而其部曲多不相识，勾引之说，不特无此事实，亦且无此心理；而其所谓周棚长，屡请对质，又无其人，平凌捏诬，果何仇隙？此疑而不解者二。当此之时，心若沸潮，百啄难辨，而王统领亦不过问。十三号王统领接马总司令电催，开赴前敌，欲并押解随行，经郴县顾、丁两知事及地方绅商学各界，极力婉求，始将家叔及焦李仆役等释放，而君勉与萧礼源解羁永兴县狱，候马总司令济审实核办云。十四号至永兴县，适家兄锡阶送君勉赴永，亦被羁押十数日。嗣我护法军克服长沙，将君勉等递解省垣，以为复见天日，在此一行。孰意马总司令复加严酷，前上脚镣，今加手铐，并推入黑狱，横卧地上矣。维时天气严寒，地复淤湿，蜷伏毂棘，惨不忍言。而其部曲频加虎视，卫兵狱卒，恶狼相向，待同死囚。至省三日马总司令亲自审讯，危坐堂皇，威杀森严。君勉叙明履历，并述此次由粤来湘宗旨，实无勾引逃兵不法行为；初以为被羁两月有余，谅必调查清楚，一讯即可了解。不谓马总司令怒喝曰：既无勾引情事，何尔父兄在外承认赔偿枪枝价。盖马总司令故为是言，冀在导引真情，然君勉坦白无私，终不为其所动，矢口不承。马忽出一书信曰：尔以勾引逃兵，无凭可据，强办其词，坚不承认。然尔寄叔父之家书内，有仇恨我广西军，是何故耶，我军之出，为护法计，为援湘计，尔为湘人，不为感激，反出怨言，即此一端，可以诛尔而有余，胡何强辩乃尔。盖此书乃湘省战事未现以前，由粤寄与家叔者，书尾有云："此次护法，湘省必作战场，生民涂炭，良可叹也。且北胜湘人固难插足，南胜亦必为广西势力，顾桂军与北军相等耳"。初之为此言者，乃因军队教育上之关系所发，吾国军队教育，为功不足，残民有余，故发慨叹之言，初非仇怨之心。当王统领搜抄家室时，只字片缕，抄洗无遗，想于故纸堆中，得此残笺，视为重要之据。而马总司令以勾引之说，既无凭证，故据此为湘桂仇怨之借口，势将诛而杀威。然我湘人士素信君勉为守法之青年，故联名请保者有彭邦栋等数十人及同学陈励等数十人，络绎不绝。马以联名具保者，大皆当代有名之士，不便发落，将君勉解送督军署。意必从此解释，不至再有难为，殊谭联帅复交陆军监狱羁管，不诛不释者又两月有余。及岳长失陷，谭联帅退出，北军将入之时，经程总司令始将君勉等开释。当是时也，四民逃散，满目荒凉，囚余之残身，无所投止；又恐遇胜军之锋镝，或败军之残毒，书伏荆丛，夜走荒僻；而又不敢南窜，宁向北奔，沿途之炮声喊声哭声风雨声，嚣嚣嘈嘈或远或近，续续不断；且饥而不得其食，困而不得其寝，惫而不得其憩；此时此境，哭笑莫辨，殆非笔墨所能形其苦状于万一也。幸天不绝我，途遇故人，赠与川资，以路途不靖，随难民匿避二十余日，始辗转之汉，由汉而沪而粤，昨日始抵羊城，心乃宁贴。呜呼，以清白无罪之身，始而宜章县狱，次而郴县狱、永兴县狱、统领部狱、司令部狱、陆军监狱、署狱，桎梏其身，冻饿其体，递解千里，牢固半稔，困苦流离，莫可名状。所幸心地坦白，不威骇以死；体质健全，不惨苦以死；环保有人，不冤抑以死；途遇故知，不流离以死。否则，恣行诛戮，乞冤无由矣。但家业查抄一空，所受损失不下数千金，而父兄受辱，妻孥受惊，亲友受累损者，尤难忍述矣。君勉乃区区一介之士，自无实力，附诸篱下，本不足道，而十年奔走，出生入死，屡见不鲜，然为国捐躯，或杀敌身亡，都无遗憾。但被残于同类，遭灾于无谓，此心耿耿，似难解释。顾法津〔律〕蔽障，国会摧残之时，曷敢以私怨而扰公愤，不过略将冤苦情实，诉诸大元帅前者，为表明心迹计耳。伏乞垂察是幸。肃丹，敬叩钧安。

　　保定陆军军官学校、日本东京大森学校修业生唐君勉谨肃

据黄季陆主编：《革命文献》第四十八辑，台北，中国国民党中央委员会党史史料编纂委员会一九六九年九月出版

批关于三民主义及五权宪法参考书目

（一九一八至一九一九年间）①

　　代答以：三民主义之书籍甚多，即凡属 Nationalism，Democracy and Socialism 者皆是也。现无其书，不能举其名目。至五权宪法，则外国尚无此书，有之，只 Hyslop's *Democracy*，然此书谨言四权而已。

据原件，台北、中国国民党文化传播委员会党史馆藏

批答某君立心做革命勿存依赖人之心

（一九一八至一九一九年间）②

　　答以：先生云：即知彼为鼻祖，汝为后裔，则当以后裔供祖宗，未有祖宗养后裔也。俗云：十人养一人肥；若一人养千百人，则虽尧舜犹病也。汝等须各执事业以自给，不可立心做革命一日，则要人养汝一世，则鼻祖乃易为也。若人要依赖，则先生亦愿为汝之后裔，奉汝各人为鼻，请汝给钱也。

据原件，台北、中国国民党文化传播委员会党史馆藏

批答通电中外反对岑陆徐靳之苟和

（一九一八至一九一九年间）③

　　代答：函悉。宣言已前日发表，可谓不约而同。此批请通电中外，反对岑、

---

　　①　原件未署日期。可能在一九一八至一九一九年间。
　　②　原件未署日期。据"中华民国"各界纪念国父百年诞辰筹备委员会学术论著编纂委员会主编《国父墨迹》，当在一九一八至一九一九年间。
　　③　原件未署日期。约在一九一八至一九一九年间。

陆、徐、靳之苟和。

据抄件，台北、中国国民党文化传播委员会党史馆藏

批马逢伯闻段陆携手函

（一九一九年一月四日）①

代答见后：段、陆断无携手，局部和议，乃徐、陆之阴谋，吾辈当竭力打消之，否则民国已矣。

附：马逢伯原函

（一九一九年一月四日）

中山先生伟鉴：

启者：顷闻局部和议行将实现，段、陆携手，西南解体，国事益不可为矣。前事迄无回音，而议和之声频击耳鼓，吾党计划，似为段氏所利用，但不知内幕如何。先生卓识远虑，当必有灼见其隐，愿进晚等而教之也。敬候炉安，并颂新禧。

名正肃

元月四日

据原件，台北、中国国民党文化传播委员会党史馆藏

军政府为北军攻陕事咨复广州众议院

（一九一九年一月五日刊载）

为咨复事。本月十日接准贵院咨开："为咨达事：据众议院议员杨铭源等提出咨请代理国务院职权，摄行大总统职务，军政府关于北方攻陕各军严重交涉，即期撤退，建议案一件，于本年十二月十日大会付议，当经院议可决。"查议院

---

① 日期据来函。来函未署年份。按其内容，当在一九一九年。

法第三十八条，建议案可决，即日咨达政府。兹依该条之规定相应抄录原案备文咨请查照施行等因，并附建议案一件过府。

业经于十一日开政务会议议决，一面电致徐世昌严重质问，限接电后切实声明停止入陕、入闽各军之进行，否则认为有意开衅，不欲言和，并将北方阴谋陕、闽各情由外交部公函通告各国公使或领事，使知将来若破坏和议，咎有攸归。一面通电护法各省严密戒备，防和议决裂。除分电饬令遵照办理外，相应备文咨复，并将致徐世昌蒸、真两电稿①另录奉阅，希即查照。此咨

　　众议院

　　　　政务会议主席总裁岑春煊，总裁伍廷芳、林葆怿、唐继尧（赵藩代）、

　　　　　　　　　　　陆荣廷（莫荣新代）、孙文（徐谦代）

　　　　　　据《军府为陕事复众议院文》，载一九一九年一月五日上海《申报》

批刘英建议宜与在闽海军接近以免粤军孤立函②

（一九一九年一月六日）

　　作答：函悉。当酌量办法对付就是，粤事望随时详报。

　　　　　　据原件，台北、中国国民党文化传播委员会党史馆藏

批萧辉锦凌钺等请撤换代表徐谦函

（一九一九年一月十二日）

　　答：派季龙事，初此间皆无成〈见〉，乃为多数同志所要求而出之，今要取消，亦当为多数之取决。

　　　　　　据原件，台北、中国国民党文化传播委员会党史馆藏

---

① 两电稿一九一八年十二月发出。
② 刘英，湖北人，时任广州国会议员。

批复蔡元培张相文论编辑民国史事

（一九一九年一月十四日）

答以方君云云，乃彼想当然耳，文实未之知也。然此事亦文所乐为者，但以近方从事于著述，其中一段为革命原起，至民国建元之日止，已略述此共和革命之概略，可为贵史之骨格也。至其详细，当从海外各地再行收集材料，乃可呈采。此事现尚可办，文当发征文于海外各机关也。各秘密会党，于共和革命实无大关系，不可混入民国史中，当另编秘密会党史。

附：蔡元培张相文原函

中山先生大鉴：

顷接方兄寰如来函，欣悉国史征集，荷蒙先生允为间日演讲，逖听之余至为佩慰。盖以民国成立以来，群言淆乱，是非不明，不有信史，曷以昭示来兹？且饮水思源尤不容忘其本来，故元培与编纂诸君公同斟酌，拟自南京政府取消之日止，上溯清世秘密诸党会，仿司马公通鉴外纪之例，辑为一书，名曰《国史前编》，所以示民国开创如斯其难也。惟兹诸党会既属秘密组织，迄今事过情迁，往往不能言其始末，再阅数十年间，窃恐昔年事迹不免日益湮没，滋可惧也。所幸先生以创始元勋不吝教诲，征文考献皆将于是赖之矣。手此。即颂勋安。

张相文、蔡元培谨启

据原件，台北、中国国民党文化传播委员会党史馆藏

批方井东函

（一九一九年一月十四日收到）

代答，奖励其有心。

附：方井东原函

（一九一九年一月十二日）

中山先生伟鉴：

久别尊颜，时深竭慕。敬悉先生聘任胡汉民先生担负会议代表，拯人民于水火，全国钦从。但此时陕闽问题尚未完全解决，会议宁沪争执之间，鄙人意以在沪较在宁安妥，超出军警势力范围，方□妥协。刻今北方十代表驻宁，偶然外出，军警荷枪沿途护送，如临大敌，途中禁止平民行走。日前朱代表至三新池沐浴，军队入内将该池全体澡客驱逐外出，无论何代表至何处，即将该处交通断绝，甚且二面商铺屋顶都有军警，似此情形近于迫胁人民，仍沿专制官僚旧习，毫无共和气派。茶楼酒肆军警取缔，禁论国事，人民言论交通均不能自由，务祈先生与唐少川筹商会议地点，定须坚持在沪诸多稳便。然沪上系全国舆论中心，鄙人已经奉函转陈少川先生，谅少公处必表同情。今日宁绅商二界在地方公会开会欢迎熊希龄先生，闻希公明日至申访候少公，筹商会议地点事。北代表在宁甚为铺张扩充，将国民有用金链作为被〔彼〕等淫威之用。是以鄙人略有就近所知陈明先生钧鉴，谅先生必定表同情。先生可否通电北代表诸先生，日内定可到申，一俟诸先生到申，敝人定然亲前面聆教益。转〔专〕此奉陈，敬请钧安。

南京公民方井东三鞠躬上言

一月十二日

据原件，台北、中国国民党文化传播委员会党史馆藏

批于右任报告军情函[①]

（一九一九年一月二十一日）

答以：护法政府，在吾党中人已竭力争之，陕、闽不解决则不讲和，当始终

[①] 于右任时任陕西靖国军总司令。其一月九日原函指出，北京当局在南北和议声中大举派兵进攻陕西，"陕西之战祸，必不能免"，请求孙文"严电川滇统帅，限日攻下汉中"，且"令湘、闽、赣、蜀前线之师，一律进攻"，以援救陕西。

坚持此旨。惟他派之人则另有用意，其初陕、闽所以有另成问题，皆由岑、陆与北京私通，特置此两省于外也。

据原件，台北、中国国民党文化传播委员会党史馆藏

批冯熙周来函

（一九一九年一月二十八日）

代答以：黄明堂有一次通电骂我，你不知乎？写信一节，恐无效力，碍难照办。

据原件，台北、中国国民党文化传播委员会党史馆藏

批张庆豫转呈于右任函

（一九一九年一月）

元冲拟答。

附一：张庆豫呈

（一九一九年一月八日）

中山先生有道：

　　顷接右任先生致先生一函，用特转呈，希即发存，尊函亦收到，于昨日加封寄陕矣。知关附及。专此，即颂勋安。

张庆豫谨肃
一月八日

附二：于右任原函

（一九一八年□月二十八日）

径启者：前者北京武人声明罢兵，向军政府言和，识者早知其为一种策略，避实击虚，以逞其最后之阴谋。今果以重兵压陕，诬我靖国军为匪矣。只此皆足为逆党无诚意之言和之铁证。我护法各省，若犹不早觉悟，罢议续战，仍曲与委蛇，一误再误，致彼□得徐徐窃据陕之地盘，则逆氛愈张，护法大事从此去矣。右任痛民贼稽诛，国难未已，爱乡固殷，爱国尤切，苟有可以术法，使全国能享永久和平之幸福，即使陕民独受兵火之苦亦不敢辞。今日敌兵环伺境上行见陕西变为一大战场，湖南兵燹之惨状将重演于素省，右任爱桑梓之心岂后于人，然为大局计，为民国策久远计，亦惟有牺牲一切以博最后之胜利。盖欲图国家百年之安宁，当忍一时之苦痛，徐段之处心积虑急急攻陕者，无非为捣乱国家之地步，如□□遗患斩蔓草而不去其根，将来必至再兴革命之师，则损害之大事功之难不易，有十百倍于今日者，陕军勇敢非不能战□敌军，今增两旅之师，我亦何怯。祈我护法诸公下一决心，以武力求和平，电催援陕各军速进，并为陕军接济子药，如此陕西不难早定，然后出兵潼洛，则大局即日解决矣。右任不才，亦护法之一人心，所谓危不得不言，恳请勋安……此致中山先生公鉴。

于右任上言
廿八号

据原件，台北、中国国民党文化传播委员会党史馆藏

军政府为赴欧使职权事咨询广州众议院

（一九一九年二月五日刊载）

代行国务院职权、摄行大总统职务，中华民国军政府为咨询事案。本军政府拟任伍廷芳、孙文、王正廷、伍朝枢、王宠惠五人为全权大使，业于一月十五日咨请同意在案。

本全权大使职权宜有区别，除伍廷芳、孙文仍拟任全权大使外，其王正廷、伍朝枢、王宠惠三人拟任为全权特使。事关外交信用，援照约法第十九条第六项答复临时政府咨询之规定，相应备文咨请贵院查照见复。此咨

众议院

政务会议主席总裁岑春煊，总裁伍廷芳、林葆怿、陆荣廷（莫荣新代）、

唐继尧（赵藩代）、孙文（徐谦代）

据《军府咨询欧使职权》，载一九一九年二月五日上海《民国日报》第三版

批卢师谛杨虎介绍段廷佐晋谒函

（一九一九年二月五日）

段君请随时来见，相片往亚西亚照相馆再印，照数寄去。

据原件，台北、中国国民党文化传播委员会党史馆藏

批于右任英文函

（一九一九年二月十日）

交汉民、精卫、伯兰看，并代拟复。

据原件，台北、中国国民党文化传播委员会党史馆藏

批杨虎请晋授中将函[1]

（一九一九年二月十一日）[2]

代答以：吾辈此次护法，并未成功，所以吾党之士，当仍卧薪尝胆，坚苦奋

---

① 杨虎时在川军任职。

② 日期据来函。来函未署年份。据"中华民国"各界纪念国父百年诞辰筹备委员会学术论著编纂委员会主编《国父墨迹》，当在一九一九年。

斗，万不可立此虚名之想。且此事亦为先生万难办到，则使勉强办之，必为北京所忌，于兄有损无益也。

据原件，台北、中国国民党文化传播委员会党史馆藏

批李烈钧函

（一九一九年二月十三日收到来函）

元冲拟答。

附：李烈钧原函

（一九一九年二月十二日）

中山先生大鉴：

南北妥协渐有端倪，果从此息事宁人，共循轨道，亦未始不足以慰人民之望，特北方武力依然存在，苟无拔本塞源之计，则年来护法尽归泡影，杞人之忧恐未有艾耳。窃谓议和开始之际，必先从军事上求正当之解决，苟使南北西方不失其均衡之势，则暴力武人自不敢滥用威权，法律问题即可迎刃而解。军府因组织军事委员会藉资讨论参部次长，蒋伯器兄业经政务会议任命为军事委员。兹伯器兄因与各方面接洽，先行赴沪，我公胸有智珠，统筹全局，对于护法各省军事必有具体办法，务乞不吝教言，与伯器兄详细筹商，俾得圆满解决，除将此间一切情形托由伯器兄面罄外。耑此，敬颂勋祺。

李烈钧
二月十二日

据原件，台北、中国国民党文化传播委员会党史馆藏

批黄白元请以胡汉民长粤函

（一九一九年二月二十三日）①

答以：收悉。吾不便直接干涉地方事，总望各人维持正义，努力奋斗也。

据原件，台北、中国国民党文化传播委员会党史馆藏

批叶夏声组华侨实业协进会请为赞成人函

（一九一九年二月二十四日）

不便加名赞成，因国中同志所发之会太多，若赞其一，不赞其他，反为不好。

据原件，台北、中国国民党文化传播委员会党史馆藏

批林森来函②

（一九一九年二月二十五日）

元冲拟答以：予不能受徐世昌委任，当以不能向和议发言。盖国际上只认北京政府为民国之代表也。又上海和议，国会应赞助唐少川，不可为政学利用图推翻之也。

附：林森原函

（一九一九年二月二十五日）

中山先生大鉴：

---

① 日期据来函。

② 林森时任广州非常国会参议院院长。巴黎和会召开，林函告国会议员四百数十人，推孙文为国民代表，赴欧与会。

敬复者：尊示已悉，已即催促杨仙逸、张惠长克日前往，唯三五日后安家妥当，即可起程。欧洲和会国民代表委托书，已由田梓琴君奔走，业已签名四百数十人；参议院则由邹海滨君担任签名，不日即托古香芹君带往上海，再托觉生君向驻沪两院议员签名。在粤同人深望先生早日出发，能向美洲经过更好。广州外交后援会不日亦可成立，当日开预备会，亦曾表示敦促先生赴欧之意。近日议员渐有返粤者，可望开宪法二读会。更望晤及两院同人，请其先回广州一行，将积案议决之后，再行赴沪，则两方都得兼顾。谨此奉复，并叩大安。

再者：上海通讯处已定暂缓裁撤，乞告觉生、人漳诸君。

林森鞠躬

二月廿五日

据原件，台北、中国国民党文化传播委员会党史馆藏

批林修梅函

（一九一九年二月）

元冲拟答奖励。

附：林修梅原函

（一九一九年二月八日）

中山先生钧鉴：

去冬罗君迈来沪，曾肃芜禀，嘱为递呈，谅邀赐鉴。现在南北和议虽渐接近，然解决世局之根本办法，双方均无正确表示。段氏改为国防督办，仍握有练兵重权，某国复阴为援助，危机所伏，匪惟无永久和平之望，即目前亦恐有决裂之虞。我国此次战争与妥协，实与世界政潮同一趋向，段氏种种举动，无一不与世界趋势相违反，自非设法制阻，无以餍一般国民之望。我公德识誉望，中外倾仰，必有伟谋硕划，息此群嚣，培养国脉。万一段氏犹弗悔祸，梅早有宁为玉碎毋为瓦全之决心，曾于前禀申明之。

郴地交通梗塞，每于大局变迁，不得其真象，尚乞时锡南针，俾有遵循。此间情形，舍弟伯渠颇知其详，特嘱其趋叩崇阶，陈述一切，乞进而教之为幸。专肃，敬请钧安，伏惟赐察。

林修梅（印）谨上

二月八日早

据黄季陆主编：《革命文献》第五十辑，台北，中国国民党中央委员会党史史料编纂委员会一九七〇年三月出版

批陶礼燊彭堃要求接济黔民生社函

（一九一九年三月三日）

答以：按各国团体结社，当由会员供给支会之费，支合〔会〕供给总会之费。乃吾国党员，每每冠履倒置，文往稍有余力，常勉为应付。惟今后文之生活费亦将仰给于党员，故不独不能以一人而供各地之求，惟望各地党人有以接济我，否则不日当谋食于海外矣。

附：陶礼燊彭堃原函

（一九一九年三月三日）

中山先生钧鉴：

敬肃者：天祸中国，权奸乱政，我公不忍以手造之共和亡于比匪之手，贻世界之羞，屡退屡进，百折不回，我佛慈悲，中外共信。

黔居山国，见闻狭隘，非立强健党基，以图国事，则一方受黑暗之冤，一国缺圆满之憾。同人等不计固陋，爰合全省分子，组织民生社机关。一本我公党章，作人定胜天挽回劫运之举，早经众议表决，先出《勤报》，以鼓吹公理；扩充分部，以连络感情。幸叨庇荫，军政健者均表同情，开办资本已有成议，人员机械均皆齐集，惟经常费用尚待筹备。指日出版，寄呈钧览，以博大同欢忭，藉尽国民责任。惟黔本瘠区，财才两乏，现奉军府电令，改选省会，经本社理事张士仁

（省议会副议长）等与执政同意，暂从缓办，俟大局解决，国会改选，同时并行，一舒财力，一谋党势，使选政从容布置，庶收一致之效。

我公共和元勋，虽一乡一邑，必使纳诸大轨，黔虽褊小行省之一，当不致独令向隅，用是公推礼燊与堃为本社代表，赴沪面陈，冀思拯助。惟目下时值过渡，礼燊为议职所拘，堃在粤亦为事所阻，不得亲聆大教，详陈一切，谨将各情据实肃陈。想我公眷念黔局与国事攸关，又值组织报馆，筹备选政二者并行，生财无术之际，必能早施推解之仁，以副云霓之望，其裨益之处，又岂徒黔省而已哉。专肃芜函，恭请钧安，立候训示施行。

黔民生社代表参议员议员陶礼燊（印）、

本党党员前军政府副官彭堃（印）谨肃

八年三月三日　自广州城内木排头和合坊八号三楼

再：礼燊于七年六月间间关来粤，备员国会，即受本社同人之托，赴沪面陈，因职所阻，曾托谢持君代陈本社公函一件，不知曾邀钧览否？并祈示知，礼燊再叩。

据原件，台北、中国国民党文化传播委员会党史馆藏

批曹羡李焕章等求职函

（一九一九年三月十五日）①

查曹羡能任教员或主笔否。

据原件，台北、中国国民党文化传播委员会党史馆藏

---

① 日期据来函。来函未署年份，仅署三月十五日。当在一九一九年。

批丁开嶂报告拟谋华北沿长城诸省之势力函

（一九一九年三月二十八日）①

代答：不惶及此。

附：丁开嶂原函

中山先生英鉴：

前谒龙门，略陈怀抱，但有褚君在座，未得尽言，守秘密也。鄙意拟在华北沿长城诸省与先生作一部分势力，胜则拥先生为大元帅，败则先生不必露名，所用不过两三万元，即少至一万元，亦能草草去作。今欲再造贵馆，恐再有他客杂座，故函述，如蒙采取，即于三日内招鄙人面陈详细可也。肃此，敬候伟安。附事略一分，由法界白尔路明德里三号。

老同盟会员丁开嶂上

据黄季陆主编：《革命文献》第四十八辑，台北，中国国民党中央委员会党史史料编纂委员会一九六九年九月出版

批赵泰纪来函②

（一九一九年四月一日）

答函奖其有心，并告以今日欲维持民国，须于地方上开通民智，振起民气，使知民国乃以人民为主人，使各地之人皆知尽主人之义务，则国事乃有可为也。

予现时一切时事皆不问，只从事于著书，以开民知。不日当寄书来，请就翻刻，以广流传可也，不必来此矣。

---

① 日期据原函。原函未署年份。暂定一九一九年。
② 赵泰纪，湖南人，曾参加辛亥长沙光复之役。

附：赵泰纪原函

（一九一九年四月一日）

逸仙总裁先生大鉴：

　　前月奉一函，谅邀洞悉。共和主义，我先生煞费苦心，迄今改革八年，不惟尚无进步，达到好好目的，且遭袁氏之帝制，段逆专横，破坏统一。血战经年，人民痛苦颠连，何堪言状？虽有和平之议，尚未切实发表。泰纪自己亥岁得先生之牖觉，提倡革命，辛亥随焦、谢①诸君倡义湖湘，响应武昌。袁氏统一后，置国事不闻，退居商界。近来观此凄象，难负革命初志。欲有心于世道，前途无路。前次函奉鄙意，虽越分冒干，然民国政体，公民有责，想不致触怒也。如大君子爱惜同志，俾老革命退守者仍得展杨素志，附随总裁左右，稍尽一分子义务，扫除段逆，恢复国会，依旧约法，坚持护法宗旨，为四万万同胞造成真正幸福。能否邀予拔用，立候钧命，不胜静待之至。恭叩伟安，统希垂鉴不宣。

赵泰纪上言

四月一日

据原件，台北、中国国民党文化传播委员会党史馆藏

批程潜对议和意见函

（一九一九年四月九日）

　　元冲答：前电总望向全国公布取消，方免国人观听之迷惑也。

---

①　指焦达峰、谢介僧。

附：程潜原函

（一九一九年四月九日）

中山总裁钧鉴：

　　两电计均达座右。海上春和，伏维兴居纳祜。此次护法兴师，非公首义南旋，焉得成斯盛举，此功为不朽矣。潜虽武夫，风闻大义，与公以精神相感召，非自今始。道途之言，或有失实，铄金之口，尤足寒心，我公如日月之昭昭，当早能谅察也。

　　和议仍在停顿，西南主持正义，断无终屈之理，惟望公等坚持初旨，万勿轻易让步。如果樽俎之间不能制胜，即不幸再以兵戎相见，咎有所归，吾党亦当有以谢国人也。此间有众数万，尚能戮力同心，粤中同志趣向略同。请告少川先生毋自馁，而堕奸人之谋，斯诸将士之所望也。兹特遣敝部李秘书长隆建晋谒，详陈一切，伏乞纳教为幸。匆匆不尽欲陈。敬颂钧安。

程潜谨上

四月九日

据原件，台北、中国国民党文化传播委员会党史馆藏

批唐继尧赞同实业计画来函

（一九一九年四月十四日）

　　元冲拟答以：来函赞同实业，甚善，如果大局早定，当以贵省列入计画之中也。

附：唐继尧原函

（一九一九年三月十二日）

中山先生大鉴：

　　远暌光仪，时殷景慕。昨以舍弟夑赓赴日，曾寄上寸函，并嘱代致拳拳，计

达座右。比缪延之代表，沪上书来，备述获觐德晖，亟承挚爱。并言先生锐意提倡生产事业，征求敝处意见，远询愚虑，至佩虚怀。窃以我国近年迭更变乱，水旱饥馑，异地皆然，民生困难，已达极点。兼之欧战结束，经济竞争之潮流，折而东趋，吾国又适当其冲，倘不着手生产，解决此最大问题，恐一入漩涡，万劫不复。先生以世界之眼光，鉴国民之痛苦，毅然以振起社会经济自任，如沉阴之下，响发春霆，万汇昭苏，可操左券，发起有日，敬愿附名，办法一切，便乞示知。敬颂道安，不既。

弟期唐继尧敬启（印）

民国八年三月十二日

据原件，台北、中国国民党文化传播委员会党史馆藏

批蔡涛报告

（一九一九年四月十六日）①

面复。

附：蔡涛报告

（一九一九年四月十六日）

报告四月十六号与林刘等接洽事项

一、林秉懿兄弟完全权利思想，毫无国家观念，涛以权利两字打动心事，始得就绪。据云汕头方面兵力薄弱，不能与省军抵抗，俟粤军大兵到时定当服从先生命令。

二、粤军大兵抵汕，倘刘不服从者，决定推倒刘志陆以自代，清商知粤勿抵汕埠，经潮州方面通过以保该埠秩序。

三、林氏兄弟要求伊父（绍斐）由调和入手，为粤省长或自任为汕头镇守使

---

① 日期据报告。报告未署年份。四月十六日为蔡涛报告日期。据内容暂定为一九一九年。

（推倒刘志陆）。

四、涛与刘志陆接洽一面，语言极滑，并非多谈，嘱守秘密，以林伯民（秉懿）为代表。

五、据林秉懿称云，对于刘志陆许以全家生命财产作担保。

六、据林秉懿称云，莫荣新及政学系要求陆荣廷、陈炳焜、谭浩明等公推岑春煊为西南大元帅，一面与北方议和，一面用兵压倒民党，并秘密悬赏拾万元谋暗刺李烈钧及搜买各报馆主笔，但不知陆荣廷等能否同意，尚在预料之间。

七、据林秉懿面称，伍毓瑞自去年腊月起解散该军，日正受刘志陆运动，并未到潮。此次许以港币叁拾万元改编为桂军师长一职，即变了宗旨故意破坏本党及李烈钧。

八、据林统领面称，伍部共计四千余人，除考棚卫队三四十人抵抗外，其余并未抗令，概由伍毓瑞亲书命令或指挥该张参谋长为之。林部入潮，步兵一营，机关枪一连，抱定意见以推倒支队长以上之人员，由劝慰入手改编林适伍部并无抵抗，所留卫队不得已而为之，并劝抵抗之卫队编组成连，归林部管辖，均不志愿，不得已遣散。

九、刘志陆在汕军队完全拾余营，其人数不上五千人，所依靠者林部式千人也，决无抵抗能力，粤军入汕容易着手也。

查林等其举动完全官僚派，其宗旨完全权利两字，狡猾已达极然，但此次以权利两字藏于脑精，定能服从先生命令，决无碍也。

暗与各处接洽事件

十、特约两广福建等省之著名匪首杨青山，江西人（清前宣统二年黄克强派赴广东首先发难，光复龙川、长乐（今名五华）两县，经鸣岐悬重赏通缉，民国元年首先赴汕，光复汕头，公推吴祥达为主任。民国五年，适同陈兆铭入闽，经北政府拿获，监禁六七个月，粤军入闽时越监逃去，首竖义旗，夺获北军步枪卅余杆，现银八千余元，欢迎洪兆麟入漳，洪委以副官一职，后涛拨归新编队副官长随同先后去职）。据称在诏安、云霄、平和毗连之处联络乡村四十八村，每村可配六十杆步枪，并可引诱桂系及驻诏之方部下级人员攻击刘某。

十一、据方部称云，此次入闽，假有沈鸿英所部炮兵连（管退炮式尊机关枪式架），因安溪战事失败，窜入安海，登山为匪，杨某均可招抚受编。

十二、约定刘部宪兵连长谭某、游击队长李某，均广西人，担任反攻刘某（此两人驻汕头）。

十三、查崎碌、揭阳、汕尾各炮台前由伍毓瑞派兵经理，此次完全遣散，特派游击队七十七营，队长练炳琮（顺德人）所部防守，公事上每台派兵一排，确实只有一棚兵士防守，及经理练炳琮系广东速成学生，亦有程子樵担任其事。

十四、查去年四五月许崇智之弟许济在香港购有步机关枪拾玖杆，并附有子弹，于阴历六月间经汕头海关扣留存贮之，现在南北战事停顿，购此何用，应缴壹万玖千元到关方可赎回，此事明白宣布可以赎回，其确实原因系刘志陆内阻，故有如事，悉请先生设法交涉赎回，以张本党实力。

以上各件均系确实情形，如何之处恳请示遵。此呈。中山先生钧鉴。

蔡涛谨呈

据原件，台北、中国国民党文化传播委员会党史馆藏

批蔡大愚谈政局和议函

（一九一九年四月十八日）①

不答。俟书出版，可寄一本去。

附：蔡大愚原函

（一九一九年四月十八日）

中山总裁阁下：

敬肃者：日前邮上一函，谅达钧鉴。今当欲和未决，欲战未能之际，前途如何，尚难逆睹。然愚以为真共和能实现与否，固不在此和议之成与不成也。夫民

---

① 日期据来函。

德不厚，无真共和。政家斯言，至今益信。而养成一国民德者，即政治上之教育、实业、保卫三作用，此三作用得，则国强富，三作用失，则国乱亡，岂有他道哉。嗟乎！我国今日政治经一番变动，道德则深一层堕落，国家多有一机关，社会则多增一纷扰，谁问政治作用，惟逞个人野心，无论南北，恶劣均等。而善良分子既不多有，再加以洁身自好之念，更益以凌轹倾轧之风，存者晨星。即使就官，正不胜邪，一筹莫展，亦终等于无而已。今人多责北方无诚意而言和，虑和议之难成。愚请退一步言，即使北方出于诚意，而议决条件又万分美满，试问能保证其切实执行者究有谁耶。故吾人欲国不亡，宜另筹所以能实现真共和者，此次和议之成与不成，固无重要关系也。兹以管窥之余，特上数行，愿我公垂察主持，岂仅国家之幸已耶。临颖仓卒，不尽欲陈，倘不惠弃，时赐明训，无任翘企。敬颂伟祉，诸希垂照。如得赐复，即拟来沪一行。又及。

蔡大愚谨肃

八年四月十八日

据黄季陆主编：《革命文献》第四十八辑，台北，中国国民党中央委员会党史史料编纂委员会一九六九年九月出版

批杨熙绩来函

（一九一九年四月十九日）①

　　代答：件悉。程②虽有一次电来，表示前次公电反对之不是，然是否诚意，不得而知也。

据原件，台北、中国国民党文化传播委员会党史馆藏

---

① 日期据来函。
② 指程潜。

批孙宗眆来函

（一九一九年四月二十日）①

代答以：先生对于国会，已不过问。君欲上书，另为设法可也。

据原件，台北、中国国民党文化传播委员会党史馆藏

批复国会议员来电

（一九一九年四月二十七日）

答以：国会行使职权，是文唯一之主张，始终不变。乃军政府之代表章行严，屡次对北方声言国会不成问题，切勿以国会问题而阻和议之进行云云。想改组军政者，乃国会之主张，文当时以去就争而无效。离粤之后，本一切不问，后以国会同人坚持要文派代表，不忍固却，遂再听多数人之请而派之，已再三声明：悉由大众指挥代表，文仍不问时局。当五国劝告之时，外论亦多不助国会，文有所不忍，遂发电请美总统主张公道，蒙彼赞成，乃电粤主张不可议和，只可请美总统为仲裁，深知南方武人必奉送国会以换权利也，今恐不出所料也，现南方代表只汉民一人尚坚持国会耳，其他皆惟权利是务矣。倘他日争之不得，则只着汉民辞职而已，余则无能为力矣。近且闻旧国会议员已有纷纷与非法新国会议〈员〉调和矣，国会议员诸君不奋斗不自爱，文其奈之何哉。

据原件，台北、中国国民党文化传播委员会党史馆藏

---

①　日期据来函。来函未署年份。据内容酌定在一九一九年。

批曹世英王烈请速筹协济方略函

（一九一九年四月三十日）

元冲拟答以：爱莫能助。

附：曹世英王烈原函

（一九一九年四月三十日）

中山先生钧鉴：

比以政躬违和，驰笺修候，谅登记室。先生西南太斗，当世灵光，一身系天下安危，此行关江左兴废。天佑民国，自当日就康复，以忻以祷。和议开幕多日，此间电信阻隔，如行五里雾中，茫无闻知。陕事自张专员到后，将就盖喧衔胡了事，解衣包火，终虑焚身，引虎入群，时虞反噬，三辅风云，愈演愈奇。英等处此漩涡中，自愧智力窳薄，只能硁硁自守，静待大局解决。先生眷怀西域，智珠在握，千祈及时臂划，示我周行，使茅塞之顿开，即遵循之有据。翘首申江，曷胜盼祷。

再恳者，英部款项异常支绌，无米为炊，将钱作董，为日已久。现时秦中雨泽愆期，万端停滞，各营饷糈无着，哗溃时闻，瞻望前途，令人不寒而栗。前以函致徐朗西，嘱其禀商执事，急图补救。敢请先生会商军政府，速筹协济方略，或即于沪上筹集十余万元，刻日汇陕，以济要需。饥来驱我，忙时抱佛，实在情事迫切，非敢故为危辞，以耸听闻也。肃泐，虔颂钧安，临颖不胜激切待命之至。

曹世英、王烈谨启

四月卅日

据黄季陆主编：《革命文献》第四十八辑，台北，中国国民党中央委员会党史史料编纂委员会一九六九年九月出版

批刘仁航请寄《孙文学说》函

（一九一九年五月六日）

存查，并抄住址，俟书出版寄一份与他传播。

据原件，台北、中国国民党文化传播委员会党史馆藏

批南京华侨学生代表陈汉明维持国权函①

（一九一九年五月八日）

代答奖励云：此间有一分之力当尽一分之力也。

附：陈汉明原函

（一九一九年五月八日）

中山先生钧鉴：

敬启者：外交日迫，内争不已，瞻望前途，实深恐骇。今者青岛问题，日臻危境，我国民不于此时奋起力争，后悔何及。是以同人等特于六日晚开全体大会，筹备挽救方法。维时群情汹汹，誓挽回国权。当由全体表决，一电广州政府，请求坚持争还青岛，取消密约，并严惩祖日诸宵小，用警将来。一电巴黎我国专使，请其力争，毋稍退让。一电北京政府，要求开释四日所拘之学生，并力争以上各项。此外欧和会诸要人，亦拟电恳其赞助，并此奉闻。

先生共和元勋，国家栋梁，一言一行，关系全国不鲜。同人等亦聊尽国民一分子而已。尚乞函军政府及各要人，请其协力坚持，一致对外，以挽危局，而拯

---

① 陈汉明来函表示南京华侨学生代表决议电请各方争回青岛，维持国权，请予赞助。

垂沦，不胜盼祷之至。专此上闻，诸维亮照。即颂大安。

南京华侨学生代表陈汉明谨上

五月八日

据原件，台北、中国国民党文化传播委员会党史馆藏

批许崇智呈报军情函

（一九一九年五月十二日）

元冲拟答以：此后吾人之生存成功，皆靠冒险，能之则生，不能则死。

附：许崇智原函

（一九一九年四月二十日）

先生钧座：

前奉教言，久思裁答，徒以军务倥偬，遂致阙然，枨触何似。仲元兄抵沪，报告一切，谅尘钧听。刻闽省亦经开议划界事宜，我军分左右翼：自泉州至江东桥一带为右翼，由竞存兄派员至鼓浪屿主持其事；自仙游至泰宁一带为左翼，由崇智来永安主持之，而总其成于竞兄。此后彼疆此界，毋相侵越。如天之福，斯民或得以休养生息，不再罹兵燹之灾乎。惟就左翼崇智现在所部言，营号不下四十，除兵饷尚未清发外，每月只支火食费已达十万元以上，地方所入，不敷所出，困难万分，不堪言状。幸各官兵，深明大义，曲谅苦衷，第来日方长，必须设法以善其后，始为两全之道。闽属多山，交通不便，民生艰苦，已达极点。军事既藏，即要讲求民事，如何整饬吏治，如何安插游民，此则划界以后，所当亟亟者也。

此次西南护法，名义上滋多，实际上綦少，虽则武力终不胜法律，惟我国现在国民法律之思想薄弱，仍须恃武力为后盾。观北方某派之专横如故，夫己氏懵懂如故，西南各系，又复争权夺利，互相倾轧，名为护法，实则唯之与阿耳。昔人谓读书真种子，不可令之绝，崇智则谓革命真种子，不可令之绝。崇智服从先

生主义，始终如一，惟环顾西南真正护法之师，则我军几等于硕果之仅存，无论如何，亦必须设法维持。敢请先生就近商之少川先生，促其注意为祷。兹并托吴总指挥礼卿①兄亲来，详陈一切，请垂询焉，谨此奉闻。敬叩训安。

许崇智再拜

中华民国八年四月二十日

据原件，台北、中国国民党文化传播委员会党史馆藏

批邓慕韩述在粤联络情形局以谋再握政权函

（一九一九年五月十三日）

要件，存查。

附：邓慕韩原函

（一九一九年五月十三日）

先生大鉴：

　　昨接焕庭兄函，称先生嘱慕韩以后如有要闻，随时报告，慕韩自当如命办理。此次与粤军联络报界，叠经呈报，现竟兄亦有函复，如慕韩所陈办理。目下广州报界共有二十六家，计粤军已联络者八家，同宗旨者二家，合共已得十家。政学会四家，李耀汉二家，保皇党一家，有二家专载花事，无足关系。此外七家，尚无党派，中有新报、快报二家，销纸颇多，尚可联络。然以资格老而销纸多者，已为粤军得过半矣。

　　目下广东大局，前者桂人欲将政学会尽行驱逐，现在寂然无闻，政学会暂时稳固。李耀汉对于省长极力运动，只广东方面，如国会议员则组织一苓庐俱乐部以联络，所有费用极为浩繁，均由李氏供给。省议会方面，黄嵩龄议长之产出，除黄氏自费二百元外，李氏七万元，翟汪三万元。现运动议员，足法定人数出席

---

① 吴忠信，字礼卿。

及选举副议长，又费数万元。省长公署月中所支顾问、参议、谘议等项薪水，每月二万余元。运动报馆，如香港《大光报》、《晨报》，广州《人权报》、《南越报》等，一次过总在千金以上，每月亦津贴数百元。又极力联络民党，如夏重民、李思辕、叶夏声、周之贞、罗晓峰等，其运动金钱之利害亦可惊也。然金钱魔力有时亦穷，最后者惟公理胜。慕韩近与热心社会者谈论广东大局，无不痛心疾首。客军之祸粤，咸望粤军归来治粤，此种心理，谅众口一词。然人心如是，若无人出而联络，亦一盘散沙而已。慕韩在粤日久，交友颇广，本欲担任，然此种联络与报界不同，盖团体既繁，散处又非一方，交际之费必繁。现广东运动实为千古未闻，如刘焕为运动粤汉铁路，费七八百元，仅得协理。故每办一事，非费巨款不成。目下人情奢侈，一席之费动以数十，庆吊捐助无日无之。慕韩自二次革命失败以后，家产几破，归来又不肯干求当道，所有督军省长七八人，未尝投刺求升斗以失节也。故慕韩虽有欲为吾人联络社会以相助，然因无余款而止耳。

照现势而论，即以军队势力，桂人亦推粤军在广东为最善战者。人心虽趋向于粤军，而李氏以金钱如此运动，若不早为之所，恐将来亦失败而已。先生如为吾党、为粤军在广东占势力计，宜早派人与社会平日相信者联络，以免临渴掘井，徒劳而无功。若一时难得其人，慕韩亦敢自任，但交际费月中颇繁，须二三百金方可着手耳。慕韩为党事奔走十余年，是否着实，想在洞鉴之中。慕韩亦欲吾党再在广东再握政权，以雪年前之耻耳。又近来陆兰清运动到琼崖镇守使任甚力，阖并奉闻。肃此，敬请筹安。

邓慕韩谨上

五月十三日

再者，与粤军所联络各报，务请时时商议谈话，如此乃感情亲密。但报界公会、茶楼、酒馆，非会议之处，现得晋昌公司同人借出该处为会议地方。该公司乃由一部分同志所组织，以为消乐娱乐之所，所有租项薪工费用，不用粤军补助。前者帅府成立，各同志多有在该公司密中办事，以免外间注意。慕韩合特陈明，以免谣言乱造耳。又启。

据黄季陆主编：《革命文献》第四十八辑，台北，中国国民党中央委员会党史史料编纂委员会一九六九年九月出版

批朱和中述北廷情况及解决鄂省纠纷意见函

（一九一九年五月二十二日）

看过。

附：朱和中原函

（一九一九年五月二十二日）

中山先生大鉴：

弟顷已抵汉口，拟明日渡江见省长，以后通信，恐不能自由，故上一函。北京自学界风潮骤起，极呈杌陧之象。安福派方趾高气杨〔扬〕，以为破坏和议之目的已达到，主战派亦喜其回复势力，惟徐世昌则孤立无援，束手待毙，已上冯国璋之轨道，不出两月，将有破裂之状发生。破裂之根本，则在财政。自学生风潮猝发以来，借款已无希望，各部薪金，今已三月不能发给，若再延长两三月，则军饷亦无着落，群起而哗变矣。哗变以后，则为自然之遣散，各叛督之势力，自然熸消矣。故今日和议决裂以后，惟一之方法，即在责骂北京政府卖国借款参战军，为外人练中国兵以灭中国，并与日本浪人图订立密约，恿□蒙古独立，以为存国防参战军之地步。不速与言和，则其势自消，其力自懈，其党自携贰矣。匆匆草此，顺颂大安。知名上言。

大势既如以上所述，兹有鄂省局部之事，将来沪求见先生与唐总代表。昨晚已见汉口商会副会长王襄丕，俱恐鄂省长与督军，因唐克明等招纳沔阳、武汉土匪，麇集施鹤，于今三年，百端骚扰，人民殆将绝迹。现举定弟为省长代表，王为商会代表，某者为督军代表，与唐克明等交涉，认定有械者为兵，无械者为匪，一律遣散，以轻地方之责。王襄丕以此事不能办到，今未允前去，只答以俟弟来鄂再商办法。弟以此须与沪与粤磋商，由沪粤与川滇两省电商就绪，然后能解决鄂西。惟弟当来与二代表请求先生与少川，因大局之关系，届时请与少川提出条件如左：

（一）鄂省确守中立，此后若有战事发生，不得侵犯川湘陕黔各界。

（二）此后若有战争，鄂省不得通过败兵。

（三）此后若有战争，鄂省不得接济一方面。

（四）此后若有战争，鄂省即应宣布中立与北廷断绝关系。

（五）以上四项，由沪粤川滇派员监视。

（六）以鄂西还鄂，有械南军认为正式南军，归鄂归川滇任其自择，惟必须离开鄂西境界。

（七）川滇黔承认，不自巫陕鄂西攻取宜昌等处，尊重鄂省中立主权。

以上（六）、（七）亦由双方派员监视。以上七条乃弟所自拟，将来由先生与少川提出者。弟尔时居于省长代表地位，不便为南方争论，故先告先生，请即与少川商妥，以待弟等前来。总之因鄂西以确定长江三督中立之地位，并约束其中立之行动，监视其中立之态度。鄂西事解决，则赣南将继之，长江中立，则北庭势乃益孤，只有山东、直隶、河南、东三省而已。山西阎之自治已成，陕西则骚乱未已，甘肃则僻在西陲，再加之以借债无方，则甘心屈服矣。弟即刻过江，此后恐不便来函。特此，顺颂大安。

知名又上言

五月二十二日

据黄季陆主编：《革命文献》第四十八辑，台北，中国国民党中央委员会党史史料编纂委员会一九六九年九月出版

批臧善达请资助函

（一九一九年五月二十三日）

着景良调查，酌量对付。

附：臧善达原函

（一九一九年五月二十三日）①

叩求元帅大人钧鉴：

敬启者：前奉上三函，谅达尊阅矣。晚因去岁在粤被勒令解散后，抢劫一空，承蒙大人恩派杨参军赏赐川资，不甚〔胜〕感激之至。身受抢伤后已愈，行赴数省，经过各处，晤谒柏总指挥，面劝回沪复办皖南机关。同来数人，到此困难达于极点，现值衣尽囊空，服不能遮体。晚历年以来，自备经费于公家效劳，实因丁巳年五月九日取消国会，国贼在天津会议，发动种种违法之事，晚由天津小站辞职来沪，同向君海潜会办皖南于浙江泗安、湖州一带，七月被获，将家产一概充公。现来此处，进退两难，恳乞我公无法中设法维持，以免晚自尽黄浦江而去。想元帅决不忍使晚身填沟渠，见死不救。

晚实因无法可想，万难之际，叩恳台前，效秦庭之哭。务祈慈悲，济危扶困，只此一次，绝不作无厌之求。倘有大开格外恩典，赏赐盘费，使晚即日起程到粤，出好比重生父母，再造洪恩；倘若不救，晚只得亲身叩谒，面跪大人座前。晚实因无法，不得已再三恳求，并祈即速赐示福音，不甚〔胜〕叩祷之至。肃此不恭，敬请崇安。

诸同志先生请安。回示请寄法界郑家木桥大街林记长兴栈便是。

晚名正肃

据黄季陆主编：《革命文献》第四十八辑，台北，中国国民党中央委员会党史史料编纂委员会一九六九年九月出版

---

① 据原函邮戳发邮时间。

批杨鹤龄求职函①

（一九一九年五月二十四日）

代答：函悉。此间现尚无事可办，先生故闭户著书，倘他日时局转机，有用人之地，必不忘故人也。

批邓慕韩解除粤军在闽压力函

（一九一九年五月二十八日）

代答：望积极进行。

附：邓慕韩原函

（一九一九年五月二十八日）

先生大鉴：

二十四日，由慕韩邀请粤军在省同人，及已联络各报宴叙，各报均到。是日除将粤军在闽被方军滋扰宣布外，并拟在粤发起一广东善后协会。各人均极赞成，先由国会议员发起，报界和之。又报馆加入与粤军联络者，有民权、天民民报，前后计共十家。慕韩所发出之稿数次，各报均登载。今日各报登陆荣廷带兵数千

---

① 杨鹤龄为孙文早期革命同志，"四大寇"之一。五月十六日致函孙文："今者国家多事之秋，如弟之宗旨不变，诚实可靠，若用作奔走，用作心膂，赵充国所谓无如老臣者，弟亦云然矣。公其故旧不遗，器使我乎？不胜待召之至。"

西来，此说未必尽虚。果尔广东局面不久便有大变更也。谨此奉告，敬颂。

慕韩谨上五月廿八日

据黄季陆主编：《革命文献》第五十辑，台北，中国国民
党中央委员会党史史料编纂委员会一九七〇年三月出版

批金永炎函

（一九一九年五月三十日）

送书一本。

附：金永炎原函

（一九一九年五月三十日）

中山先生钧鉴：

前在沪数月，诸承指导一切，迄今为感，别后极为系念。敬维近来贵体康健，凡百迪吉，不胜颂祷。炎于前日由龙州来粤，拟不久即来沪上，敬候大教。

前炎驻沪时，每见我公手不释卷，终日以著述为事，即此一端，亦为我国人所难能之事。近来一般士人，不独不看外国书，并不读中国书。所以每闻我公议论，均以为太高尚，否则以为奇怪。其实近年以来，何一事非由我公首先发起，其初人皆反对，最后终不能脱此范围。炎最佩我公遇事皆有先见之明，初以为全凭个人理想。自近年亲炙道范以后，始识皆由读世界各书得来，自非寻常流俗人所能知。炎前与湖南谭组庵先生谈及，渠亦与炎同一感想。现在谭公颇研究外国文字，刻在永州终日读书，盖亦由我公所感染也。时局之事，前东海曾派人钩〔钩〕结武鸣两次，武鸣因情不可却，曾派人答谢，亦实有其事。此亦不过从前联冯倒段主义，外间疑其单独议和，殊为误会。至对于老段，则绝对反对。无论如何，非令其解兵下野，决不罢休。好在刻下为段派卖国之事，到处激昂万分，此地各界尤为愤慨。中国年来民气，亦是尚有生机，究未始不可有为。如能除去旧来之障碍，自能制造一新国家，仍望我公有以提倡之。近来如利用此种民气，先将段推倒，其他问题自易解决。未识钧意如何？炎此次系由武鸣派与长江三督

接洽，拟即藉此旋鄂，为先慈办理丧事。特此先为奉闻，余俟面罄。此请著安。

金永炎敬呈

五月卅日

据黄季陆主编：《革命文献》第五十辑，台北，中国国民
党中央委员会党史史料编纂委员会一九七〇年三月出版

批朱和中报告将赴鄂西函[①]

（一九一九年五月三十一日）

此间已着该地同志讨唐克明、方化南，以报蔡济民之仇，望协力成之。

附：朱和中原函

（一九一九年五月三十一日）

中山先生大鉴：

前接邵函，敬悉先生对于政局，现持冷静态度，异常钦佩。惟沪会虽已停顿，局部之接洽已畅行，无人携手，政局将益增纷扰耳。但细审京中状况，实已无言和之资格，纵所提条件，逐一双方承认，亦不过一纸空文而已。故今日静待国民之自觉，亦应时势之需要，不得不然者。惟弟对于家乡（即鄂西），以唐克明、方化南、林鹏飞等各贼首之蹂躏，下应人民之请求，上承军民两署之付托，不日将前赴该地，与黎天才、柏文蔚当面接洽，疏通一切，妥筹善后事宜。只以沪会无重开之望，故拟暂不来沪。至该处困状，太炎所深悉。以后若南军头目，或有因劣迹昭彰，藉词挑衅之函电，请勿误会。特此先行陈明。顺颂伟安。

朱和中躬

五月三十一

据原件，台北、中国国民党文化传播委员会党史馆藏

---

　　① 朱和中原函谓鄂西被唐克明、方化南、林鹏飞等蹂躏，他应人民请求及军民两署之托，不日将前往该地与黎天才、柏文蔚当面接洽疏通，妥筹善后，以后若南军有藉词挑衅之函，请勿误会。

批马逢伯请对局势发表意见函

（一九一九年六月五日）

代答以：先生近日闭户著书，不问外事，如国民果欲闻先生之言，则书出版时，望为传布可也。

据原件，台北、中国国民党文化传播委员会党史馆藏

批罗端侯愿为国效劳函

（一九一九年六月六日）①

代答以：先生闭户著书，不问外事，所说之件，未遑及也。

附：罗端侯原函

（一九一九年六月六日）②

中山先生大鉴：

敬肃者：此次南北构衅，将近两稔，元气之凋残，人民之痛苦，莫可言喻。种种经过之事实，咸在洞鉴之中，毋庸赘述。端之不敢与闻者，良以良莠不齐，意见杂遝，而西南黑幕，揭之不穷。操权持柄之流，无非寡廉鲜耻，徒为个人地步，询以合群策群力，以谋良心之改革，促社会系之上流则非也。

自和议停顿以来，南方单和之声，愈唱愈高，非鉴于时，迫于势，诱以利也，利之所至，即祸机所伏，将来事实，容可问乎？质言之，西南局部降服于无法政府也。既能降服于无法政府，即可附和无法政府以卖国。自青岛问题发生，全国鼎沸，溯厥渊源，皆由曹、章、徐、陆诸贼甘启隙端，引狼入室，大好河山，授

---

① 日期据来函。
② 日期据来函。来函未署年份。应在一九一九年。

人以柄，是朝鲜之祸将不远矣。

国家兴亡，匹夫有责，此非在野名流先达坐视官僚政客之擅卖国民国土而不问，亦非吾辈国民知之而不言，抑空言之而不实行之也。所幸者民气未尽沉沦，尚有一线国光，可以自图挽救，学生罢课，商人罢市，岂得已哉？不过激于爱国血忱，以冀恶劣政府万一之觉悟，而彼等淫威所逼，摧残如故；加以北方伪主及其强有力者犹是卖国原动人物，非可以法律绳束者，虽民气可恃，恐终不能伸张，则中国外交徒有唯唯而已。似此将奈何？惟有除少数官僚甘心卖国外，是在大多数国民之自决，以凝结民气，作外交之后援，不必迫于官僚之强横而不为，不必惧于强横之武力而放任之也。夫武力之原质，犹是国民也。地无分南北，人无论贤愚，个人身家性命皆在所顾惜；即此谕以利害，晓以大义，当此生死关头，自可化对内之强横，而为一致对外之敌忾矣。前鲁省军卒虽奉长官严命，强制学生之行动，而良心上已与学生表示同情，此其实证。观此足为铲除官僚一大机会，亦属国民自觉前途一线曙光。舍此不谋，不独国民永堕黑暗地狱，即国家忧患，终无消弭之时，对于此次学商之愤慨有隐痛焉。

端羁留海上，本冀和议早成，作一太平平民，于愿已足。无如大难未已，外交更迫，瞻望前途，责任有在，未忍作壁上观也。窃思湘黔鄂蜀，各属接壤之区，旧属四在，本有可图，如能召集，足称坚劲；更有良善政府为之主持，无论对于何方，皆足制胜，端知之甚谂，非托空谈。前曾有嘱端前往动作者，以鉴于四五年间之故事，誓非其人，不屑与言，此若得先生指示一切，虽汤火赴蹈所不辞也。在先生未必许端为知己，而端综览今世奇杰言行，不背终始一辙者，惟先生一人在也。倘蒙推爱，乞赐教益，区区此心，不尽欲言。专肃，敬叩崇安，统希霁照。

罗端侯谨启

六月六日

据原件，台北、中国国民党文化传播委员会党史馆藏

批陈福禄陈述经商计划并请晋见函

（一九一九年六月八日）

代答以：请与李君于七月十一日，即礼拜五午后三时，来莫利爱路二十九号住宅，极为欢迎。

附：陈福禄原函

（一九一九年六月八日）

书禀孙文先生阁下：

晚生陈福禄，原籍福建人，生产在实力伯岛孟嘉锡埠（Macassar Celebes）。客年由孟嘉锡埠往东洋之东京，图谋兴立亚细亚极大商业之公司，以我国人、东洋人、南洋人三国联络，以兴三国中输出入货之商业。东洋人一闻此意，极荷各界之赞成，兹在东京与副岛八十六先生，先行个人之公司，名曰日本支那南洋贸易商社，从中如大隈候〔侯〕亦极为赞助。是以于五月间，仆归来上海，幸得苏筠尚先生鼎发洋行亦慨然赞成，是以今在上海，先行个人之公司，名曰天成公司。惟其中以仆之见，我国人联络商业之事，殊属难为，是以极愿先生赐我一见，以期得有教益是也。倘蒙赐诺，订于何日，深愿明示是盼。

近在上海，又晤八打威李兴廉先生来游祖国。他亦是南洋生长，晤谈间，仆有陈及贵学说中，有立誓之一节，他极为感动，亦极拟同仆晋谒尊前，惟未知大人肯为俯纳否。李先生家产，大约有四五百万，他之性生极爱祖国，在他住地诸公益事，乃系独一无二矣，谅先生亦经闻及矣。谨此奉陈，伏望复示至盼，并此即请大安。仆中国文学浅，性生亦不喜求人代书，是以上陈，诸情唯愿大人改字会意，而不责仆之唐突，是为幸幸。客年曾携有大隈候〔侯〕之介绍书于北京诸公，但无一见者，良可慨也。又禀。

仆陈福禄顿首书

六月八日

现住上海西门华界民国路二十八号。

据黄季陆主编：《革命文献》第四十八辑，台北，中国国民党中央委员会党史史料编纂委员会一九六九年九月出版

批陈炯明请购无线电机函

（一九一九年六月十五日）

元冲拟答：焕廷①照写信美洲支部采买电机。

附：陈炯明原函

（一九一九年六月十五日）

中山先生大鉴：

浩亭回，备述代筹各节，至为纫感。联湘一节，本与吾人素志相合。炯自入闽以来，受尽种种恶气，对于粤省未尝一日忘怀，苟有机会，必当一试。惟现在实力未充，敌人探侦密布，我辈有谋人之心，不必使人知之，似宜密与要约，使彼先发，庶不致受给于人，仍请先生主持进行为要。联络林悦卿一节，任彼取何策，均可照办；惟恐彼不足与谋耳。现在岑、陆内讧，莫荣新有通缉李子灵之电，倘彼辈发生战事，粤军有机可乘，即拟返斾。此间电信交通，未臻完备。闻美洲无线电机每副价只美金百余，现拟购备数副，以资应用，即请代函美洲支部定购为祷。兹因梅培兄赴沪之便，特肃数行，余由梅培兄面述。专此，敬请伟安。

陈炯明（印）敬启
中华民国八年六月十五日

据原件，台北、中国国民党文化传播委员会党史馆藏

---

① 林业明，字焕廷。

批张铁梅王升平请示方针函

（一九一九年六月十五日）①

元冲代答，并寄书一本。

附：张铁梅王升平原函

（一九一九年六月十五日）

先生钧鉴：

敬肃者：窃铁梅、升平一介栎材，毫无知识，十年粤海，从事戎行。忆自辛亥革命，癸丑讨袁，随诸烈之后，驰骋战阵，血透征衫，满望永固国基，长存宪法。不图丙辰之秋，督军倡乱，酿成复辟，段肆阴谋，解散国会。斯时也，铁梅等请缨无路，忍愤填膺。不久而莫逆附段，独立潮梅，钧座任命金君国治，直接来营，并承电令进剿。梅等以缩军在握，义不容辞。甫奏功成，乃犯权奸之忌，乘我后方不备，威逼解散，戕杀金君。旋省又奉钧座任命援赣军团长职务，中途波折，消灭无形。梅等至斯，灰心已极，正拟检点归耕，不与时事，嗣因粤军护法，蒙湘臣司令号召援闽，略奏肤功，差纾厪注。惟是我军，苦心孤诣，势若独行，幸远托蚍蠓，诸沐维持调护。迩以和议停顿，解决难期，伏思钧座念苍生属望之殷，当有所主持。久欲禀叩安祺，呈请方略，只以云泥分隔，未敢冒陈。兹特肃禀驰陈，尚冀不弃卑陋，俯赐方针，曷胜祷叩之至。专此，敬颂崇安，伏乞垂鉴。

援闽粤军第五十一营营长张铁梅、

援闽粤军第五十二营营长王升平

中华民国八年六月十五日

据黄季陆主编：《革命文献》第五十辑，台北，中国国民党中央委员会党史史料编纂委员会一九七〇年三月出版

---

① 日期据原函。

批刘焕藜请采取积极救国行动函

（一九一九年六月十六日）

代答：先生仍闭户著书，不理外事，只望同志推广学说，劝进国民。

附：刘焕藜原函

（一九一九年六月十六日）

先生钧鉴：

敬读学说，知三民主义、五权宪法为革命建设之要图，不可稍缓。惜辛亥功成，各党人狃于积习，以理想太高置之，至使奠国良规，同于泡影。八载已来，政治无轨道可守，是以祸乱相寻，日趋于危险状况。固国贼武人为之，亦吾党不知尊崇先生之主张，自贻后悔，良堪愤憾。往者不可谏，来者犹可追，亡羊补牢，吾党当为努力。即发展中国实业计划，切中机宜，稍纵即逝，刻不容缓。无如南北政府，冥顽不灵，不第于先生政见不为采择，反加疑忌焉。而吾党乏尺寸之柄，遵行未由，而所谓纯粹党员负气节，而只知有国家不知有权利者，强半为恶劣政府所不容，飘零江湖，太息英雄无用武之地。

语云：其人存则政举。先生欲贯彻主张，奠定中华，非集党员之中坚分子，坚忍卓绝，英迈果毅，确有脑筋者，进而教之，使之实力进行，恐难收效。如谓潮流所趋，自有达到目的之一日，姑俟诸异时，又岂先生救国之苦衷，博爱之本愿哉。焕藜管见，希望先生决心表示统率旧部，振作精神，大张旗鼓，非类者锄而去之，扫彼障碍，光我日月，奠河山于磐石，登同胞于衽席，上慰皇帝之灵，下开□世之福。焕藜不敏，愿执鞭其后。肃此，敬请崇安，伏冀垂教。

刘焕藜谨上

十六日

据原件，台北、中国国民党文化传播委员会党史馆藏

批王道拟返湘联络请指示方针函^①

（一九一九年六月十七日）

　　元冲代答以：对于各人可相机诱导。如有确能〈赞同〉先生方针者，可再函告，然后再定办法也。

附：王道原函

（一九一九年六月十七日）

先生钧鉴：

　　日前晋聆教益，快慰无似。越日复荷赐大作，拜读之余，茅塞顿开。年来国人之议先生理想太高者，此书一出，驳斥最当，引证适宜，持此议者，谅可休矣。

　　道自从先生后服役于国，丙辰之夏倡义于湘，被汤芗铭捕禁于狱，几濒于危，最后袁丧汤逃。在桑梓服务二载，护法师兴，先生赴粤任元帅职，本已由湘就道前来，藉供驱策，抵沪，军府已改组矣。当时深愤岑西陵之狡，陆荣廷之滑，继思系根本错误，无怪然耳。去秋赴漳州，思为本党稍效棉薄，因原与竞公在沪有一面缘，故未烦先生绍介。到漳时，适石屏先生来，竞公托其赴安溪解宋、赵之内讧，邀道与同行。嗣见石屏先生主张，与漳州出发时似有不同，道遂拂衣返沪。寓沪经半载，一无所为，生活日用，现实无以为计，决定于月底携眷返湘。

　　日前在尊寓侧听先生将来对于广西必有措置。道拟返乡后，绕道赴郴州一行，湘中武人如程颂云、林修梅、赵垣〔恒〕惕、林支宇诸人，与道尚颇有交谊，先生或有何见教，敬祈于日内函示方针，自当遵照进行可也。专此奉告，敬询伟安，

---

　　① 王道即王啸吟，后任滇军司令。其致函孙文云："报告决定月底返湘，知先生对桂必有措置。拟还乡复绕道赴郴州一行，原与湘中武人如程颂云、林修梅、赵恒惕、林支宇诸人有交谊，先生或有何见教，祈于日内函示方针，以便遵照进行。"

并希鸿裁。

王道谨上

六月十七日书

据原件，台北、中国国民党文化传播委员会党史馆藏

批丁一钧为其夫殉难事请晋见陈述函

（一九一九年六月十七日）

着元冲往慰问之，并与卢舜卿商酌办理。

附：丁一钧原函

（一九一九年六月十七日）

大总统钧鉴：

　　窃一钧，已故滇川黔靖国联军援陕第四路总司令，前四川护国军总指挥兼第三梯团长丁泽煦（字厚堂）之室也。前年春间，先夫子以久战余生，息影海上，适川中罗、刘交哄，先夫子恭奉钧令，益以杨沧白①省长之代传钧意，频频敦促，不得已乃摒挡首途，为国为党，两年于役，辛苦勤劳，当在洞鉴之中。只冀北庭征服，便可解甲还田。不图先夫子乃晦于明哲保身之道，而忽被川军熊总司令克武之谋诱而及于难。恸哉！先夫子护国护法，两经战役，家产荡尽，历受创伤，于国于党，虽不敢云有功，似亦可告通过，乃竟不得以死。死犹九原饮恨，千古伤心。此固仁人君子之所不忍闻，而尤一钧之所以痛心疾首，午夜泣血，不得不忍死走万里，急急焉期具以及难之详情，陈诉于钧座也。会沿途荆棘，滞留稽迟，于日昨方达海上，访悉钧座养疴此间，当于今晨请谒，未蒙赐进，莫名悚惶。一钧一弱妇人耳，恸先夫子之死于非命，不过冀钧座得了解先夫子及难之原因，能恕先夫子之无咎于党，无负于国耳。一钧现住三洋泾桥泰安栈二十九号，倘蒙传

---

　　①　杨庶堪，字沧白。

见，便当整肃晋谒，谨此将意，不任屏营惶恐激切待命之至。专此，恭叩钧安，伏希朗照不庄。

名正肃

六月十七号

据黄季陆主编：《革命文献》第四十八辑，台北，中国国民党中央委员会党史史料编纂委员会一九六九年九月出版

批曾杰来函

（一九一九年六月二十四日）

元冲代答以：望将学说广为传布，以变易国人之思想，则国事乃有可为也。

据原件，台北、中国国民党文化传播委员会党史馆藏

批史志元来函

（一九一九年六月二十五日）

元冲代答，照后面：

《抵抗养生论》，高野太吉著。

印刷者，佐久闻衡治，东京京桥区永田町二丁目六十五番地。

印刷所，秀英舍，东京京桥区西绀屋町二十七番。

发行所，东京市麴町区永田町仙掌堂。

据原件，台北、中国国民党文化传播委员会党史馆藏

批广东各社团公民代表联合团公举伍廷芳
继任粤省省长函①

（一九一九年六月二十七日）②

答以：文本不问时事，然对本省之事，自当惟多数是从。望诸公极力进行，文力所能到之处，当为诸公后援就是。

据原件，台北、中国国民党文化传播委员会党史馆藏

批各省旅沪工商实业慈善教会各公团函

（一九一九年六月三十日）③

作函奖勉，并着积极鼓吹舆论，一致主张，以破反对和平者之阴谋也。

据原件，台北、中国国民党文化传播委员会党史馆藏

批王鼎请资助锄奸函

（一九一九年七月一日）④

代答以：暗杀一举，先生向不赞成，则在清朝时代，亦阻同志行此，以天下恶人杀不胜杀也。道在我有正大之主张，积极之进行，则恶人自然消灭，不待于暗杀也。

---

① 广东九善堂、七十二行商等三十八个社团公民代表联合团六月二十七日致电孙文等，请求支持各社团公举伍廷芳继任粤省省长职。此系对来电的批文。批文底本未标日期。日期据各社团广州快邮代电发邮日期。

② 据快邮代电发邮日期。

③ 日期据来函。

④ 日期为上海所发邮戳时间。

附：王鼎原函

（一九一九年七月一日）

中山先生钧鉴：

忆吾党茹苦含辛，缔造民国，讵被奸人窃柄，祸国殃民，扰攘兵戈，大难不已。近更愈演愈奇，卖国故属公然，而复辟又复萌窃。噫！国亡民危，已抵眉捷。言之发指，思之痛心，复恨西南当道，尚忍各自私利，不思补救。所以先生竟飘然来沪，近复闭户著书。鼎不敢盲然晋谒，叩其意见，只好行先生之志，以设法救亡为前提。盖救亡之策，鼎以为非组织暗杀团体不可。兹特敬陈腹心，求先生屑以诲教之；但区区奔走数年，遍访侠客志士，淘汰复淘汰，慎之又慎之，幸剩最可靠之数人。去秋因在沪生计难为，遂率诸同志去粤，恰遇旧同志卢佛眼君在汕组织游击队司令部。鼎故敢罄其怀抱，蒙渠慷慨帮同组织。鼎复率诸同志返沪监视和议，并拟设法打消。幸和议假决裂，同人藉稍休息。奈均属过激一派，复肯忍劳任怨，遂促鼎设法赴京，实行锄除民贼，以救危亡。鼎本绵薄，拼尽义务，遂会商黄觉君邀留日学界诸君，凑借七百金，本此区区小数，曷克兴此大举？而主义既定，势所必行，且同志诸君，复愿拼掷头颅，慨然于三月杪各怀利件，陆续赴京。鼎亦即于四月中旬赴去，所幸布置完妥，未拈祸尤，遇机得手坚决以待；然苦于经济太乏，实难支敷。然此事决非一日之功，且嫌单灭不能生决大效力。遂密合在京同人，详细讨论，结果以变更一种特别办法，重行布置，决定将此非法国会，完全轰毁，灭绝非法政府之基础，推倒乱法武人之帡帐，群龙无首，自当遁迹。单简办法仍实施之，当生决大效力。吾党正义自当不拔，国家危亡自可挽救。鼎遂复于五月十五日返沪，紧急筹备，然深恐以区区经济掣肘致误大事。谨此冒昧直陈于先生之前，祈火急密赐若干以资积极进行。是否有当，伏乞密裁。如蒙俯念同人之苦心，救国锄奸为吾党应有之事，请派妥人指示一切。倘得提携为最后之一篑功成，死当含笑，生当再接。谨肃，专叩大安。

后学王鼎鞠躬

旧历六月初四

据罗家伦主编：《国父批牍墨迹》，台北，中国国民党中央委员会党史史料编纂委员会一九五五年十一月出版

批王鼎未便助其实行暗杀函

（一九一九年七月四日）

代答以：各行其志无不可也，惟此亦甚艰困，实无力相助也。

附：王鼎原函

（一九一九年七月四日）

中山先生钧鉴：

拜读七月三日传谕，足见先生人道为怀，鼎属何人，敢不遵命。但事有本末，举废须有先后。鼎之主张虽违人道，而在此人道毫未萌芽之中国，诚犹愈于标榜人道，驱人野战，积若干之腥血枯骨，而造成本身之金饭碗者。所以不能不自疑，则诛不胜诛是已，顾诛虽不胜诛，儆一亦庶以戒百。

今国人对人治观念犹未就洽，非某人不治之说，尚甚嚣张。鼎等虽欲审辩是非，以晓当世，如不能见效，何用本个人裁判是非之见解，为此歼渠擒王之计划，一欲以此破国人人治观念之迷信，一欲以树除恶斩乱之风声。虽扬汤未为止沸，今时救国之方法，亦舍此扬汤止沸之外，无他术也。况潜京同人，誓以决心，鼎又负责组织，实不忍废于垂成。今所难者，但一经济断续问题。至事先之布置，以及事后之善后，则固早经规划就绪，万无一疏，其不至以此影响于党义，尤堪自信。盖此事为鼎等个人行动，而同志皆慷慨武健纯粹之份子，已相约誓，无论何时，不得牵涉，事如濒危，除授命以外，不知其他也。

尚望先生念国事之未定，鼎等有志之未成，俯予奖饬，俾得卒底于事。如承矜察，即乞准拨数分钟之余暇，俾鼎得以面罄所怀，或派妥实君子，间赐教言。事危人急，痛哭陈情，迫切待命之至。语不铨次，惟先生矜而宥之。敬布腹心，虔前卓裁。谨请伟安。

后学王鼎鞠躬七月四日晚九时泣书

通信处：三马路三新旅馆楼下东边第三个房间吴转王亚樵亲启。

批罗剑仇请资助函

（一九一九年七月五日）①

代答以：先生此月已到在陈之境②，现尚想不出出陈之法，万难照办。

据原件，台北、中国国民党文化传播委员会党史馆藏

批许协揆请赠川中将领照片及请廖仲恺入川函

（一九一九年七月六日）③

送相一节，即照办理。托为转仲恺往与仲酌覆，由元冲拟稿。

附：许协揆原函

（一九一九年七月六日）④

中山先生尊鉴：

月前晋谒座右，缕陈蜀省各将领倾重民治，崇佩我公诸状，皆沧白托揆详以上闻者，过承勉慰有加，且允以尊影分赠诸将，尤足以固系军心，而策励向义。揆且感且奋，退而数与惠生先生往还，益思所以报国报我公者。

揆佐沧白归川以来，历时半载。沧白处境之困，有非语言所能绘状者，而揆亦以国难友谊交责，未敢暇逸。乃熊锦帆⑤本其坐南向北之狡性，惟取亦战亦和亦南亦北之态度。初则明白商诸沧白，欲以北探二字杀揆，经沧白切实否认，熊

---

① 日期据来函。
② 孙文借孔子在陈绝粮的典故说明自己当时经济极为拮据。
③ 日期据来函。
④ 日期据来函。来函未署年份。应在一九一九年。
⑤ 熊克武，字锦帆。

氏计不得逞；复派人尾随，意图暗杀。揆当时原欲一身报国，罔足瞻惜，几经沧白劝导，托揆驰赴南洋，暂避熊氏之锋，兼于川省实业开发，有所接洽，此揆由川来申之原由也。

惟揆身虽南往，而心则未忘吾友在川之困难，尚祈我公以非常之热念与手腕，援助蜀省同志，速劝廖仲恺绕道入川，清理财政。揆敢性命保证，廖君入川虽有反对者，而仲恺终能畅行其计划。一面速照揆前日所开将领名单，分赠尊相，由揆转寄，或再驰书奖慰，尤合时势。凡前所开诸名，皆揆同沧白返川以后新行结纳之人，而为我公民治主义之干盾也。夫川省地博物丰，人民七千余万，沧白以书生受命于艰苦之际，此时幸已根趾确立，非特政党与舆论两方面，其势力非锦帆所能同日而语。即军界方面，锦帆亦不过纸糊之虎，空有其名。而潜伏之势力，则沧白远在熊氏之上，一朝有事，熊氏惟奔窜出走而已。此乃揆遍访川省上中下级各军官，而灼见其然者也。

我公此时苟能以奋斗精神处置川事，乘此千载一时之机运，确树百年强国之宏基，实为今日可能之事，且惟今日方能之。否则失兹弗图，政界风云，瞬息百变，万一因仲恺不入川，而财权旁堕，因我公多劳而未暇顾川，一发之动，牵及全身，国难方殷，而同志赴救之根基，厪一四川而不能守，我公宁能忍"坐"睹乎。要之，促仲恺入川与切实团结川省将领之心两事，此为我公救川救国之第一步。如何使沧白地位于南北外交上不生变幻，如何使川省教育革新，实业开发，此为我公救川救国之第二步。

揆性拙直，虽知所陈各节，或早在怀照之中。然知无不言，辄尽刍荛，揆不敢爱身，安敢吝辞，我公幸哂察焉。专此，顺祝谟安，并候海示。仲恺先生均此。

许协揆（印）顿呈

七月六号

附：此张纸是请寄相片者

萧焕斗	玉田禹九	福五参赞
傅岩	霖舟思可	青阳团长
张再		辅成参谋
王直		馨斋谘议

黄润泉		福五团长
黄润余		福五团长
赵鹤	元直	二师驻省文报所所长
何明初		
吕岑楼	汉群大哥	
李小谷		省署参议（前黔军军法局长）
冷寅东		福五参赞
杨啸谷		福五筹边处长
吕如渊	汉群三哥	团长

据原件，台北、中国国民党文化传播委员会党史馆藏

批刘焕藜建议以白话报宣传主义函

（一九一九年七月八日）

代答此事甚好，当另函林德轩。

据原件，台北、中国国民党文化传播委员会党史馆藏

批孙宗昉陈述时局意见函

（一九一九年七月八日）

先生对于时局尚无办法，故暂拟不问。然后同志对于国家有可尽力之处，宜分途进行。俟办有成绩，乃报告前来，如到时机，自可合力动作也。

附：孙宗昉原函

（一九一九年七月八日）

中山先生钧鉴：

　　捧读大作，推陈出新，妙以庸行，佐证确确，即起古人，亦当心折。至养成自治精神，扩充经济能力，尤探政本。昉意有一种政策，必有一种政党，方足资鼓励，而策进行，未知当否？前上条陈本，急则治标之法，明知管窥蠡见，不足以测高深，停而未发。第欲维持现状，于法律事实，不触不背，令双方接近，是何卓见，请示南针，以扶危局，而释杞忧。肃此，拱候铎教，并颂著安。

宗末宗昉谨上

七月八号

　　据黄季陆主编：《革命文献》第四十八辑，台北，中国国民党中央委员会党史史料编纂委员会一九六九年九月出版

批赵侗函

（一九一九年七月十三日）①

　　已答。

附：赵侗原函

中山先生大鉴：

　　远隔榰晖，末由趋侍，光风霁月，景仰为劳。比年以来时局纠纷，沧桑变幻，江河日下，神州将沉。杨逢闰而厄临，杞对天而忧切。幸赖我先生尽筹硕画，力挽狂澜，登高一呼，如响斯应，造共和之幸福，还民国之精神，旋乾转坤，功德

---

　　①　日期据来函。来函未署年份。七月十三日为收到对方信函时间。

无量，引詹泰斗，无任□轩。倜谬绾疆符，有如匏系，深愧才疏识浅，未能少补时艰。方今政治刷新，诸凡待理，所有关于戎政应行改良各节，还恳时颁箓训，俾有遵循。倜惟有勉竭棉薄，自效壤流，以副我先生救国救民之至意。海云在望，不尽驰依。耑肃，敬叩崇绥，伏惟鉴察。

赵倜谨上

据原件，台北、中国国民党文化传播委员会党史馆藏

批赵义函

（一九一九年七月十六日）

代答以另图别事。①

附：赵义原函

（一九一九年六月十四日）

中山我志兄伟鉴：

前年在大元帅府别后，弟无事，不得已来汕头。前蒙邓参谋长仲元命弟往返广州，与子超黄强二君商议组织飞机队，事妥后同队内各同志来漳，至今有大半年之久。今因停战后总司令欲将该队改为学校，弟非为飞机师，不能在校担任，又无事可办，昨闻报纸上及同志到来谈及廖仲凯〔恺〕君往四川就财政厅长之职，弟欲从，四川宜去，未知廖君允否，故特函先生恳求介绍，是否可行？请函覆为盼。前一二月接到赵公璧君由广州来函，始知到公璧君归国，现他在广州组织华侨实业协进会，为将来华侨之进行。弟曾接到钟荣光君函，亦如此，欲命弟返广州办理协进会事，弟见公璧君复返美洲，况该会未有经费开办，故欲往四川。

---

①　黄季陆主编《革命文献》第四十八辑内容不同，为"作答奖勉，期会羊城"。

先生意思如何，请复可也。此请侠安。

弟赵义上言

中华民国八年六月十四日

据原件，台北、中国国民党文化传播委员会党史馆藏

批廖湘芸来函

（一九一九年七月十八日）

已复。存查。

已复信，并着潘康时往张学济（号镕川）处接洽，派李武君往周伟（号次功）处。

附：廖湘芸原函

（一九一九年七月十八日）

中山先生钧鉴：

敬肃者：日前邮呈一函，未审得达典□否？近维政躬迪吉，福祉骈臻，钦仰之余，曷胜孺慕。芸才疏学浅，滥竽戎机，蹉跎岁月，无裨时艰。幸赖各同志乐为赞助，现已收集步枪四千，编足七营，机炮各一连，将士均系青年，尚属用命，差堪告慰锦注耳。日前盛君钧来安转述先生应世主张，正大周密，芸虽不敏，自当始终服从听候驱策，以期贯彻吾党宗旨，而副先生期望雅意，至于一切详情，特托盛君转陈聪听，伏乞俯赐亮察，并恳时赐指南，俾得遵循有自尤云所朝夕颂祷者也。专肃，敬请钧安。

廖湘芸谨肃

七月十八日

据原件，台北、中国国民党文化传播委员会党史馆藏

批凌钺请往谒函

（一九一九年七月二十一日）

代答：所约之日适外出，请廿五日午后三时来可也。

附：凌钺原函

（一九一九年七月二十一日）

中山先生伟鉴：

启者：钺于日前因内子赵君连城病重，由粤返沪，拟明日午后六时往谒先生，藉以畅叙，先此函达。顺颂钧祺。

凌钺启

七月廿一日正午

据黄季陆主编：《革命文献》第四十八辑，台北，中国国民党中央委员会党史史料编纂委员会一九六九年九月出版

批林德轩函

（一九一九年七月二十二日）

已代答：从缓设法。

附：林德轩原函

（一九一九年五月十五日）

大总统钧鉴：

敬肃者：德轩前特派专员程如兰君赍呈，自军兴以来所用款项及军实概括清折一扣，谅已仰邀垂察。窃德轩自收复桑植，孤军悬寄，对内对外，陨越时虞。

所幸将士用命，皆能苦力支持，足慰廑注。惟目前给养万分困难，罗掘既穷，别措无所，务恳钧座设法救济，保此实力，以备驱策。兹派职部参谋长余祥辉趋侍左右，陈述一切，幸赐昐睐，无任感祷。专肃，敬请崇安。

靖国联军湖南第五军总司令林德轩谨书

五月十五日

据原件，台北、中国国民党文化传播委员会党史馆藏

批尹天杰请代编总理文稿函

（一九一九年七月二十四日）

代答以：往年有《会议通则》，今年有《孙文学说》出版，余皆不存。

据原件，台北、中国国民党文化传播委员会党史馆藏

批李希莲报告东北各省情形函

（一九一九年七月二十五日）

答以：过沪交臂相失，良用为怅。文现仍闭户著书，不理外事，故对奉告之事，毫无成见。

附：李希莲原函

（一九一九年七月十四日）

中山先生伟鉴：

前上数函，均蒙藻饰逾恒，每深佩感。日昨过沪，正拟拜谒，藉聆教言，只以两到邵君处，均未得晤为憾，嗣登轮去吉矣。莲在粤与林子超私计，国事如此沉寂，不如鼓吹民气为根本计划，并催促同人早日回粤为最要之图，是以匆匆旋里。及到长，正值奉吉交恶，势将用武。调来军队，吉林西境几至无地无兵。寒舍籍在农安，为长春正北，抵里而新调军队亦日多一日。北方军队之惯例，想早在洞鉴之中。吉

林界近强邻，倘有冲突，渔人得利，则三省危矣。先生深谋远算，对此有何主张，务希拨冗筹措之。如有用莲向吉林当道言之之处，莲无不愿为，好在吉督尚有癸丑不杀之情，或可进言也。国事危迫，不知所云。述此，敬请夏安。

李希莲鞠躬

十四号

据原件，台北、中国国民党文化传播委员会党史馆藏

批朱伯为请为《实业旬报》祝词函

（一九一九年七月二十七日）

汉民代作祝词。

附：朱伯为原函

（一九一九年七月二十七日）

中山先生钧鉴：

敬启者：窃以欧战告终，列强疲惫，商业发展惟在远东。我国战祸频年，民穷财竭，外债山积，破产堪虞，若不力图自强，必遭沦胥之祸。自强之道甚多，内政外交，在在均关重要。而实业一项，乃为根本要图。同人等有鉴及此，是用创办本报，每十日出版一册，以提倡实业为宗旨，搜集实业智识，以及关于各种实业之经验，贡献国人，以供研究。定于阳历八月十一日出版。夙稔先生提倡实业，国人共仰，用特函布，敬希指示一切，以资遵循。并恳辱贶祝词，藉光本报，不胜感祷。专此，敬请毅安。

《实业旬报》主任、四川旅沪同乡会会长、

商业公团联合会干事朱伯为谨启（印）

中华民国八年七月二十七日

据黄季陆主编：《革命文献》第四十八辑，台北，中国国民党中央委员会党史史料编纂委员会一九六九年九月出版

批吴灿煌陈述宣传学说及联络湘省军人函

（一九一九年八月一日）①

元冲代答：相机而行可也。书照付百本。

附一：吴灿煌原函

（一九一九年八月一日）

中山先生钧鉴：

　　屡蒙训诲，获益良多，私心感激，莫可言颂。灿煌此次来湘，承示救国大计，抵湘之次日，即与具有实力之李奎元师长接洽，陈述先生意旨，深为佩服，并言愿听指挥耳。似此情形，大局前途，定有转机，务乞先生将最近计划详示，以便磋商，积极进行。再者先生学说，祈邮寄百份来湘，交长沙新坡子街同珍馆收转，藉送崇拜先生索阅者。专此，敬叩勋安。

灿煌谨上

八月一号

附二：李奎元致吴灿煌函

竹师仁兄英鉴：

　　接读手示，毅力热忱，溢于言表，不胜钦佩。惟揄扬过当，愧何敢当。值国家多事之秋，正军人卧偿之日，盗匪充斥，外侮频来，军人之罪也。倘能万众一心，手足相应，何有于外侮，何患乎内忧。弟他无所长，惟以国事为前提，早置死生于度外。对内则主持公道，根据民心，利国便民者，则崇拜之，病国殃民者，则铲除之，但知有天下之公是非，不知有一己之私恩私怨也。对外则披坚执锐，

---

① 日期据来函。

尽吾军人之天职。军人为四百兆人民之军人，土地为四百兆人民之土地，但有军人一日，岂肯以列祖列宗之土地轻让他人，此弟之志愿也。至若临时之计划，责在热忱爱国之君子，质之高明，以为何如。特此奉复，即请筹安。

弟李奎元肃

据黄季陆主编：《革命文献》第四十八辑，台北，中国国民党中央委员会党史史料编纂委员会一九六九年九月出版

批刘湘来函

（一九一九年八月六日）①

元冲作覆，励以救国大义，并言余事托来人面陈。

据原件，台北、中国国民党文化传播委员会党史馆藏

批杨庶堪介绍康俊卿往谒函

（一九一九年八月六日）

来人已见，甚洽意，余事托面复，并约佐丞同回川。

据原件，台北、中国国民党文化传播委员会党史馆藏

批曾省三因病请求济助函

（一九一九年八月七日）②

着党生酌夺对付。

---

① 原批未署年份。当在一九一九年。
② 日期据来函。

附：曾省三原函

（一九一九年八月七日）

中山先生钧鉴：

　　敬禀者：省三自由东京党务部受命回国，复到处奔走，顷由福建过沪，偶染疾病，行囊羞涩，医药无资，辗转思维，无法自救。窃思省三随从先生在党务部供职数载，略效微劳，详情居君觉生甚悉。先生素以博爱为怀，济人利物，伏恳俯念旧日微劳，稍予通融，俾得解救一时，不胜感戴之至。肃此，敬叩钧安。

曾省三谨呈

八月七日

据黄季陆主编：《革命文献》第四十八辑，台北，中国国民党中央委员会党史史料编纂委员会一九六九年九月出版

批广州众议院来函

（一九一九年八月十七日）①

　　元冲拟答以：国会行使职权，是文一人终始之主张。然为改组之军政〈府〉之代表，其人者始终对北方输款，言国会不成问题，请北方代表不必以国〈会〉为意。想改组军政府是国〈会〉议员之意，文当时极力反对无效。今军政府之代表，已置国会于脑后，想必得国会之授意也。文至辞职以后，一切不问，后有派代表者，亦国〈会〉之意，非文意也。

据抄件，台北、中国国民党文化传播委员会党史馆藏

---

① 日期据来函。

批邓惟贤请示办法函

（一九一九年八月十九日）

代答：现无办法。

附：邓惟贤原函

（一九一九年八月十九日）

总裁钧座：

敬禀者：旧春拜别入赣，张怀芝假赣攻湘，兵亦到南昌，贤不得已返粤。适总座已东渡，未获面禀。曾作书寄沪，由觉生先生转呈，当蒙钧览。自此以后，贤亦慨叹世道人心之坏而生病，郁郁至今，藉养疴以待时清，实有家而莫归，精神肉体，俱受苦痛。其间虽以个人感情，到潮汕伍司令万旅长处，亦因时局混沌，兵事停止，无活动余地。近又伏处五羊城中，得读总座辞职电，名言大义，炳若日星，诚足夺自私自利者之魄，壮护国护法者之胆。此时或为少数军阀派之混淆，不久当为普通人群所依归，理势然也。伏思总座爱国爱群之悲愿，当与时而弥宏，以后办法如何，乞示知，以便遵循。并愿前来亲领教言，以好异日选举上着手之预备，图报效于万一也。临书无任待命之至。肃禀，敬请勋安，诸维爱照，不宣，邓惟贤谨启。

展堂、慧生二先生暨同志诸君均此候

八月十九日

据黄季陆主编：《革命文献》第四十八辑，台北，中国国民党中央委员会党史史料编纂委员会一九六九年九月出版

批赖君许其在势力范围内招徕新党员函

（一九一九年八月二十三日）①

代答以：自本党本部成立以来，只对于海外招徕新党员，对于内地尚未举行，以不在吾人范围也。今许汝为军长既举行组织于吾人势力范围之内，自可以此为始也。以后凡在吾人势力所到之地，皆当仿行就是。

据原件，台北、中国国民党文化传播委员会党史馆藏

批于右任来函②

（一九一九年八月二十六日收到）

作答并寄《学说》数本，着翻印以广流传。

附：于右任原函

（一九一九年八月十九日）

中山先生道座：

阅报载先生辞去军府总裁职，慷慨通电，涕泣而言，凡体国图治，与现在症结之所在，规划摘发，言近指远。艰难一谊，读之痛心。更念军阀之魔力日张，民生之憔悴益甚，大法中绝，人道陵替。北方武人怙恶未悛，南方武人亦如一丘之貉，莽莽神洲〔州〕，罪恶弥漫。而持民治主义者，处处为其所利用，即处处仰承其鼻息，马首是瞻，自由有几？而武人利用吾人之迷梦，迄今未醒。得尊电以警辟之议论，示人正路，不独使武人有觉悟，亦使持民治主义者知民治精神固

───────────

① 原件未署日期。据"中华民国"各界纪念国父百年诞辰筹备委员会学术论著编纂委员会主编《国父墨迹》酌定。

② 于右任时任陕西靖国军总司令。

在此而不在彼。改弦易辙，别谋建树，冀以收桑榆之效，最为得之。故他人观察，以为先生既辞职，先生之志消极甚矣，而不知时势如此，先生岂容消极哉，抑天下岂有消极之孙先生哉。不事于彼，将事于此，今后先生之直接为大法争维系，为人道谋保障者，方长未艾，而独怅右任之未逮也。右任近颇从事于新教育之筹划，及改造社会之讨论；于无可为力之时，作若可为力之计。区区之心，固亦仰止高山也。所望时赐教言，开其茆塞，江涵秋影，引领神驰。余容续达。肃此，敬候伟安！

于右任上言

民国八年八月十九日

据原件，台北、中国国民党文化传播委员会党史馆藏

批罗正文请谒函

（一九一九年八月二十七日）

代答以：先生无暇看日记，如有何事欲见，请将其事说明，当代转达先生约期相见也。

据原件，台北、中国国民党文化传播委员会党史馆藏

批彭程万报告就任护法赣军总司令函①

（一九一九年八月二十八日）

元冲代答以：先生闭户著书，不问外事，嘱代寄语好自为之云云。

---

①　彭程万，字凌霄，贵溪县（今江西贵溪市）人。时任护法赣军总司令。

附：彭程万原函

（一九一九年）

中山先生赐鉴：

　　违侍以来，岁月忽迈，瞻依之念，与日而积。伏维视听聪明，起居宁泰，为颂为慰。比来和局再梗，国脉益促，北人之笃恶，怙势益滋。凡属含生负气之伦，罔不眦裂拳张。只以民生凋敝于内，世界之新潮激荡于外，相与委蛇，冀以诚格，此在西南，固内外上下，同持斯旨。万虽书生，谬窃军誉，分应披坚执锐，作坛坫之后劲，促盟会之速成。矧自癸丑以还，匡山赣水，沦为鲸鲵枭獍之窟，睹父老之流离，念庐墓之颓坏，尤万所为痛心疾首者。顷奉军政府命令，任万为护法赣军总司令，心长力绌，惧弗克胜。顾大义当前，不敢自废，经于八月一日就职于广州。伏维先生冠冕伟伦，衽席万类，雄图毅力，栗奢殊俗，先机独得，后进所归，尚望不弃樗栎，示之矩矱，俾遵循有自，步趋无失。岂惟章贡蒙庥，或亦可望大局毫末之裨也。匆匆临颖，不尽神驰。肃叩崇安，伏希垂鉴。

彭程万谨启

十四日

据原件，台北、中国国民党文化传播委员会党史馆藏

批湖南国民大会请勿辞职函

（一九一九年八月二十八日）①

　　以感情语答之，并云文虽辞职，对于国家安危，仍尽个人责任。现正筹根本解决，为一劳永逸之谋。

---

① 日期据来函。复函日期为八月三十一日。

附：湖南国民大会电文

（一九一九年八月二十五日）

上海孙总裁钧鉴：奉读阳电，益钦孤抱。惟大业未彰，自裂贻讥，同舟风雨，安可中离。尚冀坚持初衷，隐忍求全。如当局再有轶轨之行，国人共有耳目，自归执义，为公后盾。湖南国民大会叩。径。

> 据黄季陆主编：《革命文献》第四十八辑，台北，中国国民党中央委员会党史史料编纂委员会一九六九年九月出版

批林森吴景濂挽勿辞职函

（一九一九年八月）①

答以：函已收。何、童两君已见，吾意已决，幸为谅之。闻宫保与山贼②久已相机牺牲国会矣，今时机将至，恐难幸免，深愧无力挽救。然犹望诸君能将国会死得轰轰烈烈，先将军政府取消，免为山贼所居奇，则诸君犹不失个人之人格、国会之体面，且为国家留一点元气，是予之厚望也，言尽于斯。

附：林森吴景濂原函

（一九一九年八月）

中山先生伟鉴：

昨奉阳电，痛陈利害，切中时弊，同人莫不心折。念此次护法南来，诸赖提携，以至于今。同人之信仰先生，及先生之爱护国会，实有相依为命之势。虽国会一再停顿，国势日频危险，然我本护法讨逆之宗旨无间终始进行不懈者，尤以

---

① 日期据来函。来函未署日期。据内容为一九一九年八月二十九日复函，故此批当在《批湖南国民大会函》之前。

② 宫保指岑春煊，清末授太子少保。山贼指陆荣廷，后者出身绿林。

先生与国会为最。风雨同舟，方期共济，讵忍弃置，致令飘摇。本月十三日开院联合会，议决电请留职，想已邀洞鉴。固知先生此番辞职，实独具苦衷，森等以先生之心为心，何敢更参末议。但望接电之后，勿再坚辞。俾护法前途，有回旋之余地。兹乘童君萱甫赴沪之便，谨布区区，尚希亮察。海上秋来，诸维珍重。顺颂道安。

林森、吴景濂拜启

据原件，台北、中国国民党文化传播委员会党史馆藏

批广州香山公会函

（一九一九年八月）

代答：此事现在无法，俟东亚解决，当推行地方自治，则地方人自能办地方事也。

据原件，北京、中国国家博物馆藏

批李根源介绍邓和卿赴沪晋见函

（一九一九年九月二日）①

元冲起稿答。

附：李根源原函

（一九一九年九月二日）

中山总裁钧鉴：

时势纠纷，风物凄紧，不克趋侍左右，祇领诲示，悔悚何极。军兴以来，瞬

---

① 日期据来函。

及三载，屈志言和，反复迁延，依然莫衷一是。所以然者，我内部不协，遂无以对外也。前次觉生来韶，详论诸事，源已尽怀倾吐。子超近来亦接洽甚亲，主张亦复相同。林君祖涵日前过韶，在此间计划各节，想已报告左右。邓君和卿热忱爱国，度越寻常，与源久共切磋，器识尤为宏远。此次奉蓂公使命，由粤至沪，并拟由沪入川劳军。且将对于钧座有所陈说，用特托携芜柬，略布胸臆。此间近状，邓君均能明晰，倘蒙垂询，当能代陈一是。惟希赐教为幸。肃此，敬叩钧安。

李根源（印）谨启

八年九月二日

据黄季陆主编：《革命文献》第四十八辑，台北，中国国
民党中央委员会党史史料编纂委员会一九六九年九月出版

批林修梅关于南北议和及请接济湘军函

（一九一九年九月四日）

自沪和议开后，徐、段俱有派人来此接洽。予对徐不独要以法律，且风以道德；倘能于道德无碍，予当乐〈为〉之助。而来者为徐之弟，去后则无后音。段所派为安福部人，予要以能完全赞同学说之主张，乃有相商之余地。《学说》出版后，王揖堂〔唐〕、徐树铮、曾□□①（现交通次长）俱看过，极端赞〈成〉；然后批注交段看，段亦大体赞成，然后再派人来相商。予乃示以根本办法并维持现状办法二种，后之法，乃国会完全行使职权。彼人已据此回去矣，后文如何尚未知。如段能完全服从我之主张，我当引为同志也。

再：既忧明年之饷，何不督率军士屯田开垦，以自谋食？

据原件，台北、中国国民党文化传播委员会党史馆藏

---

① "中华民国"各界纪念国父百年诞辰筹备委员会学术论著编纂委员会主编《国父墨迹》注作曾毓隽。

批张翼振主张联美抑日函

（一九一九年九月七日）①

元冲代答：前信未收。此函所述颇有所见，暇时当照此详加研究而后代为发布，并付《学说》一册去。

附：张翼振原函

（一九一九年九月七日）②

中山先生钧鉴：

去岁肃候起居，计蒙察纳。本年春翼振因事赴粤，满拟顺道往沪叩谒，乃以急于返滇，故未克如愿以偿，至今犹痛惜之。翼振不揣固陋，时有拙作，蠡测管窥，在所不计。兹请以最近所得，邮呈钧核，切望有以教训之。倘蒙以土壤细流不无可择，辱赐鼎言以绍介之，则受惠尤为深厚矣。

翼振之意，美国以太平洋故，复因山东问题负有重大责任，既与日本极不相能，英国为自国利害与在中国商务计（几尽为日本所夺），亦不能不出于排日举动。至于法国虽因再造北部，与襄助比利时恢复原状，已无能力顾及东方，然德、奥关系密切，匈牙利当仍倾向德国。俄国改良进步，亦须取材于他国。则以德国民族之学问组织，自不难襄助而利用之。而波兰或不自振（或受德国牢笼），或为德、俄所挟持，亦难牵制德国，如愿以偿。此后之德国，仍为法国劲敌。所有对德责任，自不能不望于中国。欲望中国克尽厥职，又非善意援助使之从容发展，如比加将军为法国陆军总长时所计划不为功。又，法国国民自前次大战后，深知殖民地之关系重要，虽不主张瓜分，然日本若甘冒不韪，出为戎首，则法国或将以势力范围故步其后尘。则为我国利害计，尤不能不于此时运动法国舆论，以杜

---

① 日期据来函。
② 原函未署年份。当在一九一九年。

后患。此就国外言之也。至以国内言，北方罪恶固大，南人亦未必尽能救国。所谓统一即得实现，若非南北出之以诚，则日本复从而利用之，仍不难忽即忽离，长此纷扰。于此而得美、英、法善意干涉，俾日本知难而退，我国军阀知所儆惕，虽非上策，然借助他山，未始非救急之一法。不知尊意以为然否？

以上所陈，均为拙作所未详，故附又之。倘蒙俯予绍介，尚乞隐讳贱名，至幸。专肃，敬叩崇安。

张翼振谨肃

九月七日

据原件，台北、中国国民党文化传播委员会党史馆藏

批北洋大学生谌伊勋来函

（一九一九年九月八日）

代答嘉奖之，学生思想当然如此，深望结合同学、同志，为最后之奋斗，以达最后破坏之目的。

据原件，台北、中国国民党文化传播委员会党史馆藏

批上海临时和平维持会代表臧善达等函

（一九一九年九月十三日）①

代答：和议事，先生不问。

据原件，台北、中国国民党文化传播委员会党史馆藏

---

① 日期据来函。

批廖湘芸派潘康时来谒函

（一九一九年九月十八日）①

元冲作稿答以：仍照前授以盛华林之计画施行可也。

据原件，台北、中国国民党文化传播委员会党史馆藏

批韩锡潢报告至鲁情形函

（一九一九年九月二十日）②

不知是何许人，一查。

附：韩锡潢原函

（一九一九年九月十八日）

中山先生伟鉴：

敬启者：自拜别已经数月，但十三日由申起行，十五日到烟台，拜会各界，提及先生之意，各界均表同情，并无一人反对。仆即起身赴济南省城，廿一日抵省会友，亟力提倡先生之意，山东友人俱依先生为屏帐，亟力赞成。仆亦心神爽快，日与友相谈，甚以为乐。因此以报先生得知，即稍住几日以去北京，到京不日即回济南，俟后再与先生报告。余言后呈，即请时安，不另。

韩锡潢鞠躬

廿五日

据黄季陆主编：《革命文献》第四十八辑，台北，中国国民党中央委员会党史史料编纂委员会一九六九年九月出版

---

① 日期据复函。来函未署年份，时间为九月四日，批注九月十八日复。据内容当在一九一九年。

② 日期据来函邮戳。原函未署日期。据信封邮戳为一九一九年九月二十日到达上海。

批林德轩报告湘西军情并推荐田应诏函

（一九一九年九月二十日）

答函，大加鼓励。

附：林德轩原函

（一九一九年九月二十日）

先生钧鉴：

德轩不才，谬承垂注。客春使者至，嘱继义举于湘西，改帜靖国，闻命之下，遵即谋约此间各将领，一致进行。旋为他方所忌，又复苦力经营，撑持门面。迄今领地数百里，带甲数万众，饷糈之筹备，防守之策画，已经无量艰辛矣。兹者大局解决，略具雏形，我湘西一部分，于西南地位上，几成瓯脱，殊为可虑。嗣后如何进行，如何善后，务恳极力主持，以保吾党之实力，而维系人心。所谓羽毛不丰满，不足以言高飞也。田君凤丹，为人老成有奇略，与轩谊属同学。近且同袍历年，察其言行，实无疵谬。前二三次革命，虽未大著勋绩，然泰半为事势所沮。此次兴师逐贼，功勋昭然，而提挈湘西军政，尤为他人所不易及。顾论功行赏，自当首屈一指。刻下一般军心，倾诚田君甚殷，即轩意亦欲此君出而维系湘局。伏念钧座素以礼贤惜材为职志，用敢俯邀明察，于和会上提出条件，务达目的，俾田君随附云南，得展其所抱，吾湘之幸，是即吾党之幸矣。且轩之所以推引田君者，非有他意，欲藉此以遵崇钧座，而巩固吾党之实力耳。况此次各将领奉命举义，稍著成效，若不择尤而表彰之，不足以鼓励人心而劝后进。窃恐自斯以往，轩即殚竭血忱，力效驰驱，独木支厦，终虑贻钧座忧也。肃此，敬颂钧安。

林德轩谨肃
九月二十号

据黄季陆主编：《革命文献》第四十八辑，台北，中国国民党中央委员会党史史料编纂委员会一九六九年九月出版

批广东省学生联合会来函

（一九一九年九月二十二日）

代答，并由天仇①处抄出《八年今日》文一篇寄去。

据原件，台北、中国国民党文化传播委员会党史馆藏

批复关于驱除陆荣廷事

（一九一九年九月二十四日）

函悉。欲弭外患，先除内贼，广西游勇即内贼也。望我父老协同一致以除之，则其他之事皆可解决。

据原件，台北、中国国民党文化传播委员会党史馆藏

批刘仁航建议训练自治人材函

（一九一九年九月二十五日）

代答：此等事，必俟大局定后乃能想办法也。

据原件，台北、中国国民党文化传播委员会党史馆藏

批陆福廷秘禀福建不难一举而定函

（一九一九年九月二十八日）②

代答以：前各函俱收悉。辞职者所以表示西南之不法，而示国人以自决，不

---

① 戴季陶，笔名天仇。
② 日期据来函。

可靠南北之政府也。我各同志当各竭力奋斗，不可灰心也。信交刘仁航转可也。

据原件，台北、中国国民党文化传播委员会党史馆藏

批徐宗鉴自述革命经历愿效驰驱函[①]

（一九一九年九月二十九日）

查介石[②]如何乃代答，慰之以待时。

据台北、中国国民党文化传播委员会党史馆藏原件，罗家伦主编：《国父批牍墨迹》，台北，中国国民党中央委员会党史史料编纂委员会一九五五年十一月出版

批林德轩函

（一九一九年九月）

答以：碍难办到。

附：林德轩原函

（一九一九年九月五日）

先生钧鉴：

敬肃者：顷接职军驻川第一支队长兼川、滇、黔、鄂代表杨丕著报告云，伊现移驻万县，经济困难已极，所有急应筹办之件致多掣肘，请函恳钧座迅电颜师长德基稍为接济等语。查该支队长驻川已经年余，措办之事亦复不少，惟因距职部窎远，款项汇寄诸多维艰，加之近日以来鄂西一带道途不靖，输转尤难，兹据报称，用特函恳钧座星电颜师长处挪拨陆千圆以济急需，是为至祷。职军现除分

① 徐宗鉴，字粹庵。同盟会会员。时任江苏省议会委员。
② 即蒋介石。

防桑植保靖外，总部已移驻辰州，均属安顺知注谨闻。肃此，敬颂钧安。

林德轩谨

九月五号

据原件，台北、中国国民党文化传播委员会党史馆藏

批张煊请赞助创办政法大学函

（一九一九年十月七日）

代答奖其有心。

附一：张煊原函

（一九一九年十月七日）

中山先生大鉴：

顷读《建设》一、二号，载先生《建国方略》之一——《发展实业计划》，无怪先生弃总裁如敝屣，以先生为国经营，固大有作为于将来也。煊读第一号总论，宏纲巨制，秩序井然，已令人五体投地；及觐第一、第二计划，原始要终，有条不紊，锦绣山河，庄严世界，活跃纸上，感羡之余，诚不自知其手之舞之，足之蹈之。惟如许计划安得如许人才，以资臂助，此又煊为吾国前途悲者。近阅报载，竞存于漳曾发通电，有将军政府所收关余款项，以为护法大学创办经费，设立于上海或广州。此举若成，则可为先生计划之预备。集举国优秀人才，而养成完全学识，于以辅佐先生，使由理思上之计划，而成为事业上之进行，庶几有其豸乎。兹并附致竞存函稿一件，并望先生对于竞存之主张，设法以达其目的，是所切盼。并希赐复为祷。肃此，敬请钧安。

张煊（印）鞠躬

十月七号

附二：张煊致陈炯明函

（一九一九年十月七日）

竞存先生大鉴：

读报载尊处通电护法各要人，合请军政府以关税余款为护法大学创办经费，诚可谓能为吾国定百年大计者。夫以今日之吾国所最缺乏者，惟人才耳。况吾国土地之大，物产之富，人口之聚，而优秀分子之众，岂区区北京一大学足以容之者哉。是宜建设大学于上海或广州，实为今日之要图，且以留护法之纪念，意至善也。惟自先生通电之后，寂然无以应者，岂别有注意未之及欤，抑亦视为可缓不之顾欤。在煊之见，以为最急最要者，无以逾此。何者？当此外侮日迫，内乱频仍，不有大学集优秀分子以为中坚，则对内对外实无他法以善其后。观于北京大学数月来之举动，我西南百数十万之雄兵，所不能为者，而彼能为之。使吾西南亦有大学以为声援，其效果当何如耶？此先生之卓识所为不可及者也。惟先生已发动于前，自当再接再厉以继其后。煊亦同时致函中山先生，设法维持，务恳积极进行，是所切祷，并希赐复为盼。此请钧安。

张煊鞠躬

十月七号

据黄季陆主编：《革命文献》第四十八辑，台北，中国国民党中央委员会党史史料编纂委员会一九六九年九月出版

批尹承福等主张制定宪法函

（一九一九年十月八日）

复以普通励辞。

附：尹承福等原函

（一九一九年十月八日）

孙总裁钧鉴：

奉读复书，佩仰奚似。慨自军阀作威，大法凌夷，权奸窃柄，国将不国，与其苟且迁延，何如急图补救。补救之方，制宪其始基之矣。

窃以制宪为护法中最要之一事，护法尤以制宪为必经之一途，前此国会两次解散，制宪为其一大原因。凡以宪法为国家共同遵守之常经，政府恐其箝制，军人畏其约束，妄加干预，百般摧残，法律系统垂危，将坠如一线耳。兹当国会地在护法区域，时在护法期间，既无政府之干涉，又无军人之侵扰，兼以南北不和不战，内忧外患，险象环生，趁此时机，集会制宪，博取人民之心理，吻合时势之要求，诚为不可再失之机会。两院议决之于前，舆论附和之于后，特以人数涣散，深为顾虑。派员招待，函电交催，言或过激，情非得已，初何敢轻量暂未来粤议员之人格。且此制宪问题之发生，异议实始于和会停顿，而后一般造言生事者议论沸腾。一则曰南京单纯制宪，一则曰老成党人制宪，一则曰新旧国会合并制宪。谣诼纷歧，听闻煽惑。

如果此时将宪法制成，日后在和议席上则制宪已不成问题，直可以国会自由行使职权为根据。又奚必拘执前日提出之第五条，由和会宣告前总统六年六月十二日之命令无效云乎哉。盖以宪法一经制定，和会再开，南方代表方得进一步着想，有发言展拓之余地，亦以见两院议定制宪，正是表示护法之决心，为行使最高权之发轫也。

回忆我公率舰来粤护法，固不欲以护法始，以误国终。我同人等亦当以法为国本、本固国宁为念。诚愿仰承护法本旨，在粤制宪，以副我公属望，代表国民行使最高权之至意。然必须悉数来粤，始得有行使之权能，未有一个国会而分处两地，能以行使其职权者。国会与公始终一致，而进行之方容或稍异，异途同归，有不期然而然者。敬祈我公偕同唐总代表返粤，坚持初衷，指示正轨。并拟请七总裁来粤会议一次，决定和战大计。除提案外，请即发起提倡开七总裁大会议，妥筹一护法救国扫奸诛寇之良策。是否有当，伏候钧裁。谫陋之言，统希鉴察。

尹承福、徐邦俊、樊文耀、袁麟阁、

董庆余、李宣哲、方因培、周维屏

据黄季陆主编：《革命文献》第四十八辑，台北，中国国
民党中央委员会党史史料编纂委员会一九六九年九月出版

批彭养光报告广州国会讨论
改组军政府及人选问题函

（一九一九年十月十四日）①

代答：来函收悉。

附：彭养光原函

（一九一九年十月十四日）

先生钧鉴：

养光抵粤后，即察视各方情形，其主张改组者，已为尽人所同，惟对人问题不能解决。陆荣廷各方均不信任；唐蓂赓不能舍滇而就粤，且年龄亦不及格；岑春萱仅政学会一部分推戴之，然亦不欲其为总统，只欲其作总理；伍秩庸之朽瞆〔聩〕，已为人所共弃；唐少川之不能独立有为，亦为人所共知。就中比较倾向先生者，实较他人为多，虽吴莲伯、褚辅成等亦不能独异。因于本日约同各方在褚寓开谈话会，经多人讨论，人之问题暂不提出，先派四人至军府述达改组之意，俟改组议定，再提出应选之人。本日谈话会之情形如此。

养光初到，真详情形，尚未全得。惟所晤及之人，于谈话间推崇先生者，实

---

① 日期据来函。

居多数，究竟如何，容续陈报。敬请钧安。

彭养光上言
十月十四日

据黄季陆主编：《革命文献》第四十八辑，台北，中国国民党中央委员会党史史料编纂委员会一九六九年九月出版

批游运炽函①

（一九一九年十月十五日）②

答以：俟大局定后，乃能着手此事。

据原件，台北、中国国民党文化传播委员会党史馆藏

批古汉光报告至许崇智部任事函

（一九一九年十月十九日）③

作答奖励。

附：古汉光原函

（一九一九年十月十九日）

中山先生伟鉴：

汉实不才，屡蒙钧诲，远怀芝宇，时切遐思。缅自广州军府奉教以来，握别奔驰，无日不神依左右。奈关山迢递，未获再谒公门，重领大教，怅何如之。兹者汉时抱杞人之忧，值此大局纷更，祗望先生挈领提纲，以抒和议，达到吾党最

---

① 游运炽时任川汉铁路总公司清算处主任。
② 日期据来函。
③ 日期据来函。

终之目的，普天之下，莫不共赖先生旋乾转坤之力也。汉现蒙许军长汝为宠召，委为部下办事，趋辕效力，藉捆光阴。愿言同志，自愧才疏，犹欲效命前驱，以供鞭执，未免有忝厥职。然而汉身虽在闽，而神常向往，伏望先生储天下之才，当天下之任，谅不以功成遽退，雅度健安，以不出为苍生哭也。今者秋深凉夜，翘首云天，感怀所属，分裂增伤，胡天地之茫茫，感予怀之渺渺，临楮神驰，低徊无限。肃此，敬颂福安，诸祈垂照，不既。

名［古汉光（筱斋）广东梅县］正肃

八年十月十九日

据黄季陆主编：《革命文献》第四十八辑，台北，中国国民党中央委员会党史史料编纂委员会一九六九年九月出版

批廖奉恩创办女校请任名誉董事及介绍政绅商函

（一九一九年十月二十日）

答函嘉奖，但以非时，爱莫能助，惟望奋勉而已。

据原件，台北、中国国民党文化传播委员会党史馆藏

批梁柏明请资助函

（一九一九年十月二十日）

代答：现尚无事可作，亦无力相助，惟期同志自谋生活，坚贞自持，以待时机可也。

据原件，台北、中国国民党文化传播委员会党史馆藏

批廖德山请协助杨襄甫遗孤函

（一九一九年十月二十日）

答函悼惜杨君，并谢其尽力党事。学校现无从为力。

批童杭时报告广州国会讨论不信任岑春煊案

（一九一九年十月二十一日）①

代答：收悉。

附：童杭时原函

（一九一九年十月二十一日）

中山先生大鉴：

　　别后返粤，备述先生爱护国会德意，现国会同人益深景仰，已提案不信任军政府主任总裁，日前（星期六）下午开议，业得大多数之赞同。惟或有主张省略审查即付表决，或有主张再付审查，以致大起争执，尚未议决。定本日下午再议，想可通过。但闻又有人提出改组案，而杭时等则主张先通过不信任案，再议改组，以免纷歧延误。总之无论如何，主任总裁亦必出于辞职矣。特此布闻，敬请勋安。固卿、仲恺、展堂、觉生诸先生均此候好。

童杭时敬启
二十一日

据黄季陆主编：《革命文献》第四十八辑，台北，中国国民党中央委员会党史史料编纂委员会一九六九年九月出版

---

　①　日期据来函。

批黄孝愚愿忝高足函

（一九一九年十月二十三日）

代答以：先生现非设帐，无收门生之事。《学说》邮寄一册，如能实力奉行，则胜形式多矣。

据原件，台北、中国国民党文化传播委员会党史馆藏

批粟无忌求职函

（一九一九年十月二十四日）

代答以：时机尚未至，南方各部亦无事可办，未便介绍，当以守现局以俟时为佳。

据原件，台北、中国国民党文化传播委员会党史馆藏

批吴忠信报告军中情形函①

（一九一九年十月二十六日）②

答以：汝为尚要在沪，稍候各方面之重要消息。一有着落，当即赶回军中，各事望兄暂为主持可也。

孙文

（十月二十六日）

据原件，台北、中国国民党文化传播委员会党史馆藏

---

① 吴忠信时任援闽粤军许崇智部支队司令，驻扎福建永安，
② 原批未署年份。据内容疑在一九一九年。

批潘季伦为周应时中风请示治疗之术函

（一九一九年十月二十六日）

代答以：在医治为最上法。

附：潘季伦原函

（一九一九年十月二十六日）

中山先生尊鉴：

历呈芜函，谅均投前。兹有敝友周君应时，于前月忽患种疯〔中风〕之症，一手一足不能动，口不能言，惟尚神志清楚，现在广东博济医院调治。昨季伦船埠时，接伊弟济时兄三信详告病情。缘周君乃我民党中坚人物，于以后时局大有关系，况情所关切，只得飞函四面叩求疗治之术。切思先生素明医理，定有奇方，以救能员，务恳火速函告为祷。再者，倘组织正式政府成立，选举先生为大总统，万望弗推辞。盖前日赞成辞总裁者，即留正式总裁之地位耳。犹此正可率国民以讨贼也，然后诸事整顿改革，以达救民之目的耳。肃此专呈，敬请钧安，并希垂照不恭。

潘季伦鞠躬上书

据黄季陆主编：《革命文献》第四十八辑，台北，中国国民党中央委员会党史史料编纂委员会一九六九年九月出版

批黎天才陈述时局函

（一九一九年十月二十七日）

答函奖勉，并告以近日情形，并查明有相赠过否，如无并寄一个。

据原件，台北、中国国民党文化传播委员会党史馆藏

批焦易堂关于国会事函

（一九一九年十月三十日）

觉生代答以：来信收悉。先生着代答云：国会行使职〈权〉，北京颇有赞成之意。如果有确实消息，先生当发通电主张，此时国会议员可齐到北京行使职权，则护法目的可算完全达到矣。否则必当重新革命而已。

据原件，台北、中国国民党文化传播委员会党史馆藏

批彭养光来函[①]

（一九一九年十月三十日）[②]

代答以：国会议员，应有凭良心以奋斗之责，惟自我视之，则随其自然而已。所说三策，下策乃为最上，其余不敢赞一辞也。

附：彭养光原函

（一九一九年十月二十四日）

先生钧鉴：

军府政组案已于二十二日通过，惟改组方法（起草员已推定）尚未议定，吾人奋斗此其时矣。务祈先生与展堂仲恺、执信、觉生诸君商议，迅速派人来粤，共筹进行。养光之意，以为急起直追，力争选举，上策也；次则务令先生一系之人平分军权政权，中策也；如二者不得，则君人将局面拆倒，此下策也。三者均宜得多数人奋力为之，务望速派人来一决大计，万不可坐视不顾，令他人为所欲为。他人势力日伸一日，即吾人势力日缩一日，此机一失，更无可为之机矣。若

---

① 彭养光时任广州国会议员。

② 此件十月二十四日呈孙文，上海十月二十九日收，原件信封上显示三十日复。

曰所人所为吾人置身局外，免因负误国之罪亦未尝驱是，但吾此后究从何处着手？以立自治则尺地莫非其有，寸权皆属于人；以立实业则资本为第一难关，成败尤莫卜之问题；以立重新革命，则吾党人才衰竭已甚，经济武力薄弱尤极。养光昼夜凝思，惟有乘机奋斗，于三策中得上则可固共和之基础，得中亦可为吾党之干城，下则不得已之所为。养光尚不甘遽出于此者也，况国会之位任先生者比较上实占多数，舍此不图必贻后悔，即令将来改选国会上未必有如是之整齐，此不可不知者也。岑春萱之去（吴莲伯在筵间演说谓岑春萱在此则我们国会滚蛋，国会在此则岑春萱不能西回等语）已无终义，所与者惟桂系耳。桂系虽兵权在握，然人材亦甚廖廖，当西南大建政府之余，对内对外层巨叠艰，彼又何敢庞然独据耶。故以养光观察，不奋斗则已，奋斗则必得，此万万不可放弃者也。再，孙伯兰于他方面固无所谓如何如何，至国会一面则确有一部分之力祈仍合为一致，共策进行，即如至不得已而拆散亦必须有一大部分之力而后可，否则少数人主拆散而多数人仍麇集于广州以卫助新组之强暴政府，则吾人尤为失败中之失败矣，必有丧鲸掣海之力，而后进可以据上游，退可以溃百川，故吾人此时于伯兰万不可稍有纷岐者也。伯兰如得志于时，未必能与先生相终始，若此时则决不至与先生立异，盖其势使之然也。养兄为厚国会中吾系之力赴〔起〕见，故建议及此，祈垂鉴并祈秘密除展、仲、执、觉诸君外不使阅及此函，至为盼祷，敬请钧安

彭养光上言

十月二十四日

据原件，台北、中国国民党文化传播委员会党史馆藏

批彭堃报告粤中政团派系函

（一九一九年十月三十一日）①

　　答以：文对于国会议员，只望各人本良心上之主张为国奋斗耳，余则悉听其

---

　　① 原批未署年份。据来函酌定。按其内容，亦当在一九一九年。十月三十一日收到，同日批复。

自然也。请转布此意。李君①为我道感。

（代复，卅一日）

附：彭堃原函

（一九一九年十月二十三日）

中山先生大鉴：

军府制度不良，其势亟须改组，各省各军均表赞同，国会议员亦已提案，昨日两院联合会曾将此案通过，推定起草局二十七人。查粤中政团共有五组（一）褚厲即原有之益友社也；（二）照霞楼即原有之民友社也；（三）新新俱乐部即新补议员所组合也；（四）五十号即原有之政学会也；（五）石行会馆即政学会之支派也。以上五政团除五十号与石行会馆少数外，其余三政团以先生手创民国尊重国会群相仰望，极表欢迎。处此酝酿之余，不能不事前准备，务恳一面派人来粤与各代表暨国会接洽，一面派人赴滇与唐督疏通。先生悲悯为怀，谅不忍坐视沦湑也。再黔籍议员暨代表李世荣仰慕先生较他派尤切，嘱堃代为道意。专肃，敬叩勋安。

彭堃谨启

十月廿三日

据原件，台北、中国国民党文化传播委员会党史馆藏

批伍毓瑞械单饷拙惟誓以精诚护法函②

（一九一九年十一月一日）③

作答云：桂贼不灭，民国不能生存，故救国必先灭贼而统一南方，然后乃能

---

① 即李世荣，黔籍议员。

② 伍毓瑞时任援闽粤军第四军军长。

③ 日期据来函。

出师北上，力争中原。务望力作士气，以赴时机。

据原件，台北、中国国民党文化传播委员会党史馆藏

批黄容生函当物色主持加拿大党务之人①

（一九一九年十一月十二日来函）②

留意如有妥适之人，到时派往甚好。答函励之。

据原件，台北、中国国民党文化传播委员会党史馆藏

批吕超来函③

（一九一九年十一月十七日）④

作函奖勉，期望甚殷，为国尽力。并告以时局情形，及反对分赃和议，拟先扫除南方顽锢腐败武力，以统一民治基础等等。

据原件，台北、中国国民党文化传播委员会党史馆藏

---

① 黄容生自加拿大致函上海孙文，请求派人赴加主持党务。孙文甚为赞同，乃向中国国民党本部党务部作出批示。

② 黄容生函标明十一月十二日，却无年份。按函中提及加拿大举办国民党恳亲会，有"此次恳亲会，弟亦与陈树人、李公武君等磋商一切"之语，可见此时陈树人并未承担主持党务的责任；而在一九二○年一月二十日，孙文批准党务部的提名，特派陈树人为加拿大总支部总干事。据此，可定在一九一九年。

③ 吕超时任四川靖国军第五师师长。时派张蔚彬为代表，携函谒见孙文，征询对西南局势的意见。

④ 日期据来函。

批魏勋请愿函

（一九一九年十一月十八日）

代答：民国国是多未解决，固无暇计此，当俟他日根本大计解决，然后议此未迟也。

据原件，台北、中国国民党文化传播委员会党史馆藏

批谢心准请教处置粤局函

（一九一九年十一月二十二日）①

如尚有有力之同志，可帮一臂，以扑灭桂贼。此时宜预备一切，进行方法可与周之贞接洽。

据原件，台北、中国国民党文化传播委员会党史馆藏

批李绮庵致冯自由请代向总理请款函

（一九一九年十二月二日）②

答：冯自由已往美，着他与李海云接洽，并致意李海云。

据原件，台北、中国国民党文化传播委员会党史馆藏

---

① 日期据函到时间。
② 日期据来函。来函未署年份。当在一九一九年。

批陈炯明函报福建交涉事函

（一九一九年十二月五日）①

作答谢之。并云关于种种建设事件，俟实业计画告竣，再从事其他。

据原件，台北、中国国民党文化传播委员会党史馆藏

批陆福廷报告在闽接洽北军投诚函

（一九一九年十二月六日）②

无地址，不复。

附：陆福廷原函

（一九一九年十二月六日）

中山先生钧鉴：

十月十五，在汕头读邵样代书先生之示训，生铭诸座右，朝夕奋勉。于十一月七号抵漳州，于月之一号因事来鼓浪屿。北军臧部有五连，欲向义投诚，刻下生为接洽，已大有眉目。其余他部，探询内容，无不怨李、骂李（因十余月不发军饷，皆入私囊之故），皆罕斗志。其浙军潘部，系守厦门地盘，作中立之态度，兵官若此，无论和战，闽局或可早定，虽然此一偶耳。刻南北政府，利令智昏，皆入歧途，难以托赖，非国民自觉自决，或可挽回危局。而元祖精神，实我先生一人是赖，无论何次革命，皆我先生手创，而他人坐享其成。及至办糟，又得先生拯救改造，先天下之忧而忧，后天下之乐而乐，设使国民能本先生政策施行，此数年诚可驾美欧西矣。生系军人，力尽军职，一方面鼓吹民智，紧步后尘也。

---

① 日期据来函。复函为十二月二十三日。
② 日期据来函。

余再谨陈，敬叩崇安。

学生陆制福廷敬书

十二月六号

据黄季陆主编：《革命文献》第四十八辑，台北，中国国民党中央委员会党史史料编纂委员会一九六九年九月出版

批唐宝锷论对徐树铮态度函

（一九一九年十二月八日）①

代答以：无论何人，果有悔过自〈新〉，文无所不容也，对于徐甚以此望之。

据原件，台北、中国国民党文化传播委员会党史馆藏

批洪兆麟来函

（一九一九年十二月八日）②

代答前函已收，并慰问近好。

据原件，台北、中国国民党文化传播委员会党史馆藏

批吴醒汉请电唐继尧讯办唐克明函

（一九一九年十二月十二日）③

作答：函悉。前派熊炳〔秉〕坤来述一切，望设法办理可也。军府唐督④处通电皆未便，为请谅之。

---

① 日期据来函。
② 日期据来函。
③ 日期据来函。
④ 即唐继尧。

附：吴醒汉原函

（一九一九年十二月十二日）

中山先生钧座：

鄂西改革情形，前经缄陈，计邀钧览。刻下柏公业已入施，醒汉即日交卸代职回防，所有一切善后事宜，概由柏公负责。惟唐克明尚安居夔州，多方鼓簧，希图淆惑观听，倖逃法网。而黎总司令前于寒电允依法办，嗣有敬电为唐洗刷，离奇怪诞，莫此为甚。除再电恳唐冀公迅予电饬黎总司令，将唐克明严行看管解案讯办外，恳先生致电军府及唐冀公，速组法庭审讯，以伸法纪，万祷万祷。

再者，鄂军自兴师以来，转战千里，崎岖上游，三户孑遗，不绝如缕。追念辛亥创造之鸿业，不禁望江汉而陨涕，尚乞先生念此首义之邦，大力维持，以保此一线之根基，则鄂局幸甚，大局幸甚。所有详情，特派高君辛吾前来面陈，诸希垂察为祷。专肃，恭叩勋安。

吴醒汉谨上

十二月十二日

批林森来函

（一九一九年十二月十七日）

作答：函悉。彼辈果借和议以分赃，吾党当竭诛之。就是颂云果有悔改之心，予亦何所不容？总望奋勉为国立功可也。

批石青阳购备飞机细陈饷款之拮据函

（一九一九年十二月二十三日）

作答云：飞机当可设法买得，但当款寄后乃能向前途磋商一切。

附：石青阳原函

（一九一九年十一月二十五日）

中山先生伟鉴：

　　顷得丕臣来书，并道盛情关怀本军綦切，青阳无状，惟有力体钧意，靖国护法，不渝此志，图报知遇于万一也。承示购备飞机，至为当今急务，然就刻间饷款之拮据，再四掷节约可筹集五万元，以五万元计之，能购几部，每部重量若干，容量若干，是否适用于欧战者，效力差别有几，又购成时如何运输到川，并需用何种设施始能收事半功倍之效，又此间所用步枪亦仅两种：（甲）六米粒八，（乙）七米粒九，所收弹壳亦然，如装弹头配药料及所用器械与聘请匠师，每月亦只能额支四五千元，逾额过多必定制肘，此就现时之情形，故不得不详细陈之，统希示及以便遵办。肃此，敬颂伟祺。

石青阳再拜
十一月廿五日

据原件，台北、中国国民党文化传播委员会党史馆藏

批凌钺责备与徐树铮电信往还失当函

（一九一九年十二月二十三日）①

作答云：徐收回蒙古，功实过于傅介子、陈汤，公论自不可没。近闻徐颇有觉悟，如真能悔过自新，文当无所不容也。

附：凌钺原函

（一九一九年十二月九日）

中山先生鉴：

不通音问，三月于兹。前阅上海、香港各报，揭载上月宥日先生与徐逆树铮电信全文，披读未竟，毛发俱悚，始疑奸人伪造，淆乱听〈闻〉，继乃确切证明，实难缄默。查徐逆犯卖国大罪，久为天地所不容，先生居造国首功，正为海宇所同钦，人格比较，相差天渊。今日与之通讯，钺即认为失当。先生大度包容，以为彼能悔罪，当然予以自新，要知徐逆人面兽心，举北京之老妓官僚，尚难逃其术中。巧电蒙古情形，以钺察其用意，系施狐媚技俩，破坏吾党威信，掩盖彼等罪恶，藉此夸耀国人，曰汝等诬我卖国，试看民党领袖孙中山先生犹比我为陈汤、班超、傅介子之流，汝等尚有反对之余地耶？果尔汝等非爱国也，直乱党耳。执此心语，质诸徐逆，亦当不寒而栗。故钺断断言曰：徐致先生巧电者，为诱先生复电也，先生之宥电一到，徐逆之贼胆愈大。在先生认为可与为善，在徐逆恃为卖国奖证。钺洞烛徐逆之肺肝，特进先生以忠告，勿为群小所煽惑，直接通讯于敌人。钺素性刚直，论私交为先生之良友，论公益为国民之代表，忍教先生节操无形丧失，民党旗帜中途变色？自此以后，凡遇贼徒来电，均宜置之不理，并请揭载报端，后加按语。如是对待，则奸计无由得逞，而吾党之铁壁铜墙，不能乘

① 一九一九年十二月九日，众议院议员凌钺以快邮代电建议孙文勿与徐树铮通信，孙文故有此批。日期据"中华民国"各界纪念国父百年诞辰筹备委员会学术论著编纂委员会主编《国父墨迹》。

隙而入矣。拙见及此，即希采纳。

众议院议员凌钺叩　佳印

八年十二月九日

据原件，台北、中国国民党文化传播委员会党史馆藏

批葛庞谈论时局函

（一九一九年十二月二十七日）①

　　上海代答：此函悉，前函未收。今日救国急务，宜先平桂贼，统一西南，乃有可为。请将此意传布湘中同志将士知之。

附：葛庞原函摘抄

（一九一九年十二月二十七日）

　　……际此军务倥偬，未遑恭询与居仁厚长者，幸不我责。民国成立，八稔于兹，政治窳败，权奸叠兴，加以此次战争，屈指数年，欲求根本解决，北廷则一再把持，欲即整戈直指，则西南诸将未必一致赞同。或徘徊观望，权利印于脑筋；或希图分裂，法律视等弁髦。徒使兵连祸结，生民涂炭。内讧未已，外患方来，时局岌岌不可终日。先生西南领袖，中外共钦，我得我失之语，计之已熟，振笔直书，自有成竹。庞自顾菲材，岂容末议？第念天下兴亡，匹夫有责，益以频年奔走，诚恐废于一旦，以故不揣谫劣，敢献刍荛……

葛庞谨肃（葛庞之印）

十二月二十七日

据原件，台北、中国国民党文化传播委员会党史馆藏

---

　　①　日期据对方发函时间。

批答林修梅速预备与湘西一致动作

（一九一九年十二月二十七日）

作复，并切实告以当赶紧预备，与湘西一致动作，先扫除广西游勇，然后乃可另议其他。昔孔明未出中原，先擒孟获，今非先除游勇，必无从建告〔造〕民国也。

据原件，台北、中国国民党文化传播委员会党史馆藏

批吴文龙请示方针函

（一九一九年十二月二十九日）

代答：现下无事，尽可自由行动。

附：吴文龙原函

（一九一九年十二月二十九日）

中山先生钧鉴：

文龙自蜀至沪后，获睹尊颜，仰见精神矍铄，不异曩时。文龙私庆之余，又不禁为国家贺。今当阳气初回之候，新年节届之时，遥想玉体之康强，定与日月而增长，为颂为祝。文龙在沪时，谢惠生先生令仍回蜀，而参议员高荫藻等，因军政将改组恐有变动，约文龙至粤，斯时欲请命鸿裁，以便仿依先生旨而行，庶不越乎常轨。嗣晤朱执信先生谈及此事，据云先生刻下不便表示态度，文龙遂亦不敢妄动。复因孀母来信，以离乡日久，胡不思归相责，于是于十一月间遄里省亲，倘先生有所驱遣，文龙当即来前听命也。恭此寸笺，敬叩新禧百福，并希垂

照不宣。

吴文龙印谨上

十二月二十九号

据原件，台北、中国国民党文化传播委员会党史馆藏

批杨熙绩来函

（一九一九年十二月三十日）①

代答：来函收悉。近日湘芸败，田、张②等何以不助力？

据原件，台北、中国国民党文化传播委员会党史馆藏

批柳大训等请拨经费函

（一九一九年）

代答函鼓励：各尽所能，为国效力。到〔至〕接济款项一节，先生现在无力办到。

据原件，台北、中国国民党文化传播委员会党史馆藏

---

① 日期据来函。

② 即田应诏、张学济。

批助林修梅统一湘西

（一九一九年）①

作答：此间现在无此力量，若能助林修梅统一湘西，而进兵桂柳，据有土地人民，当可设法。

据原件，北京、中国国家博物馆藏

批郝培云主张飞潜主义来函

（一九一九年）②

代答云：中山先生属答：对于此事③，此时只宜合集有志之同学，潜心考究，以待有好政府成立之后，乃能见之施行。此时印书，国内亦无人留意，徒费无益，不如其已。

据原件，台北、中国国民党文化传播委员会党史馆藏

批答劳动党当发起自劳动家

（一九一九年）④

代答以：劳动党当发起自劳动家乃是，今自命为学生，而越俎代谋，实属不合，有类借事招摇，切宜痛戒。

据原件，台北、中国国民党文化传播委员会党史馆藏

---

① 原批未署年份。原注"此系寄孙伍唐三总裁函之批牍"，当在一九一九年。
② 原批未署日期。可能在一九一九年间。
③ 此事指发展飞潜主义。
④ 日期据来函酌定。仅批在空信封上，似在一九一九年。

批于右任请赐书函

（一九一九年）

照寄百册，不收费。

附：于右任原函

（一九一九年□月十九日）

中山先生惠鉴：

　　昨奉报书，并锡巨制，谊文稠垒，曷任拜嘉。更念学说之卓荦，指示之精辟，经纶天下有如絜矩，古所谓一言为法者，想先生亦未遑谦让也。颇欲再求《学说》百册分赠同志，藉广探讨，所需书费示知，当奉寄也。陕军现势尚足战守，护法职责迄无耗瘝，惟鸱枭时谋毁屋，殊深才轻任重之惧耳。邮路无阻，望常赐教言为祷。专肃布臆，敬请伟安。

右任上言

民国八年　　月九日

据原件，台北、中国国民党文化传播委员会党史馆藏

批陈春生筑路问题函[1]

（一九一九至一九二〇年间）[2]

　　答以：筑路为文历所提倡，今得公发起之，喜极，慰极！望加入文名为赞成发起人之一可也。近年交通进步，长远之路而专运重货如煤铁等物，则铁路为利；

----

　　① 陈春生系广东人，久居香港，民初国民党党员。
　　② 原批未署日期。据"中华民国"各界纪念国父百年诞辰筹备委员会学术论著编纂委员会主编《国父墨迹》，应在一九一九至一九二〇年间。

若短路为人民往来者，则自动车路较铁路尤为有利而快捷。盖自动车随时可以开行，而火车则非人多货足，不能开车一度，是以每日不过开车一两度，若多开，客货不足则贴本。而自动车则无此弊，故前歧之路①及他日前邑之支路，当定实只筑自动车路，不可立心再要铁路也。文见近年欧美等国，已有废去短线之铁路，而改为平路以行自动车，可知长铁路则有，短铁路则无利也。

并入股千元。

据原件，台北、中国国民党文化传播委员会党史馆藏

批徐东垣采伐吉林省森林可获厚利函

（一九二〇年一月一日）

代答：先生现在无暇从事于此，惟欲以此转布海外同志耳。

据原件，台北、中国国民党文化传播委员会党史馆藏

批罗仁普询原子电子之理函

（一九二〇年一月十四日）

代答：欲知此种新理，须从物理化学用功，不得从古说附会。
尚未有期。②

据原件，台北、中国国民党文化传播委员会党史馆藏

批林正煊等请为品题其著作函

（一九二〇年一月二十八日）

代答以：此等实用之书，当以内容之切实为贵，不当以品题文藻为贵。甚欲

---

① 前歧之路指广东香山之前山与石歧之间的公路。
② 此系批答，原函为询《三民主义》及《五权宪法》出版之日期。

一见其书，如果适用，当力为介绍于军介。至于品题，不敢附和。

附：林正煊等原函

（一九一九至一九二〇年间）

中山先生钧鉴：

敬肃者：盖闻左公作赋，价随赏识以增昂；杨子著经，名藉品题而遂显。近自欧化输入，言论开放，出版自由，百科丛书皆重实用。著述大势，趋向虽殊，然言之无文，行而不远，故先容延誉，古今同揆。

敝友何君慨之，学识阂达，审时察变，顷辑《全国兵工总厂调查改革》一书，不尚繁缛，简要详明，盖即本于实用之主义。观其内容，制械现形，了如指掌，尤能于改革规划萃精会神，发挥警辟。同人以是编为军储关系，怂恿付梓在即矣。

惟幽潜仍待阐发，月旦端赖评衡。用修芜笺，并附绪论，就正大雅，敬恳钧裁。素仰我公义薄云天，名垂宇宙，尚希笔扫千军，藻题翔凤。庶几风行一纸，誉播登龙。如蒙掖奖，宠锡揄扬，修短皆宜，序弁悉惬。翘企刊印，乞早惠颁。从兹告成，获供快睹。岂惟敝友之纫铭，抑亦同人所拜赐矣。专肃，顺颂日祺，诸惟霭照未既。

林正煊、郭宝慈、沈智夫、谭炳华、李英铨、饶芙裳、彭建标、何士果、李洪翰、黄汝瀛、杨梦弼、李自芳、曾叔其、温翀远等肃启

计先附绪论小册，乞察收，余俟续印补送。如蒙鸿题，请早交靖海新街廿四号二楼曾叔其君代收为荷。

据原件，台北、中国国民党文化传播委员会党史馆藏

批杨玉山请资助函

（一九二〇年一月三十一日）

代答以：公资何来，汝既称为党人，曾出过多少党资，所请实难办到。

据原件，台北、中国国民党文化传播委员会党史馆藏

批焦易堂函

（一九二〇年二月十日收到来函）

作答。

附：焦易堂原函

（一九二〇年二月九日）

中山先生大鉴：

久疏通□，至深歉疚。目下时局日趋险恶，和议停顿，武人专横，民不聊生，南北同辙，无可挽救。易堂不揣固陋，爰邀集同志，组织一杂志月刊，名曰民觉，欲以言论唤醒人民迷梦，使之自觉，且藉以结合团体为政治之树立。幸得同人不弃，随声附和，故开办以来颇为发达，计社员有百余人，皆国会知名之士，易堂以是奔走，甚形忙碌，所以未及奉告者，只以事未成立，不敢预诸观听，今幸脱稿出版矣。特寄呈左右，尚祈教之，不日当由全体社员致书请教，甚望先生赐复数行，以资鼓励，尤不胜厚幸之至。专此，即颂道安。

焦易堂谨启

附呈《党民》杂志一本

九号

据原件，台北、中国国民党文化传播委员会党史馆藏

批陶乐勤请实行大亚西亚民治主义函

（一九二〇年二月十四日）①

代答见后：大函先生已接读，甚为钦佩。务望人各尽一分之能力，则无事不可为，足下为商界中先觉，当于其中联络同志，协力向前可也。

据原件，台北、中国国民党文化传播委员会党史馆藏

批朱和中为民请命兹恐误会函

（一九二〇年二月七日）

存查，不答。

附：朱和中原函

（一九二〇年二月二日）

中山先生伟鉴：

谨启者：自南北构争，变幻迭起，西南首领初尚能主持正义，约束所部，不至为出轨之行，今则愈趋愈下，首领只争权势，部下尽成匪类，故今日南北实属一丘之貉，初无黑白之分，在北则卖国，在南则虐民，卖国则人民全体受害，虐民则所部受害，卖国之祸人民间接受之，虐民之祸人民直接受之，我施鹤人民不幸罹靖国军之祸于兹三年，去夏同乡推和中为代表，前赴施鹤与南军首领接洽，为民请命，乃请命不得，家兄朱子集受其勒敕，房屋被其焚毁，此等匪徒害虐蒸民，实乃世界人民之蟊贼，故和中通函各总裁指摘不稍假借。盖吾人革命，为人民谋幸福，非为贼匪张权势，若贼匪冒护法靖国之义旗贼害人民，则吾人即应首先剿灭贼匪，初不容稍有庇护，此先生三民主义之所以颠扑不破也。今人民之程

---

① 日期据来函。

度尚成，虽受切肤之痛，尚不知起而芟除民贼，是以南北各匪首尚得嚣嚣以伟人自命，惟和中不眩于义旗不限以南北，抚我则后，虐我则仇，所通公函为对各总裁全体而发，并非为先生而发，然先生政见向来以人民为主体，其他皆属客体，为福利我人民而设，对于和中之言亦当然不相枘凿，兹恐误会，用特再函恳乞主持公道，为民请命，不胜感戴之至。肃颂道安。

弟朱和中上言

二月二日

据原件，台北、中国国民党文化传播委员会党史馆藏

批李维汉请资助函

（一九二○年二月十九日）①

当票送回，并代善为开导，以博施济众，尧舜犹病，若以众党而养党魁，则易举，以党魁而济万千之党人，则万难矣。

据原件，台北、中国国民党文化传播委员会党史馆藏

批刘焕藜求见函

（一九二○年二月二十八日）②

代答：请礼一午后三时来。

据原件，台北、中国国民党文化传播委员会党史馆藏

---

① 日期据来函。
② 日期据来函。

批中华国民自治研究会殷占阊等函

（一九二〇年三月二日）①

代答以：请读《孙文学说》，便知先生对此之主张。

据原件，台北、中国国民党文化传播委员会党史馆藏

批刘焕黎报告与张敬尧协议事函

（一九二〇年三月二日）②

代答以：张果有以实力助吾党解决广西问题，则万事皆可从此解决，不必支支节节与争湘省之权力也，务期转致湘中同志放阔胸衿可也。

据原件，台北、中国国民党文化传播委员会党史馆藏

批徐元诰来函

（一九二〇年三月三日）③

觉代答以函悉，并将以后消息时时报闻。

据原件，台北、中国国民党文化传播委员会党史馆藏

---

① 日期据来函。
② 日期据来函。
③ 日期据来函。

批殷占闿呈愿联络长江一带军警函

（一九二○年三月五日）①

代答以：有路可干者，总望积极进行，造成事实，乃来讲话可也。

据原件，台北、中国国民党文化传播委员会党史馆藏

批林修梅请发誓约党证以介绍军官入党函

（一九二○年三月七日）

誓约、党证可送去晚报馆交易君收入，取回收条。

据原件，台北、中国国民党文化传播委员会党史馆藏

批冯某函

（一九二○年三月十二日收到来函）

代答：款无从为力。

附：冯军□原函

（一九二○年三月十一日）

中山先生有道语云：

英雄造时势，时势亦造英雄。又曰当机立断，今粤乱已启，正英雄有为之时，且报载"厦门北"舰有已附南之说，尤为先生拿定指南针顺风使舟之大好机会，下走不敏，前昨两载于后粤省深知各方情形，去年十一月因某项计划，由杨君春

---

① 日期据来函。

浩邀同来沪，请示行止，曾经一度晋谒崇阶，嗣杨君协同动作，拟恳先生即予筹给旅费二百元以便就道（同行者五人），是否可行，希即立断邮复。再，下走曾电香港杨君询问情形，迄未有复，或杨早已出发某地亦未可知，合并奉闻。尚此，顺叩健安。

冯军□

三月十一日晚九时

据原件，台北、中国国民党文化传播委员会党史馆藏

批陈卓平请为其妹赴美求学作保函

（一九二〇年三月十七日）

内件代答以：已照来示办了。

据原件，台北、中国国民党文化传播委员会党史馆藏

批王正廷转送欧洲和平大会分类报告一册

（一九二〇年三月二十日）①

代答：收。谢。

附：王正廷原函

（一九二〇年三月二十日）

中山先生安鉴：

　　谨启者：顷由陆子欣专使寄到欧洲和平大会分类报告，兹特转奉一册，以备

---

① 日期据对方发函时间。

尊览，敬希察存为荷。肃此，祷颂道安，不宣。

王正廷谨启

九年三月廿日

据原件，台北、中国国民党文化传播委员会党史馆藏

批胡文灿等来函①

（一九二〇年三月二十一日）②

焕廷③代答以：先生甚望火速进行，与他军协同讨贼。至现于实立有奇功，先生当必始终维持也。

据原件，台北、中国国民党文化传播委员会党史馆藏

批李绮庵李安邦函

（一九二〇年三月二十六日原函日期）

电答。

附：李绮庵李安邦原函

（一九二〇年三月二十六日）

中山先生钧鉴：

　　敬禀者，绮庵、安邦奉命搭"南京"船到港，船上蒙各同志优待，热心筹助款二佰一十元，骆宾山兄、曾洪兄热心助送手枪叁支、子弹叁佰伍拾颗，至厨工

---

　　①　胡文灿、唐提雄、卢则三从香港上书孙文称：为驱除陆、莫出广东，拟集合同志，组织靖国讨逆军，并已着手购置军械。

　　②　日期据来函。

　　③　即林焕廷。

用人难以相信。适区玉兄在"南京"船做工，将"南京"船工辞，愿往先生处担任厨工，至每月工金由先生给。到港后，与周之贞兄、邹海滨、何克夫兄商量进行办法及救国军之名称，邹君云救国旗号已发出，难以更改，且当日与李协和磋商，要李协和公认方得等语。绮邦本拟称第四第五军名号，邹君又云李协和本公认，吾三人如多称名号，恐有未便，绮庵是以不明白邹君用意所在。绮庵为革命，止知有奉党首领之命令是从，其他则不识矣，故绮庵现取名称讨贼军，安邦为讨贼军第一军，绮庵为讨贼军第二军，朱本富兄为讨贼第三军，现绮庵计划由香山、江门、四邑而通于阳江，先由兵船而占居香山、江门通阳江，然后整军攻广州城，至牛山炮台及鱼珠炮台或有把握，至钦廉方面，海滨明堂亦欲办理。他主张先占高电琼崖，然后通约陆兰清方取钦廉，绮庵主张无论如何不能通约陆兰清，要先打去陆兰清方得钦廉，现绮庵计划已定，外面对人说不办理钦廉，内中即密派心腹人往钦廉办理，亦约有密电码，如钦廉得手定由北海密电报告，如有报告，此请先生千祈即转唐继尧出军为要，至广州之事，李嘉品由京返港亦开办，如徐勤、莫擎宇、钟鼎基等皆进行办理，皆无实力者，如周君之贞亦不甚有把握，他现在将前日之散旧部由四会阳山左近编出有二三百人，与张怀信接近；如李耀汉前日亦出有六七百人，居新兴城后退回天堂，今已退入山中；如邹海滨君随处皆办理，亦毫无把握，虽林虎之军驻罗定属之军官本与他有交情，派人往说，亦不敢先为法〔发〕难，止答覆候时机而已；何克夫君更无把握，现各人亦催绮庵速发，大抵先为发动者，然要绮庵等方有把握，至财政一曾〔层〕绮庵奉命与邓慕韩兄亲见林晖庭君，林君称云一万元不能负担，仅应允担任壹仟元，绮庵见林君如是之情形，其壹仟元之款绮庵未敢收用，因此次绮庵无一万之款实难以成功，故无款不宜办理，故不敢收。至科兄之信，现科兄在省城未面谈未交约，迟三四天来港方面交，至带来之书籍已交下工商银行候科兄来取。此间得云南消息，唐督已集众六团军队近广西百色，现陆荣廷在广东调五营人往回百色，用马济为司令，已起程西去矣。现广东军队空去，全调往北江，其政策无论如何先打散李协和方能了肯，现绮庵因财政而困以阻进行，如先生财政稍有即电汇来，方能进行，否则亦空谈而已。其中详细情形难录，亦托区玉兄代为转达。此禀，敬请金安。

李绮庵、李安邦禀

三月廿六

据原件，台北、中国国民党文化传播委员会党史馆藏

批黎萼丁士杰等来函[①]

（一九二〇年三月二十九日收到来函）

作答以：如确有如此实力、如此组织，则当以起事为征，如能分头并起，以击桂贼，则文必竭力助成，务使各人成军也。如不能发起，则人械虽多，何济于事。故对于不能发起与一发而即散者，皆不欲与闻也。望公等竭力将各地人众造成事实，然后来商可也。

据原件，台北、中国国民党文化传播委员会党史馆藏

批林修梅介绍王恒来谒函

（一九二〇年四月五日）[②]

内名片有住址，代函请王君[③]明日午后三时来见，并作复林，请他来沪。

据原件，台北、中国国民党文化传播委员会党史馆藏

---

① 丁士杰、黎萼时驻军宜昌。来函报告粤中军事布置情形与联络各军起事规复广州之计划。

② 日期据来函。来函仅书四月五日，按内容当在一九二〇年。

③ 即王恒。

批邓家彦请赴美筹募函

（一九二〇年四月十日）①

作答：来意甚感，但此时向华侨筹款，已有缓不济急，且有不欲再向华侨筹款之意。

据原件，台北、中国国民党文化传播委员会党史馆藏

批卢殷民请赠《建设》杂志函

（一九二〇年四月十六日）

代答以：《建设》杂志，先生处有者可以奉送，其无者请就市上买之，二期三号已出版，亦可买之市上。

据原件，台北、中国国民党文化传播委员会党史馆藏

批胡万州来函

（一九二〇年四月二十二日）②

答以：望切实进行，当以立功后，再由此间直接处理。

据原件，台北、中国国民党文化传播委员会党史馆藏

---

① 日期据来函。
② 日期据来函。

批谢英伯请援川并询赴沪意见函

（一九二〇年四月二十八日）

代答：国会在沪无期，此间亦无所事，不来为妙。

据原件，台北、中国国民党文化传播委员会党史馆藏

批朱和中来函

（一九二〇年五月十八日）①

元冲代答以：各信收悉，子荫②已回沪。

据原件，台北、中国国民党文化传播委员会党史馆藏

批姚畏青建议与段祺瑞联合函

（一九二〇年五月二十二日）③

代答以：函悉。先生无分南北，只以主义同者则为同志耳。芝泉④近日大有觉悟，先生自乐与共图国事，使真正之共和能早日实现于中国也。

据原件，台北、中国国民党文化传播委员会党史馆藏

---

① 日期据来函。
② 黄大伟，字子荫。
③ 日期据来函。
④ 段祺瑞，字芝泉。

批罗鉴龙请为其所著作序函

（一九二〇年五月二十三日）①

代答以：先生虽曾习医，然荒日久，故对此种专门之研究，非有心得，莫敢赞一辞。求序当谢不敏。（并检对前函有无复答，措词与此相符否。）

附：罗鉴龙原函

（一九二〇年五月二十三日）

中山先生钧鉴：

前寄呈拙著《子女唯心法稿》一本、书两通，计当尘览。

窃以我国纳妾之俗，造因非一，而求嗣续要为重故。是书明生育之理者也。使其说行，则纳妾以求子之事宜日加少。民德既厚，国本以固。而先生邃于医学，足以知其说之是非，功在民国，力足以生是书之效用，故望先生一言，以绍于世。且夫我国之纳妾以求子嗣，其于生育之理要为不悖，盖亦由其道不明其故者也。今使知其所由，则反其道而求之矣。先生创立知难行易之学说，而日以建设国家、革新社会为务，当不以是书为无用而弃之。而仆之求序于人，尤加审慎。苟辱题署，必不虞横口与社蠹民贼同列也。今附呈蔡孑民先生序文，以备参考。专此，即请道安。

罗鉴龙启

五月廿三日

据原件，台北、中国国民党文化传播委员会党史馆藏

---

① 日期据来函。

批孙祥夫来函

（一九二〇年五月二十五日）①

代答以奖勉辞，并言陈师有心来助甚好，待计画有定，再行通知。

据原件，台北、中国国民党文化传播委员会党史馆藏

批李仲龑请为其子证婚函

（一九二〇年六月九日）

代答以：办法不合，不能照行。

据原件，台北、中国国民党文化传播委员会党史馆藏

批沈声夏来函

（一九二〇年六月十二日）②

代答：现正用武之时，君为军人，何不即回国效力？

据原件，台北、中国国民党文化传播委员会党史馆藏

批李厚基愿竭尽愚诚函

（一九二〇年六月十五日）

作函答谢之。

---

① 日期据来函。
② 日期据来函。

附：李厚基原函

（一九二〇年六月十五日）

中山先生赐鉴：

　　黄君子荫来闽，奉读大示，具承奖饰，感愧无任。黄君备述尊旨，极为赞佩。时局败坏至此，非一致协力何能挽回？我公手创共和，救国救民之心，久而弥切。厚基不敏，甚愿竭尽愚诚，以期共济。陈君竞存处，派邓参谋长来，偕同黄君面商各节，均有端绪，已托黄君代达一切，统希亮察为荷。专此奉复，敬颂勋绥。

李厚基（印）谨启

六月十五日

黄季陆主编：《革命文献》第五十一辑，台北，中国国民党中央委员会党史史料编纂委员会一九七〇年六月出版

批谭平来函

（一九二〇年六月二十四日）

　　代答：函悉，甚谢。以后凡有要闻，请时时函报为荷。

据原件，台北、中国国民党文化传播委员会党史馆藏

批蒋尊簋来函

（一九二〇年六月二十八日）①

作答：慰劳，并云此间现在毫无办法，如他日能得有办法以解决一切时，自必借重长才也。

据原件，台北、中国国民党文化传播委员会党史馆藏

批徐东垣报告吉奉暗潮倘有决裂可采行动函

（一九二〇年六月三十日）②

代答以：现宜潜养实力，不宜动作，俟各地养足实力，到有机可动之时，然后约定为一共同动作乃可也。

附：徐东垣原函

（一九二〇年六月三十日）

中山先生勋鉴：

谨陈者：自粤东军政府改组后，吾党即失发展地步。神能如先生者，尚持消极主义，屑末如垣，岂有活动余地乎？二载以来，无所事事。虽云才力薄微，亦时势使然也。现处和会半死半活之际，更使人无所主张。以垣管见，即使其有成，亦不过迁就敷衍下去，为几强有力者巩固地盘、安置饭碗已耳。欲就此产生一法，治国亦云难矣。近以排日风潮，日人对吾行动稍觉宽容；虽彼命意在有，吾可乘机以逞，出动鲁东，尚可图行险以徼幸。故垣不觉蠢蠢欲动，不知是否有当。敢

---

①　来函用"参谋部公用笺"，当在一九二〇年。

②　日期据来函。原函未署年份。黄季陆主编《革命文献》定为"一九一九年"，此采秦孝仪主编《国父全集》说。

祈垂教，俾有所遵循。吉奉暗潮，不过两奸相争，终难为我用。现伪政府极力疏通，将不免化干戈为币帛矣。倘有决裂之时，吉军有若干学生出身中下级军官，尚有血气。（垣已联络成熟）彼时当能拔赵帜而易汉帜也。临颖不胜待命之至。肃此，维颂勋祉。

徐东垣谨禀

六月卅号

据原件，台北、中国国民党文化传播委员会党史馆藏

批张铁梅等愿依大纛之前函

（一九二〇年七月一日）①

作答奖勉，期会羊城。

附：张铁梅等原函

（一九二〇年七月一日）

先生钧鉴：敬肃者：吾国自政途失轨，变故纷纭。强藩暴帅，沓相攘夺。政源不清，权力是竞，生民劳瘁，危机日迫矣。先生以民治之精神，本饥溺之宏愿，沉清众流，号召万汇，含气之伦，未有不景仰云从者。铁梅、升平幼习国史，壮历戎行，虽樗栎之资未堪托重，而驽骀之性颇知爱群。阳九政变，即赋同袍；袁氏盗国，亦既执殳。护法之初，复随海丰总帅仗义援闽。幸叨天麻及士卒之力，闽南半壁得沾法治。凡此前尘，皆夙昔私淑先生之政论得有今日也。

迩者岭表风云，倏焉变幻。跳梁之丑，岂知义利之辨；萑苻之魁，安识鼎之重轻。平虽谫材，愿依大纛之前，负戈以为先导。此则军人之职，铁梅、升平之素志也。惟冀区宇混一，共安耕凿之天；日月重华，复睹陶唐之盛，不胜景企之至！肃此，敬请崇安，伏乞垂照，不备。第五十一营营长张铁梅、第五十二营营

---

① 日期据来函。

长王升谨上。九年七月一日。

据原件，台北、中国国民党文化传播委员会党史馆藏

批吴文龙函

（一九二〇年七月四日）①

代答，快递。

附：吴文龙原函

（一九二〇年六月二十五日）

中山先生钧鉴：

　　文龙去年回沪后，因广东方面未有如何发展，川局又在酝酿中，遂回里省亲。今春李协和先生与李印泉之战诸友召文龙至粤。比抵沪，而伍总裁已□被来矣。李协和先生离粤矣，当往惠生先生处得悉熊氏掌职，川□将作。去年卢师谛曾与文龙约川战发生当返川助其谋划，文龙于是决然而上，而所以未谒崇阶者，实不敢以烦琐渎清尘也。区区之意曾托牟鸿勋代达左右。此刻川北战事因交通阻隔不得其详，但闻叶荃由陕而来，带有骑兵两团步兵一师进攻遂宁，至于川东，滇军顾赵二军，已将但懋辛击败，进取内江。黔军与刘湘江防战，广安合川得而复失，剧战颇烈，现黔军反攻为守。幸王文华带生力军二营适至，尚有何旅继续以来，大约无他虞也。惟是熊氏狡狯，年来以驱除滇黔教训川民，故此次之战，各县团防往往在方援乱，是为大废。文龙曾向沧白省长亲幸者使其敦劝。沧白在渝设立行署，编制各县团防为警备队，既可增我军力，又可消弭排除滇黔之心，且使扶义各军无后顾之忧，则战事不难缩短矣。沧白颇有所动，但尚未实行耳，惠生亦负民望，文龙亦致函请其通电各地方团体勖以大义，俾了解此次战争意味。盖川民之仇滇黔，犹今日国人之仇日本，故疏通川民亦为当务之急。顷闻先生行将入

---

　　①　日期据收函时间。

川，遂听之余不胜雀跃。先生威信普照大地，剑履所至民意攸归，倘能来川，影响所及岂可预计耶。特布区区，不尽万一，敬请崇安。

吴文龙谨呈

六月廿五日

据原件，台北、中国国民党文化传播委员会党史馆藏

批朱和中函请代劝吴佩孚投诚革命党

（一九二〇年七月三十日）[①]

代答以：两害取其轻，两恶宽其小。吴佩孚与桂贼联结，假民意皮毛，无彻底之办法，为他人作嫁衣，挫去一段祺瑞，而招一张作霖（日本狗），其无特识、无远见为如何也。请兄向之劝导，顺风转舵，投诚革命党，则其功业必有可望也。

据抄件，台北、中国国民党文化传播委员会党史馆藏

批伤军代表胡海山等请发川资函

（一九二〇年七月）[②]

代答以：黎元洪现在拥资数百万，公等应在报上用明信向之求恤，想必能达目的也，先生亦当致代请，以得双管齐下，并调查确实伤者几人。

据原件，台北、中国国民党文化传播委员会党史馆藏

---

① 日期据来函。
② 日期据来函。

批朱和中派其往说吴佩孚同来革命

（一九二〇年七至八月间）①

代答以：言和当以第二次宣言为条件，此时想无希望，无已，对于吴佩孚，可由公代表往说他同来革命，为根本之解决，以达利国福〈民〉之目的。此当胜于苟且言和也。如何？示覆。

据抄件，台北、中国国民党文化传播委员会党史馆藏

批王伯群转呈唐继尧密电函②

（一九二〇年八月六日来函）③

另答。

附：王伯群原函

中山先生赐鉴：

顷得冀赓总裁嘱转密电一通，特抄呈尊览，余容面陈。敬候署安。

后学王伯群顿

八月六日

据原件，台北、中国国民党文化传播委员会党史馆藏

---

①　原批未署日期。应介于七月三十日和八月十九日二批之间。

②　王伯群早年加入中国同盟会，反袁时期曾积极推动云南、贵州独立，广州军政府分裂后常住上海，一九二〇年夏秋间代表唐继尧与孙文、唐绍仪、伍廷芳（号称"四总裁"）联系并出席会议研究时局及联名发通电问题，同年十一月底随孙文返粤重组军政府。

③　作批时间不详。王伯群函无年份，但据上注所述，可确定在一九二〇年。

批朱和中来函

（一九二〇年八月十九日）①

此间此后对北方武人，尚无一定办法，故来沪亦无所商。对于吴处②当先探悉其心事，果有爱国之心，不是为出风头争地位，乃可与之接洽也。

据原件，北京、中国国家博物馆藏

批刘湘函

（一九二〇年八月）

答。

附：刘湘原函

（一九二〇年七月二十五日）③

逸仙总裁钧鉴：

敬肃者：窃湘以一介武夫谬领师干，犹荷关垂，时存注念，私衷感激，寤寐为劳。近维道履麻和，勋华益重，望风引领颂祷，奚如和议久停，外交失败，学子因而辍课，商贾随其罢市，潮流所至，慨愤同深，为湘之愚，能无杞虑？因念我公德行事功中外所钦，值此阽危之际，必有补救之方，兹特委托敝部潘顾问笑侯脩诚趋诣崇阶，代陈下怀，伏祈接洽，进以教言，俾湘得识南针，有所遵循，

---

①　据原信封有一九二〇年八月十九日发邮及"北京礼士胡同朱缄"字样。

②　即吴佩孚处。

③　原函未署年份。因一九一九年八月刘湘另有一函，日期接近，文中又提到外交失败，和议久停，暂定为一九二〇年。

虽剑阁夔门囿我形骸，而精神结合不吝执鞭弭以相追随也。肃此，敬叩崇安。

刘湘鞠躬

七月二十五日

据原件，台北、中国国民党文化传播委员会党史馆藏

批祁映寰来函

（一九二〇年九月一日）①

介绍往竞存处，并作详函与竞存。

据原件，台北、中国国民党文化传播委员会党史馆藏

批张醉侯介绍夏君联络海军图粤函

（一九二〇年九月七日）②

代答以：请与夏君八日午后四时来谈可也。

据原件，台北、中国国民党文化传播委员会党史馆藏

批章昙欲经营西北以联俄函

（一九二〇年九月八日）③

查明何人交来，并寄信者为何人，然后酌答奖励。

据原件，台北、中国国民党文化传播委员会党史馆藏

---

① 日期据来函。
② 日期据来函。来函未署年份，仅署七日。据内容酌定在一九二〇年九月。
③ 日期据来函。

批粤军第二十九路统领余鹰扬来函

（一九二〇年九月十五日）①

汉民拟稿答之，交卓文②处寄。

据原件，台北、中国国民党文化传播委员会党史馆藏

批林德轩函论平桂函③

（一九二〇年九月二十一日）④

答以：昔孔明未出中原，先擒孟获。吾党今日欲有发展，非先平桂贼不可。往岁长岳之役，则受桂贼之害也。如湘西将士，欲为国造福巩固共和者，必当先联络一气，秣马励〔厉〕兵，与闽中同时并进。湘则南入柳桂，闽则西略潮惠，而桂粤内部亦同时起，则桂贼可一朝扑灭也。粤、桂、湘三省完全为吾党所有，然后再图武汉，则事有可为也，湘西、湘南各同志以为如何？

附：林德轩函

（一九二〇年九月二十一日）

先生钧鉴：

南北和议，自最近形势观之，似已无望；藉令有望，亦非吾人之所望者。两方阴谋家分配权利，置人民于脑后，置革命之真义于不顾，我真正之民党，岂能

---

① 日期据来函。

② 即朱卓文。

③ 林德轩，原中华革命党党员。时任靖国联军湖南第五军总司令，一九二〇年九月二十一日派李劲至上海面交函件于孙文。

④ 日期据来函。

容忍之乎？故曰藉令有望，亦非吾人之所望也。湖南之北军，必须驱除，凡真正之同志，皆认此事为一种极重大之义务，誓集全力，以达其目的，固不待论矣。……德轩有见于此，故自桑植移防来辰，即与田君凤丹、张君容川妥议。适旧同志荆君嗣佑自上海归，力主民党同盟独立解决之议，与德轩所怀，若合符即〔节〕；田张二君亦能倾心信从。凤丹在辰，资望较重，兵力较厚，自幼与德轩同学，富有肝胆，若有举动，自当推之为军事之主干。万一和议决裂，即拟下攻常德，德轩自任前锋之责。……左右支撑，其事并易，其最高策源地，不能不禀命先生，顾先生有以教之。若能聚精会神为湘事谋解决，革命党前途一线光明，或即伏在于此。凤丹派李君劲为剑光兄治丧，晋谒钧座，乞赐温谕。李君诚实，足为吾党健者。荆君于联络同志，努力自主一层，谋之基细。兹着其密诣钧前，并可将函中不能具述各情，逐一陈明。专此，敬叩钧安。

林德轩启

九月廿一号

据原件，台北、中国国民党文化传播委员会党史馆藏

批陈自先来函

（一九二〇年九月二十二日）①

作答：许彼称为第八军，着速攻南宁。

据原件，台北、中国国民党文化传播委员会党史馆藏

---

① 日期据来函。

批谢申岳来函

（一九二〇年九月二十七日）①

代答：函悉。先生望公努力进行。

据原件，台北、中国国民党文化传播委员会党史馆藏

批马育航来函

（一九二〇年九月二十七日）②

函悉。此部浙军不足靠，收之亦恐为患，不足惜也。

据原件，台北、中国国民党文化传播委员会党史馆藏

批曹锟来函请遥垂指教③

（一九二〇年九月）

不答。

附：曹锟原函

（一九二〇年九月十九日）

中山先生伟鉴：

　　敬启者：远睽光霁，久诵清芬；景仰下风，莫由瞻拜。伏以先生勋在国家，

---

①　日期据来函。
②　日期据来函。
③　一九二〇年，曹锟上任"直鲁豫巡阅使"不久，致函孙文，请其"遥垂指教"。

望隆泰斗。万流仰镜，垂不朽之谋猷；四宇承风，溥无疆之福利。云霓在望，洄溯维殷，锟忝领畿疆，愧无建白；盱衡时局，惧切临深。所冀遥垂指教，幸分照以余光；何时慰此心仪，得趋承夫绪论？关山远阻，徒有神驰；楮墨粗陈，莫倾胸臆。肃此奉布，不及一一。敬颂勋绥，惟希荃察。

　　　　　　　　　　　　　　　　　　　　　　　　曹锟谨启

　　　　　　　　　　　　　　　　　　　　　　　　九月十九日

　　　　　据"中华民国"各界纪念国父百年诞辰筹备委员会学术论
　　　　　著编纂委员会主编：《国父墨迹》，台北，"中华民国"
　　　　　各界纪念国父百年诞辰筹备委员会一九六五年十一月出版

批沪江大学请双十节赴该校演讲
或请汪精卫代讲函

（一九二〇年十月六日）

作答以：不能如命，精卫亦不在沪。

　　　　　据原件，台北、中国国民党文化传播委员会党史馆藏

批蔡荣华来函

（一九二〇年十月六日）①

代答以：所说甚是，当另函着香港同志调解，即着内渡钦廉，进攻南宁。

---

① 日期据来函。

附：蔡荣华原函

（一九二〇年十月六日）

大总裁钧鉴：

查李根源一部驻军琼崖，嗣因我军起义，调军赴省附逆批抗，即经陈继虞乘虚起事，与李军相持月余。此中经历各情，不谓无功。现在赵既反正，归就义师，吴越已成一家。如以琼崖为相争，殊失本军体统。若去赵与陈，则不足以劝来者。而去陈畀赵，尤非公允之道。思维再四，愚见即以现在陈军进攻高雷，而以赵军全力相助，以襄成功。如高雷得手，即以与陈为酬功之地。似此办法，殊觉两全其美，得以共襄义举。

谨以管见所及，上陈钧听。是否之处，伏乞察核示遵，至深感叩。如蒙许可，能由钧座加给函令与陈，命其照办，以昭折服，俾免竞争，是为妥善。统祈卓裁。专肃，恭请崇安，伏维垂鉴。

蔡荣华谨禀

十月六日申

据原件，台北、中国国民党文化传播委员会党史馆藏

批黄秉衡来函

（一九二〇年十月十二日）

代答奖勉，须稍为忍耐，俟粤局大定，当可从事于飞行学校。刻下各事，当听朱卓文调度可也。

据原件，台北、中国国民党文化传播委员会党史馆藏

批欧阳豪陈述经营赣事情形函^①

（一九二〇年十月十三日）^②

代答以：桂林事若确把握，当可进行。赣事且缓，以待时机可也。苏中办理。

附：欧阳豪原函

（一九二〇年十月十三日）

中山先生钧鉴：

谨陈者：前偕蔡涛走叩钧座，幸蒙召询，谆谆诲训，自当矢志奉行，永志不忘高厚。承命经营赣事，以备及时谋举。因即设法调查，适有自赣来之同志数人，报告赣省内容，备称机有可图。兹就其所告而定入手方法，用呈钧核。

一、乘赣人治赣之兴，会起谋废督之主张时，设法经营，收效殊易。

二、赣省已无土著军队，省垣方面，尚有省会警察千六百余人（悉是赣省退伍军人补充进去者），商团二百余人。因受北军之蹂躏过深，同属含恨入骨，以之及时兴讨，定能全为我用。宪兵一营到时亦可收抚。已派定傅廷杰专任警察，周新专任宪兵。

三、赣南方面为防御粤侵，北军厚集。但因皖直派别之关系，中多反对陈督。而且中下军官，多是芝泉门生。拟派同志中之陆军速成生马天民前往运动，以备接应粤师，而为及时附义之举。

四、赣东方面，仅有省防军一团，拟派余麟前往调查进行。

五、赣西方面，兵力较多，拟派刘绍唐前往调查进行。

六、赣北方面之镇使吴金标，原为基督教徒，拟觅教中有信用者，向彼直施运动。而该处之省防军一团及在地之警察，进行较易，俟经手人到时，再行呈报。

---

① 欧阳豪，江西人。

② 日期据来函。来函未署年份。据"中华民国"各界纪念国父百年诞辰筹备委员会学术论著编纂委员会主编《国父墨迹》定。

七、前与豪同事之水警厅长倪兴魁所率水警千五百人，虽散驻各地，到时用之以张声势，则有余裕。拟派李肃前往运动。

八、各县警察民团，已派定高等巡警毕业生刘子贞前往运动，并派省会议员数人为之补助，以备及时附义，拘禁其各县知事，而顷倒若辈素刮之民财，用为协助临时之军费。

俟以上派定之人员，着手运动回报所得之成绩后，再定攻取之计划。但派定前去运动人员之出发费用，尚恳钧助，以俾速举。因豪责任心重，求进过切，自民国二年以迄于今，七载之间为国经营，耗款无算，所有经济能力，早已罄尽无余。仅存信用活动，尚须待时而展。可痛之衷，久经缕呈，深荷钧怜，尤蒙下悯豪艰，求必惠助，高厚之感，莫可言宣。惟有矢其心志，谋贯先生之主张，用报先生之鸿休。盖豪本深恶乎同人之无良，故架圈套以耸天听。诓谋先生减衣缩食之款项，供彼嫖赌逸乐之妄资。予取予求，竭尚不休，即以果有其事，亦应自开源流。若夫万家共汲，虽巨泉而亦涸也。兹豪也自源已竭，正用无出，当此可图之机，不忍听其自去，用是苦恳资援，实迫于事势，非甘心而滋扰也。

至豪之此次专任蔡涛以供奔走者，因乃兄蔡萼〔锷〕门徒众多，英名尚留于人间，彼随乃兄佐事戎间，左右周旋，人缘习熟。彼敬服其兄者，当有以能信其弟，直接为用。生存之松青，即间接以用亡故之松波〔坡〕也。且彼为桂省之武备学生，共学不少，供职有年，同寅自多。如此次潮汕之运动桂军，只为经济所限，未克收其投部。第驻梅州之沈连，在汕头之宪营，与林伯民之乱卓惊刘事事已，曾遣使先向该方军领诉明，预受豪等之运动，军虽未自我掌，其间难云无功。吁实不我由，盖缺金钱也。而更缺相当之金钱也。否则大军在握，命令攻守，自问尚不下人，其所以如此者，实由豪命之不淑也。

为潮汕散军尚多可编劲旅，故急来陈钧听，冀求得当以助。及敬聆钧示，乃悉万状维艰，不禁仰天长叹。由是急谋更道以进，誓求兹事抵成。知湘之援粤，实由赵师之强求。谭持其周旋之主义，雅不欲行为碍赵部之要请，只可任赵自主，赵又不能径拂谭意，即暗分所部，改帜更章，加入赣伍。豪悉蔡涛与赵有直接之关系，并与赵部各级官兵有深厚之感情，决议乘机派涛前去，向赵及其所部交涉，多派军队以厚兵力。如能假军自率与赣军合进急攻北江，收抚运动之部，以之助粤窥赣，赣省就兹举义，则赣事得矣，愿望偿矣。而赣省已为中华革命党之赣省矣，又为先生主力军队之赣省矣。

然豪之所以兢兢急计者，非为个人也，亦非仅为大西南主义也。实欲协合同人急起直追，共谋中国之全土，为先生之所手治，贯先生之主义，齐世界之进化，造国民之幸福也。若云仅为个人，则又何须涉险奔走不遑暇处。……

现下广州发现海珠会议险恶环生，变态莫测，若竟为兹臃肿之和议，致顿战事之进行，则当断不断，堕彼阴谋，后发之祸，锋不可当，动言大局，第恐护法旗帜真为诸逆之所掩卷。豪意亟宜乘彼倾师援粤之时，设法蹂乱其后，有杨青山及桂林失势之军官等请愿出任其事，如蒙命彼进行，收效当自不浅。西南之内乱，既可肃清，先生之主义定克统及国中矣。

本日自汕办事处专差来报云：所委前敌义勇军北江第一支队司令官凌翀禀报前来，现已率领刘树森、彭锐、曾超、刘炳四统领攻克花县，增军数千，猛向佛冈、清远、英德各县进击，要豪前去统籍策划。万恳先生以护党爱豪之心，设法急助，俾豪得刻日起程，往率彼众，建立基础，谋张讨伐。事克有成，悉自钧造。谨汇肃呈，敬候钧裁，并叩钧安。

所属欧阳豪谨呈
十月十三日

据原件，台北、中国国民党文化传播委员会党史馆藏

批李烈钧函

（一九二〇年十月十三日）①

请缑生来见，并作答。

---

① 日期据来函。

附：李烈钧原函

（一九二〇年十月十三日）

中山先生赐鉴：

　　罗、邱二君来，得奉教札，并领尊旨。鱼日复奉俭日捷音，钦感无似。除上漾电只陈种切，及述钧之意向外，一面电令李团、杨旅进攻粤、桂，一面电商蓂公，设法助粤。李梯团比经来电呈称，遵令前进。杨旅近日亦电呈，于九月行抵永州。计以时日，李、杨军队当早已抵粤、桂境界，听候驱遣矣。

　　张、鲁两旅原拟商同蓂公率领赴湘，只以熊、刘反攻甚烈，川又为护法者所必争，更为沧白、复生、慧生诸同志所力主不能弃，故事实上该两旅既已到此，不能不赴前敌，藉资抵御。钧亦缘是迟迟其行。俟川局告一结束，钧当离川前进，冀有以副先生暨诸同志之望。

　　其他细详，与钧对于此后护法救国之浅见，特托罗君猴生面陈。伏希指教一是，不胜盼感。专肃，祇请伟安。

李烈钧启

十月十三日

据"中华民国"各界纪念国父百年诞辰筹备委员会学术论著编纂委员会主编：《国父墨迹》，台北，"中华民国"各界纪念国父百年诞辰筹备委员会一九六五年十一月出版

批黄大伟致居正等函

（一九二〇年十月十五日）①

　　亲军名目切勿浪用，酌用他种名目便可。

据原件，台北、中国国民党文化传播委员会党史馆藏

---

① 日期据来函。

批蔡涛来函

（一九二〇年十月十七日）①

代答以：可先函商各军队，如得覆函确有办法，乃有相商之地。

据原件，台北、中国国民党文化传播委员会党史馆藏

批唐宝锷来函

（一九二〇年十月十八日）②

代答：函悉。以后有消息，请常报闻。

据原件，台北、中国国民党文化传播委员会党史馆藏

批广东全省自治期成会等快邮代电

（一九二〇年十月二十二日收到）

无答。

附：广东全省自治期成会等代电节略

（一九二〇年□月十四日）

北京广东新会馆转各同乡先生，上海送孙唐伍三总裁、广东汤督军、联军办事处、李魏两总司令，汕头粤军司令部送陈总司令

广东报界公会均鉴：窃维粤局纠纷，战乱犹亟，粤人治粤，众望皆同，军政

---

① 日期据来函。
② 日期据来函。

主持已得人理，惟有民政主管非人。今省长杨依附桂系，怂成战乱，构祸粤民，罪不胜穷，恶难悉数，条举概要，俾众咸知。国会播迁，海军南下，获〔护〕法政府于粤告成，杨利时宜邀政学会，迎其党首来主总裁与北议和，号称对等，屡经停顿，实具阴谋，局部媾和牺牲国会，以护法始以毁法终。……罪十三。综上诸端，实兼万恶，为粤鸥吓，与桂狼依，全没心肝，几混血系，愿我粤众惩彼桂奴，驱虎止伥，治蟊清影，须令灭迹方表决心，一纸风驰，四方露布，谨告广东全省自治期成会。自治协进会、公安保护会、各县联合自治研究会同叩。寒。

据原件，台北、中国国民党文化传播委员会党史馆藏

批云南赵仲李伟报告办理煤铁工厂情形函①

（一九二〇年十月二十五日）②

作答以：吴山往滇，此间并未知悉，其言行如此，实属招摇。然由此乃得二公之详报铁工并煤铁二厂状况，则不啻无意中之获异宝。有此丰富之煤铁，将来必能为中国发展实业之一大助，俟大局稍定，必注力于是也。而刻下则无从为力，惟望将煤铁之积量详查报闻。

附：赵仲李伟原函

（一九二〇年）

中山先生钧座：

敬禀者：自昔护国之役，为当道调查武器，假道沪滨，得以晋谒尊颜，备聆大教。当闻先生之言曰：此后当留心实业，如矿山、工艺之类，切莫为官云云。伸等回滇以后，一秉先生之训，宣言绝不为官，唯以实业为务。故当道有所委任，

① 云南赵仲、李伟函，报告历年办理铁工厂及煤铁厂情形，并请求孙文补助。
② 日期据秦孝仪主编：《国父全集》第六册（台北，中国国民党中央委员会党史委员会一九八九年十一月出版）酌定。

以及选补议员，皆经谢绝，未尝应命。

伸与伟二人协力经营，曾于民国六年开办铁工厂一，路南煤铁厂一，初意以为二者互有关系，缺一不可，故同时成立两厂。且民国元年先生逊让总统于袁，自任全国铁道督办，事虽未成，而此种计划，无论迟至何日，皆万万不能外是而别有救国政策。中国既须以铁道为救国政策，则煤厂、铁工厂等亦无论至于何日，皆万万不能外此，而可以言修筑铁道。故前此觅获矿山之后，即亟亟于工厂是谋；而如工厂成立，尚觉日有起色。至于今兹，仅仅三年，学生教出百有余人，新机发明一二十种，而煤铁厂则反遭失败。甚至今日工厂所需之煤及铁，尚有十之二三，须仰给于外人也。

夫何以工厂成立于后，而能渐著成效，煤铁厂成立在先，而反无成效之可言乎？盖铁工厂为伟亲身经理，煤铁厂则假手于人故也。然而煤铁厂之吃亏则甚巨矣。铁工厂投资不过一二万元，而每年犹有些须之赢余，煤铁厂投资数倍于工厂，而结果几至于停闭。盖非矿山之不足经营，以至于是也（外人出资百万或五十万以冀谋得采掘权者，盖已若干人矣）。实则所托非人，以至于滥费侵蚀，无所不至……

今者吴先生驾至，辱承枉顾，备道先生关垂盛情，谓因道途远阻，莫由知两厂之现行状况确系若何。乃假吴先生来滇之便，下询各情，将欲有以开发吾滇实业，为伸与伟声援之助。先生关怀如此其切，而伸与伟之于厂务如此其不可告人，承教至今，历四五年，乃无丝毫成绩上慰厪念，惭悚何如？然以先生万几紫扰，宵旰为劳，救国护法，兴亡在念，犹不忘情于两厂，而谆谆然下问，令人惭感之余，愈知所以奋发矣。

惟云南地处偏隅，贫瘠实甚，筹积资本，殊属费力，无论富家巨室未有其人，即间有之，而目光如豆，所见不远。欲语以十年百年之事业，彼必不之信也。故以铁工厂之现状而论，可以不至失败矣。而投资者犹难乎其人，若路南煤铁厂，则更无论矣。而伸等至今日亦已力竭声嘶，无可奈何，只好暂取消极主义，勉力维持，以冀将来。今幸承先生下问，不知于沪海方面有无可疑筹资之望。或不假外求，先生可以酌提若干，为两厂扩张之备。想先生以世界人物，具世界眼光，其于区区之厂，倘蒙不弃遐远，则一举手之劳，可以期其成功，不致久于废弃也。

唯先生裁之。

顷吴先生之来，行期甚促，仅蒙驾临工厂一游。至于路南煤铁厂，距省稍远，未便邀请前去。将来先生方面，倘其有意培植，则径请派员到滇调查，或即由滇派人晋谒，亦无不可。两厂详情，另单开呈，兹不烦赘。至于章程及办理细则，容缓续寄。匆肃。顺叩钧安。伏维垂鉴，并乞回示祇遵。

赵伸、李伟鞠躬谨禀

据原件，台北、中国国民党文化传播委员会党史馆藏

批孙科来电

（一九二〇年十月二十六日前）①

倘莫到港②，即当搜罗证据，控彼私吞公款以归形〔刑〕事犯，闻彼寄存台湾银数百万云。

附一：孙科致孙文电

（一九二〇年十月二十六日晚到）

（一）港华民对锦纶③云，沙面英领养（二十二）日逐温宗尧出境。（二）迥（二十四）日飞机掷炸弹于观音山，岑莫即乞英领派兵舰保护离粤。华民又云，莫决去，一二日间当逃。（三）竞存昨日到惠。（四）购械事已筹妥。（五）收古巴筹饷局一万，金山义捐局二千，纽约中华公所五百，另小款二宗。科。

---

① 原批未署日期。据附件《孙科致孙文电》酌定。
② 莫荣新于十月二十六日离穗赴香港。
③ 李锦纶，曾任南京国民政府外交部次长。

附二：孙科致孙文电

（一九二〇年十月二十七日下午三时到）

竞存已到石龙。科。

据原件，台北、中国国民党文化传播委员会党史馆藏

批冯自由陈述党务意见函

（一九二〇年十月二十六日）

所言极得我心，然办法一时尚未能定。

附：冯自由原函

（一九二〇年十月二十六日）

先生大鉴：

前日奉读来教，敬聆一是。顷我军已克复石龙，粤局不日可以大定。惟事后凡百均需建设，公非早日回粤主持不可。且军队复杂，李耀汉、莫擎宇、钟鼎基势力虽弱，但亦足为吾党之患。此外李、魏二人亦与吾党同床异梦，亦不可不防。

弟以为吾党经数次失败之教训，应有觉悟。第一事宜先从事恢复本党主义，及宣传本党主义，以固民治之基础。本党人才不宜专向政界，必留一部专任党务。又粤中政界行贿之风，为全国冠，此风不除，本党无论何人入其中者，必被沉溺，故本党尤有扫除积弊之责。

鄙见关于再造本党之法甚多，举其要者言之：（一）凡服务国家者，必须宣誓忠于三民主义（此事宜于粤军入省城之日，由公电竞存举行）。（二）本党员任官吏议员者，宜照外国社会党例，预为辞职书藏于本党。（三）凡本党员任公职或办实业者，每月收入在百元以上，应依累进法抽出若干为本党经费。（四）设纠察部，专侦查各行政机关之积弊而揭发之，使彻底改良。（五）设演讲部，延

聘外国办理民政有经验者，及社会主义大家担任演讲，凡本党官吏议员，每月均须听讲若干次。其任知事者，更宜听讲若干时日始可就任。此外应兴办者尚有多件，容后再将详细方法奉告。

　　弟之办党经验最久，从前本党失败之故，知之甚明，故欲专任恢复粤省本党事宜。向来本党员一入政界，即与党中办事人意见各走极端，不能一致。此实本党前此失败之最大原因，今后应加以特别注意。大约我军一入广州，同志即纷纷投入政界，留心办党者必少，故尤非有所准备不可。鄙见欲于入城时宜先将本党招牌挂出（择一相当之会所，如广西会馆之类），然后大举扩张。公如赞成，望即斟酌一名义，委弟办理。并即寄委任状，以便进行。事关本党大局，伏维察核，并候大安。

弟自由上

十月廿六日早

据原件，台北、中国国民党文化传播委员会党史馆藏

批田应诏函

（一九二〇年十月二十六日）

　　作答：此间现在无力量，若能助林修梅统一湘西，而进兵桂、柳，据有土地人民，当可设法。

据中国国民党中央委员会党史委员会编订：《国父全集》第四册，
台北，中国国民党中央委员会党史委员会一九七三年六月出版

批梁泮请接济返美旅费函

（一九二〇年十月二十八日）①

请焕廷②兄查明，酌量设法。

据原件，台北、中国国民党文化传播委员会党史馆藏

批陈继虞快邮代电着进攻南宁③

（一九二〇年十月三十一日复函）

着合力进攻南宁。

附：陈继虞来件摘要

陈继虞快邮代电，通告复琼崖十三县经过情形。因赵德裕独立，琼城可不攻，拟派兵进攻省城。

据抄件，台北、中国国民党文化传播委员会党史馆藏

批美洲三藩市少年中国晨报来函

（一九二〇年十月）④

作答：辩明报载朱执信之死难实情，并奖励筹饷。往卢君讨回亚晨收条，着

---

① 日期据来函。来函未署年份。仅书十月二十八日。当在一九二〇年。

② 即林焕廷。

③ 陈继虞时任粤军义勇军第四路司令，率部攻克桂系势力控制下的琼崖诸县。

④ 原件未署年月。据内容当在一九二〇年十月间。

律师告他破约，并谝飞机公司钱，以追回僞纸①。此事当交由律师办理，详情面授焕廷知之。

据抄件，台北、中国国民党文化传播委员会党史馆藏

批答张海涛函谕由湘出兵助粤

（一九二〇年十月）②

代答：务要由湘出兵助粤，以驱除游勇助桂，以改造广西，免游勇盘据作恶为要。

附：张海涛来件摘要

张海涛函请赐示近情，俾有所遵循。

据抄件，台北、中国国民党文化传播委员会党史馆藏

批福建泉州培元中学安礼逊等来函③

（一九二〇年十月）

写"共进大同"四字寄去。

---

① 即支票。

② 作批时间不详。据孙文在一九二〇年十月间所发不少信函与此批件内容相仿酌定。

③ 一九二〇年十月九日，安礼逊、许锡安等上书孙文，提及为该校题字之事。

附：安礼逊许锡安原函

（一九二〇年十月九日）

中山先生钧鉴：

　　春间因敝校募捐事，蒙竞公介绍，竟赐接见两次。素日所拳拳崇拜的伟人，获瞻颜与承教之机缘，荣幸之极。敝校又蒙捐助题字，实属光宠之至。先生墨迹犹为希世之珍。本十一月五六两天，即古历九月廿五廿六日，拟同时开毕业式。青年十周纪念会校友大会、演说会、文艺会。已函请上海福州厦门名人莅临演诲。倘蒙先生九鼎一言之赐，悬挂大堂，逊可增光荣于盛会。且敝校享金科玉律之赐于永远。如先生爱民如子，关怀教育之切必蒙准如所求。届时先生若于厦门指派代表降临，独属逾格恩施，非敢过分请求者。敝校中学部学生百一十人，小学部学生四百余人，先后在南洋吕宋捐募建筑金二十余万元。知注特闻。耑此，叩请教安。恭候福音。

安礼逊、许锡安上言

九年十月九日

据原件，台北、中国国民党文化传播委员会党史馆藏

批罗翼群函

（一九二〇年十月）

　　作答奖勉，期会羊城。

附：罗翼群原函

中山先生尊鉴：

　　五月间手谕并蒙赠玉照及"博爱"二字先后奉到，数承过爱，感激莫名，翘首申江，未知图报何日耳。目下西南大势诚如伟论，先生具旋乾转坤之力，不难

拯斯民于水火之中，登诸衽席之上万方瞻仰此其时矣。翼群自安海事定来漳一行，明日即回上杭，所部三营已调集上杭，第二军大部亦已集中龙岩，俟得开进命令，翼群即当率所部力任前驱，以仰副先生之雅意。谨覆寸楮，不尽所怀。敬叩钧安。

翼群谨肃

束谕寄上杭粤军第十二统领部

据原件，台北、中国国民党文化传播委员会党史馆藏

裁撤广东督军令

（一九二〇年十一月一日）

广东督军缺着即裁撤。此令。

据《军府任免海陆军职》，载一九二
〇年十一月八日上海《民国日报》

批答齐燮元呈李纯影印遗书函

（一九二〇年十一月六日）①

作答：北方有力者遣人来言，秀公之自杀，并非实情，中有黑幕，言辞之间多注意。在公今得来函并秀公遗笔，始恍然冰释。然北使纷驰沪上，非陷公于罪名不止，公将何以处之，愿闻明教。

据抄件，台北、中国国民党文化传播委员会党史馆藏

---

① 日期据来函。来函未署年月。据函札，在一九二〇年十一月六日。

颁给赵国璋爱国奖状

（一九二〇年十一月六日）

爱国奖状：赵国璋君储主力巨资，赞襄义举，赉兹永宝，以彰爱国。

　　　　中华民国九年十一月六日　中国国民党总理　孙文

　　　　　　　　据原件，台北、中国国民党文化传播委员会党史馆藏

批上海基督教妇女节制协会请谒函

（一九二〇年十一月二十三日）①

代答：礼士夫人，捐款为基督妇女青年会，前函错答，星期二午后可见。

　　　　　　　　据原件，台北、中国国民党文化传播委员会党史馆藏

给檀香山大埠四大都会馆捐款收据

（一九二〇年十二月二十四日）

收到檀香山大埠四大都会馆捐款壹千元正。此据。

　　　　　　　　　　　　　孙文

　　　　　　　　　　　　　九年十二月二十四日

　　　　　　　　据原件，台北、中国国民党文化传播委员会党史馆藏

---

① 日期据来函。

本部来款收据

（一九二〇年十二月二十八日）

收本部来款壹千壹百元正。

孙文

九年十二月二十八日

据原件，台北、中国国民党文化传播委员会党史馆藏

批马希元来函

（一九二〇年十二月二十九日）

代答：函悉。书尚未出版，有便请将甘省人心时事，常常详报为荷。

据原件，台北、中国国民党文化传播委员会党史馆藏

批答宋鹤庚请主持组织联省政府函

（一九二〇年底）①

作答：既知约法失效，当要反本寻源，再图彻底之革命，切勿歧而又歧，遂致永乱不已。此间已任谭组安回湘革命，望惟彼之命是听可也。

据抄件，台北、中国国民党文化传播委员会党史馆藏

---

① 原批未署日期。据批文"此间已任谭组安回湘革命"酌定在一九二〇年底。

批答林支宇请主持国是建设联治政府函

（一九二〇年底）①

沧白拟答：已派谭组安回湘，望与一致进行，则纠纷立解矣，民国从此可定云云。

据抄件，台北、中国国民党文化传播委员会党史馆藏

咨陈政务会议就职日期文

（一九二一年一月十一日）

为陈报事：九年十二月七日奉军政府令：特任孙文为内政部长，此令，等因。奉此，遵于是日就职，理合咨陈贵会议，查照备案。谨咨陈政务会议。

内政部长　孙文

中华民国十年一月十一日

据《公文》，载广州《军政府公报》光字第十一号，一九二一年一月十五日

批杨鹤龄函

（一九二一年一月十六日）

真革命党，志在国家，必②不屑于升官发财。彼能升官发财者，悉属伪革命党，此又何足为怪？现无事可办，无所用于长才。

据《总理批牍摄影之一》，载南京《中央党务月刊》一九三三年二月第五十五期

---

① 原件未署日期。据内容酌定为一九二〇年底。
② "必"前删去一衍字"非"。

在政务会议提案

（一九二一年三月十二日）

一、西南发展计划；二、提取关余；三、选举总统；四、改组西南省统一政府；五、编练国军。

据《孙总裁提出五要案》，载一九二一年三月十三日上海《民国日报》

颁给阮日华爱国奖状

（一九二一年三月二十二日）

爱国奖状：

阮日华君储助巨资，赞襄义举，赉兹永宝，以彰爱国。

中国国民党总理孙文

中华民国十年三月二十二日

据原件照片，台北、中国国民党文化传播委员会党史馆藏

颁给高连泗爱国奖状

（一九二一年三月二十二日）

爱国奖状：

高连泗君储助巨资，赞襄义举，赉兹永宝，以彰爱国。

中国国民党总理孙文

中华民国十年三月二十二日

据原件照片，台北、中国国民党文化传播委员会党史馆藏

颁给高敦焯爱国奖状

（一九二一年三月二十二日）

爱国奖状：

　　高敦焯君储助巨资，赞襄义举，赍兹永宝，以彰爱国。

中国国民党总理孙文

中华民国十年三月二十二日

据原件照片，台北、中国国民党文化传播委员会党史馆藏

谕司法部长徐谦准予特赦徐傅霖令①

（一九二一年四月二十四日刊载）

　　据司法部长徐谦呈称，大理院判决徐傅霖内乱、渎职两罪俱发，执行徒刑十年又六个月，并褫夺公权全部终身。徐傅霖内乱、渎职之所为，原判从轻处断，本属咎有应得，惟念徐傅霖从前奔走国事，此次牵连附逆，情有可原，请予特赦，免其执行本刑，以示宽大。其褫夺公权终身，应俟其确知悛悔，再予复权等语。

　　本军政府依照约法第四十条准予特赦，免其执行本刑，余照所请办理。此令。

据《兴高采烈之孙中山》，载一九二
一年四月二十四日天津《益世报》

---

　　①　孙文重组军政府后，以政务总裁身份主持工作，并着手处理军政府分裂期间诸如徐傅霖仍在广州任职的"附逆"等问题。徐傅霖原系早期同盟会员，经陈炯明、邹鲁等国民党要员缓颊，始获特赦。徐谦时为新组成的军政府司法部长。

命司法行政暂归大理院长兼管令

（一九二一年五月十一日）

大总统命令

司法行政事务着暂归大理院长兼管。此令。

五月十一日

据一九二一年五月十二日广州《广东群报》

饬陈炯明奖励有功并议恤殉难将士令

（一九二一年五月十三日）

曩者桂贼乘龙济光之后，盘踞粤土，假名护法，实行割据，吾民之憔悴于虐政久矣。当北方武人坏法乱国之时，粤省将士苦战汀、漳，连年暴露；桂贼尤盗憎主人，通款伪廷，冀图掩袭我军。我诸将乃整旅回粤，伐暴救民，血战连月，所向克捷。是时留粤各军，同声响应，遂致岭海克复，岑、莫宵遁。本大总统念各军将士久经战役，勋劳卓著，非有报功之典，无以彰崇善之公。着陆军部将此次战事出力之人员汇齐呈报，按照官阶分别升授。其死难各官佐士兵，暴骨郊外，尤堪怜悯，着该部一体查明从优予议恤。此令。

中华民国十年五月十三日

据一九二一年五月十六日广州《广东群报》

给马萘汇款收据

（一九二一年五月二十一日）

收到马萘先生民国九年十一月五日汇到上海银壹千八百元正。此据。

孙文

十年五月二十一日补发

据原件，台北、中国国民党文化传播委员会党史馆藏

裁撤内务部土地农务商务三局令

（一九二一年六月二十三日）

大总统令

内务部所辖之土地、农务、商务三局事务较简，均着即行裁撤。此令。

据《孙大总统命令》，载一九二一年六月二十九日上海《民国日报》

着交通行政事务归内务部兼管令

（一九二一年六月二十三日）

大总统令

交通行政事务，着归内务部兼管。此令。

据《孙大总统命令》，载一九二一年六月二十九日上海《民国日报》

给徐维扬命令

（一九二一年六月二十六日）

大总统令

　　派徐维扬出差北江。此令。

孙文　中华民国十年六月二十六日

据原件照片，广州、中山大学孙中山纪念馆藏

着陈炯明进军广西荡平群盗并嘉慰将士令①

（一九二一年六月二十七日）

大总统令

　　前据粤军总司令陈炯明呈称，桂匪魁首陆荣廷、陈炳焜等，率领匪徒，连日犯我连山、廉江、灵山诸县。兹又据报告，我军出师抵御，已于二十六日攻克梧州。广西人民苦盗害久矣。本大总统希望桂人自决，对于诸匪魁久事容忍；讵陆荣廷、陈炳焜等盗性不改，复欲向粤省施其劫掠故技。粤省出师自卫，势非得已。今梧州既克，仰粤军总司令陈炯明督率将士，本吊民伐罪之意，为犁庭扫穴之计，荡平群盗，扶植广西人民，使得完全自治。义军所至，宣布斯意，咸使闻知。今方盛夏炎热，诸将士为捍卫乡土、讨伐盗贼之故，奋勇战斗，备极劳苦，本大总统实深系念，仰该总司令一体斯意嘉锡。此令。

据《大总统下令荡平群盗》，载一九
二一年七月六日上海《民国日报》

---

　　①　又见《大总统垂念军人》，载一九二一年七月十二日上海《民国日报》。

饬马君武转谷正伦胡若愚奖励各该部
并告以军事近况谕

（一九二一年七月九日）①

贵军率令出师，扶植桂人自治，深堪嘉慰，望即猛进柳桂，肃清邕浔，助成改造之荣等因。特达。我军于微日占领荣县，同时克复高州、阳山、连县等处，今复克复连山，先后毙敌军甚众，俘虏数千，生擒贼将数人、伪司令降者一员，夺获机关步枪辎重马匹无算。北江方面，敌军全灭，并闻。

据《总统励奖谷胡》，载一九二一年七月十七日上海《民国日报》

批曲同丰函

（一九二一年七月十二日）②

答：信抄底后交谢惠生转。

附：曲同丰函摘抄

（一九二一年七月十二日）

……迩者报纸喧传粤军为崇我公以百粤生灵是念，退出羊城，在一般爱国之士恒以名震瀛寰、首创共和如我公，均未获贯彻初志，殊抱悲观。若以鄙见所及，更为我公贺也。何者？大凡立国之本，视乎道德纲纪，若僭乱背叛扰民，坏纪之徒厥为天地所不容，焉有成事之理！公秉整纲纪重道德为宗旨，则正义所在，必能再建殊功，不日当可恢复岭表以成唯一之势力，然后发纾谟猷，造民国真正之

---

① 日期据马君武致谷、胡青日电。
② 日期据来函。

基础，此为根本改革之发机，实国家前途之好现象也。谨为公贺，又何疑焉。

据原件，台北、中国国民党文化传播委员会党史馆藏

准民律延期施行令

（一九二一年七月十四日）

大总统令

据大理院长徐谦呈称："民律已届施行期，惟审察社会现制及各地风俗习惯，尚有应行修正之处，拟请暂缓施行"等语。民律着延期施行，仍交该院长审拟办法，呈候核夺。此令。

据《大总统命令》，载一九二一年七月二十一日上海《民国日报》

致陈炯明嘉慰粤军入桂战功令①

（一九二一年七月二十四日报载）

迭据粤军总司令陈炯明呈称："我军征讨桂逆，所向披靡，连克浔州、贺县、郁江、桂林各要地"等语。该总司令吊民伐罪，厥功甚伟。诸将士捍卫疆场，奋勇摧敌，备极劳苦。本大总统实深系念，仰该总司令一体传意嘉慰。此令。

据《孙文之劳军命令》，载一九二一年七月二十四日天津《益世报》

---

① 一九二一年六月，粤军入桂讨伐陆荣廷等军阀势力，捷报频传，大总统孙文为此颁发劳军令。

着财政部拨款救济贵州天灾令

（一九二一年七月二十六日）

大总统令

　　前据全黔义赈会会长、贵州总司令卢焘等电称："黔省上年蝗旱之后，继以水灾，禾稼无收，生民荡析；入春以来，冰雹间作，全省八十一县，被灾者已达半数，灾区广至三千余里，饥民多至三百余万"等语。兹复据黔籍国会议员张光炜等，暨旅粤云贵同乡会联陈前情，本大总统披阅之余，殊深悯恻，着财政部迅即拨款二万元交该总司令妥为散放，毋任流离失所；并由该省长官广为劝募赈款，以拯灾黎。此令。

据《大总统命令》，载一九二一年八月一日上海《民国日报》

着陈炯明全权办理广西军事善后事宜令①

（一九二一年七月二十八日）

总统命令

　　桂省军事善后事宜，由陆军总长陈炯明全权办理。

据《本社专电》，载一九二一年七月三十日上海《民国日报》

咨国会非常会议为派代表赴各国办理外交文

（一九二一年七月二十九日）

　　为咨复事：七月二十九日准贵会咨开"本月廿七日本会开会，议员丁骞临时动议，请政府派代表分赴英、美、法、日各国办理外交事宜，经众讨论提付表决，

---

　　① 又见《大总统命令》，载一九二一年八月二十四日上海《民国日报》。

大多数可决照案通过。相应备文咨达，即希查照办理"等因前来。查派遣代表分赴各国办理外交一事，政府本早在筹备之中，准咨前因，除饬外交部审度情形，相机进行外，相应咨复贵会议查照。此咨国会非常会议。

孙文

据《新政府外交之进行》，载一九二一年八月十七日上海《民国日报》

着陈炯明马君武分掌广西军政令

（一九二一年八月十六日）

大总统令

　　比以陆军总长陈炯明统率大军，申讨桂盗，平暴靖乱，厥功甚伟！经于七月二十八日颁布命令，畀该总长以办理广西全省军事善后事宜全权。该总长职掌军政，务宜不避劳怨，悉心规划。现在各路义军云集，关于肃清余孽，绥靖地方等一应事宜，应由各该统兵长官随时商承该总长办理，以一事权。其民政事宜，应由省长负责，整理地方，驻在军队，不得干预，以涤旧染之污，而布更新之治。庶不负义师吊民伐罪、扶植桂人自治之旨。本大总统有厚望焉。此令。

据《大总统命令》，载一九二一年八月二十四日上海《民国日报》

裁撤广西省六道道尹令

（一九二一年八月十九日）

大总统令

　　广西省南宁、苍梧、桂林、柳江、田南、镇南六道道尹员缺，着一并裁撤。此令。

据《大总统命令》，载一九二一年八月二十六日上海《民国日报》

颁给蔡赞爱国奖状

（一九二一年八月二十日）

爱国奖状

　　蔡赞君储助巨资，赞襄义举，赍兹永宝，以彰爱国。

中华民国十年八月二十日

中国国民党总理　孙文

据原件影印件，载李穗梅主编：《孙中山与帅府名人文物与未刊资料选编》，广州，广东科技出版社二○一一年九月出版

批西北自治后援军第三支队司令张藩呈报军情函

（一九二一年八月二十八日）①

　　作答：着与各省同志军队联合，先解决湖南以为根据，然后他图。

据原件，台北、中国国民党文化传播委员会党史馆藏

咨复国会非常会议已饬外交部
筹办出席太平洋会议文

（一九二一年八月）②

　　为咨复事：七月二十九日，准贵会议咨开，议员高振霄提出咨请政府速派太平洋会议代表议决案，文曰："美总统召集太平洋会议一事，关系远东及太平洋问题，至深且巨。我国日受强邻之压迫，北京拍卖主权，国几不国，今此一线生

---

① 原件未署年份。酌定在一九二一年。
② 原件未署日期。经考订酌定在八月。

机，正我正式政府独一不二之机会，所有取消不平等之条约，及裁减军备实行民治诸事，尤为我国生死之关系，应请即日开会讨论议决，请政府速派得力代表迅赴列席，实为至要"等语。经于本月二十七日开会议讨论，依法提付表决。大多数表决，照案通过。相应备文咨达，即希查照办理等因前来。查此事政府早已虑及，现正在筹备进行中。准咨前因，除仍饬外交部妥为筹备外，相应咨复贵会议查照。此咨国会非常会议。

孙文

据《新政府咨复国会非常会议文》，载
一九二一年十月十日上海《民国日报》

饬陆军部转告鄂军西路潘总司令
奖勉该部将士谕[①]

（一九二一年九月十四日刊载）

大总统谕

马电悉。该总司令仗义兴师，略地得械，深堪嘉慰。该部将士为国勤劳，着一体传谕奖勉。

据《孙总统嘉慰潘总司令》，载一九
二一年九月十四日上海《民国日报》

准将林罗氏等分别减刑令

（一九二一年九月十五日）

大总统令

据大理院长兼管司法行政事务徐谦，呈请将林罗氏、周汉声、罗锡康分别减

---

① 潘总司令即潘正道。

刑等情。本大总统依照约法第四十条，准予林罗氏减处四等有期徒刑一年；周汉声减处四等有期徒刑一年；罗锡康减处五等有期徒刑六个月。余准如所拟办理。此令。

十五日

据《大总统命令》，载一九二一年九月二十四日上海《民国日报》

严禁偷种鸦片令

（一九二一年九月二十日）

大总统令

鸦片一物，贻害人群，甚于洪水猛兽。查禁种、禁吸、禁运，载在条约，列之刑章，久已雷厉风行。各省烟苗，亦经早报肃清。诚恐无知之徒，日久玩生，于穷乡僻壤之间，有妄行偷种之事。本大总统为杜渐防微起见，兹特重申诰诫，着地方文武高级长官，督饬所属严密查禁，务使尽绝根株，毋得始勤终懈。人民亦当懔遵禁令，毋贪小利，自陷法网。用副本大总统廓〔廓〕清毒卉、保育人民之至意。此令。

中华民国十年九月二十日

据《大总统命令》，载一九二一年九月二十九日上海《民国日报》

着财政部拨款赈灾令

（一九二一年九月二十日）

大总统令

本年迭据贵州总司令卢焘及旅粤云贵同乡张光炜等先后电呈称：黔省上年蝗旱，继以水灾，禾稼无收，生民荡析，灾区广至三千余里，饥民多至三百余万，请再拨巨款，以惠灾黎。四川国会议员王安富等及旅沪四川酉、秀、黔、彭四县急赈会先后呈电称：川省酉、秀、黔、彭四县向称贫瘠，频年地方扰攘，十室九空。去岁雨泽愆期，秋收歉薄，斗米值钱二十余缗，草根树皮，掘食殆尽。陕西总司令于右任电称：陕西三原一带饥馑洊臻，哀鸿遍野，待赈孔殷。湖南醴陵兵灾善后所刘泽湘等及旅粤湘人周震鳞等呈称：湖南醴陵兵灾之后，继以荒年，饿莩载途，农工商辍业。广西省长马君武电称：桂省经陆、谭诸逆盘踞多年，课求无艺，民力久已凋蔽，此次收复之初，劳来安集，待款甚亟各等语。自顷迭经丧乱，兵役频兴，水涝旱蝗，不时告警，死亡枕藉，邑里邱墟；哀此孑遗，其何能淑！言念及此，实所痛伤。着由财政部再行拨给贵州灾区一万元，并拨给四川酉阳、秀山、黔江、彭水四县灾区二万元，陕西三原一带灾区七千元，湖南醴陵灾区五千五百元，广西兵灾区域一万元，交由各该省长官遴派公正官绅，妥为散放，毋任流离失所，以副本大总统救灾恤难之至意。此令。

中华民国十年九月二十日

据《大总统命令》，载一九二一年九月二十九日上海《民国日报》

在国务会议上提议铸造国玺与大元帅印①

（一九二一年九月二十二日）

孙总统提议两事：一为铸造中华民国〈国〉玺，一为铸造中华民国陆海〈军〉大元帅印，以重信守。

据《国务会议通过两要案——铸造国玺及大元
帅印》，载一九二一年十月一日上海《民国日报》

---

① 据底本说明："国玺为国交上对外之用；帅印为大元帅北伐亲征之用。而国玺用玉石〈雕刻〉，大元帅印用白铜铸造。"孙文在广州国务会议上的这两项提议，均获通过。

宽免悔过附伪人员令

（一九二一年十月五日）

大总统令

民国成立，于兹十稔，内乱频仍，迄未有定，国贼之诛，固不容逭。惟本政府之吊民伐罪，所诛者乃全国之公敌耳。兹逢国庆，允宜与众更始，以昭宽大。除背叛民国罪在不赦外，其余附和北方伪政府之人，凡愿自拔来归，有悔过之诚者，悉予宽免。其有一长足录，苟操守可信，均可量予录用。弃恶从善，作新国民，本大总统有厚望焉。此令。

据《大总统命令》，载一九二一年十月十四日上海《民国日报》

着军民司法行政长官速办庶狱清理并具报令

（一九二一年十月五日）

大总统令

本届国庆，应即清理监狱，以普惠泽。查军事犯多有羁押未决者，如无充分之证据，应即释放。其已决者，除所犯重大外，得原情减刑。又受行政处分，在县知事公署羁押，或前因现已废止之治安警察法被惩治者，均着一律释放。此外在司法审判中羁押者，自应按照法律及新公布之条例或命令办理。惟查看守所羁押人犯太滥，凡民事被告人，除民事诉讼关系不变外，应一律释放。其刑事被告人，凡证据不充分，或系应处五等有期徒刑以下之刑者，除刑事诉讼仍依法进行外，应一律释出候审。其在监狱中执行刑罚之罪犯，择其情有可原者，量予减刑，或依法假释。其余现在判决确定之罪犯，应依法励行缓刑。以上清理庶狱办法，着军事民政及司法行政各长官，分别迅速办理并具报。此令。

十月五日

据《大总统命令》，载一九二一年十月十四日上海《民国日报》

派童法等前往西北江令

（一九二一年十月十四日）

大元帅令

兹委该员等前往西北江一带募兵　　名，着妥慎办理，毋负委任。此令。

右令大本营募兵委员童法

孙文

胡汉民代行

十年十月十四日于大本营

据原件照片，广州、中山大学孙中山纪念馆藏

咨国会非常会议议决林修梅举行国葬文①

（一九二一年十月十五日）

林故带参军长首举义旗于衡阳，西南诸省相继相应，国家命脉赖以不绝。本大总统就任后，令其代理参军长，方冀长资依畀，共济幽艰，不图遽以疾殒，其首义殊勋，理应崇报。……自应依国葬法举行国葬典礼，以昭崇德报功之意。

据阮观荣、凌晋良、黎兴中：《林修梅将军》，
长沙，湖南人民出版社一九八八年六月出版

---

① 林修梅，字浴凡，林伯渠兄。一九一七年护法时在湖南起义来粤。一九二一年广州总统府成立，任代理参军长，原定随孙文出巡广西，然忽患疾于十月十五日病逝。

着财政部经理林修梅丧务财政部
拨发治丧费并从优议恤令

（一九二一年十月十五日）

大总统令

　　总统府代理参军长、参议、陆军中将林修梅，于民国六〈年〉起义零陵，功在国家。本大总统就任以后，擢任参议，旋令代理参军长职务，悉心擘划，深协机宜。比以染疾，给假调治，方期早日就痊，长资倚畀，遽闻溘逝，轸悼殊深。着派陆军次长、代理部务程潜前往致祭，由财政部拨给治丧费二千元，并由陆军部派员经理丧务。应得恤典，着陆军部从优拟议，呈候核夺，以示本大总统笃念勋贤之至意。此令。

中华民国十年十月五日

据《大总统命令》，载一九二一年十月二十三日上海《民国日报》

着李福林率部赴韶关令

（一九二一年十一月一日）

　　本大总统克日出巡，仰该司令统率所部，开赴韶州集中，听候命令。除分令陆军部、粤军总司令查照外，为此令仰即便遵照。此令。

据《孙总统已下动员令》，载一九二一年十一月三日广州《国华报》

追赠林修梅为陆军上将令

（一九二一年十一月二日）

大总统令

　　已故代理总统府参军长林修梅，应得恤典，前经令陆军部从优议拟在案。现据该部呈复前来，林修梅着追赠陆军上将，并着在首义区域铸立铜像，建造专祠，以彰忠荩，而慰英魂。此令。

中华民国十年十一月二日

据阮观荣、凌晋良、黎兴中：《林修梅将军》，
长沙，湖南人民出版社一九八八年六月出版

给廖仲恺的训令

（一九二一年十一月五日刊载）

大总统训令

　　现商借外债二百万元，以粤、桂烟酒专卖权为抵押品。

据《星报纪南方政局》，载一九二一年十一月五日上海《申报》

命廖仲恺筹款令

（一九二一年十一月十二日刊载）

　　速筹出师费六百万，限旬日先汇二十万。

据《上海快信摘要》，载一九二一年
十一月十二日长沙《大公报》（二）

咨非常国会请议决国葬林修梅文

（一九二一年十一月十八日）

为咨行事：代理总统府参军长、参议、陆军中将林修梅，于本年十月十五日在职病故。六年护法之初，该故代参军长与刘镇守使建藩，首举义旗于衡阳，西南诸省，相继响应，国家命脉，赖以不绝。本大总统就任后，令其代理参军长，方冀长资倚畀，共济幽艰，不图遽以疾殒。其首义殊勋，理宜崇报。查刘故镇守使建藩，业经国会议决，举行国葬典礼在案。该故代参军长，系与刘故镇守使同有殊勋于国家，自应依国葬法举行国葬典礼，以昭崇德报功之意。为此咨请贵会议同意，请烦议决施行。此咨国会非常会议。

孙文

伍廷芳代行

中华民国十年十一月十八日

据《总统咨请国葬林修梅》，载一九二一年十一月十八日上海《民国日报》

由梧州抵平乐时的命令

（一九二一年十一月二十七日）

各军在桂林集中。

据《本社专电》，载一九二一年十一月二十九日上海《民国日报》

饬剿抚土匪令

（一九二一年十一月二十七日）

与各界会商剿抚事宜，务须迅速进行，早纾民困。

据《总统由平乐抵阳朔记》，载一九二
一年十二月二十一日上海《民国日报》

公布林修海鲁子材国葬令

（一九二一年十二月一日）①

大总统令（十二月一日）

故代理总统府参军长、总统府参议、陆军中将林修梅，于六年护法之役首建义旗，有功民国。经咨由国会非常会议议决，准予依照国葬法举行国葬典礼。兹公布之。此令。

又令

准国会非常会议咨：故滇军旅长鲁子材，为国殉难，经开会议决，准予依照国葬法举行国葬典礼。兹公布之。此令。

据《大总统命令》，载一九二一年十二月十二日上海《民国日报》

---

① 日期据秦孝仪主编《国父全集》。

给伍廷芳的指令

（一九二一年十二月八日）

陆海军大元帅指令第一号

　　令兼署财政总长伍廷芳

　　呈为解上银币一百万枚，值广毫五万元，请核收，即发批回由。

　　呈悉。准予核收、批回附发。此令。

中华民国十年十二月八日

据《陆海军大元帅指令第一号》，载桂林《陆海军大
元帅大本营公报》第一号，一九二二年一月三十日

饬外交总长通电反对徐世昌
直接与日本交涉山东问题令

（一九二一年十二月九日）

大总统训令

　　自我国拒签德约，山东问题遂成为国际悬案。我全国上下所祷祀以求者，惟有拒绝直接交涉，请求世界公判之一途。乃警电传来，徐世昌竟欲违反民意，与日本直接交涉。除布告反对外，合将原文录发，仰该总长迅将全文通电，唤起舆论之注意。切切。此令。

据《大总统训令》，载一九二一年十二月二十四日上海《民国日报》

饬王乃昌切实调查散兵滋扰桂属情形令

（一九二一年十二月十四日）

陆海军大元帅训令第四号

令大本营桂林安抚处督办王乃昌

为训令事：查援桂奏功，盗阀逃遁，所有逆部散兵，现多流为盗匪，若不从速设法安辑，势必日见滋蔓，为害闾阎。本大总统此次督师出征，暂驻桂林，迭据人民控诉散兵滋扰情形，殊深轸念。兹派该参议为大本营桂林安抚处督办，着即切实调查，妥为安抚，务期化莠为良，早消隐患，勿任怙恶，以苦吾民。除另行颁发关防外，合行令仰即遵照办理，仍将遵办情形随时呈报。切切。此令。

中华民国十年十二月十四日

据《陆海军大元帅训令第四号》，载桂林《陆海军大元帅大本营公报》第一号，一九二二年一月三十日

准将李亚伙等减刑令

（一九二一年十二月十六日）

大总统令

迭据大理院长兼管司法行政事务徐谦呈据广东高等检察厅检察长呈缴核拟减刑人犯一览表，请鉴核施行等情。本大总统依照约法第四十条，准予李亚伙减处三等有期徒刑三年零八个月，刘聋万减处四等有期徒刑二年零六个月，钟阮减处四等有期徒刑二年零三个月，梁世芳减处四等有期徒刑一年零十一个月，并科罚金二百元，陈尾庆减处四等有期徒刑一年零十一个月，并科罚金二百元，关锡辅减处四等有期徒刑一年零六个月，司徒永春减处四等有期徒刑一年，邱莺氏减处五等有期徒刑六个月，张保减处五等有期徒刑六个月，刘癫仔减处五等有期徒刑四个月，梁李氏减处五等有期徒刑四个月，谭炳减处五等有期徒刑四个月，谭余氏减处五等有期徒刑四个月，张兆义减处五等有期徒刑三个月零二十天，吴乾哲

减处五等有期徒刑三个月，陈世德减处五等有期徒刑三个月，邹陈氏减处五等有期徒刑三个月，邹温氏减处五等有期徒刑三个月，符国光减处五等有期徒刑二个月零八日，王廷庚减处五等有期徒刑二个月，林狱奇减处五等有期徒刑一个月零十五日，王事祥减处五等有期徒刑一个月零八日，冯嘉宾减处五等有期徒刑一个月，梁开凤减处五等有期徒刑一个月，吴田玖减处五等有期徒刑一个月，王毓堂减处五等有期徒刑一个月，黄亚九减处五等有期徒刑一个月，吴德孚减处拘役二十五日，冯锦庆减处拘役二十日。此令。

中华民国十年十二月十六日

据《大总统命令》，载一九二一年十二月三十一日上海《民国日报》

命陈炯明伍廷芳停止附带赈捐令

（一九二一年十二月二十一日）

大总统训令

内务总长陈炯明、兼署财政总长伍廷芳

查各海关及所兼管之五十里内常关各货附带赈捐一案，经前军政府政务会议议决，自民国十年一月十六日起开征，以一年为期，咨行财政部通咨各省遵照办理在案。现在瞬届期满，此项赈捐自应停止征收，以恤商艰。除分令财政、内务部外，合亟令该总长迅即行咨各省长官，分别咨令各省长官海关监督遵照，自民国十一年一月十六日起所有海关常关邮电等等，附带赈捐一律停征，务即切实奉行，并布告所属人民商会，一律知悉。此令。

据《孙总统停止赈捐令》，载一九二一年十二月三十日上海《民国日报》

给林义顺等授勋令

（一九二一年十二月二十七日）

大总统令

　　林义顺给予一等嘉禾章；瘳〔廖〕正兴给予二等嘉禾章；林文庆给予三等嘉禾章；蓝伟烈给予四等嘉禾章；郭巨川准给予五等嘉禾章；郭绍智准给予六等嘉禾章；陈敬堂、刘坤意、杨世典、吴扬芳、刘敬亭、刘正兴、叶玉桑，均准给予七等嘉禾章；刘碧波、余来吉、蔡日升、林贵洲、王少兰、杨添发，均准给予八等嘉禾章。此令。

中华民国十年十二月二十七日

据《大总统命令》，载一九二二年一月四日上海《民国日报》

饬李烈钧查惩滋事扰民之军队令①

（一九二一年十二月二十九日）

陆海军大元帅训令第三号

　　令参谋总长李烈钧

　　迭据钟山县议事会议长董镇白等、桂灵阳义龙五属联合会、兴全灌三属联合会、全县阖县代表唐鉴等、全县五帮代表唐春林等、全县公民唐锦兰等、灌阳县公民王元懋等、灵川县公民秦觐周等、永福县灾民秦守经等、桂林县公民黎谦、桂林北中南三区客商彭福林等、恭城县阖县代表李暄培等、恭城县难民黄洪兴等先后呈诉知事之贪酷、兵士之骚扰、土匪之劫掠各情形，本大总统悛然如伤，不忍卒阅。

　　查广西各县地方疾苦，以匪祸为最巨，而肃清土匪，责在军队，今劫案迭出，

---

　　① 李烈钧时任陆海军大元帅大本营参谋总长，随孙文在桂林筹划北伐事宜，驻扎于广西北部地区。

军队将何以自解？知事搜括财贿，诈取刑求，罪不可逭；间有出身军人，以军队为护符，作奸犯法，与兵士恃其武力蹂躏闾阎者，其事尤堪痛恨。夫政府此次北伐，盖不得已而用兵，期能本革命之精神，救吾民于水深火热之中，故师行所至，首在保民，务宜耕市不惊，秋毫无犯，然后天下晓然于政府伐罪吊民之意，而与我同仇。倘使人民因军队所经，重罹痛苦，直以暴易暴而已，甚非本大总统民权、民生之本旨也。

兹将各县人民请愿书另抄一份发交该总长查阅，凡有罪关于控案者，即应查明各该县所驻扎之军队系属何军，由该总长令饬各该军长官，会同大本营桂林安抚处督办王乃昌，按照所控事实，分别彻究惩办。至全县人民迭控钟冠华等一案，及其抄呈谕帖收条等件，如果属实，宜依法拘案严办，以平怨愤而警贪横，仰将各案办理情形详细呈覆。除令大本营桂林安抚处督办王乃昌外，合亟令行该总长遵照办理。切切。此令。

计抄发各县人民请愿书一份。

中华民国十年十二月二十九日

据《陆海军大元帅训令第三号》，载桂林《陆海军大元帅大本营公报》第一号，一九二二年一月三十日

将中国国民党本部移设广州电①

（一九二一年□月三十日）②

本部决移广州，觉兄③来粤，上海改为通信处或办事处，仍四十四原宅④设立。焕廷⑤办理结束乃来。兹以政府改组，应□□□，要文字□多，至盼。沧兄⑥

---

① 此电自广州发往上海，致电对象似是中国国民党本部总务部。

② 原电末署三十日。据底本《专电：来字号二》的编排情况可知于一九二一年，惟难以断定在何月。

③ 即居正，字觉生。

④ 指上海环龙路四十四号（今南昌路一八〇号）中国国民党本部原址。

⑤ 林业明，字焕廷。

⑥ 即杨庶堪。

来粤，专任此事，希得电即行。盼覆。孙文。卅。

据《先生来电》，见中国国民党本部总务部《专电：来
字号二》（九年十一月十日起），原稿本，上海图书馆藏

致杨庶堪嘱移国民党本部来粤数事电

（一九二一年□月四日）①

沧伯〔白〕兄鉴：一、以收束来粤，自为截止办公；二、财政部可交焕廷接理；三、本部移粤可由上海通告；四、通讯处酌量裁夺，或移粤另行组织。兄当来粤助我撰述重要文告。青阳款现无法筹。孙文。支。

据《先生来电》，见中国国民党本部总务部《专电：来
字号二》（九年十一月十日起），原稿本，上海图书馆藏

批张兆基请示可否联络旧部函②

（一九二二年一月四日）

代答：请他通信彼方，联络一致，以待时机。

西北事，当汇为一部，以便查考。

据原件，台北、中国国民党文化传播委员会党史馆藏

---

① 原电未署年份。据底本《专电：来字号二》的编排情况可知于一九二一年，惟难以断定在何月。

② 张兆基来函略谓其旧部管区改编为陕北新编步兵团，地区扩大，请示可否与其联络。

饬财政部按月清付经费令

（一九二二年一月十日）

大总统令

　　财政部按月清付经费。

十日

据《本社专电》，载一九二二年一月十一日上海《民国日报》

饬桂林县赶筑马路令

（一九二二年一月十三日）

大总统令

　　桂林县赶筑由桂林至全州马路。

据《本社专电》，载一九二二年一月十四日上海《民国日报》

追赠赵士槐中将令

（一九二二年一月十六日）

大总统令

　　赵士槐追赠陆军中将。此令。

一月十六日

据《大总统命令》，载一九二二年二月一日上海《民国日报》

准将黄尽等减刑令

（一九二二年一月十六日）

大理院长兼司法事务徐谦呈称犯人黄尽、梁文灿处刑过重，请分别宣告减刑等语。本大总统依约法第四十条准予黄尽减处三等有期徒刑三年，梁文灿减处四等有期徒刑一年。此令。

一月十六日

据一九二二年一月十七日广州《羊城报》

着谷正伦部改编为中央直辖黔军令

（一九二二年一月十九日）

陆海军大元帅令

援桂联军第四路司令谷正伦所部，着改编为中央直辖黔军。此令。

中华民国十一年一月十九日

据《陆海军大元帅令》，载桂林《陆海军大元帅大本营公报》第一号，一九二二年一月三十日

禁蓄婢令

（一九二二年二月二十日）

大总统令

蓄婢之风，前清末造业已成为厉禁，凡买卖人口者科重刑。民国成立，人民一律平等，载在约法，所有专制时代之阶级制度早经完全废除。乃查私家蓄婢至今未已，甚至买卖典质，视同物品，贱视虐待，不如牛马，既乖人道，尤犯刑章。兹特明令严行禁止，嗣后如再有买卖典质人为婢及蓄者，一经发觉，立即依法

治罪。

着内务部、大理院分别咨令各省行政司法长官，令饬所属一体奉行。并着内务部通行各省妥筹贫女教养办法，以资救济。

此令。

据《大总统令禁蓄婢》（十一年二月二十日），载广东香山《竹秀园月报》一九二二年四月一日第十九期

准予刘张氏减刑令

（一九二二年二月二十五日）

大总统令

大理院长兼管司法行政事务徐谦呈：据广西高等检察厅呈送同级审判厅判交罪犯龙老元无期徒刑一案，刘张氏处刑期十一年，情轻罚重，请宣告减刑等语。本大总统依约法第四十条，准予该犯刘张氏减处二等有期徒刑五年。此令。

据《大总统命令》，载一九二二年三月五日上海《民国日报》

咨复国会彭邦栋质问书已咨湖南省长查复文

（一九二二年二月二十五日）

为咨复事：准贵会议咨开，据本会议员彭邦栋为湖南总司令赵恒惕宣布省宪，违背约法，将以何术维持补救等由，提出质问书一件，连署者在二十人以上，核与议院法第四十条之规定相符，相应抄录原书，备文咨请贵政府查照，依限答复等由。准此，附质问书一件，当将质问书钞发内务部咨行湖南省长查覆，一俟呈

复到日，再行答复，相应咨请贵会议查照。此咨。国会非常会议。

孙文

伍廷芳代行①

中华民国十一年二月二十五日

据《总统咨复质问湘宪案》，载一九
二二年三月七日上海《民国日报》

给卢焘金汉鼎授衔令

（一九二二年二月二十六日刊载）

总统授卢焘、金汉鼎陆军中将。

据《本社专电》，载一九二二年二月二十六日上海《民国日报》

着陈炯明遵照动员北伐训示并转饬所属办理令②

（一九二二年三月二十日刊载）

照得民国肇造十有一年，内治不修，外患日亟，政变纷乘，民生凋蔽。徐逆窃权僭号，国人尤所痛心。近且引用帝孽，互相狼狈，卖国鬻路，甘丧主权，置人民于水深火热之中，国家于累卵覆巢之地。全国志士，引为深忧。本大元帅上体国势，下察舆情，非扫除元凶，不足以清障碍；非发扬民治，不足以应潮流。经成立大本营，是以数月于兹，筹定方略，搜讨军实，本百折不回之志，作一劳永逸之图。本营分处办事，各专责成，其兵站一处，所管征发夫役输送事项，尤赖地方官绅相助为理，动员在即，筹备宜先。……本大元帅负国民付托之重，尽拨乱反正之责……望尔百官人民，共体此意……本大元帅有厚望焉。除公令外，

---

① 孙文时驻节桂林，故本咨系由外交部长伍廷芳代行。

② 引大元帅十八号训令。

合即仰该省长即更遵照，转所属办理。切切。此令。

据《陈总司令料理饷械》，载一九二
二年三月二十日上海《民国日报》

命追赠邓铿为陆军上将并从优议恤令

（一九二二年三月二十四日）

大总统令

　　据广东总司令呈称：陆军中将、粤军第一师师长兼广东总司令部参谋长邓铿，本月二十一日夜被刺，医治罔效，业于二十三日晨五时因伤殒命等语。该中将邓铿奔走革命以来，出死入生，患难与共。自辛亥光复以至兴师讨袁，运筹决战，靡役不与。近年援闽、援粤、援桂诸役，翊赞广东总司令陈炯明，决疑定计，战功尤伟。更复治兵严明，地方利赖。方冀为国宣劳，长资依畀，讵被奸人狙击，因伤殒命，缅怀将帅，痛惜殊深。邓铿应追赠陆军上将，派总统府参军长徐绍桢前往致奠，由财政部拨给治丧费五千元，着陆军部会同广东总司令部派员经理丧务；应得恤典，并着陆军部从优拟议呈候核夺，用示本大总统笃念勋荩之至意。此令。

据《大总统悼恤邓师长》，载一九二
二年三月二十八日上海《民国日报》

饬李烈钧准建滇黔赣援桂联军忠烈祠令

（一九二二年四月十四日）

大元帅指令

　　呈悉。援桂之役，滇、黔、赣援桂联军阵亡诸将士，授命疆场，至堪矜念，建祠崇报，自可准行。惟所拟就秦步衢私宅略事修葺改造一节，应径由该总长咨行广西省长商办可也。此令。

据《李总长请建联军忠烈祠》，载一九

二二年四月二十一日上海《民国日报》

裁撤广东总司令令

（一九二二年四月二十一日）

大总统命令

广东总司令一职，应即裁撤。所属陆、海各军直辖于大元帅。此令。

民国十一年四月二十一日

据一九二二年四月二十三日上海《民国日报》

着陈炯明林永谟转饬所属陆海各军
直辖于大元帅令

（一九二二年四月二十一日）

广东总司令一职，业经裁撤，所有广东总司令所属陆、海各军直辖于大元帅。除明令公布，并分令海军、陆军部分仰即转饬各该军一体遵照。此令。

中华民国十一年四月二十一日

据《大总统二十三日抵广州》，载一九

二二年四月二十八日上海《民国日报》

着梁鸿楷维持广州治安令

（一九二二年四月二十一日）

大总统训令

代理第一师师长梁鸿楷：兼广州卫戍司令魏邦平未返省以前，所有治安，着该师长竭力维持，毋负重托。切切。此令。

民国十一年四月二十一日

据一九二二年四月二十八日上海《民国日报》

饬广三路调车至河口装运各军令

（一九二二年四月二十一日）

大总统令

　　广三路将各机头及车尽调至河口，以便装运各军。

据《大总统二十三日抵广州》，载一九
二二年四月二十八日上海《民国日报》

饬各军齐集韶关令

（一九二二年四月二十六日）

大总统令

　　各军迅速齐集韶关。

据《本社专电》，载一九二二年四月二十七日上海《民国日报》

特赦陈炳生令

（一九二二年五月二日）

大总统令

　　特赦陈炳生。

据《本社专电》，载一九二二年五月四日上海《民国日报》

声讨徐世昌令

（一九二二年五月六日）

　　祸国元凶徐世昌，窃位以来，怙恶日甚，内政之危害国本，外交之违反民意，其罪犹已为天下所共见恶，复躬为鬼蜮之内，而嗾其鹰犬纵横于外，遂致残民以逞之事，层见叠出。去岁弄兵湘鄂，无辜之民，不死于战，即死于水，疮痍未复，呼吁彻天。近且野心不戢，构成大战，使河北州郡，悉罹锋镝，充患得患失之所至，不惜以国家为孤注，以生民为牺牲，倒行逆施，至此而极。本大元帅受国民付托之重，深念连年国难未定，人民痛苦益深益烈，爰命诸将，分道出师，亲履行间，以除民贼。出师宗旨，在树立真正之共和，扫除积年政治上之黑暗与罪恶，俾国家统一，民治发达。所认为民贼者，惟徐世昌及共恶诸人。师行所过，如有去逆效顺者，必视同一体，其毋自贰，我国民当知，国事如此，非以彻底之主张，为根本之解决，罔克有济。同心勠力，以成大功，有厚望焉。此令。

据一九二二年五月六日上海《民信日刊》

着广东各区善后处归省长直辖令

（一九二二年五月六日）

大总统令

　　粤各区善后处归省长直辖。

据一九二二年五月八日上海《民国日报》

饬维持广东省银行纸币令

（一九二二年五月七日）

大总统令

　　兹当北伐进行军事期内，金融最为紧要。省立广东银行纸币，市面久已通用。访闻近有奸商从中操纵，故意低折，应严行取缔查究。

据《程天斗①维持粤纸币》，载一九二二年五月八日上海《民国日报》

谕各军长官严饬所部不得扰民令

（一九二二年五月九日）

　　为训令事：本大元帅督师北伐，原为不得已而用兵，故亲履行间，为民除贼。诸将士宜行本大元帅民权、民生之主义，勿以救民者至反致扰民。凡大军所过之区，必期耕市不惊，秋毫无犯，能慰来苏之望，斯为仁者之师。其所用军需，如一切物品之类，务名〔各〕各自行筹备，不宜骚扰闾阎。市场交易之时，在人民固应出之以公平，在军队不得施其强暴。至若需用夫役，应遵本年二月十八日所公布之夫役征发令办理，由地方官督率地方团体负责催募，绝不可任军队执路人而胁迫之，故〔致〕人人视康庄为畏途。

　　以上数端，皆所以恤人民之艰难，树军队之模范，用特严申诰诫，即本大元帅前日演讲"军人精神教育"之用心，仰各军长官宜严饬所队一体凛遵。如有违犯，当以军法从事；并于沿途所经过之地方录令布告，俾我国人咸喻本大元帅伐罪吊民之至意。切切。此令。

据《大元帅诰诫各军长官》，载一九
二二年五月十八日上海《民国日报》

---

　　①　程天斗时任广东财政厅长。

饬中国国民党广东支部速组运输队随军出发令

（一九二二年五月九日）①

大元帅令

中国国民党广东支部，速行召集同志，组织运输队俾得随同大军出发，以赴戎机。

据《北伐之面面观》，载一九二二年五月十六日上海《民国日报》

着伍廷芳维持广东币信严惩奸徒令

（一九二二年五月十二日刊载）

为令遵事：照得广东省立银行自发行纸币以来，信用昭著，经该省长官令饬各属全省通行，十足使用在案。近闻各属征收机关，竟有不肖员司从中舞弊，或拒不收纳，或任意低折，殊属不法已极。为此令仰该省长即便遵照重申前令，凡各属征收员司，不得舞弊，致干重究，并着令饬广东全省商会联合会迅速分函各属商会，准其就近查察各机关有无上项情弊，如果阳奉阴违，应即据实具报该会联合会转呈省长，从严惩办，以维币政。仍将办理情形，随时具报。切切。此令。

据《粤省币之维持令》，载一九二二年五月十二日上海《民国日报》

饬各军严禁私自招兵令

（一九二二年五月十六日）

为训令事：照得大军北伐，军事方殷，凡正式募兵补充军队者，皆经本大元

---

① 据上海《民国日报》一九二二年五月九日《本社专电》有"大总统因韶关夫役缺乏，急电国民党，令募夫役五千人赴韶"之语，而此令系由广州茶居工会征发夫役通告中录出（末署月日），故推定此令发布日期应为五月九日。

帅令准，同时令知广东省长饬该募兵区域地方长官知照，方得从事招募。若未奉命令，私自招兵，则违犯军纪，不容宽贷。

查各县近有擅设司令径以募集绿林者，使地方官真伪莫分，人民更演成恐慌之象。若不严行禁止，将何以一军制而安民生？着各军长官及各县县长，嗣后如有未奉本大元帅明令而私自招兵者，准由各所在地驻军长官及各县县长立予拿获，解至大本营军法处依法严惩。本大元帅悯民疾苦，对于此种不法之事，决不姑宽。并着各军长官及各县县长录令布告。为此令仰该总长[1]、总司令、军长、师长、司令、县长，即便遵照办理。切切。此令。

据《大元帅严禁私自招兵》，载一九二
二年五月三十一日上海《民国日报》

着李炳荣协同办理粤赣边防事宜令[2]

（一九二二年五月十七日）

为训令事：照得此次改道出师，各军已陆续出发，凡属留守部队，应负后方治安职责。除广州治安责成魏邦平，粤桂边防责成叶举办理外，关于惠潮方面对赣边防事宜，应由该处长协同高州善后处长钟景棠、第二师旅长尹骥等，共负责任，妥为办理。仰即遵照毋违。切切。此令。

据一九二二年五月二十四日广州《羊城报》

严禁军队拉伕令

（一九二二年五月十七日）[3]

大元帅令

---

① 即参谋总长李烈钧。
② 李炳荣时任惠州善后处长。
③ 日期据布告日期。

大军进发，首在保护商场，维持秩序。各军需用夫役，业已通饬各县雇募，随时解送分拨听遣。嗣后无论何项军队，不准纷向商店、居民任意拉伕，免致惊动商场，有妨贸易。

据《严禁军队拉伕布告》，载一九二
二年五月二十八日上海《民国日报》

颁授李源水奖凭

（一九二二年五月二十日）

大元帅为发给奖凭事：自逆贼叛国，挞伐用张，师行裹粮，需财孔亟，常赖海外侨胞，踊跃输将，藉济财政之困，促成革命之功。凡兹义举，奖典应颁，兹据中央筹饷会汇报，查有李源水捐助军饷，合于奖章条例第八条规定，呈请给予三等银质奖章一枚。除准予发给三等银质奖章用示奖励外，合填给奖凭以资证明。

右给李源水。

中华民国十一年五月二十日

据原件照片，台北、中国国民党文化传播委员会党史馆藏

着徐绍桢犒劳凯旋将士令

（一九二二年五月二十二日）

大总统训令

参军长徐绍桢

援桂凯旋诸将士，劳苦功多，其到省者，兵士赐酒肉，官长赐宴，着参军长代表主席。其留肇庆者，派员一起犒劳。当大军讨贼之际，凡我将士，务当继续宣力，以竟前功，是所厚望。此令。

据一九二二年五月二十二日广州《羊城报》

致前敌将士嘉慰攻克要隘名城电

（一九二二年五月二十六日）①

我军连日攻克要隘名城，所向皆捷，三军用命，树讨伐之先声，捷电飞驰，至堪嘉慰。愿各督励所部，早拔洪都，本国家之威灵，拯赣民于水火，将士备尝劳苦，本大元帅实深廑念，仰各传语慰劳。此令。

据《五月二十九日广州通信》，载
一九二二年六月三日上海《时报》

命陈炯明办理两广军务令

（一九二二年五月二十七日）

陆海军大元帅令

着陆军总长陈炯明办理两广军务，肃清匪患。所有两广地方，均听节制调遣。此令。

据《陆海军大元帅令》，载一九二二年六月三日上海《民国日报》第三版

饬严管毛仲芳等令②

（一九二二年五月二十九日）

大总统〈令〉

---

① 原电未署日期。五月三十日上海《民国日报》第二版《本社专电》中载有"大总统宥（廿六）电嘉奖前敌将士"，内容与本篇完全相同，日期据此定。惟上海《民国日报》所载过于简略，未录。

② 在孙文密令下，一九二二年四月二十七日武力改组驻粤护法舰队时，舰队参谋长毛仲芳，楚豫舰舰长郑祖怡等被捕关押。

将通敌之海军毛仲芳等严行看管。

据《本社专电》，载一九二二年五月三十日上海《民国日报》第二版

致许崇智等嘉慰攻克赣南电

（一九二二年五月三十一日）

南雄许军长、朱总司令、彭总司令、梁师长、李司令，并转各旅、团、营长：我军既定南安、新城，遂克信丰、崇义，足征将帅指挥若定，士卒有勇知方。捷报传来，良用嘉慰。敌本乌合，慑于义师声威，一再弃险溃退，全赣肃清在指顾间。希即乘胜直追，早奏肤功。诸将士沐雨栉风，为国劳苦，至深廑念，并望传谕慰劳。大元帅。世。（印）

据《大元帅犒奖前敌将士》，载一九二二
年六月十二日上海《民国日报》第六版

大元帅令

（一九二二年五月下旬）①

所有广州军队，不得过三华店。

据《上海快信摘要》，载长沙《大公报》一九二二年六月四日（二）

致李烈钧等告派员犒奖前敌将士电

（一九二二年六月一日）

急。始兴李总长，南雄许军长、朱总司令、彭总司令、梁师长、李司令，仁化黄司令，并转各旅、团、营长均鉴：我军出发之初，即已伸讨贼之义于天下，

---

① 日期据当时情势酌定。

故攻赣数日，迭克名城。盖仁者之师，所向无敌。然实由诸将士忠于主义，勇于牺牲，而亦由于各军长官本革命之精神，有以成其运用之妙。夫改造国家之责任，惟文与诸君能负荷之，亦惟文与诸君为能相与有成，愿我师徒交相勤勉。兹派大本营参军黄实、副官宾镇远前来犒劳，定于明日启程，用嘉转战之功，以示廑念之意。孙文。东。（印）

据《大元帅犒奖前敌将士》，载一九二二
年六月十二日上海《民国日报》第六版

着黄实宾镇远往前方犒劳将士令

（一九二二年六月二日）

为令遵事：我军此次攻赣，不旬日而占领名城要险多处，各军将士备极劳苦，立功甚多，本大元帅深用嘉念，兹派该参军、副官遄往前方犒劳，使诸将士咸喻本大元帅之意。除电令各军长官知照外，合行令仰该参军、副官遵照，切切。此令。（二日）

据《大元帅犒奖前敌将士》，载一九二二年六月十二日上海《民国日报》

致李烈钧等嘉慰克复赣州电

（一九二二年六月八日）

提前万急。南雄局速转李总长、许军长、朱总司令、彭总司令①、梁师长、李司令并转各旅、团、营长均鉴：各电报捷均欣悉。如次敌注全力以守赣州，为冥顽之抵抗，我军出奇制胜，痛摧强敌，激战三日，以破竹之威扫负蜗之寇，于歌午将赣州完全克复，章贡会流之地，巍然见讨贼之旌旗，敌胆已寒，军威益壮矣。赣南形势，今皆属我范围，亟宜奖帅三军，肃清全赣。前敌诸将士转战千里，

---

① 即李烈钧、许崇智、朱培德、彭程万。

迭奏肤功，为国宣劳，良用嘉念，着即传语宣慰。此令。大元帅。庚。（印）

据《大元帅鼓励赣州将士》，载一九二二
年六月十六日上海《民国日报》第六版

禁止军队向地方官要求供给令

（一九二二年六月八日）

大总统庚日通令各军长官，禁〈止〉向地方官要求供给。

据《本社专电》，载一九二二年六月十三日上海《民国日报》

致北伐军前线指挥官嘉奖攻占赣州电

（英译中）

（一九二二年六月中旬）①

间或接到前方电报，通告我军迅速推进。感谢诸位在短时间内取得如此辉煌的成就。部队占领赣州（Kanchow），令我对各位能力更添信心。赣州是章江和贡江（the Chang and the Kung rivers）交汇的要塞，北伐主力部队也在此驻扎。占领这一战略要塞加速了我们到达长江流域的进程。请激励你们的士兵为国效力，切不可伤及人民。请发表我的命令。

据"In View of the Latest News of Sun Yat Sen", The
Straits Times（Singapore），page8，June20，1922（《孙
逸仙的最新消息》，载一九二二年六月二十日新加坡
《海峡时报》第八页）②（黄绪刚译，许瑾瑜校）

---

① 原件未署日期。按北伐军于六月十三日攻占赣州，故酌定为是月中旬。
② 此电转载自香港某报，而港报则据《广东时报》（<i>Canton Times</i>）消息。

批关国雄军开往前线令①

（一九二二年六月十五日）

令关国雄军开往赣州，加入前线，以厚兵力。

据《本社专电》，载一九二二年六月十七日上海《民国日报》第二版

批萧人龙致杨庶堪函②

（一九二二年六月十六日）

证书交沧伯寄。

文

据原件，台北、中国国民党文化传播委员会党史馆藏

批海军司令部请款呈③

（一九二二年六月十八日）④

照准。

文

据原件照片

---

① 关国雄时任粤军第四师师长。
② 一九二二年六月四日，萧人龙为入党誓词及调换证书事寄函杨庶堪。
③ 海军司令部请发"海圻"、"海琛"、"肇和"三舰伙食并杂用三万元。
④ 原件未署日期。据海军司令都收款人签注为六月十八日。

批李章达请款呈①

（一九二二年六月十八日）

文。

据原件照片

批马伯麟请款呈②

（一九二二年六月十八日）

照准。

文

据原件照片

给李烈钧等人的手令③

（一九二二年六月十九日）

令各军迅速回粤平乱，有坚守待援，以图海陆夹攻，歼此叛逆，以彰法典。

据蒋介石纪录：《孙大总统广州蒙难记》，
上海，民智书局一九二二年十月初版

---

① 参军李章达因陈炯明叛变、各官长散失，请领一千五百元，推派蒋营长赴港，省各地召集和分发各官长之用。

② 广东长洲要塞司令呈称，请支六月份伙食饷项一万元。

③ 孙文的这道指令发给入赣北伐军总参谋长李烈钧，军长许崇智，总司令朱培德、彭程万，司令黄大伟、李福林，师长梁鸿楷等。

批袁良骅借款条[①]

（一九二二年六月十九日）

文。

据原件照片

饬发陈泽南公费令

（一九二二年六月二十日）

着发给陈泽南公费三千元。此令。

孙文

民国十一年六月二十日

据原件照片

饬发杨华馨公费令

（一九二二年六月二十五日）

着发给杨华馨公费五百元。此令。

孙文

民国十一年六月廿五日

据原件照片

---

① 袁良骅时任"凤舞"舰舰长，向大本营借伙食费五百元。

批□玉龙请款函①

（一九二二年六月二十五日）

照给一千元。

文

据原件照片

发给蒋尊簋招待费手令

（一九二二年六月二十五日）

着发给蒋次长招待费伍千元。此令。

中华民国十一年六月二十五日

孙文

据中国国民党广州市特别执行委员会编：《孙大总统广州蒙难
十一周年纪念专刊》，广州，培英印务公司一九三三年出版

饬发何福昌公费令

（一九二二年六月二十六日）

着发给何福昌公费一千元。此令。

孙文

中华民国十一年六月廿六日

据原件照片

---

① □玉龙来函谓："刻需款孔殷，前来敢祈假以千元，掷交原人（伏彪）携回。"

饬发徐苏中等旅费条①

（一九二二年六月二十六日）

请发徐苏中、肖炳章旅费各五百元。

孙文

中华民国十一年六月廿六日

据原件照片

饬发谢良牧公费令

（一九二二年六月二十七日）

着发给谢良牧公费二万元。此令。

孙文

中华民国十一年六月廿七日

据原件照片

批李天德请款呈②

（一九二二年六月二十七日）

照准。

文

据原件照片

---

① 加签处有"陈群代收"字样。
② 水陆电雷队长李天德呈请发六月份饷银一千五百元。

批林直勉请示发给韩恢公费若干呈

（一九二二年六月二十八日）①

□②多能发贰角票五万元。六月二十八日。

据中国国民党广州特别市执行委员会编：《孙大总统广州蒙难
十一周年纪念专刊》，广州，培英印务公司一九三三年出版

批李燕仪请发医药费呈③

（一九二二年六月二十八日）

给恤费贰百元。文。五月二十八日④。

据中国国民党广州特别市执行委员会编：《孙大总统广州蒙难
十一周年纪念专刊》，广州，培英印务公司一九三三年出版

致各国驻广州领事团的照会

（一九二二年六月三十日刊载）

孙中山通告领事团：请预备保卫沙面⑤，免战事波累。

据《专电》，载一九二二年六月三十日天津《大公报》

---

① 日期据原呈。
② 原文字迹不清，疑似"最"字。
③ 六月二十二日下午，"永翔"舰总带李燕仪被弹击中头部，上呈请发医药费治疗。
④ 笔误，当为六月二十八日。
⑤ 沙面时为广州租界，各国领事馆屯集于此。

批孙祥夫请款呈①

（一九二二年六月三十日）

准。

文

据陈旭麓、郝盛潮主编，王耿雄等编：《孙中山集外集》，上海，上海人民出版社一九九〇年七月出版

批李天德请款条②

（一九二二年六月三十日）

照准。

文

据陈旭麓、郝盛潮主编，王耿雄等编：《孙中山集外集》，上海，上海人民出版社一九九〇年七月出版

饬交款手谕

（一九二二年七月一日）

着交港币一千元来此。

孙文

中华民国十一年七月一日

据陈旭麓、郝盛潮主编，王耿雄等编：《孙中山集外集》，上海，上海人民出版社一九九〇年七月出版

---

① 海军陆战队司令孙祥夫请领纸币五千元。
② 侦缉队队长李天德请领费用银一千元。

饬居正为肇和舰发款令①

（一九二二年七月一日）

着发给港纸贰千元，为"肇和"〈舰〉取回机件之用。此令。

孙文

民国十一年七月一日

据原件照片，广州、广东省社会科学院图书馆藏

着发黄骚款项令

（一九二二年七月一日）

着交港纸五千四百元。此令。

孙文

中华民国十一年七月一日

据中国国民党广州特别市执行委员会编：《孙大总统广州蒙难
十一周年纪念专刊》，广州，培英印务公司一九三三年出版

着赏福安舰船员二百元令

（一九二二年七月三日）

着赏给"福安"舰船员贰百元。此令。

孙文

中华民国十一年七月三日

据中国国民党广州特别市执行委员会编：《孙大总统广州蒙难
十一周年纪念专刊》，广州，培英印务公司一九三三年出版

---

① 本件加签处另书有居正署名"收到"字样。

饬发吴志馨等经费令

（一九二二年七月三日）

着发给吴志馨、欧阳格粤币各五千元。此令。

孙文

七月三日

据陈旭麓、郝盛潮主编，王耿雄等编：《孙中山集外集》，上海，上海人民出版社一九九〇年七月出版

批程潜请款呈①

（一九二二年七月三日）

照准。

文

据陈旭麓、郝盛潮主编，王耿雄等编：《孙中山集外集》，上海，上海人民出版社一九九〇年七月出版

批陈策请款条②

（一九二二年七月五日）

照准。

文

据陈旭麓、郝盛潮主编，王耿雄等编：《孙中山集外集》，上海，上海人民出版社一九九〇年七月出版

---

① 陆军次长程潜请领大纸券三千元，现毫五百元。
② 海防司令陈策请领毫银五百元。

批孙祥夫请款呈①

（一九二二年七月五日）

准。

文

据陈旭麓、郝盛潮主编，王耿雄等编：《孙中山集外集》，上海，上海人民出版社一九九〇年七月出版

饬发庶务副官经费令

（一九二二年七月五日）

着发给庶务副官银毫一百元。此令。

孙文七月五日

据陈旭麓、郝盛潮主编，王耿雄等编：《孙中山集外集》，上海，上海人民出版社一九九〇年七月出版

批陈炯明求和代表来函

（一九二二年七月五日）

能恢复政府，陈亲出谢罪，叛军悉退出广州，可赦。

据《本社专电》，载一九二二年七月八日上海《民国日报》

---

① 海军陆战队司令孙祥夫请领伙食及临时费二千五百元银毫。加签处有"□找大省币二千一百元，先付二百元银毫，再付纸毫二百元"字样。

批马伯麟请发经费呈①

（一九二二年七月五日）

核准给大纸。

文

据中国国民党广州特别市执行委员会编：《孙大总统广州蒙难十一周年纪念专刊》，广州，培英印务公司一九三三年出版

着发给徐树荣经费令

（一九二二年七月五日）

着发给徐树荣银毫叁百元。此令。

孙文

中华民国十一年七月五日

据中国国民党广州特别市执行委员会编：《孙大总统广州蒙难十一周年纪念专刊》，广州，培英印务公司一九三三年出版

着发给海防司令陈策经费令

（一九二二年七月五日）

着发给海防司令港币叁千元。此令。

孙文

中华民国十一年七月五日

据中国国民党广州特别市执行委员会编：《孙大总统广州蒙难十一周年纪念专刊》，广州，培英印务公司一九三三年出版

---

① 马伯麟时任长洲要塞司令，上呈请领七月份经费银五千元。

批冯肇宪请款呈①

（一九二二年七月五日）

照准。

文

据陈旭麓、郝盛潮主编，王耿雄等编：《孙中山集外集》，上海，上海人民出版社一九九〇年七月出版

命发韩恢经费令

（一九二二年七月五日）

着发给韩恢粤币大纸二千元。此令。

孙文七月五日

据陈旭麓、郝盛潮主编，王耿雄等编：《孙中山集外集》，上海，上海人民出版社一九九〇年七月出版

批陈策请款呈②

（一九二二年七月六日）

照准。

文

据陈旭麓、郝盛潮主编，王耿雄等编：《孙中山集外集》，上海，上海人民出版社一九九〇年七月出版

---

① "永丰"舰长冯肇宪请领胡轩医药费毫银三百元，孙文批给港银二百元。

② 广东海防司令陈策呈请领省立银行大纸一万元。

给邓泽如收据

（一九二二年七月七日）

收到邓愚公①来港纸壹万元正。此据。

孙文

七月七日

据中国国民党中央委员会党史委员会编订：《国父全集补编》，
台北,中国国民党中央委员会党史委员会一九八五年六月初版

收支款项条

（一九二二年七月七日）

进：邓泽如来港纸一万元。

支：总统活支一万元。

七月七日

据陈旭麓、郝盛潮主编，王耿雄等编：《孙中山集外
集》,上海,上海人民出版社一九九〇年七月出版

批赵守范来函

（一九二二年七月七日）

代答以：先生五年前并未到津，则同舟之事，恐是错误。如能筹巨款以助公

---

① 邓愚公即邓泽如。底本未标年代，据一九二二年七月七日孙文收"进邓泽如来港纸一
万元"，估计此件为当日孙文所写的收据。

益，可到上海△△地址与张静〈江〉接洽可也。

据原件，台北、中国国民党文化传播委员会党史馆藏

着发给香港《晨报》津贴令

（一九二二年七月七日）

着发给香港《晨报》津贴港纸五百元。此令。

孙文

中华民国十一年七月七日

据中国国民党广州特别市执行委员会编：《孙大总统广州蒙难
十一周年纪念专刊》，广州，培英印务公司一九三三年出版

着发给李廷铿梁醉生旅费令

（一九二二年七月八日）

着发给李廷铿赴柳、梁醉生赴衡旅费共贰百元。此令。

孙文

中华民国十一年七月八日

据中国国民党广州特别市执行委员会编：《孙大总统广州蒙难
十一周年纪念专刊》，广州，培英印务公司一九三三年出版

指示各舰长袭取车歪炮台驶入省河①

（一九二二年七月九日）

各舰由此出动西江，须经过牛山、鱼珠之叛军各炮台；又有三大舰已在沙路

---

① 一九二二年七月九日，长洲炮台失守，海军陆战队司令孙祥夫叛变。孙文乃召集各舰长和陆上部队指挥官开会，决定率舰进驻白鹅潭。

港口，监视我各舰行动。叛军炮台，或可鼓勇冲过，而沙路港口之三大舰，监视严密，其必妨碍我行动，阻止我通过无疑。故我舰队，此时惟有袭取车歪炮台，驶入省河之一策，其余皆非计也。

据蒋介石纪录：《孙大总统广州蒙难记》，
上海，民智书局一九二二年十月初版

批陈策请款呈①

（一九二二年七月九日）

照准。

文

据陈旭麓、郝盛潮主编，王耿雄等编：《孙中山集外
集》，上海，上海人民出版社一九九〇年七月出版

批林若时借款呈②

（一九二二年七月九日）

照准。

文

据陈旭麓、郝盛潮主编，王耿雄等编：《孙中山集外
集》，上海，上海人民出版社一九九〇年七月出版

---

① 广东海防司令陈策呈请领毫银九百元，俾资购买各项军用品物及发各巡轮伙食之用。
② "福安"舰舰长林若时呈请借支港币二千五百元。

批袁良骅请款条①

（一九二二年七月九日）

照准。

文

据陈旭麓、郝盛潮主编，王耿雄等编：《孙中山集外集》，上海，上海人民出版社一九九〇年七月出版

饬发陈群经费令

（一九二二年七月十日）

着发给港纸五百元、粤币一千元，交陈群管理，以支零用。此令。

孙文七月十日

据陈旭麓、郝盛潮主编，王耿雄等编：《孙中山集外集》，上海，上海人民出版社一九九〇年七月出版

命发黄骚购汽船费令②

（一九二二年七月十一日）

着发给港纸三千元，为买汽船之用。此令。

孙文七月十一日

据陈旭麓、郝盛潮主编，王耿雄等编：《孙中山集外集》，上海，上海人民出版社一九九〇年七月出版

---

① "舞凤"舰舰长袁良骅请领纸币一千五百元。
② 原件注有"黄骚收"字样。

永翔同安两舰收据

（一九二二年七月十一日）

收到"永翔"、"同安"两舰纸币八百元，又收毫银五百元。

孙文七月十一日

据陈旭麓、郝盛潮主编，王耿雄等编：《孙中山集外集》，上海，上海人民出版社一九九〇年七月出版

批波士顿罗翰焯闻陈叛请委筹饷函

（一九二二年七月十一日）①

代答：着与马素竭力筹款。

据原件，台北、中国国民党文化传播委员会党史馆藏

收款条

（一九二二年七月十一日）

收到港纸一千元。

文
七月十一日

据陈旭麓、郝盛潮主编，王耿雄等编：《孙中山集外集》，上海，上海人民出版社一九九〇年七月出版

---

① 日期据来函。

批冯肇宪借款呈[①]

（一九二二年七月十一日）

照准。

文

据陈旭麓、郝盛潮主编，王耿雄等编：《孙中山集外集》，上海，上海人民出版社一九九〇年七月出版

批陈策请款呈[②]

（一九二二年七月十一日）

照准。

孙文

据陈旭麓、郝盛潮主编，王耿雄等编：《孙中山集外集》，上海，上海人民出版社一九九〇年七月出版

批冯肇宪请款呈[③]

（一九二二年七月十一日）

照准。

文

据陈旭麓、郝盛潮主编，王耿雄等编：《孙中山集外集》，上海，上海人民出版社一九九〇年七月出版

---

① "永丰"舰舰长呈请借毫银三百元。
② 海防司陈策呈请领省行大纸一万元。
③ 冯肇宪请领林若时医药费港票三百元。

批罗翰焯函^①

（一九二二年七月十一日）

代答：着与马素竭力筹款。

据原件，台北、中国国民党文化传播委员会党史馆藏

饬发永丰舰煤炭费令

（一九二二年七月十二日）

着发给五百元银毫，交"永丰"舰长支煤炭零账。此令。

孙文

七月十二日

据陈旭麓、郝盛潮主编，王耿雄等编：《孙中山集外
集》，上海，上海人民出版社一九九○年七月出版

收款条

（一九二二年七月十二日）

收到港币二千元，省币三千元。

孙文

七月十二日

据陈旭麓、郝盛潮主编，王耿雄等编：《孙中山集外
集》，上海，上海人民出版社一九九○年七月出版

---

① 罗翰焯系美国波士顿华侨。

饬发三山各军伙食费令[①]

（一九二二年七月十二日）[②]

着发给三山水陆各军伙食费粤币五千元，此令。

孙文

七月十二日

据陈旭麓、郝盛潮主编，王耿雄等编：《孙中山集外
集》，上海，上海人民出版社一九九〇年七月出版

批丁培龙请款呈[③]

（一九二二年七月十二日）

照准。

文

据陈旭麓、郝盛潮主编，王耿雄等编：《孙中山集外
集》，上海，上海人民出版社一九九〇年七月出版

---

① 原件有签注"银毫五百，粤币四千五百，冯侠良收"字样。
② 原件未署年份。据孙文在"永丰"舰史料，当为一九二二年。
③ "永翔"舰舰长丁培龙呈请领港票三千元，孙文批改港票为"粤币银毫各半"。

批陈策请款呈①

（一九二二年七月十二日）

照准。

文

据陈旭麓、郝盛潮主编，王耿雄等编：《孙中山集外
集》，上海，上海人民出版社一九九○年七月出版

饬发给陈策伙食费令

（一九二二年七月十二日）

着发给陈策大纸二万元，为西江水陆各军伙食费。此令。

孙文

七月十二日

据陈旭麓、郝盛潮主编，王耿雄等编：《孙中山集外
集》，上海，上海人民出版社一九九○年七月出版

批招钰琪医药费呈②

（一九二二年七月十二日）

照准。

文

据陈旭麓、郝盛潮主编，王耿雄等编：《孙中山集外
集》，上海，上海人民出版社一九九○年七月出版

---

① 海防司令陈策呈请领西纸五百元。
② "永丰"舰舰长冯肇宪以招钰琪伤口溃烂，须往香港调治，为其请领医药费港纸三百元。

发给南洋兄弟烟草公司捐款收据

（一九二二年七月十三日）

兹收到

南洋兄弟烟草公司捐助国民党经费毫银伍仟元正。此据。

孙文 十一年七月十三

据"宋子文档案"（Tse－ven Soong Archives）之孙文亲笔原件照片，美国加利福尼亚州、斯坦福大学胡佛研究中心（Hoover Institution of Stanford University）藏

饬省河各舰不得自由行驶令

（一九二二年七月十四日）

省河各舰，非有海军命令，不得自由行驶。现自莲花山至白鹅潭，皆为海军势力，内河各小舰亦悉听指挥。

据《本社专电》，载一九二二年七月十四日上海《民国日报》

命发马伯麟经费令

（一九二二年七月十四日）

着发给马伯麟港纸一百元。此令。

孙文七月十四日

据陈旭麓、郝盛潮主编，王耿雄等编：《孙中山集外集》，上海，上海人民出版社一九九〇年七月出版

收款条

（一九二二年七月十五日）

收到交来零用二千元。此据。

孙文七月十五日

据陈旭麓、郝盛潮主编，王耿雄等编：《孙中山集外集》，上海，上海人民出版社一九九〇年七月出版

批招桂章请款呈①

（一九二二年七月十七日）

照准。

孙文

据原件，广州、广东省档案馆藏

着发给黄骚药料费一千元令

（一九二二年七月十七日）

着发给黄骚办卫生药料费一千元。此令。

孙文

七月十七日

据原件影印件，广州、广东省档案馆藏

---

① 该日，“楚豫”舰舰长招桂章请借港币六百元。

着发给黄骚药料费二千元令

（一九二二年七月十八日）

着发给黄骚买卫生药料费二千元。此令。

孙文

中华民国十一年七月十八日

据原件影印件，广州、广东省档案馆藏

批郭荣兴等请领恤金呈①

（一九二二年七月十九日）

着照恤金〈发〉。

孙文

七月十九日

据中国国民党广州特别市执行委员会编：《孙大总统广州蒙难
十一周年纪念专刊》，广州，培英印务公司一九三三年出版

---

① 十月十六日"永翔"舰伤兵郭荣兴等四名请发恤金。经孙文批示后，恤金经该舰舰长丁培龙收转。

准发伤员赏恤费①

（一九二二年七月十九日）

着照赏恤。

孙文

七月十九日

据中国国民党广州特别市执行委员会编：《孙大总统广州蒙难十一周年纪念专刊》，广州，培英印务公司一九三三年出版

批给伤员抚慰费呈②

（一九二二年七月二十日）

着酌量照给。

文

据陈旭麓、郝盛潮主编，王耿雄等编：《孙中山集外集》，上海，上海人民出版社一九九〇年七月出版

---

① 七月十六日伤兵郭永兴（重伤）、石恩发（轻伤）、黄金贵（轻伤）、李老大（轻伤）。
② 伤员"永丰"舰八名、"永翔"舰一名、"豫章"舰四名呈请补助费，俾能在医院自备营养菜，由"永丰"舰长冯肇宪代收纸币二百六十元。

批马湘收款条①

（一九二二年七月二十日）

文。

据陈旭麓、郝盛潮主编，王耿雄等编：《孙中山集外集》，上海，上海人民出版社一九九〇年七月出版

批黄惠龙收款条②

（一九二二年七月二十日）

文。

据陈旭麓、郝盛潮主编，王耿雄等编：《孙中山集外集》，上海，上海人民出版社一九九〇年七月出版

批陈侠夫收款条③

（一九二二年七月二十日）

文。

据陈旭麓、郝盛潮主编，王耿雄等编：《孙中山集外集》，上海，上海人民出版社一九九〇年七月出版

---

① 马湘收到孙文批给津贴一百元。
② 黄惠龙收到孙文批给津贴一百元。
③ 陈侠夫收到孙文批给津贴一百元。

批陈际熙来函①

（一九二二年七月二十日）②

代答：函悉。望专与何振图复虎门，不必分心他事。

附：陈际熙原函

（一九二二年七月二十日）

大总统钧鉴：

际熙于十日面奉钧令，回港筹商讨逆事宜，俾预备响应我北伐军回粤。遵即于十一日启程，因船为飓风所阻，至十六日始行于抵港。旋赁居兴汉道十六号为办事机关，以便联络各方，一致着手进行。

现探悉粤中叛军将领内哄风潮，日行剧烈。叶逆与陈逆呈露决裂，昨已由省潜返惠州。洪逆兆麟因争省长不遂，迁怒于陈逆；近复因撤换张慎藩之盐运使缺，竟悻悻赴汕，外间宣传其有备战动作者。熊略因有附义嫌疑，致有削夺兵柄，而调充伪总司令部参谋长消息。闻熊决不受调动，将另图对付方法。至北江近日纷调大兵，闻系防止沈鸿英假道回桂。连日报载，梧州之卢、张、关、郑经已联合，积极筹备东下讨逆各讯，又足使逆贼寒心。故粤中处此风声鹤唳之天，陈逆虽欲求一夕之安不可得也。

犹忆大总统临离粤时，谓陈逆断难维持广东，今果不出所料。唯吾人对此应如何妥筹讨逆方略，以收事半功倍之效，殊为目前要图。际现正与谭礼延兄等磋商沈部附义进行，并一面请何振设法说其部将。缘沈部沈保华、沈秉强辈均为何旧日得力部将。去年邓师长剿匪北江，特聘何随营参议帷幕，盖即为此。至于虎门一隅，亦经转令何振，协同陈经邦誓图恢复，积极进行，已有妥切布置。详情

---

① 陈际熙从上海赴香港筹商讨伐陈炯明事宜，其在港探悉陈军内部斗争情况后向孙文建议利用此时机令各部迅速行动。

② 日期据来函。

容日再行呈报。大总统近日对于定粤计划，如何设施，伏乞随时训示，俾得祗遵。

李耀汉、莫擎宇近日在肇属等处仍肆力活动，黄明堂尚能支持。如此时我北伐军乘锐气方新之际，回戈痛剿，东由梧州卢、张、关、郑等部会师三水，北由沈部直趋韶州，内则由各地民军响应，逆党现互相猜忌，士气已馁，当不难一股荡平，诚千载一时之良机。伏乞大总统迅赐统筹兼顾办法，无以斯言为河汉，至深祷幸。陈逆因叶举愤而去惠，军事无人主持，故于十六日已就伪总司令职，以防他变，各界对之，极形冷淡。谨以奉闻，余情后禀。肃此，恭叩钧安。

陈际熙谨呈
七月廿日

据原件，台北、中国国民党文化传播委员会党史馆藏

着发给严月生公费令

（一九二二年七月二十二日）

着发给严月生公费五百元（银毫）①。此令。

孙文
中华民国十一年七月二十二日

据原件影印件，广州、广东省档案馆藏

---

① 实支港纸四百一十六元。

着发给杨虎伤兵医药费令

（一九二二年七月二十二日）

着发给杨虎伤兵医药费二百元（银毫）。此令。

孙文

中华民国十一年七月二十二日

据原件影印件，广州、广东省档案馆藏

收款条

（一九二二年七月二十二日）

收到港纸二千元。

孙文

七月二十二日

据原件影印件，广州、广东省档案馆藏

着发给连声海伙食费令

（一九二二年七月二十三日）

发给连声海伙食银毫五百元①。此令。

孙文

中华民国十一年七月二十三日

据原件影印件，广州、广东省档案馆藏

---

① 附批：实支港币四百整。收款报告，收到港币二百元。

批嘉利洋行煤炭费收据①

（一九二二年七月二十三日）

照给。

文

据陈旭麓、郝盛潮主编，王耿雄等编：《孙中山集外
集》，上海，上海人民出版社一九九〇年七月出版

批招桂章请款呈②

（一九二二年七月二十四日）

文。

据陈旭麓、郝盛潮主编，王耿雄等编：《孙中山集外
集》，上海，上海人民出版社一九九〇年七月出版

非经核准不准支款手令

（一九二二年七月二十四日）

无论何人，非大元帅签字，不准支款。

孙文

中华民国十一年七月二十四日

据原件影印件，广州、广东省档案馆藏

---

① 煤炭三吨，每吨十八元，计五十四元九角二分。
② “楚豫”舰舰长招桂章请领杂项费毫银三百元（实支港纸二百五十元）。

收款条

（一九二二年七月二十四日）

收到港纸二千元整

文

二十四日

补给港票五百元

文

七月二十四日

据原件影印件，广州、广东省档案馆藏

批欧阳格请款呈①

（一九二二年七月二十五日）

先发一千五百元。

孙文

据原件影印件，广州、广东省档案馆藏

---

① “豫章”舰舰长欧阳格原呈请发杂用及公费港洋三千元。

批欧阳琳请款呈①

（一九二二年七月二十七日）

先发一千元。

文

据原件影印件，广州、广东省档案馆藏

批冯肇宪请款呈②

（一九二二年七月二十七日）

文。

据陈旭麓、郝盛潮主编，王耿雄等编：《孙中山集外集》，上海，上海人民出版社一九九〇年七月出版

批张文焕等领款条③

（一九二二年七月二十七日）

文。

据陈旭麓、郝盛潮主编，王耿雄等编：《孙中山集外集》，上海，上海人民出版社一九九〇年七月出版

---

① "同安"舰舰长欧阳琳原呈请发临时杂支及应用费广纸（广东省银行发行之纸币）三千元。
② "永丰"舰舰长冯肇宪请发给卢适祥、胡轩、招钰琪津贴港票共七百五十元。
③ 张文焕、李文滨、游良方同领小洋一百元，为调查侦探费用。

批招桂章请款呈[①]

（一九二二年七月二十八日）

文。

据陈旭麓、郝盛潮主编，王耿雄等编：《孙中山集外集》，上海，上海人民出版社一九九〇年七月出版

批陈策请款呈[②]

（一九二二年七月二十八日）

先发一千元。

文

据原件影印件，广州、广东省档案馆藏

批黄骚请款呈

（一九二二年七月二十九日）

照给。

文

---

① “楚豫”舰舰长招章桂请领郑星槎、陈浩二员津贴费共港纸五百元。
② 海防司令陈策原呈请发港币二千元。

附：黄骚请款单英文件及译文

Expenses to Shuikwan for three Men	200.00
Bought Provisions	50.00
Reward for 3 men	500.00
	750.00
Fund for Red Gross work	2250.00

原文译文：

三人赴韶关旅费①	二〇〇.〇〇
购买食品	五〇.〇〇
三人酬金	五〇〇.〇〇
	七五〇.〇〇
红十字工作专款	二二五〇.〇〇

据原件影印件，广州、广东省档案馆藏

赏江顺舰饷令

（一九二二年七月二十九日）

赏"江顺"饷一个月六百元②。此令。

文

中华民国十一年七月二十九日

据原件影印件，广州、广东省档案馆藏

---

① 据邹鲁《中国国民党史稿》记述，此三人为美人，受孙文之命携密函前往韶关见许崇智。

② 据胡文耀收据，实收广纸一千二百元，折合银毫六百元。

着发给程潜经费令

（一九二二年七月二十九日）

着发给程潜二角票二万元，五角票三万元。此令。

孙文

中华民国十一年七月二十九日

据原件影印件，广州、广东省档案馆藏

批欧阳格请款呈①

（一九二二年七月二十九日）

一万元。

文

据原件影印件，广州、广东省档案馆藏

准给伤员抚慰费②

（一九二二年七月）

照准。

文

据陈旭麓、郝盛潮主编，王耿雄等编：《孙中山集外集》，上海，上海人民出版社一九九〇年七月出版

---

① 欧阳格受命为海军临时总指挥，呈请发给海军伙食、煤片及杂支等费港洋一万元，孙文如数批准。

② "豫章"舰伤员李孝芝、杨文斌、李秀山、文仁甫、胡开泰、汪清华六名三等伤，各给抚慰费一百元。

批兴业公司煤行收据①

（一九二二年七月）

照给。

文

据陈旭麓、郝盛潮主编，王耿雄等编：《孙中山集外集》，上海，上海人民出版社一九九〇年七月出版

所有海军陆战队等均归杨虎指挥令

（一九二二年七月）

所有海军陆战队、卫侍队及要塞掩护队，均归参军杨虎直接指挥。此令杨参军虎。

孙文

据李睡仙编：《陈炯明叛国史》，一九二二年十一月福州《新福建报》

批冯肇宪请款呈②

（一九二二年八月一日）

文。

据陈旭麓、郝盛潮主编，王耿雄等编：《孙中山集外集》，上海，上海人民出版社一九九〇年七月出版

---

① 由铃木洋行代买红巢大炭五十张单价十八元五角，合共银西币九百二十五元。

② "福安"、"永翔"、"舞凤"、"广海"、"广金"等五舰舰长各借薪水港纸二百五十元，共计港纸一千二百五十元。

批兴业公司煤行收据

（一九二二年八月一日）

准。

文

据原件影印件，广州、广东省档案馆藏

着发黄骚电船按匦费令①

（一九二二年八月二日）

着发给港币二千元，为电船按匦费，交黄骚去办。

孙文

中华民国十一年八月二日

据原件影印件，广州、广东省档案馆藏

着发给廖湘芸旅费令

（一九二二年八月二日）

发给廖湘芸旅费大票四百元整。

孙文

八月二日

据原件影印件，广州、广东省档案馆藏

① 匦费即保证金或称押金。

再命发黄骚经费令

（一九二二年八月三日）

着发给港币二千元为电船按匪费交黄骚去□。

孙文

八月三日

据原件影印件，广州、广东省档案馆藏

批胡文灿请款令

（一九二二年八月三日）

准。

文

据原件影印件，广州、广东省档案馆藏

批陈策请款令

（一九二二年八月三日）

准。

文

据原件影印件，广州、广东省档案馆藏

批韩恢请款条①

（一九二二年八月五日）

文。

据陈旭麓、郝盛潮主编，王耿雄等编：《孙中山集外集》，上海，上海人民出版社一九九○年七月出版

确实报告敌情令

（一九二二年八月六日）

（各方报告，纷纷不一，至难判断）谓：须得其确实报告，方可深信，此皆不足为凭。惟有照前定计划，慎防敌袭，巩固舰队，静待前方确实报告而已。

据蒋介石纪录：《孙大总统广州蒙难记》，上海，民智书局一九二二年十月初版

批黄百借款呈②

（一九二二年八月七日）

准。港纸二百元。

文

据原件影印件，广州、广东省档案馆藏

---

① 韩恢请领毫银二千元，小纸币三万元（五角面额之广东省银行纸币）。
② 黄百时任副官，是月六日，呈请借款若干以便遣送家属回籍。

着发给陈际熙杂费令

（一九二二年八月七日）

着发给陈际熙杂费三百元银毫。此令。

孙文

中华民国十一年八月七日

据原件影印件，广州、广东省档案馆藏

批陈策请领海军伙食费呈①

（一九二二年八月八日）

准。

文

据原件影印件，广州、广东省档案馆藏

饬各舰归队令②

（一九二二年八月九日）

子培司令：照以前，浅水各舰一切行动，皆受本总统之命令，现因本总统要到沪上主持统一国是，今日离永丰舰，兹令各舰归队。此令。

孙文

民国十一年八月九日

据原件影印件，台北、中国国民党文化传播委员会党史馆藏

---

① 八日海防司令陈策呈请发给伙食银港币二千元。
② 此为孙文致海军司令温树德的命令。

批林若时请领薪水呈①

（一九二二年八月九日）

着林直勉办理。

孙文

据原件影印件，广州、广东省档案馆藏

批 BERBLINGER 公司账单②

（一九二二年八月初）

着代支此单。

① "福安"舰舰长林若时上呈请领五、六、七三个月薪水，共港纸七百八十元。林直勉时任大本营秘书。

② 账单为英文，上角仅有中文"凡收银另有收条为据"字样。

16. 5. 22	12 Bottles Lysol of 250	$. 50 per bot	6. 00
10. 6. 22	6 Table Telephone	$ 36. 00 ench	216. 00
	11 Field Glassee	$ 64. 00 ench	704. 00
	14 Bottles Sherry	$ 1. 00 ench	14. 00
	2 Bottles Port	$ 1. 25 ench	2. 50
	14 Bottles Claret	$ 1. 00 ench	14. 00
3. 7. 22	1 Field Glassee	$ 64. 00 ench	64. 00
			$ 1020. 50

中译文为：

一九二二年五月十六日	250 消毒药水	12 瓶	每瓶 5 角	6 元
一九二二年六月十日	桌上电话机	6 台	每台 36 元	216 元
	望远镜	11 件	每件 64 元	704 元
	白葡萄酒	14 瓶	每瓶 1 元	14 元
	葡萄酒	2 瓶	每瓶 1 元 2 角 5 分	2 元 5 角
	红葡萄酒	14 瓶	每瓶 1 元	4 元
一九二二年七月三日	望远镜	1 件	每件 64 元	64 元
				共计 1020 元 5 角

原件并注有中文"电话机等件"、"黄骚"签字。

文

据陈旭麓、郝盛潮主编，王耿雄等编：《孙中山集外集》，上海，上海人民出版社一九九〇年七月出版

收款条

（一九二二年八月初）

收到港纸二千四百元。

孙文

据原件影印件，广州、广东省档案馆藏

批讨贼军别动队中路司令部参谋长岑静波函

（一九二二年八月十六日）①

代答奖励，并拨款三千元，着到某处领。

据原件，台北、中国国民党文化传播委员会党史馆藏

批周颂西推荐张乃燕函

（一九二二年八月二十五日）

代答嘉奖，并交各部议行所陈各节，并约带张博士来见。

据原件，台北、中国国民党文化传播委员会党史馆藏

---

① 日期据来函。

批石青阳托陈抱一陈述川局函①

（一九二二年九月五日）

作答勉励，并预备向外发展。

附：石青阳原函

（一九二二年九月五日）

大总统钧鉴：

闻大局挫折，不胜悲愤。然南北名人因此愈多服从，后事仍多乐观也。川局渐平，此间近状托陈抱一代为呈述，请赐亮察。肃叩钧安。

石青阳谨呈

九月五日

据原件，台北、中国国民党文化传播委员会党史馆藏

批会计司司长李海云陈述司中数目情形函

（一九二二年九月七日）

要件，存。

附：李海云原函

（一九二二年九月七日）

大总统钧鉴：

---

① 石青阳时任四川讨贼军第一路总司令。

窃本年六月十五夜，叛军倡乱，袭攻公府，职司所存现款及一切簿据悉被抢劫无遗，事出仓猝，司长未克防范于先，曷胜惶愧！事后难为详细之清查，而档册全失，无从着手。不得已督同在职员司，就经手款项，举其大略，互相参证，藉得梗概。兹将司中数目情形，谨为钧座陈之。

查本府经费，因财政部未能按时支发，截至六月十五日事变之日，仅领至本年三月份上半月为止，计实被欠经费三个月。而此三个月中，所有杂费一项月须五千余元，为日用所必需，皆须择要垫款应用。又如各员薪俸、公费、津贴各项，有奉钧令准予先发预发者，有向司中暂借，体察情形不能不应允者，其支领至本年四、五、六或七、八月不等。凡此种种，皆由司长设法张罗，俾资应付。司长明知府藏空虚，对于前项支领俸公薪津各员，若以经费欠发无款支付实情婉为陈说，亦自可获谅解。但以钧座旁求俊义，宵旰勤劳，凡兹縻饩之颁，皆为鼓舞之具。倘于奉令准支，及景况极为窘逼，各员竟无可以餍足其望，既非所以仰体钧座之意，即于应尽之责有亏，耿耿私心，所由不敢不勉为其难者此也。职司历月所领财政部之款，财政部本按预算定数发给，司中核实开支，虽复间有超过，大率略有长余，此项长余计存于秘书处五千元，存于庶务司者一千余元（此款各该处司留为活动之用，屡催并未交司），司中所存寥寥无几。

自本年三月以后，纸币低折，杂费一项支出骤加，领入仍旧，而出入遂有不敷。以前此长余之款，不存职司，难以弥补之，故而职司垫用之数，更因而愈巨。惟职司因经费之不克依时清领，左支右绌原非一日，司长深虑猝遇急需，款项不继，致有偾事。为未雨绸缪计，每于领到财政部款项之时，向皆酌留一部分，可以暂缓归垫之款，以备司中随时之活动。此项约计共有五千余元，内实存于广东省立银行者二千余元。六月十五日甫由省行提回者三千元，此提回之三千元中，付给振兴泰木器店者二百余元，拟汇作北方执行部经费，因赶汇不及，暂存司中铁柜，遇变被劫者二千七百余元。现在被劫之数，既难追还，省行存款亦难取出，而秘书处、庶务司分存各项是否保存，司长因各该处司职员遭乱分散，无从查知。此关于职司存款之实在情形也。

职司欠人款目，计有先施公司二千余元，喜云楼纸店数百元，其中司长以私人名义，向商家友人告贷港币（因纸币低折时，购买汽油须用港币交易，故由司长在外借贷，厥后屡催财政部筹还未果）、毫银、省币各种，约共折合毫银三千元。此外由司长个人垫出之款，以簿据之散失，实在无从计算实数；且垫款悉系纸币，尤有垫时十足，还时抵折之损失，此项虽有簿据，亦难以计数。当兹公府蒙尘，先施公司、喜云楼欠款自难偿还，司长私人垫出之款，系属为国为党而用，牺牲在所不惜。惟借贷各款，皆系出以私人名义，似不能不还，煎迫之来，殊无善法应付，此又职司借欠垫用各款之实在情形也。

司长猥蒙特达之知，受任以来，非不深知财源枯竭，难为无米之炊，只以激于责望之殷，有关公义，遂复忘其负荷之重，敢便私图，现在个人信用、财产牺牲虽巨，此志不渝。以上所陈，本应早日呈报，适以忧愤致疾，床褥呻吟，缠绵日久，加之旧日在职员司星散各方，难以急遽召集，是以迟迟至今，非敢玩忽。深惟党义服膺有素，嗣后有生之日，仍为报答之年，绝不以成败利钝，遽灰心志，区区之愚，伏惟鉴察。肃请钧安。

会计司司长李海云谨肃

九月七日

据原件，台北、中国国民党文化传播委员会党史馆藏

批徐际恒在宪法会议反对联省制主张函

（一九二二年九月八日）

代答：函悉。来件当从详研究。

据原件，台北、中国国民党文化传播委员会党史馆藏

批答赵士觐呈着常将陈炯明叛军近情详报[①]

（一九二二年九月十日）[②]

代答：着常将近情详报。

附：赵士觐原呈

（一九二二年九月十日）[③]

内报告呈大元帅：

一、美领事云，张开儒率众七千余确已到了浔州。

二、陈逆[④]部下意见甚深，叶逆[⑤]逃回惠州，马育航宣布脱离政局，其余如洪、钟、熊、杨诸逆[⑥]，因省长问题互相火〈拼〉。

三、此时若立即反攻，不难灭此朝食。

四、逆军明达者间有来此接洽，已竭力与之联络。

五、反攻期定，乞示知。

并颂钧安。

筹办广州军务事宜处长赵士觐谨呈

九月十日

据原件，台北、中国国民党文化传播委员会党史馆藏

---

① 赵士觐在陈炯明部叛变前任大本营军粮局局长。该呈自香港寄至上海。

② 日期据来呈。

③ 原呈未署年份。据内容定为一九二二年。

④ 指陈炯明。

⑤ 指叶举。

⑥ 指洪兆麟、钟秀南、熊略、杨坤如。

批宋大章报告奉天局势来函

（一九二二年九月十日）①

代答：两函呈阅悉。属代答：望兄等实事求是，从人民方面以开发民智，以辅当局之设施，期达最后之效果。此时尚无向当局游扬之必要，幸为谅之。

附：宋大章原函

（一九二二年九月十日）②

大总统钧鉴：

徐苏中君转示钧谕已奉到。章仰副至意，自当奋勉也。

最近此间又闻吴有来攻消息，故有仰于钧座者较前益切，不日派韩麟春赴沪，专谒先生，商具体之办法，并携有小款（此事甚密），报效吾党。此人为段芝泉嫡派，日本士官学生，前充北京陆军部次长，现为奉天兵工厂督办，觐见时可假以词色，预为还奉时对张报告地步，此手段也。再示以希望奉张出款，召集民八议员，执行国会职权，因现在章等正从事运动此事也。此事与吾党关系至大，万恳钧座筹之。

再，饬事务所速寄《建国方略》、《学说》、《五权宪法》各书五十部，交章备用，至盼。肃此，恭叩勋祺。

宋大章鞠躬

九月十号

据原件，台北、中国国民党文化传播委员会党史馆藏

---

① 日期据来函。

② 原函未署年份。据"中华民国"各界纪念国父百年诞辰筹备委员会学术论著编纂委员会主编《国父墨迹》酌定。

批张武述其近著《民生问题》函

（一九二二年九月十五日）①

代答嘉奖，并如有机来沪，约来一见。

据原件，台北、中国国民党文化传播委员会党史馆藏

批刘尧夫来函

（一九二二年九月十五日）②

寄东京中国公使馆廖仲恺，就近再细调查，并酌量代复。

据原件，台北、中国国民党文化传播委员会党史馆藏

批川军第二军军长杨森来函③

（一九二二年九月十五日）④

作答：函悉，并闻有投依北敌以图卷土复来之举，此期期不可。此后当注意全国之安危，而万勿恋恋于四川之权利，并望来沪详商一切。

据原件，台北、中国国民党文化传播委员会党史馆藏

① 日期据来函。来函未署年份。当在一九二二年。
② 日期据来函。
③ 杨森当时因兵败退驻川鄂边境。
④ 日期据来函。来函无年份。据"中华民国"各界纪念国父百年诞辰筹备委员会学术论著编纂委员会主编《国父墨迹》酌定。

批刘焜等为闽浙事托代表觐见函

（一九二二年九月二十日）

代答：着受许军长命令。

附：刘焜等原函

（一九二二年九月二十日）

孙大总统先生钧鉴：

闽省惨受李逆祸患，达于极点矣！吾人具爱国之心，行三民主义，不忍袖手旁观，蒙耻生存，立誓牺牲一切，驱除逆贼，伏乞我公，准予委任，以昭信用，明示事机，以便进行。兹闻浙卢永祥、闽王永泉，均归公节制，焜等如蒙擢用，应如何与浙联络，输运子弹；王永泉应若何关通暗号，庶不致误会。事关人民之生命财产安危之机，间不容发，非蒙我公宏力援助，无以救民于水火，而登衽席者矣！兹特托代表陈春木君觐见尊颜，伫候面示一切。肃此，敬颂勋安。

刘焜、庄文泉、林寿华、傅健谨呈

九月二十日

据黄季陆主编：《革命文献》第五十二辑，台北，中国国民
党中央委员会党史史料编纂委员会一九七〇年九月出版

批赵从宾报告北方近情并请汇款函[1]

（一九二二年九月中旬）[2]

代答：先生嘱答，此后此方对北方已取和缓态度，故一切急烈之举，皆当

---

[1] 赵从宾当时在北方军阀中活动。
[2] 原件未署日期。经考订酌定为一九二二年九月中旬。

停止。

附：赵从宾原函

（一九二二年九月）

中山先生钧鉴：

　　自蒙收录门墙，辄欲图建事功，藉以报国家，而酬知遇。以故奔走东西，屡有建白。每当时局有变更，必竭尽图维，徒以事机不凑，劳心伤财。中途以上下隔阂，且未免有求全之毁，静言思之，惭恨交集。然一鸣惊人，固时时来往于胸中也。

　　秋初得亲道范，一诉饥渴，感受先生之毅力雄魄，因又鼓我壮志，折变旅费，赴赣一行。（十二师周师长接洽已有端倪）回津后，招集旧同志，解释鼓舞，仍前办理。随又赴京、保，赴郑、洛。顷以倒阁原因，竟为我造成绝对良好之机遇，前日费尽心力布置未妥者，今竟一气呵成。总因却在两大军阀暗斗，遂种下待时而应之范围。某旅长赴申报聘，先生亦有回答。默默中业已发生效力。从宾已在直方占一位置，凡离心于彼者，均已信手拉拢，甘心就我。（首座不久亦有变化，先生正而副某勿轻允）一旦局势有变，定有相当之响应，从宾报答殊知之日至矣（前者函电交驰，一味隔阂，将及一载，坐失良机，令人三叹）。

　　所有成立机关，前以款项中断，暂告解散者，今已渐次恢复。仍以津为干处，通盘筹算，紧急用款五千，择要开支，极少亦须三千元。先生以天下为己任，固不计兹琐碎，切勿斥为空洞，屡呼不应，致从宾重失信用也。敢于先生前郑重声明：此后一切只知有先生，不知其他。直接先生办事，或仍由先生指派一共事之人。否则不敢任其事，亦不任其咎也。此番重关紧要，祈即电汇到津（最好仍汇中孚银行，由展堂名义交从宾），余俟详报，敬请钧安。

赵从宾谨上

　　请速电复。

据原件，台北、中国国民党文化传播委员会党史馆藏

批居正关于奉天党务函

（一九二二年九月二十六日）

当先咨询奉天各同志，从详审慎，然后施行可也。

文

据原件，台北、中国国民党文化传播委员会党史馆藏

批张骏来函[①]

（一九二二年九月二十七日）

代答：俟党章修正后，由党部办理。

据原件，台北、中国国民党文化传播委员会党史馆藏

批讨贼联军第二军第一独立支队司令吴泽理呈

（一九二二年九月）

代答奖勉，并着暂候时机，以决灭贼而后已。

附：吴泽理原呈

（一九二二年九月）

呈为呈报察核事：案奉大总统令内开："令委吴泽理为讨贼联军第二军第一独立支队司令，此令。"等因。奉此，遵即回邑招编民军，旬日间应招入伍者千余人，分队编练。定期八月一日，约同新会县长陈永惠所部警察游击队，集中新

---

① 张骏函为请委皖省职员及办理皖省党务事。

会县城，分途进取江门，歼彼逆军。不图袁带所部逆舰十余艘，先期到江门助防，而陈逆小岳所部营长李克城，亦适由水东拔队回省，路经新会。是时逆军已满布江门，审度时宜，未易为力。不得已固守县城，徐图进取。越日逆将陈德春恃兵众势雄，分遣逆军水陆并进，围攻县城。我军以众寡不敌，暂行退出，以避其锋。四日，我军复由香山调队到城，途经白虎头庙地方，为袁带逆舰二十余艘四面围困。剧战一昼夜，众寡悬殊，我军幸冲锋而出。被夺去战舰利和号一艘，伤兵四名，余均无恙。毙敌不知多少，我军暂退回古井地方，复广行招编，加意整顿，密遣干探潜入江门侦查逆军虚实，俾便相机进取。奈何北江前敌以弹竭粮尽，暂次退出战线，而北江方面已入逆军之手。于是陈逆德春所部陈家威、王定华陆续调队回江，以防四邑民军起义。此时我军见大事已去，正拟将所部退入古兜，然后相机而动。讵九月八日晨光熹微之际，逆将陈德春复派兵四营分途来袭古井职部，职立督所部迎战，血战数小时，及至弹竭，始率队冲出。是役计阵亡兵士十二名，伤二十五名，失去步枪二十四杆，毙敌军数十名。随率所部退入古兜。岂知该逆军竟迁怒于敝乡文楼，蜂拥入村，纵兵骚扰，奸淫劫掠，为所欲为。搜劫民居千余家，抢掠财物数十万，押禁父老吴文垂等十三名，并押乡校校长、教员吴锡麟等三名，学校器具均被抢毁一空。仍留兵一营驻乡，勒父老缴械筹饷。乡民惶恐，避难不遑，流离失所，哀号载道，伤心惨目，向所未有。忖泽理以护法救国而起，本个人之行动，于家乡无与。且法律亦无罪人及孥之例，更于父老无与。今陈逆之大肆淫威，蹂躏我家乡，奸淫我妇女，拘禁我父兄，其惨无人道，良心尽丧，泽理虽万死，务以歼彼逆贼为志。现仍将所部屯聚古兜，敬候训示。谨将职部经过情形及敝乡所遭惨状，理合备文详报钧座，伏祈察核，实为公便。谨呈大总统孙。

讨贼军第二军第一独立支队司令吴泽理

十一年九月

据原件，台北、中国国民党文化传播委员会党史馆藏

批谢持请电嘱收编李樾生部队函

（一九二二年九月）

已答。

附：谢持原函

（一九二二年九月十五日）

先生钧鉴：

别来倏经半月，未知起居如何，极念。持与海滨兄到京□丰情形已由海滨函告，精已之及，一言蔽之曰：尚无进步而已。今有请者，四川省刘湘败后，杨森亲至宜昌求援于吴佩孚，欲以北兵入蜀，此与川人心理相反而亦非吾党之利（刘成勋、邓锡侯、田颂尧等皆党员）为釜底抽薪计，应速将其残余部队收编，即交现在统率该部队之旅长李樾生带领。樾生亦本党党员，如此既可使四川不受北兵影响，又可希望达到以本党解决四川之的，故持之意拟请先生电嘱刘邓收编李樾生部队，即以北兵党义两者立言，是否可行恳裁夺（或召沧伯锡卿汉群询之）。专此，敬颂钧安。

谢持　鞠躬

九月十五日

据原件，台北、中国国民党文化传播委员会党史馆藏

批靖南司令官陈德全筹划高州起义请即训令函

（一九二二年九月）

存。

附：陈德全原函

（一九二二年九月）

孙大总统伟鉴：

　　德全前因高属旧部请缨效力，当即据情转请钧座察核，旋奉复谕，着以靖南司令官名义督率进行，届时自当接济，现际戒严时期，毋庸到舰请训等因。德全遵即亲赴高属一带，宣达大总统德意，所属旧部无不感激涕零，誓始终服从，以符匹夫有责之义。并商同八属学会诸公，均愿竭力赞助。旋即集议进行，先由高州起义，出新兴攻肇庆，取道西江，进攻羊石。乃部署甫定，遽听钧座离粤赴申，德全以其中必有硕画宏谋，故未敢轻举妄动。又以所属旧部均系有军事学历，迥异绿林之豪，其宗旨非常坚定，用是先饬听候后命，趋谒钧座，该如何进行之处，请即训令祗遵，并颁发正式任命，俾昭信守，不胜翘企。敬叩崇安。

中华民国十一年九月　日

靖南司令官陈德全谨呈

据原件，台北、中国国民党文化传播委员会党史馆藏

批宋大章询东三省民治俱进会
干事长赵锄非是否为党人函

（一九二二年九月以后）①

　　交觉生代答：调和两方，共图党势之发展。

据原件，台北、中国国民党文化传播委员会党史馆藏

---

① 日期据来函。来函未署日期。应在一九二二年九月以后。

批田清涛密陈灭吴佩孚计划书

（一九二二年九至十月间）①

代答：此间已与吴通信，使冀彼有彻底觉悟，以协力救国，非至失望于彼之后，不能赞成所陈之计划也。

据抄件，台北、中国国民党文化传播委员会党史馆藏

批景梅九请资助恢复《国风日报》函②

（一九二二年十月一日）

作答奖励，并告以刻下无力，俟将得当，当助之。

据原件，台北、中国国民党文化传播委员会党史馆藏

批居正请款函

（一九二二年十月三日）

款已支竭，俟再有来源，方能分给。

文

据原件，台北、中国国民党文化传播委员会党史馆藏

---

① 原件未署日期。约在一九二二年九至十月间。
② 景梅九，字定成，当时在天津活动。

批陈煊报告粤事函

（一九二二年十月四日）①

代答：函悉，相机而行可也，惟不可接洽民军。

据原件，台北、中国国民党文化传播委员会党史馆藏

批陈肇英欲赴闽助许请赐给川资函

（一九二二年十月五日）

代答：约他明日（六日）十一时来见。

附：陈肇英原函

（一九二二年十月四日）

中山先生钧鉴：

敬陈者：肇英只知有国不知有家，只知有公不知有身，护法以来，个人财产牺牲，家乡产业被封未启，均认为身外之损失，曾未向公诉陈。本年上月间陈逆叛乱，黄埔车歪江门三处三役，偕同杨参军冒死临阵，事虽不成，苦却备尝，今陆战队官兵及其他随从兵士来寓要钱吃饭者日不乏人，一面略予接待，一面代公好言婉谢，减却我公困难，以是对国对公，自问无愧。现寓沪上，自以为无处可为我公效劳，故有赴闽之请，以为助许即助公也，讵公不谅不遂予允准成行。惟肇英以为闽粤问题有关我公前途，赴闽之意仍未打销，昨日晤见介石兄，当请其将肇英赴闽情节再向我公代陈，蒙介石兄答应约定今日午后一时再来公寓相候，现特遵约前来，不图公寓阍人不特不代为通报，反将恶言相赠。肇庆想公为一党之领袖，为一国之元首，愿天下人皆仰望而归之，况肇英系属党员，并非平常百

---

① 日期据来函。

姓，该阍人拒绝如此之甚，令人莫名其妙也。肇英身既许公，对于此种事情似难缄默，故直陈之，还请鉴谅。肇英赴闽之志已决，兹定日内首途，川资一节可否略与接济，恳请钧裁赐示为荷。肃此，敬请钧安。

党员陈肇英谨上

十月四日

据原件，台北、中国国民党文化传播委员会党史馆藏

批广州军务处长赵士觐来函

（一九二二年十月七日）①

代答：函悉，着积极进行，俟时机一到，则同时灭贼。

据原件，台北、中国国民党文化传播委员会党史馆藏

批孙镜亚介绍何世桢等四人入党请亲自主盟书

（一九二二年十月十一日）②

约下星期日（二十二）午后三时来可也。

据原件，台北、中国国民党文化传播委员会党史馆藏

批□□慰问脱险并请指导工作函

（一九二二年十月十一日）

作函奖谢，并着在京同志协力谋国家之幸福。

据原件，台北、中国国民党文化传播委员会党史馆藏

---

① 日期据来函。

② 日期据来函。来函未署年份。应在一九二二年。

批徐维绘来函

（一九二二年十月十二日）①

代答：屡接来信，甚感烦劳。惟先生对北京局面，毫无办法，故不置一词。

据原件，台北、中国国民党文化传播委员会党史馆藏

批梅冠林请缨函

（一九二二年十月十三日）

代答：当往福州与李司令②接洽。

据原件，台北、中国国民党文化传播委员会党史馆藏

批张祖杰来函

（一九二二年十月十八日）③

代答：嘉慰，并着他对于广东军事，仍与林树巍交涉便可。

据原件，台北、中国国民党文化传播委员会党史馆藏

---

① 日期据来函。
② 即李福林。
③ 日期据来函。

批廖湘芸来函①

（一九二二年十月十九日）②

作答：着他努力进行，随时报告。

任命状应加东路二字于讨贼军之上手谕

（一九二二年十月十九日）③

昨日任命状三件应加“东路”二字于讨贼军之上。又任状要我亲签，办好即送来。

文

批盘鸿钧来函

（一九二二年十月二十日）④

代答如后：不必再来沪，可就近向港办事人报告，候命进行。

---

① 廖湘芸原任总统府参军，陈炯明叛变后，孙文派其往西江一带联络工作。

② 日期据来函。

③ 原件未署日期。据一九二二年十月十八日任命许崇智为讨贼军总司令兼第二军军长、蒋中正为讨贼军参谋长、黄大伟为讨贼军第一军军长、李福林为讨贼军第三军军长事，可推定为十月十九日发。

④ 日期据来函。

批李福林添购枪支函

（一九二二年十月二十一日）

作答：枪枝已与谭君设法。

附：李福林原函

（一九二二年十月二十一日）

大总统钧鉴：

承赐洋号四十枝，昨经收到，当即发交号兵练习所，赶速操练，以备进行。惟职部枪枝，确形缺乏，非设法补充，实难扩张兵力。万恳钧座无论如何，添购三二千杆，发给职部，以厚兵力，而备驰驱。余情谨由礼庭兄面陈一切。专此，肃叩钧安。

李福林谨呈

十月二十一日

据罗家伦主编：《国父批牍墨迹》，台北，中国国民党中央委员会党史史料编纂委员会一九五五年十一月出版

收到香港总工会助款之收据

（一九二二年十月二十一日）

收到香港总工会助款叁千元正。此据。

孙文

民国十一年十月廿一日

据抄件，台北、中国国民党文化传播委员会党史馆藏

批彭远耀请示此后方针函

（一九二二年十月二十一日原函发信）

作答。

附：彭远耀原函

（一九二二年十月二十一日）

中山总统钧鉴：

绍曾返川赍到，手教恭诵再四，曷禁舞蹈，襄者陈代表黄楷衔命返川陈述盛德，远耀即以中央直辖军名义召集故部（原隶江防）一呼齐至，二千余枪枝并未遗失壹支，彼军不甘，以大兵跟踪围击，巴中镇龙关一役，鏖战者六昼夜，幸仗我大总统威灵击退敌军，脱离羁绊，得以成立驻扎巴中（刘田防地），自是之后旧部士兵及慕义来归者络绎不绝，现有枪支将近七千上下，尚以借居人地饷项艰难不能给养婉词谢绝者颇不乏人，惟因名义特别，各方疾视，部队暂趋危险。川变以还，北伐之举又已搁置，为保存实力计，万不得已乃设法由成都总部发表兼川北清乡司令名义分驻保定，以缓和各方空气，现有人数共四支队以及机□各营连全部翕和上下一心，远耀又时向各部演说大总统党义政纲，及平昔盛德爱人与此次广东起义之历史，三军踊跃欢呼，愿为效死，足征我大总统威德之感人深也。近来川战结束，各军退回原防，我部人众筹饷愈难，双十节后省城各将领开军事会议解决川事，我部将来结果如何尚不可料，已派汤万宇君代表列席，远耀半世风尘，一腔热血，此为艰难奋斗略固本基，总期黾勉前途，日益发展，用副我总座垂念四川之至意，至于此后之方针如何，尚请示知，不胜驰仰，兹将前后实情敬呈钧座，恭请崇安，伏维鉴察。

彭远耀

十月二十一号

据抄件，台北、中国国民党文化传播委员会党史馆藏

批答张启荣函望积极经营八属军事①

（一九二二年十月二十二日收到来函）②

代答：张已出来，其军队由他路另图接洽。八属军队望惟力所至，积极进行。得有结果，可向港中同志互为联络可也。

附：张启荣来函摘要

张启荣言张开儒滇军并廉高八属军事。

据原件，台北、中国国民党文化传播委员会党史馆藏

批张启荣来函

（一九二二年十月二十三日）

代答：滇军已有滇中同志接洽，以后不必转接矣。

据秦孝仪主编：《国父全集》第六册，台北，
近代中国出版社一九八九年十一月出版

---

① 张启荣原系孙文部下，陈炯明叛变后移居香港。八属，指广东钦、廉、高、雷、罗、阳、琼、崖所属各县，是当时支持孙文的军事力量与陈炯明叛军双方激烈争夺的重要地区之一。张启荣原籍广东罗定，对该地区至为关注，屡次发函上海向孙文报告情况并提供建议。

② 作批日期不详。张启荣函寄达上海的信封邮戳为十月二十二日，原无年份，今据该函及当时各方文牍的内容，可定为一九二二年。

批张启荣来函

（一九二二年十月二十四日）①

代答：接洽滇军事，已交朱培德办理，着前途就近磋商可也。

附：张启荣原函

（一九二二年十月二十四日）

先生钧鉴：

敬禀者，启荣曩为接洽藻公所部滇军事宜，连日报告，想达左右。此番离合得失，毫厘千里，心所谓急，不辞冒渎。

昨藻公特派谷君雨山到港接洽，启荣经即详询一切。据云：该军今春奉命北伐，间关假道，孤军万里，几经险阻，师次平南。即于月前遣使二李到沪，请示方略，迄今仍无确复。该部现已集中濛江、平南、江口一带。惟转战经年，忍饥冒苦，服装破失，饷糈告罄，待援孔殷，且浔南地瘠民贫，无法罗掘；而旅长范石生等近又为卢焘所诳，希得陈逆接济，愿与携手。幸启荣连函宣慰，并将各方佳讯详为报告，藻公志力坚定，各将领不为所惑。随于月中密开全军会议，所部均能深明大义，一致拥护元首。范某乃为所挤，昨见势不佳，已只身走梧；惟仍与卢焘、陈维庚，等与粤中诸逆往来不辍。万一此间再无巨款接济，该部或为饥寒所迫，中途被其勾去，则三秦无还定之望矣。

且谷君所称：该部能战之士足有二万，现在朱培德所部，其前队二千已于十八日抵平乐，与黄明堂联成一气，合以三部兵力，当在三万以上，以之东下讨逆，实绰有裕余。夫闽局告定，吾粤必将用兵声讨叛逆，倘于此时接济该军，一俟相当时间率师东下，以为许君东归之助，陈逆虽有兵四万，而前后受敌，自不能应付也。否则彼西和东战之计已行，吾党其有豸乎？务乞先生统筹兼顾，速备巨款。

---

①　日期据来函。

谷君俟在此间稍为勾留，三四日即走沪，面告一切矣。肃此，敬叩钧祺。

张启荣禀

十月廿四日

据原件，台北、中国国民党文化传播委员会党史馆藏

批方瑞麟等来函

（一九二二年十月二十五日）①

代答：着与港办事人接洽，但接济一层办不到。

据原件，台北、中国国民党文化传播委员会党史馆藏

批梅培来电

（一九二二年十月二十五日）

答电：一时无从设法。

附：梅培电文

（一九二二年十月二十五日）

孙中山先生钧鉴：福州大局尚未大定，商店仍未开市，子荫兄虽委任一财政厅长，表面似觉占领财政机关，不忧贫乏，其实毫无收入，穷苦万分，不但悬赏打进福州之赏金，尚无着落信用，即食饭问题亦难维持也。即给现款二万元，以维现状。不胜待命之至。梅培叩。径。

据张世福主编：《一九二二至一九二三年孙中山在沪期间各地来电汇编》，上海，上海书店出版社一九九八年八月出版

---

① 日期据来函。

批黄隆生报告驻钦廉之黄业兴部愿来归诚函

（一九二二年十月二十九日）①

作答嘉许，并云已着谢良牧与之接洽。

据原件，台北、中国国民党文化传播委员会党史馆藏

批张贞许卓然等请任黄展云为福建省长电

（一九二二年十月）②

作答：海外华侨同志外属〈望〉于林子超，或藉此望华侨接济。然省长当由省会选举方妥。

附：张贞许卓然等电文

（一九二二年十月三十日）

孙大总统钧鉴：我军克闽，民治待理，亟恳钧座迅任黄君展云为福建省长，以慰众望。福建省自治军前敌司令张贞、第一路司令杨汉烈、第二路司令许卓然、第三路司令陈国华、第四路司令卢兴邦、第五路司令吴适、第六路司令黄炳武叩。

据原件，台北、中国国民党文化传播委员会党史馆藏

---

① 日期据来函。
② 原件未署日期。当在一九二二年十月间。

批刘玉山请拨饷弹函①

（一九二二年十月）

代答：勉励，并云各军到了广东，当设法接济。

据原件，台北、中国国民党文化传播委员会党史馆藏

批蒋光亮请资助李伯涛在粤工作函②

（一九二二年十月）

作答：款已交邓、卢带去，此外又托沈鸿英处挪借，以应发动之需。

据原件，台北、中国国民党文化传播委员会党史馆藏

批廖湘芸报告在桂滇军近情函③

（一九二二年十月复函）

代答。

---

① 刘玉山时任桂军一旅长。
② 蒋光亮时任滇军混成旅旅长。
③ 廖湘芸原任中华民国总统府参军，陈炯明部叛变后随孙文登上"永丰"舰抗击，旋受命往策动滇桂军讨伐叛军。廖湘芸函自梧州寄至上海。据该件，在孙文批"代答"下面有其属员另书"已办"二字，意即已遵嘱作复，复函于一九二二年十月发出。

附：廖湘芸来件摘要

廖湘芸录呈梧州温营长及平乐裴邦焘来函，报告在桂滇军近情。

据原件，台北、中国国民党文化传播委员会党史馆藏

批欧阳豪请接济军械函

（一九二二年秋后）

着自行设法速解散。

据原件，台北、中国国民党文化传播委员会党史馆藏

批陈荣广报告有陈炯明部属愿服从函①

（一九二二年十一月一日）②

代答：赖欲表明心迹，只有先击陈炯明。

据原件，台北、中国国民党文化传播委员会党史馆藏

饬每月发给飞鹰福安舞凤三舰伙食费令

（一九二二年十一月一日）

大元帅令

着军政部长由今日起，每月发给"飞鹰"舰火食壹千四百元，"福安"舰壹

---

① 陈荣广来函报告陈炯明部属赖世璜、洪兆麟、翁式亮等表示愿意服从孙文。
② 日期据来函。来函未署日期。据内容当在一九二二年。

千贰百元，"舞凤"舰六百元，共叁千贰百元。此令。

孙文

中华民国十一年十一月一日

据原件照片，台北、中国国民党文化传播委员会党史馆藏

批廖湘芸来函

（一九二二年十一月四日）①

代答：函悉。当就近与港中同志接洽进行便可。

据原件，台北、中国国民党文化传播委员会党史馆藏

批管鹏李迺函②

（一九二二年十一月四日）

可与联络。

据罗家伦主编，黄季陆增订：《国父年谱》（增订本）下册，台北，
中国国民党中央委员会党史史料编纂委员会一九六九年十一月出版

批护法议员办事处函

（一九二二年十一月八日）

作答：日来甚困，俟筹有的款，当张溥泉来京助理宣传。

据原件，台北、中国国民党文化传播委员会党史馆藏

---

① 日期据来函。
② 管、李二人上书孙文询问"由豫入皖之军，与我有无联络"，故孙有此批。

饬交夏重民债券收条及取货证各一本谕

（一九二二年十一月九日）①

交夏重民债卷〔券〕收条一本、取货证一本。

十一月九日

孙文

据原件，台北、中国国民党文化传播委员会党史馆藏

批徐瑞霖函②

（一九二二年十一月十日）

作答：努力进取。

据罗家伦主编，黄季陆增订：《国父年谱》（增订本）下册，台北，
中国国民党中央委员会党史史料编纂委员会一九六九年十一月出版

批杨大实来函

（一九二二年十一月十一日）③

代答：函悉。以后要事，仍望常常通报。

据原件，台北、中国国民党文化传播委员会党史馆藏

---

① 原件未署日期。经考订当在一九二二年。
② 徐瑞霖上书孙文，请"肃清闽南，征讨粤东"。
③ 日期据来函。

批黄德来函

（一九二二年十一月十二日）

代答：以后无力接济，如能自行办理，立功后当予承认。

附：黄德原函

（一九二二年十一月十二日）

大总统钧鉴：

敬肃者：前呈计邀钧览，未蒙指令，悬念殊深。窃念贼势日张，正义垂绝，近更大举外债，不幸而贼谋获逞，则根深蒂固，羽翼益张，滋蔓难图矣！德不揣冒昧，惟思与贼同尽，力所能及，悉以赴之。计自举事以来，至今共耗二万余金，流产既尽，继以商业，商业垂尽，继之以不动产，悉供牺牲，第内地屋宇，虽欲以之出售，港中居人无有应者，且事属急促，缓则难济。

近日许军长攻克福建，贼胆大寒，纷调逆军大队侵闽，所有精锐萃集东江，而西江方面亦风声紧急，贼又悉力以赴。惟北江反觉缓和，羊城守兵不逾三千，各属散驻，更无多人。德以时机可乘，业令黄德彰挠遂溪，董凌瓯窥高州，叶式其由罗定分挠三罗，俟机趋两阳，以俟会师。查黄明堂尚在桂，彼部第一统领刘朱华、第二统领杨廷光、第四统领彭文才等，以时机日迫，遍觅明堂，亦无定踪，是以来港与德接洽，愿听调遣，并请指示机宜。查该三部有众约二千，类皆能战之士，迭经邓本殷、黄志桓辈派人运动招抚，三人虽处窘境，仍不为动。德恐其困于境遇，摇动操守，不得已暂将三人所部分编三个支队，令由廉属发难，直攻安铺石城，侵遂溪，会合黄德彰等部，率大队趋两阳会师，窥粤省以为牵制贼兵东犯之谋，摇彼军心，收效自易。所有各支队旗帜服装分别发给，接济械弹，维持伙食，转瞬冬寒，棉衣亦须酌发，德以种种支应，业已筋疲力尽，气竭声嘶。况当军务吃紧时期，千钧一发，稍纵即逝，九仞为山，或亏一篑，言念及此，痛心何极。不揣冒昧，用将下忱胪陈我大总统之前，并派林荫生赍呈恭谒钧座，禀陈一切。务乞我大总统念德之愚，鉴德之诚，赐助数千元，俾利进行，而收实效，使不致前功尽弃，早绝贼氛，以拯生民。则德效命之日正长，亦不敢妄贪天功，冀邀上赏，一息尚存，皆为图报之日。专竭诚悃，伏祈鉴察，敬请钧安。

讨贼军南路别动队司令黄德谨禀（印）

中华民国十一年十一月十二日自香港发

据原件，台北、中国国民党文化传播委员会党史馆藏

批黄日权报告黄明堂部近况并请拨款函①

（一九二二年十一月十四日）②

代答：函悉。先生甚为喜慰，属转致明堂司令坚持，以待得款，则各路筹备，则齐发讨贼。

附：黄日权原函

（一九二二年十一月十四日）

大总统钧鉴：

叩别回港，托庇安抵步矣。在沪诸承厚恩，铭感五中。亟宜乘时而动，鞠躬尽瘁，力图报称，庶几仰副高厚于万一耳。

昨奉职父明堂手书，此次退桂，万分危险，敌人节节进逼，被击毙坐马二匹，职父落马二次，幸托鸿庇，遇救脱险，得以生全。退往广西永淳，派员联络林君廷总司令，蒙允借地安插，旋商改为广西游击司令部，分扎邕之四五等塘，并承慨借两万元，俾资散放。将来回粤，如数归还。现赴大湟江口，与张开儒司令联络进行。林、张二司令，均愿隶帡幪，待时而动，护法除陈。现在筹商分路大举，早奏肤功。惟火食及购弹二者最要，为不可缓者，现无款可支。兹派罗中元、谢

---

① 黄日权为黄明堂之子。

② 日期据来函。

伯强来港请款支发，然非数万元万难办到，为此叩恳钧座火速就港地拨款四五万元，交香港湾仔道五十九号五楼日权处手收，即转解职父处支用，俾乘好之时机，可望肤功之立奏矣。专禀，敬叩钧安。

沐恩黄日权谨叩
十一年十一月十四日

据原件，台北、中国国民党文化传播委员会党史馆藏

批筹办广州军务事宜处长赵士觐函

（一九二二年十一月十五日）①

代答：发难后准由地方征发，入城后则由指定港商担任接济。信由直勉转。

据原件，台北、中国国民党文化传播委员会党史馆藏

饬财政部发给公债收条谕

（一九二二年十一月十七日）②

财政部照。发给公债收条叁万元交邓三收。

孙文
十一月十七日

据原件，台北、中国国民党文化传播委员会党史馆藏

---

① 日期据来函。
② 原件未署年份。经考订应在一九二二年。

批焦易堂在国会奋斗情形函[①]

（一九二二年十一月二十二日）

作答：现适奇困，俟稍宽裕，当为设法，望同志为国奋斗。着寄书去北京，答函抄底。

据原件，台北、中国国民党文化传播委员会党史馆藏

批杨大实来函

（一九二二年十一月二十六日）[②]

作答：闽事内部无事，言者过耳。并问候佟君。

据原件，台北、中国国民党文化传播委员会党史馆藏

批日人前年彰年请广宣传函

（一九二二年十一月二十九日）

代答：孙先生无暇握管，但寄近照一枚。

据原件，台北、中国国民党文化传播委员会党史馆藏

---

① 焦易堂系国会议员，当时在北京活动。
② 日期据来函。来函未署年份。据内容酌定为一九二二年。

批黎工倾来函

（一九二二年十一月二十九日）①

代答：函悉。此间已〈派〉邓和卿、卢锡卿为代表，往促滇军速发各事，请与二君接洽便可。

据原件，台北、中国国民党文化传播委员会党史馆藏

批郑次豪为陈炯明叛变请缨报国函②

（一九二二年十一月）③

代答：此间不日当开设飞行学校，如欲专飞机，请即回国便可，现时已得有高等飞机师，与美国无异。

据秦孝仪主编：《国父全集》第六册，台北，近代中国出版社一九八九年十一月出版

批谢良牧陈报接洽各军情形请速筹接济函

（一九二二年十一、十二月间）④

作答：此间财用甚困，无从为力，故凡有响应之军队，皆当静候以待他军发之后，乃再约动。

据原件，台北、中国国民党文化传播委员会党史馆藏

---

① 日期据来函。
② 郑系美洲哥斯达尼加华侨，来函地址为"驻中美洲葛打李架国泮大连埠 Costa Rica，C. A. 中国国民党分部"。
③ 来函日期为十月十六日。
④ 日期据复信酌定。

批滇军代表高致和请拨款函

（一九二二年十一至十二月间）①

代答：函悉。各事请与邓和卿、卢锡卿协商可也。

据原件，台北、中国国民党文化传播委员会党史馆藏

批张启荣请拨款函

（一九二二年十二月二日）②

答：先生已交款托邓、卢二君带往，与藻林商量，能动则交，不动则不交。

据原件，台北、中国国民党文化传播委员会党史馆藏

批方瑞麟密函谕以种种方面皆要调和共济③

（一九二二年十二月二日来函）

十二月二日两函俱悉。先生甚注意，然为一致动作，种种方面皆要调和共济，乃望有成。香港会议并非由此间之命，今乃由港中自行协定。良牧已往港，想已见面。

据原件，广州、中山大学孙中山纪念馆藏

---

① 原件未署日期。当在一九二二年十一至十二月间。
② 日期据来函。来函未署年份。据内容酌定为一九二二年。
③ 据中山大学孙中山纪念馆所藏方瑞麟上呈孙文长篇密函原件，其内容纯属告发邹鲁今昔与陈炯明"甚接近"而对本党"甚冷淡"，罗列其疑点者九，要求"切勿予以重任"。孙文乃以"调和共济"等语答之。

批欧阳格胡静涵等电

（一九二二年十二月三日）

代答：当俟大局定后乃能办到。

据原件，台北、中国国民党文化传播委员会党史馆藏

批广东大埔县长张煊来函

（一九二二年十二月四日）①

代答：着与邹海滨接洽。

据原件，台北、中国国民党文化传播委员会党史馆藏

批焦易堂来函②

（一九二二年十二月六日）③

代答：对于政局主张极合，各同志能本主义以奋斗，甚为快慰云云。各书当速寄去。

---

① 日期据来函。

② 焦易堂来函称："刻下北方情形，变化愈烈。前此某方倒阁，实因最高问题之紧迫，欲取财部以达其最后之目的。黄陂知其不利于己，故此次遂以迅雷不及掩耳之手段，发表研究、政学与各实力派混合之内阁，此汪大燮组阁之所由来也。"

③ 日期为原函在北京付邮时间。

附：焦易堂原函

（一九二二年十二月五日）

中山先生大鉴：

　　前日奉到手书，敬悉种切。刻下北方情形，变化愈烈。前此某方倒阁，实因最高问题之紧迫，欲取财部以达其最后之目的。黄陂知其不利于己，故此次遂以迅雷不及掩耳之手段，发表研究、政学与各实力派混合之内阁。此汪大燮组阁之所由来也。甫经成立，而津、保之反对电至，各报载之甚详，当蒙鉴及，兹不多赘。

　　日前黄陂派李藩昌来敝寓，言欲组织混合内阁，望本派议员推出一二人加入。前（初三）日下午，本派议院同人特开秘密会议，磋商此事。金谓黄陂拟以各派当冲锋，而自己独得其利益，绝非以诚相见也。当此武人尚未觉悟时期，本派议员除在国会奋斗外，绝对不宜向政治方面活动。似此应付，不审高明以为如何？

　　本党议员日来团结已有一百一十余人，暂借北柳巷五号为中国国民党议员通讯处。俟溥泉来再行另设机关，以图发展。惟款项无出，办理维艰，刻各费均由易堂挪借而得敷衍目前，断难持久。尚望先生速催溥泉早日来京，维持一切。再《建国方略》、《五权宪法》、《三民主义》、《军人精神教育》各书，请速惠数份，以便此间印布，至要至要。并恳先生赐寄便装尊照两张，俾得放大悬挂。专此，即颂著安。

焦易堂上

十二月五日

据原件，台北、中国国民党文化传播委员会党史馆藏

批梁栋报告黄明堂近情并请去函
奖励林俊廷接济黄部函

（一九二二年十二月六日）

代答：所言甚是，当采纳施行。

据原件，台北、中国国民党文化传播委员会党史馆藏

批福建讨贼军总指挥许春草呈

（一九二二年十二月六日）①

代答：如确有新式枪枝者，当请许总司令改编入伍，以为保存；无枪者，当即遣散归农。

附：许春草原呈

（一九二二年十二月二日付邮）

呈为呈报仰祈钧鉴事：窃职部属第一路庄雪轩，自克复金门后，军纪森严，秋毫无犯，邑中人民，莫不箪食壶浆，以表欢迎。讵臧致平贼心叵测，阳与我军敷衍，阴遣重兵袭击，该路指挥不忍地方糜烂，且因子弹不济，始行退出。惟臧军自入邑后，即大肆劫掠，稍事反抗者，立加以通"匪"罪案而决之。在地党人经走避者，家眷即被挞辱，不及逃者，乃为拘掳刑讯，酷虐毕至，同志大哗。

初臧氏之逐李也，同志咸视之为同道。金门之役，曾由职部函臧，略谓我军志在讨贼，此次开往金门，原为截击安海、莲河一带李萼张清汝之来犯厦门者，亦所以芟除金门贼萼左氏也，一俟许军长返粤讨贼，我军必与偕行，至该县治安

---

① 日期据来函到达上海时间。

暂由我军维持等因。臧接函后即出军来攻，并发帖布告一通，节略如下："为布告事：漳厦地方秩序，现极安宁，即泉州方面军队，亦系同心协力，一致进行。粤军开至龙岩、诏安等处，更为补助我军起见，凡在闽粤两军防地以内，万不容他种军队擅立名目，扰乱地方。如系正式自治军，自应恪守原防"云云。据此，臧氏态度，绝类陈逆一派矣！

昨又接职部属平和县第九路黄庭经报告，谓该县自被我军克复后，附近粤军大起恐慌，颇有先声来夺之表示；后被在地各界联队往见逆军首领，严词拒之，并言明我军在平和种种文明，即虽全城覆没，诸同胞誓不容第二军队入主也。该军无奈，始罢来攻之议。现据职路侦探来报，该逆军自被平和拒绝后，乃移军南下，占领诏安、东山等县，到处臧军退让等因。查粤军祸闽，职路首当其冲，苟不及早筹维，诚恐孤城难守，用特于二十六日率军克复云霄，以为犄角之势。并恳请总指挥，迅令漳平县第六路林松山、宁洋县第五路陈宝丹，前来助防等因。

兹职部对陈逆，除派兵慎防外，对臧氏尚未敢以干戈相见，盖渠曾受大元帅资助者，非得钧命难以独断也。用特沥情上呈，敢祈赐示钧旨，并拨助弹子饷项多少，以资攻守，而固大局，是祷。此呈大元帅孙钧鉴。

福建讨贼军总指挥许春草叩

据原件，台北、中国国民党文化传播委员会党史馆藏

批廖湘芸来函

（一九二二年十二月六日）①

作答：已托邓泰中带款往与藻林相商，并属其协助藻林，速统滇军立即发动进攻。

---

① 日期据来函。

附：廖湘芸原函

（一九二二年十二月六日）

大总统钧鉴：

顷接徐秘书奉谕手函，敬悉一是。滇军前因朱部邀请回滇，陈炯明复乘间从中怂恿，故回滇之说甚盛。黄实前往接洽时，该部又因黄与唐赏赓有旧，遂借此恐吓。

惟查滇军本意实以该部在外日久，困难已极，回滇与否，视吾党之有无接济为转移。湘芸与邹、林诸君商酌，以滇军之拥护钧座始终坚决者，首推藻林。前据吴建东、周仲良等回港报告，该部团营对张感情甚好，惟各旅长不协，是联络滇军，当以维持藻林复职为扼要办法。业经海滨、从新向三杨及蒋、范分途疏通，俾仍一致服从藻林，协力讨贼。现三杨、蒋、范等均已表示攻粤。昨据叶夏声函称，朱部已开至雒容，有趋向濛江方面之势，则滇军回滇之说，当可打消。

此间现又议定派吴建东前往梧州，向接洽妥协各部总行接洽后，再行携带药品慰劳滇军，联络约期举发。谨此奉复，敬请钧安。

廖湘芸谨呈

十二月六日

据原件，台北、中国国民党文化传播委员会党史馆藏

批赵从宾函[①]

（一九二二年十二月七日）

此后对北方已取缓和态度，故一切激烈之举，皆当停止。

据原件，台北、中国国民党文化传播委员会党史馆藏

---

① 赵从宾由天津上书孙文，报告已在直方占一位置，凡离心于彼者，均已信手拉拢，一旦局势有变，定有相当之响应。孙文此时正处陈炯明叛乱，全力讨伐，故无暇顾及。

批皮广生呈

（一九二二年十二月八日）①

代答：如确实可靠，请与港中同志相商，但事前不能给款。

据原件，台北、中国国民党文化传播委员会党史馆藏

批于应祥来函

（一九二二年十二月八日）②

发给百元，并代答：刻下甚困，若大局无转机，则断难为继，务望早日为计可也。

据原件，台北、中国国民党文化传播委员会党史馆藏

批张兆来函③

（一九二二年十二月十日）④

代答：可称讨贼军司令，不得称东路总司〈令〉，盖第三军即在东路总司令许崇智之下也。如能立功，则名目由李军长委便可。

据原件，台北、中国国民党文化传播委员会党史馆藏

---

① 日期据来呈。
② 日期据来函。
③ 张兆即张福兆。
④ 日期据来函。

批张启荣来函

（一九二二年十二月十日）①

作答：函悉。惟至今尚未见发，有无变动，甚念。

据原件，台北、中国国民党文化传播委员会党史馆藏

批李福林请添购枪械函

（一九二二年十二月十一日）②

作答：枪枝已与谭君③设法。

据原件，台北、中国国民党文化传播委员会党史馆藏

批张启荣来函

（一九二二年十二月十二日）④

代答：函悉。滇军各事，请与邓和卿接洽。

据原件，台北、中国国民党文化传播委员会党史馆藏

---

① 日期据来函。

② 李福林来函日期为一九二二年十月二十一日，收件日期及孙文批答日期不详。《函电》卷收有一九二二年十二月十一日《复李福林论兵贵精不贵多函》，有"承嘱添购枪枝一节，业与谭君设法矣"句，应为此批件之复函。故以此为日期。

③ 谭君，据复函知为谭礼庭。

④ 日期据来函。

批福建总司令王永泉来函

（一九二二年十二月十六日）①

作答：详言大势，并讨贼军不日回粤讨陈，北京不可靠，闽人将有不容外之思潮，问彼将何以善其后。

附：王永泉原函

（一九二二年十二月十六日）

中山先生钧鉴：

顷奉赐书，敬聆训诲。所示今日之闽患不在北赣，而在粤陈，尤为洞烛几先，至深膺佩。泉勉维闽局，惕励时勤，谨当与汝为兄和衷共济，遇事秉承，以期贯彻国家主义之初衷，而祛护法前途之障碍。惟闽事甫定，李去而余孽未清，风雨飘摇，陨越滋惧。务恳随时指导，俯予提携，俾获舟楫有资，同登康济。则靡特闽局之幸，亦国家之幸也。肃此，敬请崇安。

福建总司令王永泉谨上

十二月十六日

据原件，台北、中国国民党文化传播委员会党史馆藏

---

① 日期据来函。

批林少梅组军讨贼函①

（一九二二年十二月十七日）②

代答：戒勿招民军，徒扰地方，无益大局。

据原件，台北、中国国民党文化传播委员会党史馆藏

批川军旅长刘文辉复谢慰勉函

（一九二二年十二月十九日）

作答，并以③最近情形告之。

附：刘文辉原函

（一九二二年十二月十九日）

中山先生钧鉴：

顷由育仁处转到赐书，敬谨诵悉，辱承训勉，敢不竭诚猛进以无负于国者，无负于先生，此则寸心所堪自信者也。川东战事前此暂作调人，实属本分内职务，乃劳齿芬挂及，惭恧殊增，惟各将领意见纷歧，陶铸一□，颇费周折，致使天府之国不获与列强竞争，实为一大缺点，有辜盛意，其咎一与归自今后，只有仰体教言，与同志中将领一致进行，庶几川局敉平，为南北各行省之先导，由此次第统一中国，前途大可乐观，均出自先生手植之赐也，为期匪遥，能毋自奋。专肃

---

① 林少梅时任广东讨贼军第三路司令，在潮梅一带活动。

② 日期据来函。来函未署年份。据"中华民国"各界纪念国父百年诞辰筹备委员会学术论著编纂委员会主编《国父墨迹》酌定。

③ "以"后删去一衍字"近"。

奉复并致奉。恭叩崇安，伏乞垂鉴。

刘文辉谨呈

十二月十九日

据原件，台北、中国国民党文化传播委员会党史馆藏

批外交部关于余和鸿案函

（一九二二年十二月二十一日）①

作答：王使所报当是一面之词，按余和鸿果是犯法，当有墨国法律以处分之。今不出于法律，而出于总统之特权，是足证明余并未有犯法之事，而勒余出境，乃全由该使之偏帮一面，而尽力运动总统，乃有此结果。观词语有"北伐"字样，已足证实是为国内战争，国内战争由于护法，北京今日已自称恢复法统，而其外使犹欲加罪于护法之人，此其所为，已与现在承认法统政府相背驰。

如王公使不肯取消其压迫余和鸿之手段，是违北京政府之命，北京政府明知之，而仍由其公使以任性妄为，是佯认法统而暗仇护法之人也，是否如此，当以余案为证也。

此信当查明余案详细申言之，并发表海外各党报。

据原件，台北、中国国民党文化传播委员会党史馆藏

批焦易堂来函

（一九二二年十二月二十一日）

作答：溥泉因家稍延，但必来。

据原件，台北、中国国民党文化传播委员会党史馆藏

---

① 日期据来函。

批张金钊等为招兵损失请弥补函

（一九二二年十二月二十三日）

代答：并未允弥补，只允证明用去此款为公用去而已。

据原件，台北、中国国民党文化传播委员会党史馆藏

批罗翼群来函①

（一九二二年十二月二十四日）②

作答慰劳，并着鼓动各将士火速回粤，以赴时机。

据原件，台北、中国国民党文化传播委员会党史馆藏

批东路讨贼军步兵第四旅旅长龚师曾来函

（一九二二年十二月二十四日）③

作答奖勉，并着鼓励将士速回粤，勿失时机。

据原件，台北、中国国民党文化传播委员会党史馆藏

---

① 罗翼群时任东路讨贼军总司令部参谋处长兼第二军参谋长。
② 日期据来函。
③ 日期据来函。

颁给陈辉石奖状

（一九二二年十二月二十四日）

三等有功章奖状：陈辉石君慷慨捐资，赞襄义举，赍兹永宝，用彰厥功。

中华民国十一年十二月二十四日

中华革命党总理　孙文

据中国国民党文化传播委员会藏照片，载中国国民党中央委员会党史委员会编订：《国父全集补编》，台北，中国国民党中央委员会党史委员会一九八五年六月初版

颁给林采昆奖状

（一九二二年十二月二十五日）

三等有功章奖状：林采昆君慷慨捐资，赞襄义举，赍兹永宝，用彰厥功。

中华民国十一年十二月二十五日

中华革命党总理　孙文

据中国国民党文化传播委员会藏照片，载中国国民党中央委员会党史委员会编订：《国父全集补编》，台北，中国国民党中央委员会党史委员会一九八五年六月初版

颁给李庆标奖状

（一九二二年十二月二十五日）

三等有功章奖状：李庆标君慷慨捐资，赞襄义举，赍兹永宝，用彰厥功。

中华民国十一年十二月二十五日

中华革命党总理孙文

据中国国民党文化传播委员会藏照片，载中国国民党中央委员会党史委员会编订：《国父全集补编》，台北，中国国民党中央委员会党史委员会一九八五年六月初版

批何克夫陈述在粤联络民军函

（一九二二年十二月二十五日）

作答：此间已有定策，不招民军。至若有见义勇为，起而杀贼，得有土地，始予以承认。

据原件，台北、中国国民党文化传播委员会党史馆藏

批宋渊源来函

（一九二二年十二月二十五日）①

作答：函悉。五权宪法将拟作详细要义，但一时不能应急。

---

① 日期据来函。

附：宋渊源原函

（一九二二年十二月二十五日）

大总统钧鉴：

奉读十二月五日钧示，敬悉种切。萨不能了解自治意义，自属实情；但为调和感情起见，自不能不稍与敷衍。省议会现拟改用省宪筹备处，举萨为总办，而另举一人为会办，盖恐制宪有阻碍，欲藉以应付各方也。近日子超对财政及治安各问题，仍无应付良策，因有人主张欲仍拥萨为省长者，幸省议会对此尚慎重，未便轻易提出；但此种现象，于吾党殊多不利，宪法应如何维持？现正与汝为、仲恺诸兄商榷，尚未筹有妥善办法，谅汝为兄当另有报告。朱议员观玄赴粤，仅来一电云："竞谓对李羁而不助，对许防而不攻，并望合力对赣"等语。其接洽详情，候日内朱议员回闽续报。省议会司起草省宪会议组织法，其程序拟分为起草、审查、总表决三项，预计两星期前后通过该案，着手筹备。前禀请示五权宪法草案，敬希迅赐训示，俾便宣传为祷。肃此，并颂钧安。

渊源谨禀

十二月廿五日

据原件，台北、中国国民党文化传播委员会党史馆藏

批答张启荣函着联络钦廉各属①

（一九二二年十二月二十七日来函）②

作答：着竭力联络钦廉各属感情，以谋大举。

---

① 张启荣函自香港发至上海。
② 日期据来函。来函未署年份。一九二二年为编者酌加。

附：张启荣来函摘要

张启荣十二月二十七日来函，谈运动钦廉事。

据原件，台北、中国国民党文化传播委员会党史馆藏

批廖湘芸电告西江各军约滇桂军
讨陈及粤军第四师指挥事

（一九二二年十二月二十九日）

代答：该师已愿归魏丽堂指挥。师长一节，此时碍难发表，俟粤局定后，当有办法也。（二十九日）

据原件，台北、中国国民党文化传播委员会党史馆藏

批林支宇论自治函

（一九二二年十二月三十日）①

代答以：先生以分县自治为立国，联省只能成官治，不能达自治。

附：林支宇原函

大总统钧鉴：

景仰白宫，未申觐礼，蹉跎岁月，歉悚良深。申江人来，敬稔庙算无遗，闽粤底定，驱策群雄，统一寰宇，指顾间事，忭跃曷已。敢本一管之见，谨献刍议。窃见世界潮流日新，民族胥知自决。巩自决之基础，期政化之改进，匪励〔厉〕

---

① 日期据来函。来函据复函日期。

行联省自治不为功。湘省首制宪法，见诸宽施，虽前途不无障碍，固改造中应有之事。惟孤弦独奏，环境寂然，国人之怯于奋斗，良用浩叹。钧座返旆珠江，亟宜建设联省政府，促成各省制宪，以新耳目，而彰民治，不独西南局势永固，彼黄河以北屈极思伸之同胞，必有望风恐后者。复破碎之山河，成统一之伟业，非钧座其孰能当之？时机迫切，不尽瞻依。耑肃，敬叩崇安。

林支宇谨上

据原件，台北、中国国民党文化传播委员会党史馆藏

批谢良牧联络各军情形及请济款函[①]

（一九二二年十二月三十日）

作答：此间财用甚困，无从为力。故凡有响应之军队皆当静候以待他军发之后，乃再约动。

附：谢良牧原函

（一九二二年）

先生尊鉴：

寒电谅达钧览。牧抵港后，察悉滇张、桂沈等部虽决进讨，而逆党林虎等亦已动员图桂，合之陈逆原有兵力，其势甚优。若非得各方内应，难操胜算。尤有虑者，滇桂各军即幸而克复百粤，然除藻林一人忠实听命者外，其余各将领是否一致服从，颇为疑问，大局前途尚多后忧。牧所与共事诸同志忍饥受寒，经营惨淡，凌厉奋斗，盖亦有虑及此。

现于响应各事确有把握，广、惠、韶、连各地可靠之部队不下卅余营，均有待命作动，剑及履及之势。然事机已迫，款尚无着，统计需款约七万元，牧既无力自筹，商诸他人，亦鲜能负责。设或此款未集，而西路先动，临时固难胜券独

[①] 谢良牧来函，报告在两广联络各军情形，并请筹款接济。

操，且恐运动成熟者稍事徘徊，反为贼用，前途希望顿呈泡影，何堪设想。牧近与海滨诸君曾商议数次，觉与前者之希望大相悬殊。而海滨等早有注重于第一师、第三师及刘震寰部之意，谓有款须先接济之。试思梁鸿楷、刘震寰辈如尚可信，则洪湘臣得毋亦可反戈耶？言之徒滋疑议耳。

至于三师原有旧主，匪他人所能任，亦可毋枉用精神者也。牧所见如此，而难强同。牧所共事者闻牧返来，群来告诉，苦况有不堪言者。言之亦不足动人感叹，稍为襄助。再三思维，计无所出，迫得电请钧座令饬海滨、泽如诸君，迅予提前先拨五千元，以济急需，俾牧不致坐失时机，致误大局。而此后需款，亦须候令指定专款，毋稍延滞，毋移别用，庶几事尚可为。牧于筹款一途，势难兼顾，但尚有一线之希望，则有同志林丽生君于商界颇能活动，牧曾与共事甚多。林君欲专负代牧筹款之责，然必俟明令委任以专责成，而鼓其勇往之气，于事未始无益也。

牧前在沪曾与曾云沛君接洽，此君与牧情愫尚好，匆匆就道，关于款项一节，未与言及，窥其意对于吾人颇有协襄之慨。如钧处对于牧部济款困难，可否即由钧座商之曾君，或可移挪数万金，以济牧部，亦意中事。牧顷已另函致曾君，系由杜幼泉转致者。但以钧座一言，庶几重于九鼎耳。

凡兹所陈，盖经考虑再四，已无他法，乃出于此。是否有当，统候示遵。肃函奉达，恭请钧安。

谢良牧谨禀

批林支宇介绍龙君前来函[①]

（一九二二年十二月）

作答。

---

① 林支宇时任湖南省省长。

附：林支宇原函

（一九二二年十二月四日）

逸公总统钧鉴：

　　敬肃者，久违钧教诲，顿失遵循，景仰云天，神为之往。迩者中国政局，飘荡湘风云，徐世昌以安福私子觍颜窃位，凡我同胞除丧心病狂甘于助逆之少数军阀外，靡不义愤填胸，思仗剑北上，食肉寝皮。我大总统俯顺民生，勃然震怒，躬卒海军长驱南下，开国会非常会议于广州，举国人民为之额手，方谓义旗所指，兢献壶浆，而奸宄肆毒，祸起君侧。言念及兹，横飞泪血。近虽黄陂返职，国会复生，而阁揆每出包办总长尽属私人，议院之本身不洁，国宪之制定无期，此种肮脏政府，绝不能为我文明华胄之表率，则若辈中央集权之梦一牝司晨鸡唱，会有哑然自笑之日也。然则救时针砭，果为何物，则舍三民主义五权宪法而外，更无他属。敝省应时势之要求，顺民意之趋向，首制宪法，逐渐实施，无如湘水源枯，衡岳峰峻，交通既不便利，文化尤复闭塞，其彻底觉悟者固不乏人，而罔解至理徒藉自治为口头禅者亦滔滔皆是，是则皇皇省宪貌合神离，一部福利尚不能图，遑言大者？支宇附骥有年，颇明事理，此次归任议席，实非初心，第以改造社会，端在吾曹，天职悠关，责难旁贷。美威廉乔治氏所设乔治少年共和国收容分子大都犯罪少年不良少年，其意以为犯罪或不良少手必有一种特殊之可能性。湖南民俗凶悍，讵可一跃为健全之国民，不过果决勇敢尚可有为，苟能循循善诱，当可放刀成佛。支宇所以决然应选者，实具苦衷。我公秦镜高悬，当能洞察。返湘以来，每思如何方可免阳号自治阴行割据之消，俾贯彻钧座之主张，再四思维，唯一利器厥为报纸。查仇君鳌胡君曜龙君涛等于客岁组办自治月刊，专以打破闭关促成统一为职志，第在国宪未依法制定，元首未依法改选以前，绝对不承认北庭为国务行政机关。至于自治真理，尤为无微不至，惟月发一号，对于文化运输颇嫌濡滞不已，改办日刊又以经费缺如，用是一呼，将伯兹龙君经捐赴沪敬特介绍前来，务恳予以臂助，则讴歌大德，不仅三湘七泽已也。谨肃寸函，敬请钧安。

林支宇

十二月二十四日

据原件，台北、中国国民党文化传播委员会党史馆藏

批高野太吉请宣传及刊载《人工蠕动法概要》函

（一九二二年十二月）

代答，并交每报各登一月以谢之。

附：高野太吉原函

（一九二二年十二月）

孙逸仙阁下：

　　肃启者：日前晋谒备蒙优遇，感激至深，老拙抵沪以来，藉报章及诸方面介绍，已次第着手诊疗，惟未得上流人士到诊，设法罗致久仍无术，窃以为医术贵有宣传，在中外皆然，敬恳阁下介绍贵友数人来诊，克举实效，庶收宣传成绩，幸惟留意焉，并付上告白一则，拟在报上宣传。另《高野式人工蠕动法概要》稿本一册，乃老拙从实地经验而成，倘荷代为揭载报端，尤属厚望，本拟趋谒台阶恭候万福，只因政躬多□，故未敢渎扰元神也，伏乞原宥。专此奉恳，祗叩勋安。

高野太吉谨呈

据原件，台北、中国国民党文化传播委员会党史馆藏

批田铭璋李希莲送吉黑两省同胞呼吁书函

（一九二二年）①

元冲代答以：可印与否，此间毫无成见。惟付印时，必当出名，否则众必以匿名揭帖相视，反失效力。

据原件，台北、中国国民党文化传播委员会党史馆藏

批李烈钧电

（一九二二年）

筹款不易，港商亦必畏缩，然当尽力去做，沪上潮商或有希望。着潮汕各官联名发函来潮州会馆，请各潮商协力。

据罗家伦主编：《国父批牍墨迹》，台北，正中书局一九五五年十一月出版

批福州天皇岭各团体电②

（一九二二至一九二三年间）

答以：无其事。

据张世福主编：《一九二二年至一九二三年孙中山在沪期间各地来电汇编》，上海，上海书店出版社一九九八年八月出版

---

① 原件未署日期。可能在一九二二年。
② 福州天皇岭各团体致电孙文询问"闽南旗悬美侨讨贼军，关系先生委任，有否，请电复释疑"。

批马光晔请电责北京当局干涉国会函

（一九二二至一九二三年间）①

代答：此事先生未便干涉，只望继续奋斗以唤起舆论，则为成功也。

据原件，台北、中国国民党文化传播委员会党史馆藏

批张恶石来函②

（一九二二至一九二三年间）③

代答：嘉之，并言党务当行扩张改良，公开于各省。凡为党人，务期竭力奋斗，使吾党主义遍布于全国。

附：张冈（恶石）原函

大总统钧鉴：

冈闻之，一人之成功，必有其成之所由，一事之顿挫，必有其挫之所自。秦穆公三败于晋，悔过自励，所以能报晋之辱而霸西戎也。明思宗用人失当而不悟，乃叹曰："朕非亡国之君，诸臣皆亡国之臣。"所以终于不保社稷，以身殉之，而徒为后世哀也。夫民党之所恃以与北洋军阀、亡清余孽奋斗者，正义也。苟为正义，则不可不纯粹一心乎正义。书曰："德惟一，动往不吉；德二三，动往不凶。"乃除大总统而外，几无不以革命护法为终南捷径，稍有奔走之劳，辄自夸不世之功，抱虚荣之心，无牺牲之志，诚不足以动人，信不足以孚众；甚者肆佚挥霍，饰诳欺罔，而大总统欲恃此辈以救民国，此冈之所未解者一也。夫谋国之

---

① 日期据来函。来函未署日期。当在一九二二、一九二三年间。
② 张恶石即张冈，中国国民党党员，时任江西安福县教育会会长。
③ 原件未署日期。当在一九二二至一九二三年间。

道，不仅在仁，亦系乎智，虽开明专制之君，亦且谋及庶人，询于刍荛，盖愚者千虑必有一得，兼采众长，斯谓之圣。革命党之精神虽贵在服从，要亦不可废咨询。今大总统左右有少数忠厚长者，平日只知奉大总统如神圣，更不知为大总统征良谟，求忠言，假使护法政府下之人人皆类此忠厚长者之辈，有都俞，无吁咈，有唯诺，无建言，一任大总统睿衷独断，及左右三数人之计议，以对付北方，犹恐有所不可。况西南各省情形复杂，枭獍之患，伏于肘腋，应付稍乖，棘手便见，棋输一着，满盘皆错矣。若故辙之无改，岂覆车之不惧？此冈之所未解者二也。凡豪杰刚正之士，必不顾阿谀运动，以为进身之阶，今大总统左右人才几何，能胜包办革命之任否？社会之中，豪杰刚正之士，未为大总统所罗致者何限？而左右不能为大总统求贤以进；凡所吸引者皆不过故旧亲昵，如有奇才异能，排挤立见，将何以图治，此冈之所未解者三也。恒人之情，莫不畏威怀德，当其威未立，德未孚，人之不附，宜也。若一旦基础稍固，声势稍振，有来归附者，斯宜待以至诚，萌除芥蒂。乃左右之士必有其小智小慧，以蔽大总统至公之德，而失归附者之望，此冈之所未解者四也。夫欲以弱小之实力，拥护正义，而抗强大之恶魔，则不可不赖团结之坚。《书》曰："纣有臣亿万，惟亿万心；余有臣三千，惟一心。"顾欲人心一致，则不可不屏去权利竞争之私，欲屏去竞争权利之私，则不可不讲学明道，以造成道义之空气。且伦理道义之根本者，存于人心，遍于人类，终极恒久，不因时因地而异，因时因地随人类之生活状态而变化者，乃相对的或制约的伦理道义，非绝对的伦理道义也。今大总统对外宣言，乃曰陈炯明破坏中国伦理。夫苟为限于中国之伦理，则保存者未必即为是，破坏者未必即为非，是大总统左右未有人能知伦理为何物也。孔子云"君子学道则爱人，小人学道则易使"，而大总统平日并不提倡讲学明道，以造成道义之空气，培植良知之根本，将何怪见利忘义者之效尤滋多，与人人私见之难以化除耶？此冈之所未解者五也。昔成汤伐夏，商众不欲，群相谓曰：我后不恤我众，舍我穑事而割正夏，故成汤惧而作《汤誓》者，宣传也。粤人之不欲北伐，其心理与商众何异？陈炯明利用粤人心理之劣点，故公然抵抗，其部下竟竭力拥护之，以为叛逆，北伐军血战匝月，卒为所败，是为大总统宣传主义者不力之过也。《易·夬卦》之辞曰："夬扬于王庭，呼号有厉，告自邑，不利即戎。"夫《夬》卦以五阳决一阴，尚不利即戎，而惟宣传之是尚，况实力未厚者，可不竭力宣传以待人人之了解、机会之成熟耶？当此莠言如毛、是非淆乱之际，竟无一势力庞大，材料丰富之报纸，以宣传大总统之主义，国内大多数青年不知民国变化之历史，不明是非曲直之所在，自难悉予革命以同情。宣传未熟，而徒欲以免强图之，此冈之所未解者六也。陈炯明谋害执信，暗杀郑铿，阴险狠毒，逆象早彰，《易》曰"履霜坚冰至"，乃竟不为之防，大总统左右莫不大言自欺，以致偾事。往者已矣，至今日仍谓收复广东不成问题，此冈之所未解者七也。人类心理，率好类推，施之于物，犹多贻误，胶柱不可高瑟，惩羹无庸吹齑，况社会元素之复杂者乎？是救国民党前日之招揽官僚者固非，而今日之严格拘束，使人趑趄而不敢承教者亦未是。待新党员以猜疑者固非；而待老党员如陈逆者，又过于放任。今不归咎人事，而诿为命运，此冈之所未解者八也。向者桂系降直，非联皖无以自存，要亦段祺瑞人格尚优，其在民国，功罪互见，屠刀放下，本可与之携手。继而吴贼佩孚荐食长江，兵法远交近攻，非联奉不足以进取，故联段联奉，皆不为谬。若今之吴佩孚，则何如乎？吴贼反覆无常，人格何在，其于民国，有万罪而无一功，即今日亦何尝有放下屠刀悔祸向善之表示。若以为段可联，奉可联，遂吴佩孚亦可携手，是善恶洵无标准也。且我护法政府目下之实力，不如吴贼远甚，将何以制之。吴贼既利用陈炯明以倒我护法政府，今又欲利用我护法政府以驱陈氏，旦暮反覆，方自诩其计谋之工，而玩我西南诸人于股掌之上。即明知联吴可以复陈逆之仇，亦何苦不稍忍须臾，而必隳吴贼之计？仇不复，虽屈于一时，而公理大义可伸于万世。联吴复仇，乱是非邪正之标准，公理大义，将不可复伸。今沪上中西各报谣言种种，大总统曾不一置辨，岂藉此虚声以自重耶？抑果有其事，而竟不辨利害一至于斯耶？此冈之所未解者九也。夫革命事业虽曰必掷价值以易幸福，然价值之巨细，则关于方法之善与不善。"我志未酬人亦苦，东南到处有啼痕"，民生之痛苦如此，任革命之责者能不引咎思过，痛自谴责，以求国民之恕耶？《易》曰："山上有水，蹇，君子以反身修德。"观大总统宣言，似勇于自信而鲜恐惧修省之意，此冈之所未解者十也。夫人间之所贵者，正义之幸福也，故曰"正其谊不谋其利，明其道不计其功"。西儒亦曰"目的不能神圣（动词）手段"，边沁功利主义之学说，今在伦理学上已失势，枉尺直寻，贤者之所不为；况救世之责，为良心上之本务，究非债务之比，不可为而强为之，殊鲜价值，我大总统年垂六十，头发斑白，既以九死一生报民国，万一不能成功，则是是非非，付诸后世之公论可矣，何必泯灭是非之标准，放弃主义之本位，以与奸同凶暴之徒携手耶？且大总统宣言会谓广州兵变以后，国会未能集会，以致无从向国会辞职。窃以为国会将全权付予大总统，乃不能保守而失坠之，虽曰叛逆出人意外，大总统要不能不负其责。为今之计只宜戴罪图功，以谢国人，胡乃劝我维持法统之议员，赴敌人势力范围之下开会，认为护法告终，将置法统于何地，而前日国会未能集会之宣言，不且近于诬耶？此大总统自己之所主张耶？抑为渴于做官之党人所怂恿耶？欲训练党人，改弦而更张之，则提倡道义之学，尤为紧要。藉不如是，专恃从横捭阖以弋机会，即侥倖以得之，亦必内讧而亡之，从令此役海军不变，北伐军胜利，一举而下羊城，破惠州，驱陈逆于岭海之外，能保现有各部不再生意见而启分裂耶？革命行为，虽不可不取，军队号令之态度，重一致服从之精神，然要当意志交贯，情感互融，上下内外，毫无隔阂，方能有团结之实。若名为迪克推多，而使下情不能上达，一切重务，元首不能尽理，乃委之于左右少数人之手，而此左右三数人又非良平房杜之才，乏伊尹周公之德，则鲜不覆𫗧价事，驱散人心者矣。藉非大总统之精诚，与主义之正大，同志早已瓦解，谁肯委曲迁就，吞声忍气，以相从至今耶？冈属在党内一无名小卒，曾脱死于李（纯）陈（光远）之手，区区残生犹欲靖献于钧座，以冀有补于民国，资格微浅，早不获进言，执笔日报数月，无裨毫末，今又当离沪言归，虽未获一观钧座，然区区之忱，则固尽于此书矣。惟大总统察而纳之。左右当事诸公，亦宜引咎自愧，尝胆卧薪，以报会稽之辱，冈不胜依恋希望感激之至。

江西安福县教育会会长张冈谨呈

据原件，台北、中国国民党文化传播委员会党史馆藏

批梅光培来函

（一九二三年一月二日）①

代答：所言种种，皆有防备。福建主力军已起程回，当无他虞。务要转各同志，不可捕风捉影，布散流言，以免误会为好。

据原件，台北、中国国民党文化传播委员会党史馆藏

批张兆基呈报管匪所部编为陕北新编步兵团

（一九二三年一月三日）②

代答：请他通信彼方，联络一致，以待时机。（西北事当汇为一部，以便查考。）

据原件，台北、中国国民党文化传播委员会党史馆藏

批福州黄展堂林赤民等来电③

（一九二三年一月八日）

发电大骂假冒公民，此间当维林排萨，必极力之所至以达此。

附：黄展堂原电

（一九二三年一月八日）

本日公民会倒林拥萨里面。子超至昨晚方发表，受先生任命，未便任人即时

---

①　日期据来函。

②　日期据来函。

③　原电为福州"公民会"为省长事倒林森而拥萨镇冰。

推倒。惟林王感情过恶，已无可挽回。先生能设法维持固佳；万不得已，亦须电百川缓以时日，以便与萨商汝为后方问题。如何？乞覆。黄展堂、林赤民、陈铭钟、陈群叩。庚。

据原件，台北、中国国民党文化传播委员会党史馆藏

批邵元冲请免留学生程天放入党基金函

（一九二三年一月十一日）

可照准，以后当免留学生入党基金。

文

据原件，台北、中国国民党文化传播委员会党史馆藏

批陈肇英请筹划闽局函①

（一九二三年一月十九日）

作答奖勉，并闽局情形复杂，当暂听其自然，俟粤局彻底解决之后，再想办法。

据原件，台北、中国国民党文化传播委员会党史馆藏

批鲍应隆等称已集饷千余元即汇函

（一九二三年一月十九日）②

作答奖励。

---

① 东路讨贼军运输队总队长陈肇英自福州来函，报告福建局势复杂，恐许崇智部离闽赴粤后，福建或有意外发生。日期据来函。

② 日期据信封上邮戳。

附：鲍应隆等原函

（一九二三年一月十三日）

总理先生钧鉴：

敬呈者，手谕捧读，同人等莫不感激发指，誓诛逆贼，惜身羁异域，不获执役前驱，灭此朝食，惟竭其棉薄倾囊助饷，庶几于良心无忝同盟之谊，用副我总理数年救国救民之苦心。本晚适新年宴会，即于席间发起助饷，虽当此商业疲惫之际，同人等无不惟力是视，慨慷捐题，即捐得银一千余元，即日收齐寄上，明知军糈浩繁，杯水车薪，无补万一，匹匹热诚自可邀亮察矣。本日阅报羊石将下陈贼将逃，不胜喜踊之首。承复，敬颂钧祺。

中国国民党横滨支部之印

支部长鲍应隆、党务科李晖

中华民国十二年元月十三日

据原件，台北、中国国民党文化传播委员会党史馆藏

批王亚樵等来函①

（一九二三年一月二十日）②

交党务部集皖热心同志公评。

据原件，台北、中国国民党文化传播委员会党史馆藏

---

① 王亚樵等四十五人函请孙文收回任用管鹏至皖筹备党务成令。
② 日期据来函日期。

批何成濬请示在闽方针函

（一九二三年一月二十一日）

作答：闽局将入于无办法之境，当以解决粤局为解决闽局之先导。

据原件，台北、中国国民党文化传播委员会党史馆藏

批袁兴周谭惟详攻讦管鹏呈①

（一九二三年一月二十二日）②

代答：管并未有报告过张克瑶③之事，运动无熟，交由他路之报告，则所攻不实。

据原件，台北、中国国民党文化传播委员会党史馆藏

委何世桢等办分部谕

（一九二三年一月二十三日）

上海第二分部长何世桢、上海第三分部长连璿、上海第四分部长周颂西，以上三人委办分部。

孙文

一月二十三日

据原件，台北、中国国民党文化传播委员会党史馆藏

---

① 管鹏时任中国国民党执委会宣传部宣传委员，兼任安徽总支部筹备处长。于上年十一月经孙文批准，与自豫入皖之靖国军联络。

② 日期据来呈。原呈未署年份，仅书一月二十二日。据呈中"今者义师重复粤城"酌定一九二三年。

③ 张克瑶时任直系旅长。

批王永泉函

（一九二三年一月二十七日）

十时来见。

附：王永泉原函

中山先生钧鉴：

前奉函电，备承训诲，自当敬谨服膺。孙传芳窥闽甚急，刘资颖复为虎作伥，闽局恐生变化，特嘱曹君勉庵赴沪面禀详情，仰乞指示机宜，并赐以援助，是所切祷。肃此，督靖崇安，伏维垂察。

福建总司令王永泉谨上

据原件，台北、中国国民党文化传播委员会党史馆藏

饬洪兆麟等立功自赎进讨沈逆令

（一九二三年一月二十八日）

令潮梅善后处长洪兆麟、第六独立旅长翁式亮

据黄维潘、姜汉翘面陈各节，并阅该处长、旅长等来缄电，情辞恳切，本大总统与人为善，准予责成该处长、旅长等立功自赎，仰即切实联络东北两江、广东原有各部军队为讨贼军前锋，进讨沈鸿英所部桂军，毋任祸粤，破坏大局，并仰会商李参谋总长、许总司令妥迅进行，毋负重任。所有办理情形，着随时具报，切切。此令。

孙文

据原件，台北、中国国民党文化传播委员会党史馆藏

召集中央干部会议手令

（一九二三年一月）

定二月二日召集中央干部会议，着总务部即发通知并豫备一切。

总理　文

据原件，台北、中国国民党文化传播委员会党史馆藏

批梅光培函

（一九二三年一月）

作答奖励。

附：梅光培原函

（一九二三年一月四日）

中山先生钧鉴：

敬启者：昨日敬上一函，想达钧览。购办枪支之事希望甚高，但培为率师讨贼必须在此主持，因与培接洽之各部确能担任发难，为扰乱贼巢计，不能不借此牺牲以助东西两江之进行。培昨在办事会奉读电示后，即着各部准备杀贼。香山方面进行犹急，如□不能守，可退入各沙以待再图。惟并未向香港各处借支分文，培力有限，恐不能措置，然无米难炊，培亦勉为其难，雅不欲向别人开口，惟望钧座赐来一示，俾培有所凭藉，向各人商借多少，以为鼓舞军心之助，则不胜感激之至矣。最要者请速催卓文兄回，如培要来沪订立购枪合同时，可托卓文兄代理一切故也。自有粤军将领八旗会馆之宣誓，而严堂之计画已完全打破，闻贼军决为陈贼死守，杨坤如部已由北江转向西江，陈德春则集中江门，由恩平向三罗进发，李炳荣由惠开来三营，到省后即拨两营往西江助战，东路若能乘此速返事

半功倍、望即电催商至伍于簪兄决日内筹款汇上应急云。省中商民及贼眷均纷纷搬迁来港，人心厌贼久矣。想贼之死期不远矣。肃此敬呈，恭候钧安。

梅光培敬上

十二年一月四日

据原件，台北、中国国民党文化传播委员会党史馆藏

批于应祥收编湘粤桂连界散兵请示方针函

（一九二三年二月一日）

代答：着即往粤见程颂云，相机办理。

据原件，台北、中国国民党文化传播委员会党史馆藏

批李烈钧来电

（一九二三年二月二日）①

筹款不易，港商亦必畏缩，然当尽力去做。沪上潮商或有望，着潮汕各官联名发电来潮州会馆，请各潮商协力。

据原件，台北、中国国民党文化传播委员会党史馆藏

---

① 原件未署日期。来电为冬日（二日），据李烈钧自传，应在一九二三年二月。

谕发给刘醒吾旅费令

（一九二三年二月五日）

发给刘醒吾旅费壹百元。

孙文

十二年二月五日

据原件照片，台北、中国国民党文化传播委员会党史馆藏

批梅光培告已抵泉州候许崇智训示函

（一九二三年二月五日）

代答。

附：梅光培原函

（一九二三年二月五日）

中山先生钧鉴：

　　敬启者：培三日到厦门，四日入安海，即午到泉州，因安海到泉州，有长途汽车故也。培谒何总指挥，始知许总司令二日始由福州动程，须八、九号方到泉州，培现在泉等候。惟何总指挥言财政十分困乏，大约许总司令与培见面时，必着培再回上海报告情形，并请先生筹款接济云云。俟总司令到后，如何训示，再行电告。肃此敬呈，恭候钧安。

梅光培敬上

十二年二月五日

据原件，台北、中国国民党文化传播委员会党史馆藏

批胡汉民等告在港筹款情形电

（一九二三年二月六日）

照准。（已复）二月六日发。

附：胡汉民等原函

（一九二三年二月六日）

陈中孚能于一星期内筹交二十万元，以后陆续交足。大沙头地价百余元，惟须先生允。共数事：一、委中孚为特派筹饷员。二、大沙头案继续搬效。三、劝业银行批准立案，并可照例纳保证金。

据原件，台北、中国国民党文化传播委员会党史馆藏

批杨仙逸电着张惠长交其管理①

（一九二三年二月七日来电）②

着惠长交仙逸管理。文。

附：杨仙逸原电

转大总统钧鉴：

逸到江门，查悉陈策将机交惠长，惠长以航空局长名义占据，显系抗命，请

---

① 孙文时居上海，于一九二二年十二月任命杨仙逸为航空局局长，又于一九二三年二月三日令设大本营江门办事处以对付谋叛之桂系将领沈鸿英。陈策于陈炯明部兵变前任广东海防司令，一九二三年一月奉孙文之命收复广东舰队；张惠长于广州兵变前任航空局副局长。

② 日期据来电。来电未署年份，据内容定为一九二三年。

示办法。余函详。

仙逸叩　阳

（注：二月七日仙逸自香港来电）

据原件，台北、中国国民党文化传播委员会党史馆藏

批彭素民关于入党宣誓问题呈

（一九二三年二月八日）

入党与受职，皆当宣誓，乃能振起本党精神。

据原件，台北、中国国民党文化传播委员会党史馆藏

批彭素民召集中央干部临时会议函

（一九二三年二月八日）

如有必要时，可用总理之名招集干部会议。

据原件，台北、中国国民党文化传播委员会党史馆藏

批总务部呈述各副部长职权范围

（一九二三年二月八日）

与会而不必连署，若代部长，乃得投票及连署。

据原件，台北、中国国民党文化传播委员会党史馆藏

福建省内中央直辖各行政机关
着由省长暂行兼管令

（一九二三年二月九日）

大总统令。二月九日。

所有福建省内中央直辖之各行政机关，着由该省省长暂行兼管。此令。

孙文

据原件，台北、中国国民党文化传播委员会党史馆藏

批胡汉民告陈炯明有蠢动迹象来电

（一九二三年二月十日）①

转电汝为，着严备击贼。

据罗家伦辑：《国父批牍墨迹》第三辑，台
北、中国国民党文化传播委员会党史馆藏

着每月发给《民国日报》津贴令

（一九二三年二月十四日）

民国日报馆自三月份起每月给津贴壹千元，着照发。此令。

孙文
十二年二月十四日

据原件，台北、中国国民党文化传播委员会党史馆藏

---

① 日期据来函。时胡汉民在广州代行大总统职务并兼广东省省长。

通告以农林试验场为驻跸地令

（一九二三年二月十四日）

于寒日由沪起跸来粤，以农林试验场为驻跸地。

据《粤省等备欢迎孙中山》，载一九二三年二月二十五日上海《申报》

批杨庶堪报告支应讨逆款项情形电

（一九二三年二月十四日）

答电照准。（已复）

附：杨庶堪原电

堪等昨午抵港，见震寰、玉山宣布钧旨，均极感悦。震寰谈军事甚悉，须俟许军归，夹击乃妙。与哲商定款滇七震三；又定增万元，劳玉山军团，请准。闻培德到广州，似应慰劳，可否电拨二三万元？夏声归报希闵，俟派人来迎即往。堪。寒。

据原件，台北、中国国民党文化传播委员会党史馆藏

批朱晋经来函①

（一九二三年二月二十二日）

不复。

———————

① 中央直辖讨贼军总司令朱晋经上书孙文，请恢复国会，并声讨军阀。

附：朱晋武原函

广州孙大总统钧鉴：

陈逆虽逃，广州复见天日。惟北方军阀，绝无救国思想，拥黎窃据总统如故，滥借外债如故，争权夺利如故。钧座若不速将国会及枢府恢复，履行总统职务，将所有恶军阀声罪致讨，明正典刑，实行尊著《建国方略》，吾恐国亡在即，遑言兵工政策及裁兵统一。际此拯溺图存千钧一发之秋，倘有不识大体，诋諆正义，反对恢复说者，职军训练有素，一可当十，誓率所部，以扑灭之。区区愚诚，敬祈采纳。民国幸甚。

中央直辖讨贼第九军总指挥朱晋经叩

据中国第二历史档案馆编：《中华民国史档案资料汇编》第四辑（上），南京，江苏古籍出版社一九八六年九月出版

奖勉杨希闵令

（一九二三年二月二十四日）

大元帅训令第一号

令讨贼军滇军总司令杨希闵

辛亥之役，滇军将士光复云南，构成民国，自是以后，宣劳于国，干城之望，与日俱隆，丙辰护国，实为功首。丁巳以后，护法军兴，转战西南，厥勋至伟。前岁本大元帅督师北伐，该军将士忠义奋发，间关会师，方期奠安中原，削平大难，而去岁奸宄窃作，百粤沦陷，该军将士奉命讨贼，不避艰险，卒能摧锋破敌，驱除大憝，克复名城，使正义复明，国命不坠，劳苦功高，实深嘉慰。滇军总司令杨希闵忠诚特著，督率有方，允为元功，宜加特褒。并着该总司令将有功将士择尤奖励，全军将士一律犒劳。当此国难未靖，凡我将士务宜同心一德，始终不

懈，以酬夙志，而竟全功，有厚望焉。此令。

（中华民国陆海军大元帅之印）

中华民国十二年二月二十四日

据《大元帅训令第一号》，载广州《陆海军大元
帅大本营公报》第一号，一九二三年三月九日

奖勉沈鸿英令

（一九二三年二月二十四日）

大元帅训令第二号

　　令桂军总司令沈鸿英

　　去夏粤中变作，正义沦晦，本大元帅分命诸将出师讨贼，该总司令沈鸿英，躬率所部，会合西路诸军举兵东下，军威所指，贼势披靡，遂使元恶窜奔，南都光复，奇勋伟绩，嘉尚实深。该总司令暨所部各将士于护法之役，久著勋劳，近复不避险艰，同扶大义，允宜褒奖，以励戎行。尤望共矢公忠，勉成大烈，使六年以来之护法事业得竟全功，分崩离析之邦家终归安定，有厚望焉。此令。

（中华民国陆海军大元帅之印）

中华民国十二年二月二十四日

据《大元帅训令第二号》，载广州《陆海军大元
帅大本营公报》第一号，一九二三年三月九日

嘉勉刘震寰令

（一九二三年二月二十四日）

大元帅训令第三号

　　令讨贼军西路总司令刘震寰

　　十年援桂之役，讨贼军西路总司令刘震寰建义梧州，遂立奇功，自是驰驱全桂，备历贤劳。去岁粤中变作，正义幽晦，该总司令躬受密命，矢志讨贼，于逆

焰鸥张之际，坚苦经营，忠信以结军心，和衷以联诸将，终能会师东下，驱除巨憝，克复名城。该总司令忠勇兼备，勋劳特著，允宜褒嘉，用彰殊绩。所有该军将士，均着犒赏，以示激劝。当此百粤粗定，国难未平，尤宜益矢忠勤，卒成伟业，有厚望焉。此令。

（中华民国陆海军大元帅之印）

中华民国十二年二月二十四日

据《大元帅训令第三号》，载广州《陆海军大元帅大本营公报》第一号，一九二三年三月九日

奖勉朱培德令

（一九二三年二月二十四日）

大元帅训令第四号

令中央直辖滇军总司令朱培德

去岁本大元帅督师北伐，分命诸将略定赣中，中央直辖滇军总司令朱培德率百战之健儿，转战千里，军锋所指，无坚不摧。及闻粤中变作，政府播迁，慷慨旋师，气吞狂虏，忠义激烈，允为军人之楷模。迨至元恶稽诛，师行蹉跌，该总司令揢拄危难，固结军心，崎岖湘桂之间，备尝艰苦，终能会合各军，削平粤难，前功获竟，嘉慰实深。该总司令朱培德捍卫正义，懋著勋诚，允宜褒奖。所部各将士均加犒劳，以慰劳苦，尤望益励忠荩，为国宣劳，终成护法之全功，共奏建国之大业，有厚望焉。此令。

（中华民国陆海军大元帅之印）

中华民国十二年二月二十四日

据《大元帅训令第四号》，载广州《陆海军大元帅大本营公报》第一号，一九二三年三月九日

嘉勉驻江办事处程潜令

（一九二三年二月二十四日）

大元帅训令第五号

　　令驻江办事处程潜

　　粤军将士自随从护法以来，转战闽海，返旆粤中，戡定桂疆，勋劳著于天下，本大元帅久视为干城腹心之寄。去夏陈炯明负义作乱，几使百战之健儿蒙万劫之奇耻，至深痛愤，各该将士隐忍待时，志存匡复。及西路讨贼诸军举兵东下，第一三四师首先响应，以振军威，各路将士翕然从风，共扶大义，遂使元恶成瓦解之势，士民慰来苏之望，令名克保，可为嘉尚。尤望各该将士，念前功之难继，国难之未已，益加奋发，共矢真诚，俾建国之乐臻于完成，上不负先烈，下以示来者，其共勉之。此令。

（中华民国陆海军大元帅之印）

中华民国十二年二月二十四日

据《大元帅训令第五号》，载广州《陆海军大元帅大本营公报》第一号，一九二三年三月九日

饬滇军按指定防地驻守令

（一九二三年二月二十四日）

大元帅训令第六号

　　令滇军总司令杨希闵

　　陈逆叛国，我滇桂粤各军奉命讨贼，不浃旬而戡定国难，曾经本大元帅下令褒嘉，以彰勋劳。现当粤局粗定，各军麇集于省城及北江一带，各该将领对于军队管理诸多未便，亟应指定防地，分别驻守，俾资统率。

　　桂军总司令沈鸿英着将所率全部移驻肇庆，并西江北岸上至梧州各地方，择要防守。所遗北江一带防地，着滇军总司令杨希闵迅即派队接防。西路讨贼军总

司令刘震寰所部，着驻石龙、东莞、虎门各处。东路讨贼军第四师长吕春荣所部，着移驻罗定各地方。此外各部军队着就现驻地点驻扎。自经规定以后，各部军队非奉本大元帅命令，不得擅自移动，致滋纷扰。该总司令等务各督率所部，申明纪律，保卫地方，以期毋负本大元帅抚兵恤民之至意。此令。

（中华民国陆海军大元帅之印）

中华民国十二年二月二十四日

据《大元帅训令第六号》，载广州《陆海军大元帅大本营公报》第一号，一九二三年三月九日

附：另一版本

令滇军总司令杨希闵

陈逆叛国，我滇桂粤各军奉命讨贼，不浃旬而戡定国难，曾经本大元帅下令褒嘉，以彰勋劳。现当粤局粗定，各军麋集于省城及北江一带，各该将领对于军队管理诸多未便，亟应指定防地，分别驻守，俾资统率。

桂军总司令沈鸿英，着将所率全部移驻肇庆北岸，上至梧州各地方，择要防守。所遗北江一带防地，着滇军总司令杨希闵迅即派队接防；其现驻肇庆属内之粤军，着移驻罗定各地方。该总司令等务各督率所部，申明纪律，保卫地方，以期毋负本元帅抚兵恤民之至意。此令。

据《孙总统返粤之两令》，载一九二三年三月二日上海《民国日报》

嘉勉海军各舰长及官佐士兵令

（一九二三年二月二十四日）

大元帅训令第七号

令海军各舰舰长及官佐士兵

往者护法之役，本大元帅躬率海军来粤，首倡义师，西南诸省相继响应，我海军将士为国宣劳，厥功至为宏伟。去年粤变，海军守义至坚，本大元帅督率诸

舰亲讨贼军，中经三战，我亲爱之海军将士死伤各数十人，本大元帅躬与其役，睹兹惨烈，为之陨涕，我中华民国之海军于历史著莫大之光荣者，实以是役为最，本大元帅感怆之情，尤为特深。今幸滇桂联军讨贼成功，本大元帅重返广州，愿念前劳，允堪嘉尚，褒恤之典，将以次颁给。而所以殷殷期望于诸将士者，则在念国难之未平，历史之足贵，长保初志，共襄伟业，勿为奸人播弄，以自丧其荣名，而贻先烈以羞。本大元帅亦与诸将士永相终始，共保无疆之庥，勉之勿怠。此令。

（中华民国陆海军大元帅之印）

中华民国十二年二月二十四日

据《大元帅训令第七号》，载广州《陆海军大
帅大本营公报》第一号，一九二三年三月九日

饬姚雨平等每月支领公费手令

（一九二三年二月二十六日）

　　工兵局筹备委员姚雨平、罗翼群、周之贞、朱卓文、吴铁城、黄芸苏自任事之日起，每月着各支领公费叁佰元。此令。

孙文

中华民国十二年二月二十六日

据原件，台北、中国国民党文化传播委员会党史馆藏

饬发给周雍能公费手令

（一九二三年二月二十七日）

　　着会计司发给周雍能公费五百元。此令。

孙文

民国十二年二月二十七日

据原件，台北、中国国民党文化传播委员会党史馆藏

着发给秘书参军等公费手令

（一九二三年二月二十八日）

着会计处发给秘书参军本月公费各壹佰，副官各六十元，卫士各叁十元。此令。

孙文

中华民国十二年二月二十八日

据原件，台北、中国国民党文化传播委员会党史馆藏

批邓青阳为粤局条陈意见书

（一九二三年二月三十日）

代答奖许，并着往助邓泽如。

附一：邓青阳原函

总理钧鉴：

敬陈者：迩日我军临粤未两旬，已长驱入省，陈逆引逃，吾人积数月之郁愤，至此乃略为一舒，是诚仰仗总理之威灵，下征人心之向背，实国家之幸也。伏维可乘者，一时之事势，难恃者，久远之维图，反复颠倒，无爱无仇。十稔来予吾人以教训之先例，固已数见不鲜，最近如陈逆之叛乱，洵叹观止。溯自洪宪谋帝，市结武人，货居政客，而举国之风纪隳；自陈逆图霸，步袁故武，而全粤之风纪复隳。丁此上下逞伪，群情狂悖之秋，虽云粗定粤局，然非有适当之处置，欲求岁月之保持，尚难论断，遑足以言进取，是故非从根治，无裨大计也。不揣疏庸，请陈两策：

一、积极保粤，以武装为和平之购求也。我国扰乱频仍，日沦危殆，继续用

兵，仁者所痛。矧外国责望之殷，人民要求之切，若不努向此的，将无以博外内之同情。窃以为总理暂宜仍驻沪上，居中策应，遥制一切，一方对北为统一之运动，一方对粤为积极之经营，一旦和议破裂，立即实施其北伐计画，此为计之上者。惟是粤局正紊，非躬临镇抚，亦大可虞。二者不可得兼，似宜设一代行机关，特简忠诚智勇及有权威者任之，庶几其可。至于自今对粤要图，厥有四端，分析如次：

（甲）善驭军旅。今之乱国家阻进化者，厥唯军阀。以言驾驭，其术几穷。仅就粤局言之，保其均衡，已非易事，在表面观之，粤滇桂通力合作，而自各军之历史及其地位与目的言之，则各各相异也。张、朱之部，本为护法而来，备尝艰苦，历劫不渝，其志操固自可信，此次复粤功绩益高，计非与以相当地盘，必致不满。沈、刘两部，虽同为桂军，而来历亦各自不同。刘系新进之英，两次举兵，其衷可白，且资望尚轻，羽毛未满，且当藉我以自重，反侧暂可无虞。而沈部原属桂系，被逐离去，宁能无憾？今忽翻然来归，盖为一时有利的结合，随机转动，自在意中；且其部众流离数省，屡历战阵，卒能自全其军，实力有加，不可谓非一有用之劲旅，则其志不在小，可想而知。若夫我粤一师之一部及原属关部之二师，其军官类多倾向于我，颇明大义，将来许总司令回粤，自能包罗之，当无顾虑。第三师魏部，素有战斗能力，对于人民较得好感，常以保粤为职志，可用卫戍，亦可用以杀敌，堪备干城之选，保无异动。对于以上各部，如能支配妥善，自余各军，当易制裁。今当按下述步骤行之：

首即奖励三军，乘其锐气，直指东江，扫除丑类，对于附近嫡系，应取完全消灭主义，然后分编其众，散隶于各军。一面搜集此次起义讨贼各军，认真训练，充其军实，收归中枢直辖，以资控制；或使属于许、李、魏统之亦可。惠潮两属完全肃清后，陈逆所部兵额，最少亦必已淘汰其半，而所增加许、李、滇桂及民军各部队，比较原日兵额，最少亦溢多三万余人，此实非粤库所能胜，势必要求疏泄之道，谓宜即派知兵望重大员，迅将全粤军队，切实检阅，核定各部兵额后，酌留若干为本省警备队外，无论何省军队，应即废弃其隶籍名称，先泯其界线，同时一律改编为国军，其易名号曰治国军，统归中枢直辖，而力任其饷需，俟其编制就绪，一面厚慰沈军，保证切实接济，畀以戡平桂乱大任，许以全桂政权；

同时使刘部与其协同动作，亦许以政权，以备牵制，且预为出湘压滇地步。一面优遇滇军，以李部长统率各部，出驻北江，以为再度入赣之准备。一面拣调粤军，分布东西北三江，择要驻防，责成长官，严饬军纪，勤加训练，以期绥靖地方，并备临时作战所有动作，以江防舰队协助之。其次即及海军，海军常类病虎，虚具其形，若以药饵投之，亦能兴起，唯总理知其然，曾锐意收复而整顿之，可惜变故中乘，未竟其效。今当极力革新，以收指臂之效，庶不致临机贻误。然欲求海军之活动，则各路炮台之亟应以妥人接管，固不俟言。

以上种种布置，若克实行，则基础自固。所最虑者，桂沈统系，既已不明，野心又复难戢，恐其终不能为我用，处此形势之下，甚至四分五裂，再陷亡省之痛，至足忧惧。愚谓当先以甘辞厚币遣之，一面严密布防，设彼不受命，立于适应时大举而扑灭之，免遗巨患，尤为计之得者也。

（甲）慎用人才。夫人才之选至难言也，智勇辩力，天民之秀，舍短取长，各适其用。然则以何为标准乎？要之，总以澹泊而沈毅，心存民国明瞭时世者近是。若言以党治国，其义本甚正，但实际上于势固有所未能，其效亦难如所料。犹忆元、二之交，国民党人才，可谓极一时之盛，及经时变，即如秋风桐叶，片片堕地。试观辛亥南京代表团人物，是其显例，当日集合者十七省，领代表者五十余人，是可谓合破坏与建设萃于一身，固皆自居豪杰，而一致选举总理为临时统者也。及今思之，其能不欺其志始终如一者，曾有几人？屈映光、景耀月，首先诣事袁皇；林长民、汤尔和辈，瞬即加入民主；谷钟秀、文群辈相继投身政学；王宠惠、王正廷辈，则又渐习官僚；吴景濂、褚辅成辈，近且倒行逆施，公然乱国。之数子者，不过仅摘其尤，其他凡百奸宄，曷胜纪述。阳昔曾厕身共事，怵心世变，所恒引为太息痛恨者也。是故以用人之际，虽重党义，尤必以道德为尚也。若夫县长民选制，成绩既已若彼，应否变更，尚待考裁。

（乙）严惩罪恶。夫赏罚不显，则士无劝惩；是非不辨，则民多诡惑。故近世刑罚政策，虽废弃复仇主义，而趋重于改善主义，第以我国情势衡之，则最少亦当取排除主义，固非可纯用感化作用者也。总理器量深宏，对于历次背叛之人，无论是否党员，常家宽宥，此固国人所共仰者，而阳独窃以为非计。盖彼根器薄弱之伦，素不知有所谓节义廉耻，纵极恕往责来之致，几曾见有感恩图报、不寒盟誓者？例之陈逆，则可知姑息之为害也甚明。此度靖乱之后，谓宜力矫前枉，大申国法，关于构成内乱罪之直接间接各人犯，应饬专司认真缉获，悉置诸法，并不许军警及各地方行政机关擅自处理，必如是，乃能肃纲纪，以正人心也。抑尤有进者，从来当局要人及执法司吏，对于此种犯罪，其初似乎雷厉风行，继则渐不闻问，终且因缘朋比，卒至贿纵而保护之者，比比皆然，推其故，或仗金钱势力，或邀贵人片言，灾难自可消释，魑魅又复现形，所以人鬼一车，薰莸同器，循环作祟，永无已时，此亦应请总理特别留意者也。

（丙）顾恤舆情。夫民心固难得而易失者也，得昌失亡，古有恒训。迩年人民疾苦已深，亟当休养培护，根本之道，固然惟当此举国汹汹，政权不一，纵极有心，苦难贯彻。但求在我势力范围内者，稍受保护，稍蒙体恤，比较略得安全，则风声所树，自如久旱云霓，四方引领，舆论从之，则人心趋向之矣。然而经纬万端，一时讵遑遍举，亦惟有择其与民间接触最频而感受最切者，先行着手而已。即：

（一）军政：军队自讨逆立功后，骄横肆虐，已成习惯，人民敢怒而不敢言，亟应严加整饬，以慰人望。

（二）清乡：地方多故，群盗满山，焚劫乡村，掳掠商旅，以至民力凋残，交通梗塞，亟应分别剿抚，以保安宁。

（三）司法：司法实为人民生命财产之保障，黑暗腐败，向已失人民之信仰；近更加以武人及行政机关之干涉，益以失其尊严。亟应力保司法独立，选任廉明，以期诉讼得其公平，下情有所宣畅，则讴歌自至矣！

（四）市政：市政之范围至广，其中最足动人民之观感者，为警察、工务、卫生之三部，故应先注意及之。为目前计，似只宜注目于保护及指导之职责，其对于应行取缔事项，暂从宽大，其事易举而效易见者，宜急其谋，久大而多窒碍者宜缓。总之，以得人民之好感为旨归。其他各端，自当视时势之转移为进步。至于如何运用之处，是在施政者之眼光与手腕耳！

（五）报纸：报纸实为引导舆论之先锋，使业此者各尽其天职，又奚庸加以取缔，但值此人欲横流，事理盲晦之日，若不予以操纵而笼罩之，则视听淆惑，关系匪轻。谓宜取收买不取高压，对彼失意文人，略施膏泽，自易得其同情，不患其不为我用。盖今日所需者，在其积极之作用，以唤起人民之赞助也。

二、力整财务充实力，以备进取也。吾粤度支，空乏已久；再经此变，为继更难。前节所言甲项问题，固已需莫大之金额，其他庶政，亦不能因而偏废。是知决非寻常理财方法所能济其穷也明矣。故非速行左列四事不可：

（甲）大举外债：积债召亡，人皆知其害矣。然使无失国权，利害足以相抵，而有偿还之预计者，则虽曰言借债，亦无不可也。而况迫于事势之不容已，或且更属有利之希望者乎！

（乙）暂弛赌禁：开赌为世诟病，固难为讳，然两害相衡取其轻，与其苛细抽捐，予人民以直接之痛苦，孰若间接取之，使其激刺较轻之为愈。且舍此外，更有何法可一时筹集数百万之款者。处非常之境者，自当以非常手段应之。惟有公开财政，对人民表示其不得已之苦衷，求其原谅；一面竭力筹抵，预定一禁绝之期。自我发之，自我收之，庶不足为患耳！

（丙）统一财政：财政不能统一，则收支不能因应，欲言整理，决不可能。而言其不能统一之故，则强半由于武人据地自私，各自为政也。右述两事，最少必要力举其一，始足以支配全局。所有军费，概由中枢负担，先使武人无所藉口，一切征收机关，必须由中枢派员管理。其他地方各种收入，分毫不许私擅提截，从此庶可统一财政，使皆受成于中枢，而知所尊重，必如是，始可以宰制各部，统筹全局也。

（丁）维持纸币：此节实为目前之要着，正非空言所能收效。除筹得巨款实行兑换外，或适用银行政策及其他一时应付方法是要。财政当局体察情形，方知所措也。

凡以上陈议，如果时势可行，幸而有效，则军心已固，内政既修，进取保守，绰有余裕，救国大业，可计日而待矣。我总理运神谋远，凡百方略，早在包涵，青阳行能无似，谨怀匹夫有责之义，妄进愚者一得之言，尚祈俯察，幸甚，幸甚。谨呈总理。

邓青阳

按：右稿正在缮呈中，忽得粤方警耗（按即民国十二年一月二十六日，广州发生江防司令部会议之变——编者。）不禁拍案辍笔，为之废然者久之。虽然此固意外事，亦正意中事，特不料其变化之速及手段之酷耳！夫形势既变，则此稿已等于明日黄花，了无是处，于此更不能不另筹对付之方，敢就管见再一陈之。

一、此次图粤，原与政学联手，无论彼方是否果有诚意，而驱蛇进虎事实，既已昭然；又无论岑系是否授意桂沈演此恶剧，而最少亦已足显其无控驭之威力。应即严诘岑氏，限期饬沈退让，否即宣布政学系罪状，立与分裂，免复中其阴谋。阳实恐其假意提携，藉以见重于北廷，一面与北廷联络，以谋宰割广东，又复牺牲广东，以为交换品也。取消自主，是其前鉴，阳用是为惧。

二、我粤各军，经被桂滇压迫后，实力已大销磨，然主客之观念愈强，则仇恨之情怀必切，此际人心当尚可用，独惜许、李大军见扼于潮惠，未能飞渡以为应援，久延时日，恐不克复振，而洪、翁等之表示服从，及杨坤如部之受编，当认为缓衡作用，谓宜一面佯示优容，即令许、李讨贼军向其假道回粤；一面令洪、翁、钟、杨各降将，以一部担任扑灭陈部未降之余孽，以一部西向，责以立功赎罪，而同时以主力军压其后，倘其不受命令或进行不力，当密授许总司令暨李部长催开军事会议，即以迅雷不及掩耳手段，擒杀诸逆将，而收其众，驱为前敌。必如是，乃可以一意对沈，免有腹背受敌之患，因陈逆野心未死，将必乘时再逞之日也。

三、沈氏素以顽狡彪骜悍著，前次离粤后，得以危而复存者，多赖洛吴之力。今日突然擢此雄厚地位，将必独出头角以结于吴，必更增长吴氏武力统一之采兴；他方则政学系与北廷极接近，而伪阁张氏，实原主张武力之一人。故无论沈氏未必驯服于政学一系之下，纵然，而其结果，亦不外以征服手段，挟吾粤以投北耳！图将穷而匕渐见，似无所用其羁縻，后发者制于人，亦惟有一意部署军事，先除此獠，是虽吾粤之大不幸，抑亦无可如何矣！

四、对沈之道，必先注意于滇军及海军，今彼三方面虽已发生相互的关系，然于某种形势之下，未必无挽救之途。滇、海军中当不乏明达愤慨之士，最少亦必要其各守中立，驱沈易成功。若稍需时日，俟沈根基既固，则滇、海军固当依彼以图存，再进一步，且或挟转方针，反与洪、李、罗、谢之湘军为一大联合。诚以主客之说，最易动人，利害所关，至无定向也，设不幸竟出于此，吾粤即为桂、滇、湘、鲁四大系所制，可胜痛哉！

五、现在驻闽讨贼军兵额数万，实为护法中坚，非有一定根据地，不能养聚发展，乘机返粤，自是正义。独虑粤军朝发，闽局夕变，我军舍一地盘，即护法少一区域；而粤中又复满途荆棘，如何而后能达目的地，煞费踌躇。万一陈师边境，进不克达，退失所据，复造成弃赣后之境遇，将如之何？此又不能不步步为营，详加审慎者也。

六、总理赴粤问题，暂虽中止，恐或出于事势之必要，终难免此一行。现时广州一隅，已成为狼虎之窟。观其施诸魏总司令之横逆，令人发指心寒。总理以一身系民国存亡之重，乌可轻蹈危机？夫奸恶所酿，何所不用其极，此阳尤鳃鳃过虑，而深愿总理必策万全者也。

以上所言，或未免有神经过敏之误，杞忧所及，辄以贡陈，乞总理留意焉。

青阳又上

二月三十日（民国十二年）

附二：邓青阳自述历略

再呈者：日前奉谒，召对之下，似未审青阳之为人。兹谨将历略附尘钧听。

阳年十七，始弃制艺而入广东同文馆，以受国事之激刺，乃东渡留日八年，志在求学，不预外事，复屏交游，其间惟于假期三度回国：一参观南京劝业博览会，以觇物质之程度；一绕朝鲜以达奉天至北京，循黄河而返，以察亡国之迹象，及我首都与关外之情势，从此深信政治改革之不容已。然对于总理当日之主张及同志之论著尚怀疑，似直至庚戌毕业回国，始决心投身国事，乃涉历长江各省，而复至北京，著以增经验，广结纳。时适武昌起义，即与同志南下，说王傅炯独立于烟台。嗣侦悉汉阳危急，乃走沪与伍、温两公筹商，谋诸陈英士遣沪军赴援，未及而汉阳陷。旋值九省军事代表会议，举徐公固卿为北伐联军总司令，乃以顾问名义，随同戡定南京。未几各省代表团移会来宁，忽奉粤电，丘（沧海）、王（亮畴）及阳三人同领广东代表，当即出席会议，其中经过种种重要问题，争持颇烈。迨南北和议发生，王君参赞其事，多在沪上；而丘君又从未履会。阳以棉薄，独支繁剧，深惧弗胜，迭电辞职未获，而总理归国之讯至，于是乃复振奋，为选举临时总统之运动，幸得如愿以偿。临时政府次第组织就绪，阳之任务至此算已终结。自问始终未尝缺席一日会议，未尝领过分毫公费，明来明去，可告无罪于国人，遂即赴沪养病。阳固反对和议，并反对都北者，故自南北统一后，未尝一履北京。维时国民党势力，可称一时之盛，人皆藉以梯荣，阳则以为中国政党要素未具，且乏党德，与其中渝，曷若慎始，自信未笃，是故未敢要盟。而于其他任何党派，则更从未加入，只取各个活动主义，专以反对民贼，协助民党为主旨。（例如缉办北探招瑞声及营救党人詹大悲等事，皆素昧生平，毫无恩怨，纯以个人天职而行，且为其本人所不及知也。）厥后国家多难，政象愈险，人心愈坏，乃始信唯革命党乃有救国之精神及救国之希望，复得总理之学说，研究而比较之，益深信能应时势之要求者，舍此末由；又觉得各个活动主义之终无所济，入党之心于是乎决。当总理护法南下时，阳正游马来半岛，将以视察侨胞之情状及其趣向，得晤愚公诸同志，见其爱国之诚，护党之切与赴义之勇，复大感动，遂加盟于芙蓉支部焉！自后即服务于党部，直至粤军返粤，愚公奉召回国，即与俱归，任矿务局秘书，为改订矿务条例。厥后总理提师北伐，曾屡谒许军长请随大军效力，惜以人多饷绌，未果挈行。嗣窥陈逆阴谋日显，愤闷之至，发为言论，人且讥为资浅，分疏过为偏激，不知叛逆之举，竟尔爆发矣！维时总理方督战舰上，阳以为凡有血气，义当共难，曾造舰请谒，以戎严弗得达；又值同志星散，莫可为谋，用是悒悒者又两月。时值王君亮畴出组北廷内阁，阳以其违法，报函坚拒，而反劝其来归，虽以函电邀约，未尝应焉！最近因敝寓忽被逆军搜劫，遂离粤来沪，皈依总理，以期效力于万一，此具。

青阳谨述

据原件，台北、中国国民党文化传播委员会党史馆藏

追赠邓荫南令

（一九二三年二月下旬）①

大总统令

　　邓荫南为国尽瘁，老而弥坚；今忽溘逝，殊深震悼。邓荫南着授陆军上将，并给银一千元治丧。所有应行议恤事宜，大局底定，即由陆军部从优拟议。此令。

据《邓三伯身后之恤典》，载张民权编：《孙大元帅回粤记》，上海，民权共进社一九二四年三月印行

谕发徐苏中等人奖金

（一九二三年二月）②

　　徐苏中、周雍能、陈树枬、朱蔚然、周柏祥办公勤苦，请每奖百元。

孙文

据原件，台北、中国国民党文化传播委员会党史馆藏

批杨仙逸电

（一九二三年二月）

　　着惠长交仙逸管理。文。

---

　　①　原件未署日期。邓荫南从早年参加檀香山兴中会为反清起义变卖家产之日起，终生追随孙文革命，一九二三年二月五日在澳门病逝。同月二十一日孙文为重建革命政权，自上海经香港抵达广州。底本谓"孙总统闻耗深为惋惜，昨抵广州即下令哀悼，并给银千元治丧"。据此酌为二月下旬。

　　②　徐苏中、周雍能于一九二三年一月三十日被任命为总理办公室秘书。原件无日期，据附件说明"系民国十一年农历岁尾总理亲签"，一九二三年二月十六日为正月初一日，依此推断本件当在一九二三年二月发。

附：杨仙逸电文

（一九二三年二月七日）

　　转大总统钧鉴：逸到江门，查悉陈策将机交惠长，惠长以航空局长名义占据，显系抗命，请示办法。余函详。仙逸叩。阳。

据原件，台北、中国国民党文化传播委员会党史馆藏

致电田士捷等着所有赴汕各舰速行归队令^①

（一九二三年三月一日）

　　汕头海军田司令、盛指挥及各舰长鉴：顷据海军各舰舰长吴志馨等暨全体官佐感日电禀，并通告全国辟北归之谣，吁请本大总统命令汕头军舰归队，俾温司令树德^②即日回省等情。查此次军舰开赴汕头，本为避免北归，爰持正义，用意极堪嘉尚。今各舰舰长既已通电表明爱戴本大总统，一切谣诼不辩自明，海军护法光荣之历史因是尤为显著。从此同心同德，为国宣劳，本大总统亟用厚期。所有前赴汕各舰着速行归队，切切勿违。此令。孙文。东。（印）

据《大元帅致汕头海军田司令等东电》，载广州《陆海
军大元帅大本营公报》第一号，一九二三年三月九日

---

　　① 一九二三年二月，"肇和"、"永丰"、"楚豫"三舰在汕头组成临时舰队，孙文任命田士捷为司令，盛延祺则任舰队总指挥。

　　② 温树德原为广东舰队司令。

给谢文炳的指令

（一九二三年三月二日）

中山令谢文炳旅停攻肇庆，准备随谭延闿回湘。

据《专电》，载一九二三年三月三日天津《大公报》

批广东财政厅长杨西岩请明令划分军费
暨收回各征收机关呈

（一九二三年三月三日）

大元帅指令第三号

令广东财政厅长杨西岩

呈请明令划分军费由大本营军需处发给暨收回各征收机关俾资整理由

呈悉。财政固应统一，军饷亦宜同时兼顾，仰该厅长先行筹款一批，俾固军心。至划分军费及收回各征收机关，自应次第施行。各军长官均深明大义，该厅长勿庸鳃鳃过虑也。此令。

（中华民国陆海军大元帅之印）

中华民国十二年三月三日

据《大元帅指令第三号》，载广州《陆海军大元帅大本营公报》第一号，一九二三年三月九日

着电政监督李章达会同办理沙面电报局令

（一九二三年三月四日）

着电政监督李章达，会同交涉员办理沙面电报局事。此令。

孙文

据原件影印件，台北、中国国民党文化传播委员会党史馆藏

饬发给周道腴张九维旅费手令

（一九二三年三月四日）

着会计司发给周道腴、张九维二人旅费共贰千元。此令。

孙文

中华民国十二年三月四日

据原件，台北、中国国民党文化传播委员会党史馆藏

饬司法官一律由大元帅委用令

（一九二三年三月五日）

大元帅训令第二十四号

令广东省长徐绍祯

照得司法独立，宜不受地方行政干涉。现在广东司法官吏，应一律由本大元帅委用，以昭慎重。此令。

（中华民国陆海军大元帅之印）

中华民国十二年三月五日

据《大元帅训令第二十四号》，载广州《陆海军大元帅大本营公报》第一号，一九二三年三月九日

嘉勉桂军第二师师长刘玉山令

（一九二三年三月七日）

大元帅训令第二十五号

令中央直辖桂军第二师师长刘玉山

去岁大军攻赣，迭克名城，不固陈逆炯明终始参差，苍黄反覆，竟有六月十六日之变，致民国中兴之局，蹉跎至今。中央直辖桂军第二师师长刘玉山远在柳州，屡思讨贼，当逆焰方张之际，有国仇必蓟之心，故师次蒙江，特伸大义。始与监于白马，旋奏捷于苍梧，提兵而东，转战千里，卒得驱除陈逆，克奏肤功。该师长刘玉山为国宣劳，深堪嘉尚，所部各将士均着传语慰劳。尤望该师长当益念国难未已，民困未苏，以讨逆伐暴之初衷，成拨乱反正之伟业，本大元帅有厚望焉。此令。

（中华民国陆海军大元帅之印）

中华民国十二年三月七日

据《大元帅训令第二十五号》，载广州《陆海军大元帅大本营公报》第二号，一九二三年三月十六日

着发给赵植之公费手令

（一九二三年三月七日）

着会计司发给赵植之公费六百元。此令。

孙文

中华民国十二年三月七日

据原件，台北、中国国民党文化传播委员会党史馆藏

批伍学熀整理盐务及筹借税款情形呈

（一九二三年三月七日）

大元帅指令第一十六号

　　令两广盐运使伍学熀

　　呈报整理盐务及筹借税款情形由。

　　呈悉。所请尚属可行，应准如所拟办理。此令。

（中华民国陆海军大元帅之印）

中华民国十二年三月七日

据《大元帅指令第一十六号》，载广州《陆海军大
元帅大本营公报》第二号，一九二三年三月十六日

批杨希闵请转饬地方长官维持纸币呈

（一九二三年三月八日）

大元帅指令第一十八号

　　令滇军总司令杨希闵

　　呈悉。纸币低折，重苦吾民，皆由陈逆等滥发于先，复不能维持于后，致兹纷扰，言之殊堪痛恨。查恶币之害，由无固定基金，以致信用全失。应俟财政统一，别筹根本整理之方，支节补救，殊未有良策以善其后也。此令。

（中华民国陆海军大元帅之印）

中华民国十二年三月八日

附：杨希闵原呈

　　呈为呈请事：现据广州全体商民函称："吾粤不幸，变乱频仍，蒙总司令仗义赴援，陈逆逃遁，重蒙鼎力维持秩序，市廛不惊，商民实深感戴。窃维成大事

者，必顺人心，此次陈逆失败，全在失人心，故讨贼兵兴，人心解体，前途倒戈，而粤局以定，其所以致此之由，则以陈逆乱发发纸币，而不能维持，以致纸币低跌，商民吃亏，无门告诉。查广东省立银行发出纸币，为政府发出十足行使者十分之八九，陈逆叛变以后，低折时发者十分之一二，今市面纸币价格不及二成，商民痛苦莫可言状，而政府未见维持，是何异以政府劫夺民财，天下不平事无过于此。幸值总司令削平粤难，孙大总统莅临粤垣，天日重光，伏恳总司令转商孙大总统、徐省长迅予设法维持，以维人心，而苏民困"等情前来。据此，查纸币低折，商民交困，应如何设法维持之处，理合备文转呈，仰祈鉴核转饬地方长官妥为设法维持，以苏民困，实为公便。

据《大元帅指令第一十八号》，载广州《陆海军大元帅大本营公报》第二号，一九二三年三月十六日

令大本营参军处转饬两广盐运使将贮存军盐查封变卖谕

（一九二三年三月九日前）①

查前军盐处存有大本营军盐六万余包，去年六月间，陈逆炯明叛乱时，逆党假名启泰公司将军盐私卖，现尚存三万八千九百余包，均贮存大涌口怡昌仓、洲头嘴安荣仓，仰转两广盐运使将该军盐查封变卖具报。此令。

孙文

据《大元帅指令第三六号》，载广州《陆海军大元帅大本营公报》第三号，一九二三年三月二十三日

---

① 三月十四日两广盐运使伍学煐呈文，呈文内有"遵令于三月九日邀集……商定盐税及盐价"语，故此谕当在三月九日之前。

饬徐绍桢查勘河口火灾情形令

（一九二三年三月九日）

大元帅训令第二九号

　　令广东省长徐绍桢

　　据云南陆军第七旅兼三水城防司令朱世贵等代电称："微日申刻，河口街市棚厂失火，全埠商店民居，焚烧殆尽，商民露宿山岗，哀鸿遍途。现经世贵等捐款，及将所部士兵饷项暂为挪垫，办理急赈，谨代灾民呼号，乞迅赐拨款散赈，以惠灾黎"等情前来。本大元帅览悉，殊深悯恻，仰该省长遴派委员，迅赴灾区查勘实情，量予赈济，仍将查勘情形具报。此令。

（中华民国陆海军大元帅之印）

中华民国十二年三月九日

据《大元帅训令第二九号》，载广州《陆海军大元
帅大本营公报》第二号，一九二三年三月十六日

饬发给孙祥夫公费手令

（一九二三年三月九日）

　　着会计司发给孙祥夫公费五百元。此令。

孙文

中华民国十二年三月九日

据原件，台北、中国国民党文化传播委员会党史馆藏

嘉勉陈天太讨贼有功令

（一九二三年三月十日）

大元帅训令第三十号

　　令代理直辖桂军第一军军长、中央直辖桂军第三师师长陈天太

　　去岁联军东下，所向有功，未及浃旬，而粤局以定。该代军长陈天太，陈师鞠旅，勤力同心，方吊民伐罪之初，有见义勇为之举，卒共削平大难，以成讨贼之功，每念贤劳，实堪嘉尚。所部各将士，均着传语慰劳。该代军长等大猷聿著，务当益笃忠贞，作国家之干城，垂勋名于永久，本大元帅有厚望焉。此令。

（中华民国陆海军大元帅之印）

中华民国十二年三月十日

据《大元帅训令第三十号》，载广州《陆海军大元帅大本营公报》第二号，一九二三年三月十六日

饬发给欧阳格公费手令

（一九二三年三月十日）

　　着会计司发给欧阳格公费五百元。此令。

孙文

中华民国十二年三月十日

据原件，台北、中国国民党文化传播委员会党史馆藏

批谢文炳来电①

（一九二三年三月十日）

不理。

附：谢文炳电文

万急。广州孙大总统钧鉴：歌电计达。炳部实力毫无差损，但寄驻湘边殊非长策。闻沈军调防江西，乐、连一带原为炳部防地，是否仍驻原防或另有划拨，恳讯电示遵。

据中国第二历史档案馆编：《中华民国史档案资料汇编》第四辑（下），南京，江苏古籍出版社一九八六年九月出版

裁撤东江商运局令

（一九二三年三月十二日）

东江商运局着即撤销。此令。

孙文

据原件影印件，台北、中国国民党文化传播委员会党史馆藏

---

① 谢文炳来电请示调换驻防地点。

饬发给杨熙绩公费手令

（一九二三年三月十三日）

着会计司发给杨熙绩公费壹百元。此令。

中华民国十二年三月十三日

据原件，南京、中国第二历史档案馆藏

批李易标请肃清东江逆党愿为前驱呈

（一九二三年三月十四日）

大元帅指令第三十一号

令广东陆军第一军军长李易标

电请肃清东江逆党愿为前驱由。

侵电阅悉。比者陈逆披猖，纪纲扫地，该军长随沈总司令及滇粤诸将领奉命讨贼，躬冒矢石，奋厉无前，至使旬日之间，逆军溃败，大憝潜逃，该军长勇战之功，实为炳著。兹复以逆党稽诛，负隅抗命，未纾东顾之忧，因切请缨之愿，爱国爱乡，尤堪嘉许。惟用兵东江，事体重大，须方略之既定，斯乃武之维扬，务希整饬戎行，静听后命，平时能勤搜讨之实，将来定收肃清之效，本大元帅有厚望焉。此令。

（中华民国陆海军大元帅之印）

中华民国十二年三月十四日

据《大元帅指令第三十一号》，载广州《陆海军大元帅大本营公报》第三号，一九二三年三月二十三日

饬发给杜墨林旅费手令

（一九二三年三月十四日）

着会计司发给杜墨林旅费贰百元。此令。

孙文

中华民国十二年三月十四日

据原件，台北、中国国民党文化传播委员会党史馆藏

饬发给钟百毅紧急公费手令

（一九二三年三月十四日）

着会计司发给钟百毅紧急公费贰千元。此令。

孙文

中华民国十二年三月十四日

据原件，台北、中国国民党文化传播委员会党史馆藏

饬发给成国屏旅费手令

（一九二三年三月十六日）

着会计司送成国屏旅费五百元。此令。

孙文

中华民国十二年三月十六日

据原件，台北、中国国民党文化传播委员会党史馆藏

饬发给路参军办礼物费手令

（一九二三年三月十六日）

着会计司发给路参军办礼物费五百元。此令。

孙文

中华民国十二年三月十六日

据原件，台北、中国国民党文化传播委员会党史馆藏

裁撤大本营金库令

（一九二三年三月十七日）

大元帅令

　　大本营金库着即裁撤，所有事务，并归大本营财政部办理。此令。

（中华民国陆海军大元帅之印）

中华民国十二年三月十七日

据《大元帅令》，载广州《陆海军大元帅大本营公报》第三号，一九二三年三月二十三日

饬虎门驻军不得扣留盐船米船令

（一九二三年三月十七日）

大元帅训令第十七号

　　令粤桂联军西路讨贼军总司令刘震寰

　　据两广盐运使伍学煜面呈："据盐商报告：现有大号盐船三十余艘，在香港满载盐斤，因惧虎门炮台扣留，不敢运省。查此批盐船，如能通过到省，运署可得盐税约一百二十余万元，当此军饷奇绌，请予令行刘总司令转饬虎门所驻军队

不得扣留，以便盐船早日通运，而裕饷源。又据港探呈报：有米船六十余艘，亦虑留难，留港不敢运省"各等情。着由该总司令速饬所部，一律保护放行。切切。此令。

（中华民国陆海军大元帅之印）

中华民国十二年三月十七日

据《大元帅训令第十七号》，载广州《陆海军大元帅大本营公报》第三号，一九二三年三月二十三日

批杨西岩支过大本营各项经费数目呈

（一九二三年三月十七日）

大元帅指令第三七号

　　令广东财政厅长杨西岩

　　呈报支过大本营各项经费数目由。

　　呈悉。此令。

（中华民国陆海军大元帅之印）

中华民国十二年三月十七日①

据《大元帅指令第三七号》，载广州《陆海军大元帅大本营公报》第三号，一九二三年三月二十三日

---

　　① 十七日，广东财政厅长杨西岩奉令呈报二月二十六日至三月九日该厅向大本营共支经费一万六千二百元及其具体项目。

批蒋光亮称拟将附义失业工人一律恢复原职
补发薪工乞核定办法呈[①]

（一九二三年三月十七日）

大元帅指令第三九号

令讨贼军滇军中路总指挥蒋光亮

呈据广三铁路局管理李志伟呈称拟将附义失业工人一律恢复原职，可否补发薪工，乞核定办法，指令遵行由。

呈悉。准予酌量补发，以资奖励。此令。

中华民国十二年三月十七

据《大元帅指令第三九号》，载广州《陆海军大元帅大本营公报》第三号，一九二三年三月二十三日

批伍学熀请令饬各军协缉私盐
并准加给花红以资鼓励呈[②]

（一九二三年三月十七日）

大元帅指令第四一号

令两广盐运使伍学熀

---

① 陈炯明叛变时，孙文曾密令马超俊召集各铁路暨电灯局工人，阻止叛军运输，接应义军回师。事败后，许多人遭到陈炯明之通缉，被迫逃亡海外。陈炯明被驱出广州后，工人陆续返省。广东省长胡汉民为此函请广三铁路局，迅即恢复工人原职，并补发工资。三月十二日，讨贼军滇军中路总指挥蒋光亮根据该局管理李志伟所呈情节，向孙文呈报。

② 一九一七年，中华民国军政府在广州成立，即截留广东盐税，备供政府及各军经费，盐务行政管理和缉私诸费亦取给于此项收入。为杜绝贩盐走私，保证政府收入，两广盐运使伍学熀于三月十四日呈请孙文令饬各军协缉私盐，并批准每缉获私盐一包，加增花红三角五分，以资鼓励。

呈请令饬各军协缉私盐，并准加给花红以资鼓励由。

呈悉。所呈各节，事属可行，应即准如所请办理。除令饬各军一体遵照外，仰即知照。此令。

（中华民国陆海军大元帅之印）

中华民国十二年三月十七日

据《大元帅指令第四一号》，载广州《陆海军大元帅大本营公报》第三号，一九二三年三月二十三日

饬发给吴煦泉公费手令

（一九二三年三月十八日）

着会计司发给吴煦泉公费五百元。此令。

孙文

中华民国十二年三月十八日

据原件，台北、中国国民党文化传播委员会党史馆藏

着发给陈煊旅费手令

（一九二三年三月二十日）

着会计司发给陈煊旅费壹百元，往港接春阳丸宋子文及 Bronsen Rea 二人来省。此令。

孙文

中华民国十二年三月二十日

据原件，台北、中国国民党文化传播委员会党史馆藏

饬发给吴敌旅费手令

（一九二三年三月二十日）

着会计司发给吴敌旅费四百元。此令。

孙文

中华民国十二年三月二十日

据原件，台北、中国国民党文化传播委员会党史馆藏

饬发给谢良牧公费手令

（一九二三年三月二十日）

着会计司发给谢良牧公费壹千元。此令。

孙文

中华民国十二年三月二十日

据原件，台北、中国国民党文化传播委员会党史馆藏

饬严拿陈德春并嘉慰出力人员令

（一九二三年三月二十日）

大元帅训令第四十号

令大本营军政部长程潜、大本营驻江门办事处、第一师师长梁鸿楷、第二师师长周之贞、第三师师长郑润琦、广东海防司令陈策

据大本营驻江办事处古应芬、梁鸿楷、周之贞、郑润琦、张国桢、陈策等巧电呈称："各军于本日遵令将陈逆德春所部悉数缴械，陈逆受伤潜匿"等情。查陈德春于去年六月之变，出兵助逆，叛迹已著，旋据其悔罪投诚，本大元帅予以自新，恕其既后，先后授以粤军第四军军长及八属总司令等职。讵陈德春居心险

诈，反覆性成，近复勾通逆党，希图扰乱大局，定期三月二十三日起事。本大元帅经密令驻江办事处及各将领，将陈德春严行查办，所部全数缴械去后，兹据电呈前因，陈德春着即免去本兼各职，由驻江办事处及各将领转令所属一体严拿，务获究办。该主任等调度有方，忠诚卫国，深堪嘉慰。此役出力人员，着由大本营军政部详细调查，分别优予奖励，以示本大元帅彰善瘅恶之至意。此令。

（中华民国陆海军大元帅之印）

中华民国十二年三月二十日

据《大元帅训令第四十号》，载广州《陆海军大元帅大本营公报》第三号，一九二三年三月二十三日

批福州黄展云来电

（一九二三年三月二十日）①

答：粤局陈逆虽倒，沈贼又来，此与吴佩孚大有关系。彼辈以为既已得粤，遂敢申手于闽。此时必彻底固粤，乃能救闽，望诸兄竭力维持，不日当有大解决也云云。

据原件，台北、中国国民党文化传播委员会党史馆藏

着傅秉常与英领事交涉放逐陈炯明等令

（一九二三年三月二十一日）

着特派广东交涉员傅秉常即与驻广州英总领事交涉，请香港政府放逐陈炯明、叶举、翁式亮、金章、黄强、钟景棠、钟秀南、陈永善、黄福之等逆首迅出香港，

---

① 日期据来电。来电年月未详，仅署电报代日期号字，号为二十日。按北京政府发表沈鸿英督粤、孙传芳督闽为一九二三年三月十日。沈鸿英公开称兵叛变为四月十六日，被击败为四月十九日。故来电日期可定为一九二三年三月二十日。时孙文已在广州任大元帅。

免至扰我治安。此令。

孙文（大元帅章）

十二、三、廿一日

据"中华民国"各界纪念国父百年诞辰筹备委员会学术论著编纂委员会主编：《国父墨迹》，台北，"中华民国"各界纪念国父百年诞辰筹备委员会一九六五年十一月出版

饬将黄沙查缉厂务移交两广盐运使所委之员令

（一九二三年三月二十三日）

大元帅训令第四一号

　　令中央直辖第五军军长李易标

　　据广东省长徐绍桢呈称："现准两广盐运使函开：现据黄沙兼连江口查缉厂总办吴镇呈称：窃镇二月十三日奉委任令第五号内开：照得黄沙兼连江口查缉厂总办令委该员暂行代理，除分令外，合行令委，仰该员即便遵照到差，并将接管钤记文卷及一切军装器具，逐一核明列册报核等因。奉此遵即驰赴黄沙查缉厂与张前总办星辉接洽交替事宜。据张前总办云：该差前系奉陆军第一军军长李委任权理，现须请命李军长核示等语。兹由张前总办交来函内开：径覆者：顷展大函，敬悉一是。当将来函面呈李军长核示，奉李军长命令开：查黄沙查缉厂系属本军范围，为本军饷源之一，嗣后无论何人来接，非担认本军饷项有着，本军长概不承认；倘有率队来扰，敢于尝试，本军长即作土匪惩办，除派兵一连前往该厂保护外，仰该总办遵照办理等因。奉此合亟函覆台端，请烦查照为荷等语。为此谨将奉委未能到差情形，详为呈覆，即乞察核示遵'等情。据此，查省城各机关，现在均已一致回覆原状，由各该主管衙门委员办理，不至如日前之紊乱无章。该黄沙查缉厂系专管车上运盐，为敝署直辖机关，与军事绝对无涉，在理应由本署遴员接办，以昭慎重，而明统系。即谓军饷一层，自有主管衙门负担，似不必牵入盐务范围，致生枝节。且该厂收入无多资藉，军饷有限，李军长明达事理，运使一缺，业经商令李前运使耀廷退让，是则区区查缉厂差，何致顾惜不交，甘与

迭次宣言抵触？据呈前情，诚恐不无误会，除由敝署函请李军长转饬照案移交外，理合具函恭请钧署察照，俯赐转函李军长易标转饬张星辉，将黄沙查缉厂务移交吴总办，以重盐政，实为公便等由。伏查黄沙兼连江口查缉厂，向系运使直接管辖机关，准函前由，理合据情呈请大元帅鉴核，俯赐饬令该军遵照，迅速交代，实为公便"等情前来。查现在大局渐定，所有各财政机关，自应归主管机关委员办理，以专责成。除指令外，合行令仰该军长查照办理具覆。此令。

（中华民国陆海军大元帅之印）

中华民国十二年三月二十三日

据《大元帅训令第四一号》，载广州《陆海军大元帅大本营公报》第四号，一九二三年三月三十日

饬发给孙祥夫公费令

（一九二三年三月二十四日）

着会计司发给孙祥夫公费五百元。此令。

孙文

中华民国十二年三月二十四日

据原件，台北、中国国民党文化传播委员会党史馆藏

饬发给于应祥公费手令

（一九二三年三月二十四日）

着会计司发给于应祥公费壹千元。此令。

孙文

中华民国十二年三月二十四日

据原件，台北、中国国民党文化传播委员会党史馆藏

饬发给海军伙食费令

（一九二三年三月二十四日）

大元帅令

　　着财政厅长发给海军火食壹万元。此令。

孙文（大元帅令）

中华民国十二年三月廿四日

据"国父墨宝"手令原件（孙科赠），台北、"国史馆"藏

批杨仙逸报告将水机修理完竣暨演放安置情形呈①

（一九二三年三月二十四日）

大元帅指令第五一号

　　令航空局局长杨仙逸

　　呈报将水机修理完竣暨演放安置情形由。

　　呈悉。此令。

（中华民国陆海军大元帅之印）

中华民国十二年三月二十四日

据《大元帅指令第五一号》，载广州《陆海军大元

帅大本营公报》第四号，一九二三年三月三十日

---

① 杨仙逸时任航空局局长。

饬李易标将观音山驻军移往市郊令

（一九二三年三月二十六日）

大元帅训令第四四号

令中央直辖第五军军长李易标

仰该军长将该部所驻观音山军队，克日另择市外适当地点移往驻扎。此令。

（中华民国陆海军大元帅之印）

中华民国十二年三月二十六日

据《大元帅训令第四四号》，载广州《陆海军大元帅大本营公报》第五号，一九二三年四月六日

饬程潜观音山不得驻扎军队令

（一九二三年三月二十六日）

大元帅训令第四十五号

令大本营军政部长程潜

查广州观音山一带，地处市内，驻扎军队，诸多不便，业经明令李军长易标，将所部现驻观音山队伍，克日另择市外适当地点移往驻扎，并令行广东省长，俟李部移驻后，即行出示通告居民人等，将观音山开放为公园，嗣后不得再行驻扎军队。经复令知杨总司令查照办理各在案，除分令外，仰即查照。此令。

（中华民国陆海军大元帅之印）

中华民国十二年三月二十六日

据《大元帅训令第四十五号》，载广州《陆海军大元帅大本营公报》第五号，一九二三年四月六日

饬徐绍桢开放观音山为公园令

（一九二三年三月二十六日）

大元帅训令第四十六号

　　令广东省长徐绍桢

　　查广州观音山一带，地处市内，驻扎军队，诸多不便，业经明令李军长易标，将所部现驻观音山队伍，克日另择市外适当地点移往驻扎，仰该省长一俟李军长所部移驻后，即行出示通告居民人等，将观音山开放为公园，嗣后不得再行驻扎军队。除分令外，仰即遵照。此令。

（中华民国陆海军大元帅之印）

中华民国十二年三月二十六日

据《大元帅训令第四十六号》，载广州《陆海军大
元帅大本营公报》第五号，一九二三年四月六日

附：另一版本

　　发命令：令李易标将驻扎观音山军队移往他处，并饬省长出示通告居民，将观音山开放为公园，以后不准扎军队。此令。

据亲笔原件影印件，载谭延闿编：《总
理遗墨》第一辑，一九二八年五月校印①

---

① 校印时间据谭延闿跋。

饬杨希闵观音山不得驻军令

（一九二三年三月二十六日）

大元帅训令第四七号

　　令广东卫戍总司令、讨贼滇军总司令杨希闵

　　查广州观音山一带，地处市内，驻扎军队，诸多不便，业经明令李军长易标，将所部现驻观音山队伍，克日另择市外适当地点移往驻扎，并令行广东省长，俟李部移驻后，即行出示通告居民人等，将观音山开放为公园，嗣后不得再行驻扎军队各在案。除分令外，仰即查照。此令。

　　　　　　　　　　　　　　　　　（中华民国陆海军大元帅之印）

　　　　　　　　　　　　　　中华民国十二年三月二十六日

　　　　　　　　据《大元帅训令第四七号》，载广州《陆海军大元帅大本营公报》第五号，一九二三年四月六日

着邓泽如速行恢复广东支部令

（一九二三年三月二十六日）

　　着邓泽如速行恢复中国国民党广东支部，以利宣传三民主义。委任黄隆生为总务科、邓慕韩为宣传科、林丽生为财务科、赵公璧为党务科。此令。

　　所有借款，着该员另开清单抄送省署，转财政厅办理。此令。

　　　　　　　　　　　　　据邓泽如：《中国国民党二十年史迹》，南京，正中书局一九四八年六月印行

饬周之贞放还所扣电生轮船令

（一九二三年三月二十七日）

大元帅训令第四八号

令四邑两阳香顺八属绥靖处长周之贞

据中央直辖第五军军长李易标呈称："窃职部前由梧州会师入粤，雇到天和洋行电轮一艘，名'电生'，随同出发，声明到省遣还。抵粤后，复俘获敌人电船一艘，改名'粤秀'，以备差遣。省局粗定，旅派两轮运载战利品返肇，便将电生一轮归还梧州洋商。讵该轮开至甘竹滩，被周司令之贞所部扣留，至今迄未归还。伏查电生轮系属洋商物业，万难据为己有，致贻外人口实；其'粤秀'一轮，为职部运输所必需，现方筹议移防，该轮实不可缺。又该两轮除载军实外，并有鄂湘赣省军用地图多份，均被截去，现当国家多事之秋，军长渥受恩知，尤必熟察地形，方克枕戈待命；况今同隶帡幪，周司令苟顾全大局，当必乐为赞助。事关交涉军用，不得已惟有仰恳大元帅，俯念职部困难情形，迅赐饬令周司令之贞，立将'电生'轮放还洋商，并将'粤秀'轮暨外省军用地图，一并交还职部点收，以便分别存发，实为公便"等情。据此，除指令呈悉候令行周绥靖处长之贞发还外，合行令仰该处长即便遵照，克日发还。此令。

（中华民国陆海军大元帅之印）

中华民国十二年三月二十七日

据《大元帅训令第四八号》，载广州《陆海军大元帅大本营公报》第五号，一九二三年四月六日

批李易标遵令移防并将军司令部移扎石井呈①

（一九二三年三月二十七日）

大元帅指令第五四号

令中央直辖第五军军长李易标

呈复遵令移防并将军司令部移扎石井由。

呈悉。此令。

（中华民国陆海军大元帅之印）

中华民国十二年三月二十七日

据《大元帅指令第五四号》，载广州《陆海军大
元帅大本营公报》第五号，一九二三年四月六日

饬发给赵珊林旅费手令

（一九二三年三月二十八日）

着会计司发给赵珊林旅费壹百元。

孙文

中华民国十二年三月二十八日

据原件，台北、中国国民党文化传播委员会党史馆藏

---

① 二十七日，中央直辖第五军军长李易标呈称已遵令将原驻观音山和广雅书院之部队撤至小坪、石井。

饬知黄沙兼连江口查缉厂已移交令

（一九二三年三月二十八日）

大元帅训令第五十号

　　令广东省长徐绍桢

　　据中央直辖第五军军长李易标呈复称："民国十二年三月二十四日，奉大元帅第四十一号训令内开：据广东省长徐绍桢呈称：'准两广盐运使函开：据黄沙兼连江口查缉厂总办吴镇呈称：窃镇二月十三日奉委任令第五号内开：照得黄沙兼连江口查缉厂总办令委该员暂行代理。除原文有案邀免重录外，后开：查现在大局渐定，所有各财政机关，自应归主管机关委员办理，以专责成。除指令外，合行令仰该军长查照办理具覆，此令'等因。奉此遵查原办黄沙兼连江口查缉厂总办张星辉，前经饬令将所管钤记文卷及一切军装器具，逐一点交吴镇接管"等情。据此，除指令呈悉外，合行令仰该省长查照。此令。

（中华民国陆海军大元帅之印）

中华民国十二年三月二十八日

据《大元帅训令第五十号》，载广州《陆海军大元帅大本营公报》第五号，一九二三年四月六日

饬发给报界公会津贴令

（一九二三年三月二十八日）

　　着会计司发给报界公会津贴每月壹百元（由三月起）。此令。中华民国十二年三月二十八日。

据原件，广州、中山大学孙中山纪念馆藏

饬发给梅光培公费手令

（一九二三年三月二十九日）

着会计司发给梅光培公费壹百元。此令。

孙文

中华民国十二年三月二十九日

据原件，台北、中国国民党文化传播委员会党史馆藏

着大本营军政部兼理军法事宜令

（一九二三年三月二十九日）

大元帅训令第五一号

令大本营军政部长程潜

大本营军法处应即裁撤，所有军法事宜，着由大本营军政部兼理。此令。

（中华民国陆海军大元帅之印）

中华民国十二年三月二十九日

据《大元帅训令第五一号》，载广州《陆海军大元帅大本营公报》第五号，一九二三年四月六日

着大理院长暂行兼管司法行政事务令

（一九二三年三月三十日）

大元帅令

　　司法行政事务着归大理院长暂行兼管。此令。

（中华民国陆海军大元帅之印）

中华民国十二年三月三十日

据《大元帅令》，载广州《陆海军大元帅大
本营公报》第五号，一九二三年四月六日

批杨廷培拟将候修旧舰择其损坏
过甚者变价补充修葺经费呈①

（一九二三年三月三十日）

大元帅指令第六八号

　　令广东汇防司令杨廷培

　　呈拟将候补旧舰择其损坏过甚者变价补充修葺经费请鉴核遵行由

　　呈悉。准如所请办理。此令。

（中华民国陆海军大元帅之印）

中华民国十二年三月三十日

据《大元帅指令第六八号》，载广州《陆海军大
元帅大本营公报》第五号，一九二三年四月六日

---

　　① 广东江防司令杨廷培于三月二十七日呈报孙文：江防司令部所辖船舰、雷艇，停驶候修者已过总额之半，饷、煤消耗甚大，很不合算，又无足够修理经费，故提出变卖损坏过甚部分旧舰，补充修葺经费。

饬发给黄节公费手令

（一九二三年三月三十日）

着会计司发结黄节每月公费八百元。此令。

中华民国十二年三月三十日

据原件，广州、中山大学孙中山纪念馆藏

着电政监督将东校场无线电台
归广东无线电总局管理令

（一九二三年四月一至二日间）①

着电政监督将东校场无线电台交归广东无线电总局局长管理，并将该台经费照常由沙面电报局支给。此令。

民国十二年四月

据原件影印件，台北、中国国民党文化传播委员会党史馆藏

饬知全省财政宜由财政厅综管令

（一九二三年四月二日）

大元帅训令第五五号

令大本营驻江办事处主任古应芬等

据广东财政厅长杨西岩呈称："现奉大本营驻江办事处第一一二号训令开：

---

①　原令未署日。依给广东无线电报总局第九九号训令，此令为第五四号训令，按五五号训令为四月二日，则此令当在四月一至二日间。

查江门东口会河厘厂，经已批准恒源公司商人郭民发承充，咨请省长令行该厅照准在案。该厂监办委员，现经遴委刘秉刚充任，饬即到差，合行令仰该厅知照，并加发委状，呈处转给，俾专责成，此令，等因。奉此，查江门东口会河厘厂，原归汉荣公司商人谭德尉承办，年认饷银一十三万六千元，扣至十二年四月二十日止，即届期满。钟前厅长任内，曾将该商饷额减为大元一十二万元，准予续办，惟未给谕遵守。嗣据义利公司商人冯耀南呈称：该商对于江门一带情形熟悉，于厘务一途，尤为深知利弊，际此军糈紧急，库款待支，情愿照旧商汉荣公司减定年饷一十二万元缴纳，请准承办前来。当经批准，并饬缴按预饷去后，随据该商将按饷一个月、预饷一个月共银大元二万元缴厅核收，即经呈明，核给文告，准予承办在案。现若改由别商揽承，似与原案不符，厅长奉令综管全省财政，职权所关，未便示商民以不信，且财权不专，措置尤多窒碍，奉令前因，理合呈请钧座察核，俯赐令行大本营驻江办事处，即将批准恒源公司郭民发承办江门东口会河厘厂一案注销，饬令交回义利公司商人冯耀南，依期于十二年四月二十一日接办，以一事权，而维信用。是否有当，伏乞迅赐核办饬遵"等情前来。查现在粤局渐定，所有全省财政，自宜由广东财政厅综管，以一事权，而免纷歧，除指令该厅长所请应即照准，候令行大本营驻江办事处遵照办理外，仰即知照。此令。

（中华民国陆海军大元帅之印）

中华民国十二年四月二日

据《大元帅训令第五五号》，载广州《陆海军大元
帅大本营公报》第六号，一九二三年四月十三日

饬广东全省印花税应归财政部办理令

（一九二三年四月二日）

大元帅训令第五六号

　　令大本营兼理财政部长邓泽如

广东全省印花税，应一律归大本营财政部办理。此令。

（中华民国陆海军大元帅之印）

中华民国十二年四月二日

据《大元帅训令第五六号》，载广州《陆海军大元
帅大本营公报》第六号，一九二三年四月十三日

饬前山一带防军不得擅自移动令

（一九二三年四月二日）

大元帅训令第五七号

令大本营游击司令李安邦

查前山一带防务，该司令接管以来，办事尚属得力，着仍照常驻扎防范，非有本大元帅命令调遣，不得将所部擅自移动。切切。此令。

（中华民国陆海军大元帅之印）

中华民国十二年四月二日

据《大元帅训令第五七号》，载广州《陆海军大元
帅大本营公报》第六号，一九二三年四月十三日

饬知裁撤军法处令

（一九二三年四月二日）

大元帅训令第五八号

令大本营参军长朱培德

大本营军法处应即裁撤，所有军法事宜，着由大本营军政部兼管。除训令军

政部遵照外，合行令仰该参军长即便遵照。此令。

（中华民国陆海军大元帅之印）

中华民国十二年四月二日

据《大元帅训令第五八号》，载广州《陆海军大元
帅大本营公报》第六号，一九二三年四月十三日

饬严拿抢劫犯令

（一九二三年四月二日）

大元帅训令第五九号

　　令广州卫戍总司令杨希闵、广东省长徐绍桢

　　查广州市内竟有白昼抢劫情事，甚至日有数起，惊扰闾阎，妨害治安，殊堪痛恨。着由该卫戍总司令、省长督饬所属一体严防密查，遇有抢劫案犯，一经拿获，讯明即依军法从事，以儆效尤，而清匪患。除训令卫戍总司令、广东省长遵照外，合行令仰该卫戍总司令、省长即便遵照办理。切切。此令。

（中华民国陆海军大元帅之印）

中华民国十二年四月二日

据《大元帅训令第五九号》，载广州《陆海军大元
帅大本营公报》第六号，一九二三年四月十三日

饬发给安健公费手令

（一九二三年四月二日）

　　着会计司发给安健公费叁百元。此令。

孙文

民国十二年四月二日

据原件，台北、中国国民党文化传播委员会党史馆藏

批林焕廷请汇蒋介石安家费电

（一九二三年四月二日）①

电汇五千元由焕廷交。冬。

附：林焕廷电文

介石安家费请电汇，业明。

据抄件，台北、中国国民党文化传播委员会党史馆藏

饬汇林焕廷五千元手令

（一九二三年四月二日）

着会计司即汇沪洋五千元往上海环龙路四十四号林焕廷收。此令。

孙文
中华民国十二年四月二日

据原件，台北、中国国民党文化传播委员会党史馆藏

---

① 日期据来电。原电未署日期。上有"四月二日译发"字样，据考订与秦孝仪主编《国父全集》第四册载一九二三年四月二日《饬汇林焕廷五千元手令》内容一致，则应为一九二三年。

派宋子文调查财政厅档案令

（一九二三年四月二日）

派宋子文赴财政厅调查各宗档案。此令。

孙文

据原件，北京、中国国家博物馆藏

饬发给霍汗公费手令

（一九二三年四月三日）

着会〈计〉司发给霍汗公费，每月四百元，由三月份起。此令。

孙文

民国十二年四月三日

据原件，台北、中国国民党文化传播委员会党史馆藏

饬发给夏百子恩俸手令

（一九二三年四月三日）

着会计司每月发给夏百子恩俸五拾元。此令。

孙文

民国十二年四月三日

（大元帅面谕由三月份起。四月十日棠①批。）

据原件，台北、中国国民党文化传播委员会党史馆藏

---

① 即王棠，时任大本营会计司司长。

批杨仙逸有关航空事业呈①

（一九二三年四月三日）

大元帅指令第七五号

令航空局局长杨仙逸

呈请建设工场以利航空事业，于工场未设之时，先制一船，聊作工场之用，并以许军现无飞机，殊不足以制敌，拟向安南择购飞机两架，以作军前之助，乞分别令遵由。

呈悉。所请各节，均属可行，应予照准。此令。

中华民国十二年四月三日

据《大元帅指令第七五号》，载广州《陆海军大元帅大本营公报》第六号，一九二三年四月十三日

批杨仙逸江门飞航站计划呈②

（一九二三年四月三日）

大元帅指令第七十六号

令航空局局长杨仙逸

呈请训令驻江门办事处筹饷局按照该站所需经费源源接济由。

呈悉。飞航站暂缓设置，经费应筹专款。所请各节，着毋庸议。此令。

中华民国十二年四月三日

据《大元帅指令第七十六号》，载广州《陆海军大元帅大本营公报》第六号，一九二三年四月十三日

---

① 杨仙逸呈请建设工场以利航空事业，于工场未设之时，先制一船聊作工场之用，并以许崇智部现无飞机，殊不足以制敌，拟向安南择购飞机两架以作军前之助。

② 航空局局长杨仙逸呈请设一飞航站于江门，以便与省会飞航站互相策应，并称如邀核准请即训令驻江办事处筹饷局按照该站所需经费源源接济。

饬发那文月俸手令

（一九二三年四月三日）

着会计司发给那文顾问月俸壹千元。由三月起。此令。

孙文

民国十二年四月三日

据原件，广州、中山大学孙中山纪念馆藏

饬垫刘玉山军队火食费令

（一九二三年四月三日）

着市政厅垫刘玉山军队火食叁千元。此令。

孙文（大元帅章）

民国十二年四月三日

据"国父墨宝"手令原件（孙科赠），台北、"国史馆"藏

饬陈天太换防令

（一九二三年四月四日）

大元帅训令第六十号

令大本营军政部长程潜、桂军总司令沈鸿英、代理中央直辖第一军军长陈天太

沈总司令所部军队遵令移防西江，所有肇庆防地应归接收填驻，其原驻肇庆各地陈代军长所部，着即从速调防三罗一带驻扎，并将换防情形分别具报。除分

令外，仰即遵照办理。此令。

（中华民国陆海军大元帅之印）

中华民国十二年四月四日

据《大元帅训令第六十号》，载广州《陆海军大元
帅大本营公报》第六号，一九二三年四月十三日

饬将印花税事务交由财政部办理令

（一九二三年四月五日）

大元帅训令第六十一号

令兼理大本营财政部长邓泽如、广东印花税分处处长孙祥夫

查广东印花税，业经明令归大本营财政部办理在案。兹令广东印花税分处，仰该处长孙祥夫克日将该处印花税事务交由大本营财政部派员接收办理。除分令外，仰即遵照办理。此令。

（中华民国陆海军大元帅之印）

中华民国十二年四月五日

据《大元帅训令第六十一号》，载广州《陆海军大
元帅大本营公报》第六号，一九二三年四月十三日

饬督率所属各派专员清理庶狱令

（一九二三年四月六日）

大元帅训令第六二号

令广东省长徐绍桢、大本营军政部长程潜、大理院长赵士北

案查十年十月五日曾经明令清理庶狱，以普惠泽。旋值粤乱发生，此令迄未实行，甚非本大元帅慎重庶狱之意，亟应重申前令，切实办理。应即由大理院督率广东高等审、检两厅暨所属各厅庭，各派专员，清查现在监狱中执行刑罚之罪犯，择其情有可原者，呈请减刑。至羁押民事被告人，无论有无保人，应一律释

放；其刑事被告人，证据不充分或系应处五年有期徒刑以下之刑者，及案经上告，卷宗于上年变乱损失一时难结者，均应取保释出候审。仍督所属，以后务遵刑事审限，并依法励行缓行、假释、责付保释。此外军事犯及受行政处分被羁押、或因犯已废止之治安警察法被惩治者，并应由各军事长官及广东省长遵照前令分别办理，统限三个月办理完竣具报，勿稍延玩。此令。

（中华民国陆海军大元帅之印）

中华民国十二年四月六日

据《大元帅训令第六二号》，载广州《陆海军大元
帅大本营公报》第七号，一九二三年四月二十日

饬严拿劫财伤人犯令

（一九二三年四月六日）

大元帅训令第六三号

令广州卫戍总司令杨希闵

查广州市内地方，近有假冒军人，擅入民家，以搜查为名，藉端掠取财物，并有军人擅入民家劫财伤人情事，殊堪痛恨。仰该总司令转知各军，并通饬所属，一体严密查拿，遇有此等案犯，审讯明确，即以军法从事，以安闾阎，而肃军纪。切切。此令。

（中华民国陆海军大元帅之印）

中华民国十二年四月六日

据《大元帅训令第六三号》，载广州《陆海军大元
帅大本营公报》第七号，一九二三年四月二十日

饬发给程步瀛每月津贴手令

（一九二三年四月六日）

着会计司发给程步瀛每月津贴壹百元。此令。

孙文

民国十二年四月六日

据原件，台北、中国国民党文化传播委员会党史馆藏

饬各军事首长严禁假借军费名义
在驻地提征盐税及变卖官盐令

（一九二三年四月七日）

大元帅训令第六五号

令海军舰队司令温树德、江防司令杨廷培、海防司令陈策、长洲要塞司令苏从山、闽赣边防督办李烈钧、大本营军政部长程潜、滇军总司令杨希闵、桂军总司令沈鸿英、西路讨贼军总司令刘震寰、东路讨贼军总司令许崇智、大本营驻江办事处全权主任古应芬、南路讨贼军总司令黄明堂、高雷讨贼军总司令林树巍

据两广盐运使伍学熀呈称："案据小靖场知事唐镜湖呈报：'现驻陆丰粤军警备队司令马永平所部统领叶德修，以军用支绌，运盐接济，先后用船运去场盐二十一载，计一千四百二十八担；又陈统领汉南派队押船十四艘，在淡水厂由雍合等运馆配去盐四百七十六担。二共运去军用盐一千九百零四担。又三月十日该司令部副官马方平，遣兵运配下尾厂存盐四载，计二百七十二担。似此假借军用名义，擅提军盐，毫无限制，将见场盐立尽，税收损失，何堪设想。目下实无抵拒之方，理合先行呈报核销备案，如军队继续载运，再行具报。'又据代理双恩场知事姚世俨具呈：'本年二月二十五日东路讨贼军第三路司令官梁，派副官梁士衡、黄日伟到场辖之双鱼厂采卖官盐二百五十包，又派委员任心符将北寮厂存盐

采卖七百包，该价提解司令部充作军饷，呈请核销备案，各等情。据此，查场产盐斤，为国税之根源，如果驻近军队自由提售，将价充饷，是盐法军纪藩篱尽抉，税源既塞，国用无资，关系大局，殊非浅鲜。除令复各该知事切实劝阻，其以前提过盐斤向之补取收据送使署备案外，理合据情呈报帅座鉴核，俯赐设法维持，以顾产销，并乞指令祗遵"等情前来。查盐课纯为国税，关系外债，自应由盐政法定机关管理征收，不得任凭军人滥行干涉，以乱税则，而招责言。为此通令各军，嗣后无论何部军队，所需饷项火食，应各向该管长官直接具领，不得假借军费名义，擅在驻地有提征盐税或变卖官盐情事，如违，定行重究。合行令仰部长、总司令、督办、主任、司令知照，并转饬所属一体遵照毋违。切切。此令。

（中华民国陆海军大元帅之印）

中华民国十二年四月七日

据《大元帅训令第六五号》，载广州《陆海军大元帅大本营公报》第七号，一九二三年四月二十日

饬垫陈天太军队火食费令

（一九二三年四月七日）

着市政厅垫陈天太军队火食五千元。此令。

孙文（大元帅章）

民国十二年四月七日

据"国父墨宝"手令原件（孙科赠），台北、"国史馆"藏

褒扬顾品珍令

（一九二三年四月九日）

大元帅令

前云南总司令顾品珍，忠诚纯笃，勇略冠时，治军有方，勋劳夙著。护国护

法，无役不从，艰阻备尝，志气弥厉。本大总统特任为云南总司令，绥辑军民，有功边缴〔徼〕。前年自请率师北伐，董率将士，为国驰驱，不幸中道陨于寇乱。所部将士，秉承遗志，间关千里，以赴国难，遂能攘除叛逆，戡定广州。本大元帅每维教战之绩，益怀赴义之勋，宜有褒荣，用彰遗烈。顾品珍着追赠陆军上将，照上将阵亡例给恤，由军政部查照定章办理。生平事迹并宣付国史馆立传，以昭崇报，而示来兹。此令。

（中华民国陆海军大元帅之印）

中华民国十二年四月九日

据《大元帅令》，载广州《陆海军大元帅大本营公报》第七号，一九二三年四月二十日

褒扬赵又新令

（一九二三年四月九日）

大元帅令

前靖国军第二军军长赵又新，志虑忠纯，韬略娴习。护国、护法两役，转战黔蜀，躬在行间，所向有功，军民爱戴。民国九年之役，陨于行阵，见危授命，无愧军人。本大元帅每轸干城之寄，益兴鼙鼓之思，特予褒扬，用彰遗绩。赵又新着追赠陆军上将，照上将阵亡例给恤，由军政部查照定章办理，以昭义烈，而励戎行。

（中华民国陆海军大元帅之印）

中华民国十二年四月九日

据《大元帅令》，载广州《陆海军大元帅大本营公报》第七号，一九二三年四月二十日

饬发给金华林黄昌谷旅费手令

（一九二三年四月九日）

着会计司发给金华林、黄昌谷二人旅费贰千元。此令。

孙文

中华民国十二年四月九日

据原件，台北、中国国民党文化传播委员会党史馆藏

饬知官煤局改隶军政部令

（一九二三年四月十日）

大元帅训令第六七号

令广东省长徐绍桢

据大本营军政部长程潜呈称：案据官煤局总办黄实呈称："呈为呈请事：窃查江海防司令部及职局，原同属广东省长公署范围。现江海防司令部饷薪经费，业经奉令改由钧部支放，各舰需用煤吨，为数綦巨，与职部关系至为密切，倘无明文规定，俾有率循，受令无所适从，手续殊形纷杂，如何之处，伏候饬遵"等情。据此，查江海防舰需用煤吨甚多，事权若稍分离，应付深感困难，似应将该官煤局改隶职部直接办理，俾收支放便利之效。所有请将官煤局改隶职部办理缘由，是否可行，伏候指令祗遵等情前来。查官煤关系军需，管辖应取一致，该部长所陈，事属可行。除指令呈悉，准如所请办理候令行广东省长遵照外，合行令仰该省长即便遵照。此令。

（中华民国陆海军大元帅之印）

中华民国十二年四月十日

据《大元帅训令第六号》，载广州《陆海军大元帅大本营公报》第七号，一九二三年四月二十日

饬知已着手兴建汕头无线电台令

（一九二三年四月十日）

大元帅训令第六八号

令闽赣边防督办李烈钧、东路讨贼军总司令许崇智

汕头无线电台已着无线电工程总管梁志宏克日兴工建筑完备，以便通电。除令知该总管办理外，合行令仰该督办、总司令知照。此令。

（中华民国陆海军大元帅之印）

中华民国十二年四月十日

据《大元帅训令第六八号》，载广州《陆海军大元帅大本营公报》第七号，一九二三年四月三十日

饬梁志宏建筑汕头无线电台令

（一九二三年四月十日）

大元帅训令第六九号

令无线电工程总管梁志宏

汕头无线电台着即日建筑完备，以便通电。除分令李督办及许总司令知照外，合行令仰该员克日兴工办理。此令。

（中华民国陆海军大元帅之印）

中华民国十二年四月十日

据《大元帅训令第六九号》，载广州《陆海军大元帅大本营公报》第七号，一九二三年四月三十日

附：着梁志宏将汕头无线建筑完备令①

（一九二三年四月九日）

令无线电工程总管梁志宏

即日将汕头无线建筑完备，以便通电。此令。孙文。并分令李督办及许总司令。十二、四、九。

据抄件，台北、中国国民党文化传播委员会党史馆藏

饬大理院宽减侨资厂工伴刑期令

（一九二三年四月十日）

大元帅训令第七十号

令大理院长赵士北

据侨商潘嘉呈称："窃侨商潘嘉，奔走国事十三年，皆以国事党事为务。在小昌宋所设商号，专办国货，因我民国政府提倡实业，欢迎侨商投资，是以集资返国，复在河南凤凰冈凤宁北开设大强织造厂。地方偏僻，不入警察范围，且无更保，常受盗扰。不料去年五月十三夜，又来强徒，在墙外挖洞，厂中工伴陈祥、胡德、潘成三人醒觉，突起开门瞯之，火光中已认得为屡偷厂物之匪。匪闻门开，反挥刀扑来，三伴急以铁剑木棍抵御，将其戳伤，匪始急窜，遂不穷追，实不知该匪逃至中途受伤倒毙。伏思地无兵警，门有凶徒，喊叫无从，迫得自出防卫，自卫固无干罪，御盗更可奖巧。莫奈时当大总统蒙难离粤，潘嘉亦逃避回岷，未暇为之营救，故陈、叶窃政，司法界之黑暗，已尽人皆知，何待赘溯，竟于十一年十月十六日判决，处拒盗之工伴三人四等有期徒刑一年，扣至本年三月底，已被押八个月。窃念侨商投资归国，既无保护，不得已出于自卫，而自卫反受滥刑，不特工伴之冤无可伸，即侨商归国之心，何难因是而灰冷。今幸大总统回粤，如

---

① 此令与《大元帅训令第六九号》内容相同，惟日期不同，今附录并存。

云开见天，人民冤苦，必蒙矜悯，故前月十日曾茹痛泣叩公府，乞念侨商横受冤押，特赦出狱。虽蒙面许，未见明令，今陈祥等双脚受镣，初而肿涨〔胀〕，继而溃烂，日夜呻吟，势成废疾。似此无辜被祸，莫不矜怜，故孙市政厅长、吴公安局长皆曾为三人设法请主张公道，使昭雪冤狱。为此万不得已再叩崇辕，乞念侨商受窃政者所摧残，受枉法者所滥罚，立下明令特赦出狱，使陈祥等三人不至无辜痩毙，则永感者不特潘嘉与工伴三人，即一般投资归国者，亦闻风颂德，讴歌国父不置矣"等情前来。查陈祥、胡德、潘成等三名，事出自卫，情有可原，业经执行徒刑数月，应予从宽减刑省释，仰该院长转饬该管检察厅遵照办理。此令。

（中华民国陆海军大元帅之印）

中华民国十二年四月十日

据《大元帅训令第七十号》，载广州《陆海军大元帅大本营公报》第七号，一九二三年四月二十日

批程潜请将官煤局改隶军政部直接办理呈[①]

（一九二三年四月十日）

大元帅指令第八五号

令大本营军政部长程潜

呈请将官煤局改隶军政部直接办理由。

呈悉。准如所请办理，候令行广东省长遵照可也。此令。

（中华民国陆海军大元帅之印）

中华民国十二年四月十日

据《大元帅指令第八五号》，载广州《陆海军大元帅大本营公报》第七号，一九二三年四月二十日

---

① 程潜时任大本营军政部长。

批胡思舜来函

（一九二三年四月十日）

不理。

附：胡思舜原函

（一九二三年四月十日）

大元帅钧鉴：

职部自移驻西南以来，幸托大元帅福庇，军民尚属相安。至对于防务亦仰体钧座及杨总司令之命令，协同各友军极力戒备，请释锦注。惟迭据探报，沈氏野心依然不死，近日于四会、芦苞、广利各方面陆续增加兵力，虽小丑跳梁，不足有为，然防患未然，应早定大计，免为所乘。职当谨率所部，静待后命。再职部自到粤以来，官兵伙食，虽蒙杨总司令源源接济，然杯水车薪，常虞不接，且薪饷一关未发，比较之他军发三关、四关饷者，不啻天壤。现官兵痛苦已深，维持抚慰实属为难。万望大元帅体念官兵痛苦，设法发给薪饷，以慰军心，并请发给各种弹药，以资军用。肃此，敬叩钧安。

直辖滇军第二旅长胡思舜

中华民国十二年四月十日

据中国第二历史档案馆编：《中华民国史档案资料汇编》第四辑（下），南京，江苏古籍出版社一九八六年九月出版

饬广东省长向英领交涉驱逐电报罢工祸首令

（一九二三年四月十一日）

大元帅训令第七三号

　令广东省长徐绍桢

据广东电政监督李章达呈称："窃维此次电报局罢工风潮，实沙面电报局长陈昌为首，收聚徒众，接济金钱，妨害交通，扰乱电政，实应受刑事上之制裁。经将该局长撤差听候查办，遗缺即委电报毕业生麦萼楼接充，又被多方推宕，抗不交代，前经呈请帅座饬行通缉在案。忖电报关系交通，不容停滞，特派员督匠四出修整杆线，复电省外各局协修，方期指日功成，恢复原状。讵迩来叠接广局及各局员司报告，各线随修随阻，查系陈昌唆使奸人暗中搅乱，冀遂其破坏电政之私，始则滥觞于广州一隅，继而波及于广东全省，似此行为，不法已极，其心不可测，其罪不容诛，理应咨会军警，将该犯拿获解办。惟该电报局落在沙面英段租界，陈昌常匿居是间，倘若直接逮捕，手续上不无窒碍，基此原因，理合将陈昌为首滋事、聚众罢工，及抗不交代各情，备文呈恳帅座俯准，迅饬省长转饬交涉员向英领交涉，务将陈昌驱逐出局，引渡归案究办，以维国法，而重主权"等情。据此，除指令呈悉，应照准候令行广东省长转饬交涉外，合行令仰该省长转饬交涉员迅向英领交涉，并将办理情形具复。此令。

（中华民国陆海军大元帅之印）

中华民国十二年四月十一日

据《大元帅训令第七三号》，载广州《陆海军大元帅大本营公报》第八号，一九二三年四月二十七日

饬广东省长查明无线电报局基地情形令

（一九二三年四月十一日）

大元帅训令第七四号

令广东省长徐绍桢

据广东无线电报总局局长冯伟呈称："窃职局无线杆塔两座，其左便一座，安设于局所相连旁地塔下空地，面积甚宽；其右便一座，安设与局所相隔较远，即今之天天楼茶居右边塔下空地，面积一如左便。惟现在堆积瓦砾，及为人摆卖盘花，有用木板装成房舍者，又有筑作商店者一间，现开德新荣字号，形式亦极矮小简单，每于修整电杆，诸多障碍。因思该处已系电塔所在，想属公地，迨派

员查问，据该商人声称，系同合益公司黄文硕租赁，并据黄文硕将财政厅给予管业凭照缴验。查核该照系民国八年一月发给，所填上手来历，只注宣统年间成德堂将此地在前清官银钱局按揭巨款，逾期弗赎，早经没归公有，并未载有成德堂之姓名，已造成无可追问。查此电杆塔于宣统三年移设该处，如果该地址系成德堂私产，其时公家亦必以价购买，始能在该地建筑；假使成德堂按押在先，该地已属公有，亦必划明阔狭。查民国六年间，曾经官银钱局清理处派员，与职局工程师司徒瀛会同勘明，划定电塔脚下两傍地址，留余三丈之宽，南通大马路，北通二马路，原为电塔损坏应行修整时有所通往。今案卷因变乱虽失，而原勘人员，尚可查问。况该公司呈请承买事又在民国八年，每井价银只二百五十元，其时长堤业已建筑，不特无此低贱价格，且电杆塔设在中间，而四围准商人承买，势必建造铺屋，将来完全造起，四维圈塞，试问修整电杆从何出入？此中已多疑窦，难保无商同瞒承之弊。所幸该公司原领地段共列十三号，现尚未完全建筑，只称第六第九两号经筑洋楼，局长以该公司既有财厅所给凭照，无论上手清白与否，姑不深究，现拟按照凭照内所列每井二百五十元，共一百井零零八十二方尺，除第六、第九两号共十四井零八尺六寸业经建筑免议外，其余第一、第二、第三、第四、第五、第七、第八、第十、第十一、第十二、第十三等号，按照原价如数给还，即将财厅所出凭照十一张收回涂销，然后由职局测量规划，除留电杆塔脚下附近空地照原案计划外，大约可盈余地七拾井有奇。若按照近日时价比较，该公司原领价格不无大相悬殊，估计尚可盈余多数。当此公家财窘之际，以盈款拨作计划推广无线电经费，实属不无裨益。局长为整顿扩充起见，理合具文并粘抄合益公司所缴财厅凭照一纸，呈请察核，是否有当，伏乞训示祗遵"等情。据此，除指令"呈悉。所请各节，仰候令行广东省长转饬市政厅工程局查明再夺"外，合行合仰该省长查照办理具覆。此令。

（中华民国陆海军大元帅之印）

中华民国十二年四月十一日

据《大元帅训令第七四号》，载广州《陆海军大元帅大本营公报》第八号，一九二三年四月二十七日

饬大理院减免电车司机徒刑令

（一九二三年四月十一日）

大元帅训令第七五号

　　令大理院长赵士北

　　据袁兆祺、陈德呈称："窃工人袁兆祺、陈德，皆受广东电车有限公司雇充电车司机。于民国十年九月二十五日，袁兆祺因驶车至万福路欲避一老叟，遂至辗毙市人尹洪顺；同年十一月二十日，陈德因驶车至天字码头，适有手车夫温金，拖车由永汉路横过电车之前，陈德制止车机不及，遂至辗毙手车夫温金。依法应由公安局查照广州市行驶车辆交通罚则处断，乃法庭竟向公安局提案自办，舍弃交通罚则，强用普通刑律，判处袁兆祺执行有期徒刑四年，赔偿抚恤费共八千三百五十元；判处陈德执行有期徒刑二年零六月，赔偿抚恤费一千五百元。除赔偿抚恤费，已由被害人亲属先后依照广州市行驶车辆交通罚则规定数目先后领取完案外，工等对于判处徒刑被押经年，坐困囹圄，终日饮泣，莫奈伊何。伏读中华民国约法第二十八条，大总统有宣告大赦、特赦、减刑之规定，工等因行驶车辆犯事，法庭偏舍弃行驶车辆之单行法，强以普通刑律处断，实为非常冤屈，迫得匍叩崇辕，恳请依法宣告减刑，将袁兆祺判处执行有期徒刑四年减去三年零六月，陈德判处执行有期徒刑二年零六月减去一年零六月，未决期内羁押之日数，准照现行新刑律第八十条规定，以二日抵徒刑一日，依法扣减省释，实为德便"等情。查该工人等以执行业务过失杀人，业经执行徒刑一年以上，所有吁恳减刑省释之处，应即照准，仰该院长转饬该管检察厅遵照办理。此令。

　　　　　　　　　　　　　　　（中华民国陆海军大元帅之印）

　　　　　　　　　　　　　中华民国十二年四月十一日

　　　据《大元帅训令第七五号》，载广州《陆海军大元帅大本营公报》第八号，一九二三年四月二十七日

饬发给姚雨平军队开拔费令

（一九二三年四月十一日）

大元帅令

着财政厅长发给姚雨平军队开拔费叁万元。此令。

孙文（大元帅章）

中华民国十二年四月十一日

据"国父墨宝"手令原件（孙科赠），台北、"国史馆"藏

饬发给刘玉山制弹费令

（一九二三年四月十一日）

大元帅令

着财政厅长发给刘玉山制弹费六千元。此令。

孙文（大元帅章）

中华民国十二年四月十一日

据"国父墨宝"手令原件（孙科赠），台北、"国史馆"藏

着黄隆生收管金库券令

（一九二三年四月十二日）

着黄隆生将财政厅印成之金库券全数收管。此令。

孙文

据原件影印件，台北、中国国民党文化传播委员会党史馆藏

饬李济深等部由梁鸿楷指挥古应芬节制令

（一九二三年四月十三日）

大元帅训令第七九号

令大本营军政部长程潜、大本营驻江办事处全权主任古应芬、广东讨贼军第四军军长梁鸿楷

广东讨贼军第一师师长李济深所部，及中央直辖第四独立旅旅长张振武所部，现驻新兴第一独立旅旅长余六吉所部，均归广东讨贼军第四军军长梁鸿楷指挥。仍遵照前令，由大本营驻江办事处全权主任古应芬节制调遣。此令。

（中华民国陆海军大元帅之印）

中华民国十二年四月十三日

据《大元帅训令第七九号》，载广州《陆海军大元帅大本营公报》第八号，一九二三年四月三十日

饬第七军妥为办理改编事宜令

（一九二三年四月十三日）

大元帅训令第八十号

令大本营军政部长程潜

中央直辖第二、三两师，着改编为中央直辖第七军。其军长一职，业经任命刘玉山充任在案。所有该军编配及驻扎点验各事宜，着由军政部转饬该军长、师长等妥为办理。此令。

（中华民国陆海军大元帅之印）

中华民国十二年四月十三日

据《大元帅训令第八十号》，载广州《陆海军大元帅大本营公报》第八号，一九二三年四月三十日

嘉奖杨坤如勇于为善令

（一九二三年四月十三日）

大元帅训令第八一号

令大本营军政部长程潜、警备军军长姚雨平、师长杨坤如

据警备军军长姚雨平、师长杨坤如电称："遵令于佳日拂晓，将驻惠阳之翁辉腾所部全数缴械，并派队向海丰汕尾进发，肃清余孽"等情。查该师长勇敢善战，于回粤援桂两役，颇立奇功。昨年六年之变，为陈逆诱胁，不能自拔，每念前劳，深致痛惜。近据其自请立功，用赎前愆，本大元帅念其夙劳，许以自新，密令该军长责以肃清余孽之任。兹据前情，足征该师长勇于为善不远，而复爱护国家，犹本初志。方今贼氛未靖，正壮士立功之会，一俟该师长克日将海丰、汕尾一带逆军完全扑灭，本大元帅论功行赏，自当与起义诸将，一体从优奖励。至此次出力人员，着由军政部详细调查汇案核办，除分令外，仰即遵照。此令。

（中华民国陆海军大元帅之印）

中华民国十二年四月十三日

据《大元帅训令第八一号》，载广州《陆海军大元帅大本营公报》第八号，一九二三年四月三十日

饬程潜务将徐汉臣等通缉归案令

（一九二三年四月十三日）

大元帅指令第九十号

令大本营军政部长程潜

呈为徐汉臣等九名希图扰乱，乞明令通缉归案密办由。

呈悉。据称徐汉臣等蓄谋叛乱，逆迹昭著，实属罪无可逭。着照该部所请，即由该部遵令分行各军事长官通饬所属一体严密缉拿，务获究办，毋稍宽纵。切

切。此令。

（中华民国陆海军大元帅之印）

中华民国十二年四月十三日

据《大元帅指令第九十号》，载广州《陆海军大元帅大本营公报》第八号，一九二三年四月三十日

附：程潜原呈

（一九二三年四月五日）

为呈请事：谨案已革东路讨贼军第八师师长徐汉臣、旅长黄定中及徐芳廷、徐〈鸿〉钧、徐春波、林炳南等，野心未戢，希图扰乱，暗受陈逆炯明接济指使，屡次派人前往江门，勾结大本营直辖陆军第四旅营连长徐参衡、曹扬武、欧建标等运动兵士，约期举动。幸该旅团长等察觉尚早，立将该徐参衡等呈请撤换。讵该徐汉臣等甘心从逆，一意谋乱，一再与该已革营连长徐参衡等，派人携款到江运动各营官兵，并在沙坪、省城两处假借名义设立机关，私招军队，冀遂乱谋。选据大本营直辖第四旅旅团长及江门各军处报告，均属实情。该徐汉臣等前因不法，致被革斥；近复怙恶不悛，一志谋逆，希图破坏大局，实属不法已极。应请大元帅明令通饬各军，将徐汉臣、黄定中、徐庭芳、徐春波、徐鸿钧、林炳南、徐参衡、曹扬武、欧建标等九名一律缉获归案惩治，以肃军纪而清乱源所有呈请明令通缉徐汉臣等九名归案各缘由，是否有当，理合具文呈请钧座，俯赐裁核示遵。谨呈大元帅。

军政部长程潜

中华民国十二年四月七日

据广州《陆海军大元帅大本营公报》第八号，一九二三年四月三十日

命温树德抽编舰队入闽令

（一九二三年四月十四日）

中山令温树德抽编舰队入闽，协助许、王、臧①兵队驱逐北军。拟先令李烈钧所辖之"永翔"舰②试探路线。

据《粤闽要讯》，载一九二三年四月十四日天津《大公报》

饬会计司庶务司按月拨交秘书处材料印刷费令

（一九二三年四月十四日）

大元帅训令第八二号

令大本营会计司长王棠、大本营庶务司长陈兴汉

据大本营秘书长杨庶堪呈称："窃查《大本营公报》及直辖各机关印信、牙章，历由职处分别刊铸、颁发，并有一切印刷品，亦经职处随时经理。所有此项人工、材料，月需数目亟应酌予规定。拟请每月暂行规定经费毫洋一千元。伏乞察核批准。饬由会计司按月如数拨交庶务司具领，以资办公"等情。据此，除指令呈悉，应照准外，合行令仰该司令即便遵照。此令。

（中华民国陆海军大元帅之印）

中华民国十二年四月十四日

据《大元帅训令第八二号》，载广州《陆海军大元帅大本营公报》第八号，一九二三年四月三十日

---

① 指许崇智、王永泉、臧致平。

② 原文如此，似应为"永丰"舰。

批答沈鸿英和平统一宣言

（一九二三年四月十四日）①

　　代答：此间获得沈鸿英电稿，证实曹无诚意，与之言和平统一，是犹对牛弹琴不如其已，此后只有对国民宣传和平统一，而促人民之大觉悟，以备群众之大革命而已，政府暂尚不设。

据抄件，台北、中国国民党文化传播委员会党史馆藏

饬发给伍毓瑞出入证手谕

（一九二三年四月十六日）

伍毓瑞特别出入证一枚。

孙文

民国十二年四月十六日

据原件，台北、中国国民党文化传播委员会党史馆藏

---

　①　原件未署日期。沈之"宣言"在一九二三年四月十四日，姑依之。

饬发给李福林军队出发费令

（一九二三年四月十六日）

大元帅令

　　着财政厅发给李福林军队出发费贰万元。此令。

孙文（大元帅章）

民国十二年四月十六日

据"国父墨宝"手令原件（孙科赠），台北、"国史馆"藏

饬发给王之南用费手令

（一九二三年四月十七日）

　　着会计司发给王之南用费五百元。此令。

孙文

中华民国十二年四月十七日

据原件，台北、中国国民党文化传播委员会党史馆藏

取消变卖公产令

（一九二三年四月十七日）

　　孙令取消变卖公产，遵章开投。

据《粤电志要》，载一九二三年四月十七日天津《大公报》

饬发给刘玉山军费手令

（一九二三年四月十七日）

着会计司发给刘玉山军费壹万元。此令。

孙文

中华民国十二年四月十七日

据原件，台北、中国国民党文化传播委员会党史馆藏

饬发给黄骚药料等各费手令

（一九二三年四月十七日）

着会计司发给黄骚药料、仓租并保险运输共贰仟七百九十八元半港纸。此令。

孙文

中华民国十二年四月十七日

据原件，台北、中国国民党文化传播委员会党史馆藏

批赵士北拟办坟山登记先行派员筹议
在筹办期内不动支款项以节糜费呈①

（一九二三年四月十七日）

大元帅指令第一〇二号

令大理院长兼管司法行政事务赵士北

呈为拟办坟山登记，先行派员筹议，在筹办期内不动支款项以节糜费由。

---

①　赵士北时任大理院长兼管司法行政事务。

呈悉。所请尚属可行，应准如所拟办理。此令。

（中华民国陆海军大元帅之印）

中华民国十二年四月十七日

据《大元帅指令第一〇二号》，载广州《陆海军大元帅大本营公报》第八号，一九二三年四月三十日

着赵士觐即将电话局交黄垣收管令

（一九二三年四月十八日）

着广州市电话局局长赵士觐，即将该局交替与大本营技师黄垣收管，以利军用。此令。

孙文

据原件影印件，台北、中国国民党文化传播委员会党史馆藏

饬发给谢心准公费手令

（一九二三年四月十八日）

着会计司发给谢心准公费五百元。此令。

孙文

中华民国十二年四月十八日

据原件，台北、中国国民党文化传播委员会党史馆藏

饬发给马源恤款手令

（一九二三年四月十八日）

着会计司发给马源恤款壹千元。此令。

孙文

民国十二年四月十八日

据原件，台北、中国国民党文化传播委员会党史馆藏

饬每日发给黄骚购军米银手令

（一九二三年四月十八日）

着会计司每日发给黄骚买军米银七千元。此令。

孙文

民国十二年四月十八日

据原件，台北、中国国民党文化传播委员会党史馆藏

犒赏平定沈乱之滇军将士令

（一九二三年四月十八日）

大元帅训令特字第一号

令中央直辖滇军总司令杨希闵

沈逆构乱，称兵犯我省会，经滇军总司令杨希闵督率将士分道攻讨，贼众崩溃，两日以来，诸将士杀敌致果，忠勇奋发，本大元帅顾念贤劳，实深嘉尚。所有此次滇军之士兵夫，着先发给犒赏毫洋四万元，由财政厅长杨西岩赍送该总司

令分别颁发，以励有功。此令。

（中华民国陆海军大元帅之印）

中华民国十二年四月十八日

据《大元帅训令特字第一号》，载广州《陆海军大元帅大本营公报》第八号，一九二三年四月三十日

命胡谦在军政部服务令

（一九二三年四月十八日）

大元帅令

　　大本营高级参谋胡谦，着在大本营军政部服务。此令。

（中华民国陆海军大元帅之印）

中华民国十二年四月十八日

据《大元帅令》，载广州《陆海军大元帅大本营公报》第八号，一九二三年四月三十日

嘉慰前敌将士令

（一九二三年四月十九日）

　　此次沈逆叛变，扑攻省城，意图扰乱粤局，倾覆国家。滇军总司令杨希闵，督率所部，力遏敌氛；西路讨贼军总司令刘震寰、巩卫军司令朱培德、中央直辖第三军军长卢师谛、第七军军长刘玉山、东路讨贼军第三军军长李福林，迅速赴援，同心杀贼；遂于三日之间，尽破叛军，克复白云山、兵工厂等处，省城附近一带，已告肃清。诸将士忠勇性成，深明大义，苦战奋斗，迅奏肤功，皆因各军长官训练夙著，调度有方。本大元帅嘉慰之余，深念劳苦。现在逆军崩裂，已不能成军，迅速穷追，易就殄灭，务各努力前进，扫除逆敌，以竟全功，本大元帅

有厚望焉。此令。

中华民国十二年四月十九日

据《孙总统严申赏罚》，载一九二三年五月一日上海《民国日报》

着会计司发给战伤官兵调养费令

（一九二三年四月十九日）

着会计司发给战伤官长兵士调养费九千四百元。此令。

孙文

民国十二年四月十九日

据原件，台北、中国国民党文化传播委员会党史馆藏

饬发给刘震寰军费手令

（一九二三年四月十九日）

着财政厅长发给刘震寰军费五万元。此令。

孙文

民国十二年四月十九日

据原件，台北、中国国民党文化传播委员会党史馆藏

饬发给何克夫军费手令

（一九二三年四月十九日）

着会计司发给何克夫军费叁千元。此令。

孙文

民国十二年四月十九日

据原件，台北、中国国民党文化传播委员会党史馆藏

饬发给杨映波公费手令

（一九二三年四月十九日）

着会计司发给杨映波公费壹千元。此令。

孙文

民国十二年四月十九日

据原件，台北、中国国民党文化传播委员会党史馆藏

令商办粤汉铁路公司董事局
为派陈兴汉管理铁路事务由

（一九二三年四月十九日）

大元帅指令第一〇三号

令商办粤汉铁路公司董事局

呈悉。查该路久为沈逆占据，现因收复伊始，路政急须整理。又值军事紧急，不得不利用铁道交通，经本大元帅令派陈兴汉管理粤汉铁路事务在案。兹据呈称：陈兴汉、张少棠、刘锦江等，既由该局公推为该路临时总理、协理、董事长各职，

所请备案之处，应即照准。惟值军事时期，如凡事皆须会签会定，未免手续繁重，作事迟滞，陈兴汉既经令派，兼受公推，自宜畀以全权，令负专责，以期作事敏活，庶能裨益路政，不误戎机。合行令仰该局即便遵照办理。此令。

（中华民国陆海军大元帅之印）

中华民国十二年四月十九日

据《大元帅指令第一〇三号》，载广州《陆海军大元帅大本营公报》第八号，一九二三年四月二十七日

饬广州市公安局严惩冒充军人借端滋扰令

（一九二三年四月二十日）

大元帅训令第九一号

令广州市公安局长吴铁城

据确探报告：本月拾八日下午七时，有一着军服及常服者共九名，手携灯笼，有东路讨贼军第十路第二梯团司令部蔡字样，并各手持短枪，携带封条，将市桥渡及鹤山渡两艘封用等情。查现在军事方殷，在省军队悉出应战，省会警备单薄，难保无不轨之徒，乘间窃发。据探报所见东路讨贼军第十路第二梯团等名称，是否假托名义，借端滋扰，仰该局长确切查明呈候核办，并着督饬所属各警区遵照前令，一体严防密查，遇有冒称军队、私携兵器、擅生事端、扰害商旅一切人犯，应行即时拿获，从重惩办。切切。此令。

（中华民国陆海军大元帅之印）

中华民国十二年四月二十日

据《大元帅训令第九一号》，载广州《陆海军大元帅大本营公报》第八号，一九二三年四月二十七日

饬财政部等单位投卖公产一律收现令

（一九二三年四月二十日）

大元帅训令第九二号

令财政部长邓泽如、广东财政厅长杨西岩、广州市市政厅长孙科

该部、厅、厅投卖公产，应一律收纳现银，不得以印收、借单、债券等类抵缴。此令。

（中华民国陆海军大元帅之印）

中华民国十二年四月二十日

据《大元帅训令第九二号》，载广州《陆海军大元帅大本营公报》第八号，一九二三年四月二十七日

饬财政部等单位从速开投公产以应军用令

（一九二三年四月二十日）

大元帅训令第九三号

令财政部长邓泽如、广东财政厅长杨西岩、广州市市政厅长孙科

现在军用浩繁，亟须筹集大宗款项，以应急需，所有公产，应速开投，以资公用。切切。此令。

（中华民国陆海军大元帅之印）

中华民国十二年四月二十日

据《大元帅训令第九三号》，载广州《陆海军大元帅大本营公报》第八号，一九二三年四月二十七日

饬大本营会计司拨发内地侦探长经费令

（一九二三年四月二十日）

大元帅训令第九四号

　　令大本营会计司司长王棠

　　据大本营内地侦探长李天德呈称："职处现因沈逆捣乱粤局，人心浮动，诸逆党纷纷往来，意图窃发，若不严密缉拿惩办，则此辈更无忌惮。惟职处当此纷扰之时，费用必逾越常轨，兹拟请由钧座迅饬会计司发给职处临时需费银二千元，俾得措置裕如，办事不致棘手，实为公便"等情前来。除指令呈悉候〔候〕令行大本营会计司如数发给仰即知照外，合即令仰该司长遵照办理。此令。

（中华民国陆海军大元帅之印）

中华民国十二年四月二十日

据《大元帅训令第九四号》，载广州《陆海军大元帅大本营公报》第八号，一九二三年四月二十七日

饬大本营会计司从速发给参军长朱培德
架设军用专线电话毫银三千元令

（一九二三年四月二十日）

大元帅令第九六号

　　令大本营会计司司长王棠

　　据大本营参军长朱培德呈称："因收回军用电信处，请发给款项，提前架设军用专线电话，以利戎机"等情。经已指令照准。仰该司长从速发给毫银叁千元，以便刻日兴工。此令。

（中华民国陆海军大元帅之印）

中华民国十二年四月二十日

据《大元帅令第九六号》，载广州《陆海军大元帅大本营公报》第八号，一九二三年四月二十七日

饬发给徐树荣军费手令

（一九二三年四月二十日）

着会计司发给徐树荣军费壹千元。此令。

孙文

民国十二年四月二十日

据原件，台北、中国国民党文化传播委员会党史馆藏

批李天德请发给该处临时需费二千元呈①

（一九二三年四月二十日）

大元帅指令第一〇四号

令大本营内地侦探长李天德

呈请迅饬大本营会计司发给该处临时需费银二千元由。

呈悉。候令行大本营会计司如数发给，仰即知照。此令。

（中华民国陆海军大元帅之印）

中华民国十二年四月二十日

据《大元帅指令第一〇四号》，载广州《陆海军大元帅大本营公报》第八号，一九二三年四月二十七日

---

① 李天德时任大本营内地侦探长。

批冯伟缴四月份支付预算书请察核备案呈①

（一九二三年四月二十日）

大元帅指令第一〇五号

令广东无线电报总局局长冯伟

呈缴本年四月份支付预算书请察核备案由。

呈及预算书均悉，准予备案。此令。

（中华民国陆海军大元帅之印）

中华民国十二年四月二十日

据《大元帅指令第一〇五号》，载广州《陆海军大元帅大本营公报》第八号，一九二三年四月二十七日

批朱培德请款架设军用专线电话呈②

（一九二三年四月二十日）

大元帅指令第一〇六号

令大本营参军长朱培德

呈为收回军用电信处恳请发给款项提前架设军用专线电话由。

呈悉。应即照准，经训令大本营会计司从速发毫银三千元，仰即遵照具领。此令。

（中华民国陆海军大元帅之印）

中华民国十二年四月二十日

据《大元帅指令第一〇六号》，载广州《陆海军大元帅大本营公报》第八号，一九二三年四月二十七日

---

① 冯伟时任广东无线电报总局局长。

② 朱培德时任大本营参军长，因欲收回军用电信处，故希请款架设军用专线电话。

着会计司发给江门军队伙食费手令

（一九二三年四月二十日）

着会计司发给江门军队伙食费贰万元。此令。

孙文

中华民国十二年四月二十日

据原件，广州、中山大学孙中山纪念馆藏

着会计司发给兵工厂长筹备费手令

（一九二三年四月二十日）

着会计司发给兵工厂长筹备费壹千元。此令。

孙文

民国十二年四月二十日

据原件，广州、中山大学孙中山纪念馆藏

饬发给刘玉山军费手令

（一九二三年四月二十一日）

着会计司发给刘玉山军费壹万元。此令。

孙文

民国十二年四月二十一日

据原件，台北、中国国民党文化传播委员会党史馆藏

批杨希闵请发给制弹费四万元呈

（一九二三年四月二十一日）

大元帅指令第一一〇号

令中央直辖滇军总司令杨希闵

呈请发给制弹费四万元由。

呈悉。所请提前发给制弹厂经费四万元，除已令由会计司照发外，着即前往该司具领。惟兵工厂现已收回，业经任命厂长，切实经理，购办原料，已有计画。此后制弹厂事宜，应由兵工厂长管理，以便统一军实而利进行。所有制出子弹，准予提前补充该军之需要。仰即遵照，此令。

（中华民国陆海军大元帅之印）

中华民国十二年四月二十一日

据《大元帅指令第一一〇号》，载广州《陆海军大元帅大本营公报》第八号，一九二三年四月二十七日

着邓慕韩往财政厅调查津贴报界详细情形令

（一九二三年四月二十二日）

着邓慕韩往财政厅，调查该厅向来津贴报界详细情形。此令。

孙文

民国十二年四月二十二日

据原件，台北、中国国民党文化传播委员会党史馆藏

裁撤庶务司令[①]

（一九二三年四月二十三日）

大元帅令

　　大本营庶务司应即裁撤，所有该管事务，着归大本营会计司庶务科办理。此令。

　　　　　　　　　　　　　　　（中华民国陆海军大元帅之印）

　　　　　　　　　　　　　　中华民国十二年四月二十三日

　　　　　　　　　　据《大元帅令》，载广州《陆海军大元帅大本
　　　　　　　　　　营公报》第八号，一九二三年四月二十七日

饬各军事首长禁扣商轮令

（一九二三年四月二十三日）

大元帅训令第九八号

　　令大本营军政部长程潜、中央直辖滇军总司令兼卫戍总司令杨希闵、大本营巩卫军司令朱培德、中央直辖西路讨贼军总司令刘震寰、东路讨贼军总司令许崇智、南路讨贼军总司令黄明堂、闽赣边防督办李烈钧、东路讨贼军第三军军长李福林、中央直辖第三军军长卢师谛、中央直辖第七军军长刘玉山、海军舰队司令温树德、广东江防司令杨廷培、大本营驻江办事处全权主任古应芬、广东海防司令陈策、高雷讨贼军总司令兼绥靖处处长林树巍、警备军军长姚雨平

　　各部军队所有扣用商轮渡，应一律即日放行，以利交通。如因军事确有需用

---

　　① 另据中国国民党中央文化传播委员会党史馆藏原件影印，孙文于四月二十二日有"庶务司着即取消，并归会计司为庶务科。此令。孙文。民国十二年四月二十二日"之手令，为同一命令。

船只之处，着向大本营呈请核准指拨，仰即转令所属一体遵照办理。切切。此令。

（中华民国陆海军大元帅之印）

中华民国十二年四月二十三日

据《大元帅训令第九八号》，载广州《陆海军大元帅大本营公报》第九号，一九二三年五月四日

饬发给刘震寰部前敌官兵犒赏金令

（一九二三年四月二十三日）

着会计司发给刘震寰部前敌兵士犒赏每名贰元，官长赏酒席，共贰万五千。此令。

孙文

中华民国十二年四月二十三日

据原件，台北、中国国民党文化传播委员会党史馆藏

饬发给杨赓笙公费手令

（一九二三年四月二十三日）

着会计司发给杨赓笙公费壹千元。此令。

孙文

民国十二年四月二十三日

据原件，台北、中国国民党文化传播委员会党史馆藏

饬发给黄骚办军米费令

（一九二三年四月二十三日）

大元帅令

　　着财政厅长发给黄骚办军米费贰万元。此令。

孙文（大元帅章）

中华民国十二年四月廿三日

据"国父墨宝"手令原件（孙科赠），台北、"国史馆"藏

饬广东无线电总局接管东较场
无线电台并接济经费令

（一九二三年四月二十三日）

大元帅训令第九九号

　　令广东无线电报总局局长冯伟

　　据广东电政监督李章达呈称："窃章达昨奉钧府第五十四号训令，内开：'东较场无线电台着即交由广东无线电总局局长冯伟接管。所有该台经费，仍照常由沙面电报局支给。此令'等因。奉此，自应遵令照办，惟查该无线电向台〔台向〕归职处管理，而沙面电报局乃属职处管辖范围，向来指令该沙面局直接拨款接济该无线电台，自属简当办法。今该台既交由广东无线电总局接管，则该台经费自当划归该局接济，对上〔于〕统系上、手续上似属清楚。奉令前因，理合备文呈请帅座察核，准予将沙面电报局拨给东较场无线电台一案注销。如何之处，伏乞训令祗遵"等情前来。除指令照准外，合行令仰该局长即便查照办理。

此令。

（中华民国陆海军大元帅之印）

中华民国十二年四月二十三日

据《大元帅训令第九九号》，载广州《陆海军大元帅大本营公报》第九号，一九二三年五月四日

饬谢铁良发给陈策炸弹令[①]

（一九二三年四月二十三日）

着鱼雷局长发给炸弹贰拾个，交海防司令用。此令。

孙文（大元帅章）

中华民国十二年四月廿三日

据原件照片，广州、广东省社会科学院图书馆藏

给荣业公司借款收据

（一九二三年四月二十三日）

兹揭到荣业公司双毫银五万元。

订明月息壹分算。此据。

孙文（印）

民国十二年四月二十三日

据陈旭麓、郝盛潮主编，王耿雄等编：《孙中山集外集》，上海，上海人民出版社一九九〇年七月出版

---

① 谢铁良时任大本营鱼雷局长，陈策时任广东海防司令。

饬高雷绥靖处各财政机关应归主管机关委办令

（一九二三年四月二十四日）

大元帅训令第一〇〇号

令高雷绥靖处长林树巍

据两广盐运使伍学煨呈称："窃电茂场知事员缺，前经运使委任伍时贤接理；三亚场知事员缺，则委邝锡尧接理；梅菉分局委员，则委赵子澜接充。该员等均经起程赴任，兹接伍时贤函称：'以电茂场知事员缺，已先由高雷绥靖处林处长树巍令委李词垣接代，不允交代；三亚场知事邝锡尧，亦以前知事刘亚威既不接见，亦不交代；梅菉分局委员赵子澜，均以梅菉局委员已由林处长树巍令委邹培豪权理，抗不交代'等情函报前来。查各处盐务场局，前因地方秩序未定，有先经由该处司令处长就近委员暂代者，均属一时权宜之举，现在大局已定，既经由省委人，自应交代，以期事权统一，藉以督率整理而顾税收。据呈前情，理合呈请察核，俯赐电饬高雷绥靖处林处长树巍，转饬现代电茂场知事李词垣、梅菉分局委员邹培豪赶速交代，并恳电饬琼崖善后处邓处长本殷，转饬三亚场知事刘亚威即日移交，不得抗延，俾明统系，实为公便"等情前来。查现在大局渐定，所有各财政机关，自应归主管机关委员办理，以专责成，除指令外，合行令仰该处长查照办理具复。此令。

（中华民国陆海军大元帅之印）

中华民国十二年四月二十四日

据《大元帅训令第一〇〇号》，载广州《陆海军大元帅大本营公报》第九号，一九二三年五月四日

派金华林赴前线视察令

（一九二三年四月二十四日）

派大本营高级参谋金华林赴北江方面前线视察。此令。

孙文

据谭延闿编：《总理遗墨》第一辑，一九二八年五月校印

饬各军事首长不得扣留车辆令

（一九二三年四月二十五日）

大元帅训令第一〇一号

令中央直辖第三军军长卢师谛、中央直辖西路讨贼军总司令刘震寰、中央直辖滇军总司令杨希闵、中央直辖第七军军长兼第二师长刘玉山、管理粤汉铁路事务陈兴汉、中央直辖滇军第一师师长杨池生、中央直辖滇军第二师师长杨如轩、中央直辖滇军第三师师长范石生

各军官兵乘坐火车到达目的地时，须立刻下车，将车头及客车、货车一律放回总站，以便应用，不得扣留车辆，及在车辆上住宿，以免妨害交通，阻碍输运。切切。此令。

（中华民国陆海军大元帅之印）

中华民国十二年四月二十五日

据《大元帅训令第一〇一号》，载广州《陆海军大元帅大本营公报》第九号，一九二三年五月四日

饬发给江门军队药料费手令

（一九二三年四月二十五日）

着会计司发江门军队药料费壹千元。此令。

孙文

民国十二年四月二十五日

据原件，台北、中国国民党文化传播委员会党史馆藏

饬发给周道腴公费手令

（一九二三年四月二十五日）

着会计司发给周道腴公费壹千元。此令。

孙文

中华民国十二年四月二十五日

据原件，台北、中国国民党文化传播委员会党史馆藏

饬发给李福林军费手令

（一九二三年四月二十五日）

着会计司陆续发给李福林军费五万元。此令。

孙文

中华民国十二年四月二十五日

据原件，台北、中国国民党文化传播委员会党史馆藏

发给江固火食费令

（一九二三年四月二十五日）

着会计司发给江固火食六百元。此令。

孙文

民国十二年四月二十五日

据原件，台北、中国国民党文化传播委员会党史馆藏

着发给孙勇赏壹百元令

（一九二三年四月二十五日）

着会计司发给孙勇赏款壹百元。此令。

孙文

中华民国十二年四月二十五日

据原件，台北、中国国民党文化传播委员会党史馆藏

饬发给孙勇公费手令

（一九二三年四月二十五日）

着会计司发给孙勇公费叁百元。此令。

孙文

中华民国十二年四月二十五日

据原件，台北、中国国民党文化传播委员会党史馆藏

饬发给朱培德伤兵恤款及杂费手令

（一九二三年四月二十六日）

着会计司发给朱培德伤兵恤款及杂费叁千元。此令。

孙文

中华民国十二年四月二十六日

据原件，台北、中国国民党文化传播委员会党史馆藏

饬发给罗拔工务洋行款手令

（一九二三年四月二十六日）

着会计司发给罗拔工务洋行七千五百元。此令。

孙文

中华民国十二年四月二十六日

据原件，台北、中国国民党文化传播委员会党史馆藏

饬发给梅光培招待费手令

（一九二三年四月二十六日）

着会计司发给梅光培招待费贰百元。此令。

孙文

中华民国十二年四月二十六日

据原件，台北、中国国民党文化传播委员会党史馆藏

饬严拿工兵局筹委古日光令

（一九二三年四月二十六日）

大元帅令

　　工兵局筹备委员古日光，甘心从逆，罪无可逭。着即褫夺本职，仰各军长官一体严挈〔拿〕，务获惩办。此令。

中华民国十二年四月二十六日

据《大元帅令》，载广州《陆海军大元帅大
本营公报》第九号，一九二三年五月四日

饬财政厅等将各项收入解大本营会计司令

（一九二三年四月二十六日）

　　近日军事紧急，需用浩繁，所有政府欠债悉停止还期两月，着财政厅盐运使及各机关，将各项收入悉解到大本营会计司收，以应军用，各宜禀〔懔〕遵毋违。此令。

孙文

据原件影印件，台北、中国国民党文化传播委员会党史馆藏

着取消梁士诒通缉令

（一九二三年四月二十七日）

　　着取消梁士诒通缉令。此令。

孙文

据原件影印件，台北、中国国民党文化传播委员会党史馆藏

饬发给梁鸿楷军费手令

（一九二三年四月二十八日）

着会计司发给梁鸿楷军费五千元。此令。

孙文

中华民国十二年四月二十八日

据原件，台北、中国国民党文化传播委员会党史馆藏

饬发给江固舰饷及杂费手令

（一九二三年四月二十八日）

着会计司发给"江固"舰四月份饷并杂用共壹千四百贰十六元。此令。

孙文

中华民国十二年四月二十八日

据原件，广州、中山大学孙中山纪念馆藏

给财政厅等命令二件

（一九二三年四月二十九日）

令省署财厅、市政厅等本月发薪，五十元以上对折，百元以上四折。

（孙中山以军费缺乏）令总商会、九善堂于五日内代筹五十万。

据《陈炯明发难之密谋》，载一九二三年四月二十九日天津《大公报》

着秘书处发给密电一本交徐于令

（一九二三年四月二十九日）

着秘书处发给密电一本交徐于。此令。

孙文

据原件影印件，台北、中国国民党文化传播委员会党史馆藏

批蒋介石请发给马伯麟管理子弹人员费函

（一九二三年四月二十九日）

准。

孙文

附：蒋中正原呈

（一九二三年四月二十九日）

请发管理子弹人员费银壹百圆整。

蒋中正

十二年四月二十九日

据原件影印件，台北、中国国民党文化传播委员会党史馆藏

饬发给喻毓西旅费手令

（一九二三年四月三十日）

着会计司发给喻毓西旅费贰百元。此令。

孙文

中华民国十二年四月三十日

据原件，台北、中国国民党文化传播委员会党史馆藏

饬免税军用物品凭驻江办事处护照放行令

（一九二三年四月三十日）

大元帅训令第一一〇号

令粤海关监督傅秉常

据大本营驻江办事处全权主任古应芬呈称："窃职现准江门海关税务司许礼雅第五十六号函开：'本月二十一日曾致一函，并声明容日将何者应税、何者应免之军用物品开列函送，计已上达台端。兹将定章所载持有护照应税应免之各项军用物品分别列单送上，希为查收。至于输运军用物品之护照，如贵主任呈请大元帅行知敝关，准凭大本营护照照章分别征免验放，则日后可省文牍，并可免稽延军用矣等由。计送单二纸。'准此，查职处前因军事吃紧，军用物品不时派员赴港购买，比到江门，往往为该税关误会扣留，当经函致该税务司，将应行免税理由理合备文并缮呈送单，一经呈请钧府察核，伏恳俯赐令饬粤海关监督咨行税务司，转令该关，以后准凭职处护照免验放行"等情。据此，除指令呈及送单均悉候令行粤海关监督遵照办理外，合行令仰该监督迅即函知该税务司转饬江门海关，无论应税免税各军

用物品，概凭大本营驻江办事处护照，随时免验放行，以利戎机，送单抄发。此令。

（中华民国陆海军大元帅之印）

中华民国十二年四月三十日

据《大元帅训令第一一〇号》，载广州《陆海军大元帅大本营公报》第十号，一九二三年五月十一日

批古应芬请令饬粤海关监督咨行税务司转令江门海关税务司以后凡输运军用物品准凭该处护照免验放行呈[①]

（一九二三年四月三十日）

大元帅指令第一一一号

令大本营驻江办事处全权主任古应芬

呈请令饬粤海关监督咨行税务司，转令江门海关税务司，以后凡输运军用物品，准凭该处护照免验放行由。

呈及送单均悉，候令行粤海关监督遵照办理可也。此令。

（中华民国陆海军大元帅之印）

中华民国十二年四月三十日

据《大元帅指令第一一一号》，载广州《陆海军大元帅大本营公报》第十号，一九二三年五月十一日

---

① 古应芬时任大本营驻江办事处全权主任。其所呈电文如下："广州大本营大元帅钧鉴：职处由港购运军用电话机四件到江，被该关税司扣留，恳迅令海关监督咨税务司转行江门海关，立予免税放行，毋任盼祷。古应芬叩。"

着江门海关放行电话机令

（一九二三年四月三十日）①

着广州税务司饬江门税关放行。此令。

孙文

民国十二年四月

据原件影印件，台北、中国国民党文化传播委员会党史馆藏

饬发给谢铁良陈仲斌出入证

（一九二三年四月）②

谢铁良特别出入证壹枚，陈仲斌壹枚。

孙文

据原件，台北、中国国民党文化传播委员会党史馆藏

---

① 原令未署日期。文后附有古应芬呈电，应与前令为同一事，故应为四月三十日。

② 原件未署日期。系"大本营公用笺"，当与《饬发给伍毓瑞出入证》在同一时期。